古典文獻研究輯刊

三六編

潘美月・杜潔祥 主編

第33冊

姚淑海棠居詩集編年箋注

魏堯西著、鄧小軍編

國家圖書館出版品預行編目資料

姚淑海棠居詩集編年箋注／魏堯西著、鄧小軍編 -- 初版 --
新北市：花木蘭文化事業有限公司，2023〔民 112〕
目 8+284 面；19×26 公分
（古典文獻研究輯刊 三六編；第 33 冊）
ISBN 978-626-344-291-7（精裝）
1.CST：（清）姚淑 2.CST：清代詩 3.CST：注釋
011.08 111022061

ISBN-978-626-344-291-7

古典文獻研究輯刊
三六編　第三三冊　　　　　　　ISBN：978-626-344-291-7

姚淑海棠居詩集編年箋注

作　　者　魏堯西
編　　者　鄧小軍
主　　編　潘美月、杜潔祥
總 編 輯　杜潔祥
副總編輯　楊嘉樂
編輯主任　許郁翎
編　　輯　張雅淋、潘玟靜　美術編輯　陳逸婷
出　　版　花木蘭文化事業有限公司
發 行 人　高小娟
聯絡地址　235 新北市中和區中安街七二號十三樓
　　　　　電話：02-2923-1455／傳真：02-2923-1452
網　　址　http://www.huamulan.tw 信箱 service@huamulans.com
印　　刷　普羅文化出版廣告事業
初　　版　2023 年 3 月
定　　價　三六編 52 冊（精裝）新台幣 140,000 元　　版權所有 · 請勿翻印

姚淑海棠居詩集編年箋注

魏堯西著、鄧小軍編

作者簡介

　　魏堯西先生（一九一七～一九九八），四川邛崍人。一九四九年前後為成都建國中學、新都師範學校教師。一九八〇年代受聘為《邛崍縣志‧文物志》主編、巴蜀書社特約編輯、重慶師範學院《元代文學詞典》編纂人員。對古典文學、戲劇史、陶瓷史、中醫史，有精深研究。發表有《邛窯志略》（一九四六）、《宋代的鼓子詞》（一九五四）、《宋代隊舞》（一九五六）、《宋代的民間舞蹈》（一九五七）、《〈靈樞〉成書時代》（一九八三）、《李清照年譜》（二〇一七）、《宋雜劇金院本新證》（二〇二二）等論文、著作。

　　鄧小軍，一九五一年生於成都，本姓魏，後改從母姓。首都師範大學文學院教授、中國古代文學博士生導師。二〇〇一年安徽師範大學中國詩學中心學術委員會委員，二〇〇三～二〇〇四年香港浸會大學訪問學者，二〇一二年國家圖書館文津講壇特聘教授，二〇一六年安徽師範大學中國詩學中心特聘教授。著有《唐代文學的文化精神》、《儒家思想與民主思想的邏輯結合》、《詩史釋證》、《古詩考釋》、《古宮詞一百二十首集唐箋證》、《董小宛入清宮與順治出家考》。

提　　要

　　明清之際民族英雄李長祥，四川達州人，明末進士，官至魯王監國兵部尚書。從事反清復明軍事鬥爭，百折不撓。全祖望稱之為「間關戎行，累起累蹶，事敗行遁，不知所終，最稱完節。」

　　傑出女詩人姚淑，南京人，李長祥的夫人和反清復明的戰友。姚淑詩集《海棠居初集》，幾乎篇篇皆精金美玉，其中最寶貴的是反映抗清歷史的眾多不朽詩史，洵為中國文學史上第一流作品。

　　魏堯西《姚淑海棠居詩集編年箋注》，是第一部姚淑詩集箋注。本書箋詩考史，引書近三百種，創獲豐碩。考史如首次揭示出康熙十三年李長祥指揮吳三桂軍大敗清軍，取得岳州大捷。這是至今學界從未有人道出過的重大史事，讀之令人驚心動魄。箋注姚詩的用語、用典，以史證詩、詩史互證，允稱貼切、翔實、精湛，揭示出姚詩的重大歷史內容、高度藝術成就及其精深人文淵源。

　　附錄《姚淑事蹟繫年》，是第一部姚淑年譜，實為姚淑李長祥二人年譜合編。其中李長祥史事考述之翔實，前所未有。附錄還包括姚淑詞輯佚、投贈詩文、關於姚淑軼事的文獻資料、關於李長祥的文獻資料、史子集部及現代文獻有關姚淑著作的參考資料，以及徵引書目（注明版本）。

　　魏堯西的學術研究成就和詩詞創作經驗，是其著作《姚淑海棠居詩集編年箋注》的深厚根基。

目

次

前　言

　　清初女詩人姚淑《海棠居初集》嘉慶達縣李氏祠堂本的發現，其價值不亞於出土的文物。此集因清初鉗制言論，迭興文字獄，及乾隆年間，為消滅漢族反清思想而大量禁燬書籍之故，曾屢被殃及，以致湮沒了兩百多年。直至民國十一年，浙江吳興劉氏嘉業堂將《海棠居初集》合刻於李長祥《天問閣文集》之後，列入《求恕齋叢書》，始重見天日。嘉慶祠堂本《海棠居初集》，公私圖書目錄均未見著錄，前幾年巴蜀書社因整理出版四川古籍，才被發現。嘉慶祠堂本《海棠居初集》卷首有李長祥《敘》，及龔百藥《鍾山秀才詩序》，而為《求恕齋叢書》本所無，它較為完整地保存了康熙仁化初刻本的原貌。

　　姚淑《海棠居初集》這部詩集，是明朝兩京覆滅之後，持續抗清達四十年之久的愛國志士的心聲。它不但具有很高的思想和史料價值，而且藝術造詣也不同凡響。

一

　　姚淑，字仲淑，號鍾山秀才，金陵（今江蘇南京市）人。容儀甚美，能詩，善畫墨竹，四川達州（今四川達州市）李長祥繼配夫人。

　　李長祥，字子發，號研齋，明崇禎十六年癸未（一六四三年）進士，官翰林院庶吉士。甲申事變，農民起義軍李自成進入北京時，長祥南奔。福王即位於南京，改監察御史。清兵南下，長祥走浙東，組織義軍抗清。魯王朱以海監國紹興以後，長祥官至兵部左侍郎、兵部尚書〔註1〕。與王翊、張煌言等分別

〔註1〕明查繼佐《罪惟錄・紀》卷十九《魯王監國》庚寅（監國五年、永曆四年）春
　　　　正月：「晉李長祥東閣大學士，兼兵部尚書。」《罪惟錄・志》卷十九《直閣志・

結兵山寨，長祥軍於上虞（今浙江上虞縣）之東山，且耕且屯，堅苦抗戰。順治八年（一六五一年），監國行朝舟山城破，長祥為清兵所俘，被縛至軍門陪斬，後又軟禁於山陰（今浙江紹興市）。時長祥家屬亦遭迫害，其原配黃夫人，因此顛沛流離而死。

　　順治十二年（一六五五年），長祥被移到江寧（今江蘇南京市）管束時，江南總督馬鳴佩說：「是子然者，誰保之？」〔註2〕長祥微聞之，因而四處揚言續娶，遍託走媒者說合，因得娶姚淑。姚淑識見非凡，對長祥險惡的政治處境，毫不介意，毅然和他結為夫婦，並成為志同道合、休戚與共的復國抗清的同志。

　　康熙元年（一六六二年），姚淑隨長祥避地常州（今江蘇常州市），居於城東桃園草堂。家有園林之勝，夫婦常得琴書倡和的樂趣。如姚淑《初成海棠居》詩云：「案上有書卷，坐久自會心」，「微風應在指，請君聽其音。」姚淑「自是漸窺經史，深更苦讀，以勞成疾。」〔註3〕值得注意的是，她最喜讀《周易》、《離騷》等書，對兩書的鑽研和熱愛，屢見於長祥、姚淑的詩文之中。由此可見她對古代文化的含濡和感受之深。而且也反映了當時志士仁人由於時代悲劇激發起的哲學反思，對歷史上愛國主義典範人物認同的心理。

　　此時，浙、閩沿海和西南各地的反清火焰，已被撲滅，清政權日趨穩固，愛國志士如顧炎武、屈大均等已轉向北方塞外，訪求遺民，謀圖恢復。長祥此時，從江蘇經河南，歷河北、山西等地，沿長城至雲中，歷時兩年，行路萬里。據長祥自己說，此行凡「嶽瀆關河，宮廟陵寢，悲歌之區，要領之處，必止馬留連。茂草黃花，索殘碑，覓故老，然後乃已。」〔註4〕長祥又說：「今予也，奔驅萬里，徒然遑遑，不得為斷首之樊於期。」〔註5〕足見長祥之北行，

魯監國》：「李長祥，研齋，夔州人，由進士，竄野，遙授都御史，進兵部尚書。入舟山，晉東閣大學士。」（查繼佐《罪惟錄》，杭州：浙江古籍出版社，一九八六年，第一冊，第四一一頁；第二冊，第八七七頁。）左尹（查繼佐）《魯春秋·監國紀》（永曆四年）庚寅（監國五年）春正月：「晉李長祥東閣大學士，兼兵部尚書。初，長祥奮槳東山莽，監國遙敕為兵部書。」（明左尹《魯春秋》，張鈞衡輯《適園叢書》第一集，民國二年刻本。）
〔註2〕清全祖望：《鮚埼亭集外編》卷九《前侍郎達州李公研齋行狀》，上海：商務印書館《四部叢刊》初編景印嘉慶十六年汪繼培刊本。
〔註3〕明李長祥：《海棠居記》，《天問閣文集》卷二，民國《求恕齋叢書》本。
〔註4〕明李長祥：《石井道士傳》，《天問閣文集》卷一，民國《求恕齋叢書》本。
〔註5〕明李長祥：《祭和憲先生文》，《天問閣文集》卷二，民國《求恕齋叢書》本。

也是訪求遺民，圖謀恢復。從姚淑《贈太史雙鬟》詩「常恐風煙一舟行，贈君雙鬟君莫忘」可知，由於姚、李夫婦之同心協力，方能成此壯舉。

　　姚、李夫婦同具有深厚的民族意識和愛國思想，始終堅持復國的大志。康熙十二年癸丑（一六七三年）冬，吳三桂自雲南起兵反清，遣使到常州聘長祥，「延以賓禮，問方略。」〔註6〕他們夫婦為了實現積年艱苦追求的理想，置身家命運於度外，間關萬里，到湖南參預抗清鬥爭。姚淑《江行》詩的「恍惚波濤心不定，迴旋今古意偏長」句，正反映了當時她複雜而快慰的心情。長祥到湖南常德（今湖南常德市）見吳三桂，三桂延以賓禮，問方略。長祥曰：「急改大明名號，以收拾人心；立懷宗後裔，鼓舞忠義」，三桂當作出承諾，故長祥遂暫接受三桂所加兵部尚書差往岳州節制將軍兵馬。岳州（今湖南岳陽市），是當時吳三桂軍與清軍作戰的頭號軍事重鎮。康熙十三年四月，李長祥抵達岳州兵部尚書節制將軍兵馬任所。七月，清軍大兵水陸齊發，進攻岳州，兵部尚書駐節岳州節制將軍兵馬李長祥指揮吳軍將領吳應麒等率兵七萬餘，擊敗清軍，使清軍未能攻克岳州，退保荊州。經此岳州大戰吳軍大敗清軍之後，清軍長期「無敢渡江攖其鋒者」。〔註7〕八月，清軍統帥安遠靖寇大將軍多羅貝勒尚善命湖北巡撫張朝珍密取俘供，詳細瞭解「偽兵部」李長祥在岳州之情況，可見其對於李長祥之重視和畏懼。〔註8〕後來當李長祥確知吳三桂無意復明時，即斷然離去，事在吳三桂稱帝之前。姚淑始終與丈夫一道行動，並積極參預其事。廖燕《海棠居詩集序》說：

　　　　夫人秉乾健之氣，生而為丈夫子，舉天下聖賢英傑將相為所難

〔註6〕清孫旭：《吳三桂始末》，之江抱陽生輯《甲申朝事小紀初編》卷五，道光庚寅大興傅氏長恩閣鈔本。
〔註7〕清魏源：《聖武記》卷二《康熙戡定三藩記上》，道光刻本。
〔註8〕康熙十三年八月十八日《巡撫湖廣等處兼提督軍務張朝珍啟》：「巡撫湖廣等處地方兼提督軍務兵部尚書兼督察院右副都禦史加一級職張朝珍謹啟，為敬奉令諭事。康熙十三年八月十七日奉貝勒諭湖北巡撫張朝珍：令才能官員將前拿獲奸細毛羽職提出密加詳問，伊身原在偽兵部李長祥下系何員役，李長祥因何事來岳，今還在岳與否，其在岳時凡有事白吳三桂系親自往說或差人往說，往來由旱路、水路，其手下辦事人員共有幾項、共有幾人、系何姓名，其差往各處招撫及差往澧州吳三桂處系何項員役，在岳偽將軍吳應麒手下辦事應差若干人、名色幾樣、系何姓名，以上情節務須逐一問取確切口供，明白開單，即付差官帶來，特諭等因，敬此。當即檄行按察司查訊去後。（下略）」（《文獻叢編增刊·清三藩史料》第一輯，北平故宮博物院編，民國二十年，第六十二頁。）

能之事，皆其事。〔註9〕

這是何等宏大的氣魄與才能！廖燕《序》中又說：「予間以禮見，夫人則垂簾抗談，皆古今大義氣節文章之概。」〔註10〕於此並見她高尚的志行和淹博的學識。

至於姚淑夫婦應吳三桂聘之事，近人謝國楨說得好：

> 三藩事件之發生，如適應民眾之願望，本有興復之機會，乃三桂等無恢宏之遠圖，故卒致失敗。然而起兵北伐，冀以傾覆清朝，故當時義憤之士，志圖恢復者，猶所在奮起而響應焉。〔註11〕

姚淑就是「奮起而響應」者中的傑出女性。《海棠居初集》中的《過洞庭湖》、《桃源行》諸篇，就是她奔赴湖南參加抗清戰鬥的真實記錄。

康熙十七年（一六七八年）春，李長祥、姚淑夫婦離開湖南南下，四月八日之後不久，抵達廣東仁化縣（今廣東仁化縣）丹霞山河頭寨萬山之中，避地隱居。不久，長祥逝世。史學家全祖望稱「達州李長祥，其後間關戎行，累起累蹶，事敗行遁，不知所終，最稱完節。」〔註12〕

姚淑對長祥生死不渝的復國壯志和凜然不屈的民族氣節，讚頌備至。她在《夜坐》一詩中寫道：

> 深藏君寶劍，賣盡妾明珠。

又《客舍有感》：

> 憶昔雙雙筆墨同，如今獨坐歎無窮。時時想見黃泉裏，日日悲傷明鏡中。念妾飢寒流落苦，思君節義蓋時雄。欲歸蜀國千山遠，棧道不從江水通。

長祥抗清身亡之後，姚淑不僅隻身流落異鄉，飽嘗飢寒，而且常受到政治迫害的威脅，其身處危境，堅韌不拔的精神，具見於詩中。如詠《竹》：

> 竿竿吹動白雲邊，本是空心節自堅。不似春花花色豔，歲寒霜雪看年年。

正如廖燕《海棠居詩集序》所說：「（夫人）其才其節……不難舉天下聖

〔註 9〕清廖燕：《二十七松堂集》卷三，乾隆刻本。

〔註10〕清廖燕：《二十七松堂集》卷三，乾隆刻本。

〔註11〕謝國楨：《增訂晚明史籍考》卷一五《清初三藩·〈平定三逆方略六十卷〉》條，上海古籍出版社，一九八一年，第六八六頁。

〔註12〕清全祖望：《鮚埼亭集外編》卷二十九《跋明崇禎十七年進士錄》，上海：商務印書館《四部叢刊》初編景印嘉慶十六年汪繼培刊本。

賢英傑將相難為之事，以一身任之。才以成其節，節以貞其遇之苦，其見於詩者，即其才與節迸逼而出之者也。」〔註13〕

二

　　姚淑的詩，獨具風格，卓然自成一家。具體說來，其內容成就與藝術特色，有六個方面：

　　（一）詩中有史。姚淑的詩深刻地反映了持續四十年的抗清史實。

　　《憶鍾山》：

　　　　　　萬方之天，豈不明矣。五嶽四瀆猶來朝，只山山不見，雲霧厚
　　　　起。不得見兮，泣涕如雨。

　　「五嶽四瀆猶來朝」，借用《禮記・王制》：「天子，祭天下名山大川，五嶽視三公，四瀆視諸侯」的故實，暗喻順治十一年（一六五四年）和順治十六年，張名振、張煌言、鄭成功率水師入長江，泊金山，圍南京，遙祭明孝陵事，傾訴明遺臣、遺民懷念故國的強烈感情，不忘恢復的堅定信念，可謂是那個時代的心聲。

　　（二）詩有大義。李長祥信仰儒家學說，嚴防華夷之辨，維護民族獨立自由，堅決主張趕走侵略者，姚淑志同道合，此等儒家大義也貫串在她的詩作裏。

　　《春日大雪行》云：「堯舜去，九州迷。」喻明朝亡後，神州無主。即不承認滿清為正統之意。這和顧炎武的「中夜視北辰，九野何茫茫」（《詠史》）、「一自永嘉來，神州久無主」（《與胡處士庭訪北齊碑》），乃是同調。

　　《閒坐》：「時不利兮鼠變虎，天地不分兮洪水苦。」此即孟子說的「堯舜既沒，聖人之道衰，暴君代作」，「沛澤多而禽獸至」的洪水猛獸逼人的世界。〔註14〕暗喻她對異族入主中原的深沉憤慨，顯示了敢於申張民族大義的鮮明政治態度。

　　《過洞庭湖》：

　　　　　　一入洞庭湖，飄飄身似無。山高何處見，風定亦如呼。天地忽
　　　　然在，聖賢自不孤。古來道理大，知者或吾儒。

　　康熙十二年癸丑（一六七三年）十一月，吳三桂在雲南起兵反清復明，遣

〔註13〕清廖燕：《二十七松堂集》卷三，乾隆刻本。
〔註14〕《孟子・滕文公下》。

使常州至聘南明兵部尚書李長祥。康熙十三甲寅年正月，李長祥應吳三桂聘，自常州溯長江赴湖南，姚淑與長祥同行，三月，過洞庭湖時，作此詩。詩中抒發以聖賢為己任，當仁不讓，欲挽神州於陸沉的崇高使命感。

　　由於時代的原因，詩中有史、詩有大義，在姚淑詩中，往往是隱藏不露的。

　　（三）風格清奇。姚淑《萬綠軒》詩云：「奇氣驚天地，空心見性情。」李長祥說：「仲淑詩，和秀而大要清。」（《海棠居初集敘》）清，指性情純真，趣味高潔；奇，指襟抱不凡，負有奇氣。《海棠居獨坐》：「還向河圖觀理數，早從太極悟陰陽。幽居自負書生性，卻恨雲鬢是女妝。」足見風格之清奇。

　　姚淑特別喜愛明月，開創出前所未有的詠月的意境。《高臺望明月》：「清輝吹不斷，偏是到紅妝。」熔杜甫《月夜》「清輝玉臂寒」，和李白《望廬山瀑布水》「海風吹不斷，江月照還空」為一爐，謂秋風吹不斷明月的清輝，清輝特地來到了自己身邊。這明明是說，清輝乃是丈夫對自己的思念，這是杜甫《月夜》所未有的意境創新。不僅寫出丈夫對自己之思念，也包含了對丈夫遠行從事地下復明活動的理解。姚詩後期長期孤獨地生活在丹霞山深山中，留下不少的詠月的詩篇。《秋月》：「月起山山靜，眼前清復清。一天空渺渺，滿地盡明明。有樹移來近，他村到處平。乾坤光裏出，竟夜寂無聲。」「他村到處平」，謂明月照臨，雖在他村，如照此村；雖在深山，如照平地；到處容光必照，無偏無私。月出萬山千村光明澄澈的境界，表現出她對光明的無限嚮往和深心追求。《好客多乘月》：「此時人人月相似，此月照人光不已。獨有高人月更清，行去行來月光裏。」表現出明遺民與明月一樣光明、崇高的心靈。

　　（四）氣象恢宏。此是詩人崇高精神境界的自然呈現。

《桃源行》：

> 昔日桃源好避秦，桃源盡是沒用人。天下志士皆震動，獨有桃源藏其身。桃花樹上桃花滿，桃花樹下水流緩。年年歲歲長子孫，雞犬何曾有聚散。洞口之內無見聞，洞口之外干戈起。博浪沙上力士來，天下之人已驚喜。當時洞口人相及，豈只三三兩兩入。海內無數豪傑在，避世之意何其急？縱是成仙不足論，何為漁人又問津？願人莫向桃源去，處處桃花開向春。

　　《桃源行》，反映了三藩舉兵、天下志士響應的史事。詩中以陶淵明《桃花源》反其意而用之，以抗秦比抗清，號召天下人民都積極起來參加反清鬥爭，恢復中國的春天。「昔日桃源好避秦，桃源盡是沒用人，天下志士皆震動，

獨有桃源藏其身」，「願人莫向桃源去，處處桃花開向春」，此是何等恢宏的氣度（自主觀言）、氣象（自客觀言）。

（五）靈秀之氣，女詩人本色。姚詩無論抒情、寫景，狀物或描寫身邊瑣事，都自然地流露出一份靈秀之氣。

《早妝》：「從容顧影回明鏡，的的盤雲髮上光。」描寫女性人物形象，婉轉多姿。

《雨後看石榴》：「遠看深紅綠樹裏，行行不覺染衣裳。」狀物寫人，著色韻致。

《自君之出矣》：「自君之出矣，惆悵入羅幃。思君如畫鳥，有翼不能飛。」比喻別致，寫盡入骨相思。

姚淑詩充盈著靈秀之氣，這原是女詩人的本色。

（六）姚詩詞彙往往明白如話，卻往往皆有其來歷與深致。其用語、用典資源，除了經史，使用得多的是《詩經》、《楚辭》、漢魏晉南北朝詩和唐詩，尤其是陶淵明、李白、杜甫詩。姚詩使用唐以前古詩和唐詩語彙最多，往往優美明白，而自道時事、心上事，精深華妙，味之無極。

使用經史。例如甲寅康熙十三年（一六七四年）春，李長祥、姚淑夫婦自常州奔赴湖南參與吳三桂反清復明軍事鬥爭時，在水路船上所作《聯句》：「天從地下起（姚淑），今自古時長（長祥）。」語言明白，如透明之水，含義卻極為重大深刻。上句典出《晉書・天文志上》：「舊說天轉從地下過。」《山堂考索》前集《曆數門》：「舊說天從地下過。」及《周易・明夷・彖辭》：「明入地中。」鄭玄注：「夷，傷也。日出地上，其明乃光；至其入地，明則傷矣；謂之明夷。」謂天明從地下升起，隱喻明朝從地下升起，暗指反清復明局面之出現。與自己康熙元年（一六六二年）《憶鍾山》詩「萬方之天，豈不明矣」之今典，先後呼應。其重大時事，則是康熙十二年十一月吳三桂起兵反清，發布討清檄文《興明討虜檄告天下》，聲討「（狄虜）竊我先朝神器，變我中國冠裳」；宣告舉兵「直搗燕山」，「剪彼腥氛」。〔註15〕下句「今自古時長」，「長」，

〔註15〕康熙十三年甲寅（一六七四年）正月元旦吳三桂發佈興明討清檄文《原鎮守山海關總兵、今奉旨總統天下水陸大師興明討虜大將軍吳、檄告天下文武官吏軍民人等知悉》：「（狄虜）竊我先朝神器，變我中國冠裳」；「周田二皇親，密會太監王奉，抱先皇三太子，年甫三歲，刺骨（股）為記，寄命託孤」，「密圖恢復」，「蓋三十年矣」；「本鎮仰觀俯察，正當伐暴救民，順天應人之日也。爰率文武臣工，共勤義舉，蔔取甲寅年正月元旦寅刻，推奉三太子，郊天祭地，

延續、繼承,語見《周易‧夬卦‧象辭》「無號之凶,終不可長也」唐孔穎達疏:「長,延也。」句謂今日之中國乃是自古以來之中國之繼承,言外之意,是不許夷狄入主中國亦即趕走侵略者之《春秋》大義。《春秋公羊傳‧莊公十年》:「不與(許)夷狄之獲中國也。」詩極富於地下復明運動之色彩,精彩絢爛。

又如到湖南從事抗清軍事後所作《鵝羊池》:「枕上釣魚起,一天風雨吹。」上句用太公渭濱釣魚,從而輔周滅商,喻長祥出自隱遁,從事反清復明。「枕上」,語出唐白居易《冷泉亭記》:「坐而玩之者,可濯足於牀下;臥而狎之者,可垂釣於枕上。」「釣魚起」,典出《史記‧齊太公世家》:「(太公望呂尚者)以漁釣奸周西伯。西伯……載與俱歸,立為師。」《全相武王伐紂平話》:「姜尚因命守時,直鉤釣渭水之魚。」下句「一天風雨吹」,暗用《詩‧衛風‧風雨》:「風雨如晦,雞鳴不已。」毛序:「《風雨》,思君子也。亂世則思君子,不改其度焉。」句謂正當風雨如晦,亂世則思君子,起而救亡也。詩看似明白如話,卻包含傳奇色彩,包含光焰萬丈。

姚詩篇章以直抒性情為主,亦轉益多師,能學古,集中多擬周秦漢魏以來諸體制,尤其得力於漢樂府。如《憶鍾山》、《閒坐》等詩運用《騷》體《騷》意,《自君之出矣》《行路難》等直逼漢樂府,其才力無不勝任之。又能學唐,如《孔雀行》取法李白,《悶》取法杜甫,《外甥唐大陶至》、《寄太史》等,也頗有唐詩風神。但姚淑詩有自己的境界,自己的風格,所以能脫落依傍,自成一家,絕非明清一般復古詩人所能企及。在清初宗唐宗宋的派別中,姚淑詩卓然特立,不失為清初詩人中的第一流作手。

三

姚淑詩集當於康熙二十二年前後,初刻於廣東仁化。廖燕《海棠居詩集序》說:「太史沒數年,而斯集始出。」〔註16〕案長祥沒於康熙十八年左右,據此推知,姚集當刻於康熙二十二年左右〔註17〕。康熙中,朱彝尊輯《明詩

恭登大寶,建元周啟。檄示布聞,告廟興師,刻期併發。移會總統兵馬上將軍耿(精忠)、招討大將軍總統使世子鄭(經)等,調集水陸官兵三百六十萬元(員),直搗燕山」,「剪彼臊氛」。(日本林春勝、林信篤同編;浦廉一解說:《華夷變態》卷二《吳三桂檄》,東京:東洋文庫,一九五八年,第五三~五四頁。)

〔註16〕清廖燕:《二十七松堂集》卷三,乾隆刻本。
〔註17〕詳本書附錄《姚淑事蹟繫年》康熙二十二年。

綜》〔註18〕，即據是本選錄姚淑詩一首，並在姚淑小傳中說，「有《鍾山秀才
海棠居集》。」〔註19〕這是姚淑詩集最早的命名。案龔百藥有《鍾山秀才詩
序》，與朱彝尊之說吻合。

　　乾隆時期，長祥文集遭清廷禁燬，姚淑著作，亦被殃及。清姚氏《咫進齋
叢書》本《禁書總目》乾隆五十三年六月二十三日硃批《軍機處奏准全毀書
目》：「《天問閣文集》李長祥撰。」〔註20〕《清代禁燬書目（附補遺）》《補遺
二》鄧實國學保存會排印本《奏繳諮禁書目》據江寧布政使舊刊本補足姚氏
《咫進齋叢書》本《違礙書目》後面所缺部分《安徽撫院閱諮會禁書二十五
種》：「《天問閣文集》古夔李長祥著。以上十六種，悖逆誕妄，語多狂吠。」
〔註21〕長祥文集被清廷禁燬的影響極為惡劣，因此之故，長祥夫婦的著作，久
未公諸於世。嘉慶《達縣志》卷三十八《人物志·李長祥》說：長祥「所作古
文，自成一家，家藏尚有若干卷。」嘉慶《達縣志》卷四十六《藝文志》說：
「姚淑，所著詩甚富，兵火之後，僅存初集。」是姚淑夫婦遺著，毀損散佚者
尚多。劉行道《天問閣文集後序》說：「達縣本，先生族孫進士淑刻於嘉慶
中，所據草稿，已非完帙。中涉忌諱字面，率以臆刊改。」〔註22〕嘉慶中，達
州李淑根據長祥夫婦的草稿本整理付印的《天問閣文集》，將姚淑離開仁化到
湖南諸詩，收入《海棠居初集》，匯刻於《天問閣文集》，這就是嘉慶達縣李氏
祠堂本。案嘉慶本《天問閣文集》，其中未具題目，首尾不全者，比比皆是。
嘉慶本《海棠居初集》所載的李長祥敘亦殘缺不全，僅存其前兩頁，這顯然是
因為其文末署有長祥姓名，怕觸犯忌諱，而有意抽毀的。由此可見，長祥夫婦
遺著因清廷禁燬而受到嚴重摧殘的程度。

〔註18〕清朱彝尊《曝書亭集》卷三十七《王禮部詩序》：「甲申以後，屏居田野，不求
　　　自見於當世，顧思得海內善詩之家其辭之工可以出入風雅必傳於後無疑者，
　　　而與之遊。」清楊謙《朱竹垞先生年譜》順治十四年丁酉二十九歲：「留嶺南，
　　　時同裡曹公溶官廣東左布政使，輯《嶺南詩選》，先生為之甄錄焉。」同書康
　　　熙四十一年壬午七十四歲：「輯《明詩綜》開雕于吳門白蓮涇之慧慶寺，先生
　　　輯明詩有年矣。」可見朱彝尊雖然是在康熙四十一年編成《明詩綜》一百卷，
　　　但是他早在順治時就已經留意並從事明詩別集之搜集整理。
〔註19〕清朱彝尊輯：《明詩綜》卷八十五姚淑條。
〔註20〕清姚覲元編：《清代禁毀書目（附補遺）》，商務印書館，一九五七年，第七五
　　　頁。
〔註21〕清姚覲元編：《清代禁毀書目（附補遺）》，商務印書館，一九五七年，第三一
　　　五頁。
〔註22〕清劉行道：《天問閣文集後序》，《求恕齋叢書》本《天問閣文集》卷末。

　　嘉慶本《海棠居初集》，係收拾殘餘而成，以致編次無法，先後錯亂。如《初成海棠居自詠》、《秋夜》等詩，本康熙初，居桃園草堂時作，但編次在康熙六年作的《送太史游臨安》之後。《自君之出矣》、《憶太史》等詩，係康熙三、四年間，懷念長祥北遊在外寫的，卻混雜在康熙十三年《過洞庭》之後。《萬綠軒》實康熙十一年在福州之詩，卻反置在康熙初作的《秋夜》之前。可見其中必有毀損與散佚。

　　嘉慶本《海棠居初集》在道光年間亦稀見，當時宦遊於四川多年的王培荀，熱心搜羅蜀中典籍，據他說，也未得見《海棠居初集》。〔註23〕

　　嘉慶中，達州李淑重刻長祥夫婦遺著時，另有墨稿，未能收入，流傳到清末，為董冰谷珍藏。革命思潮興起，革命黨人士搜集刊印明末抗清愛國志士遺著，以鼓吹革命，董冰谷等將此稿輾轉寄與在浙江之吳小村刊印。光緒二十二年衢州教案，小村不幸被殺害，此稿遂同歸於盡。〔註24〕光緒末，劉行道根據嘉慶本，將《海棠居初集》編附於《天問閣文集》之後，削去李長祥、龔百藥兩篇殘缺不全之序文。民國十一年，浙江吳興劉氏嘉業堂刊之，列入《求恕齋叢書》。

　　民國初年，李子安就達縣李氏祠堂所藏《天問閣文集》嘉慶殘板補刊之，李長祥、龔百藥兩篇序文，置於《海棠居初集》卷首。民國達縣李氏祠堂本《海棠居初集》李長祥、龔百藥兩篇序文，已殘缺不全。又詩中間有缺文，以墨釘代之。

四

　　姚詩以未單行之故，讀者不易得見，若存若亡，少有人談及。

　　《海棠居初集》幸存於毀損蛀蝕之餘，今天加以整理出版，應該說是一項十分有意義的工作。

　　本書題名《姚淑海棠居詩集編年箋注》。整理體例，另見《凡例》。

〔註23〕清王培荀《聽雨樓隨筆》卷七：「研齋古文，自成一家。鍾山夫人著有《海棠居集》，黃錦生讀之有感題詩雲:『閨閣有名媛，號鍾山秀才。文章緣性著，節烈自天開。染翰珠璣落，揮毫風雨來。可憐貧老蜀，淚盡一心灰。』研齋文恢奇古宕，惜未見海棠居集。」(道光二十五年刻本)

〔註24〕張廷諍《補刊〈天問閣文集〉序》：「又近人董冰谷亦珍藏先生墨稿。冰谷與士志師相友善，士志嘗校補此集，其戚吳小村宦浙江，因託付剞劂，以廣其傳。既而小村罹難，此本遂同歸於盡。」(民國達縣祠堂本《天問閣文集》卷首)

　　本書在整理中，承鄧南同志鼎力支持協助，又得周采泉先生、彭祖熙同志惠賜有關資料，廣東仁化縣志辦公室同志特為調查河頭寨遺跡，並此表示衷心的感謝。

　　由於有關姚淑史料的貧乏，對有些詩創作年月的考辯，顯然存在問題，或不可能避免錯誤。

魏堯西

一九八六年六月

【補注】

　　吳小村，名德瀟，字小村，清末達縣人，劉行道姻父。光緒二十二年（一八九六年）署錢塘縣知縣，二十四年正任西安縣（今浙江衢州市）知縣，二十六年庚子六月，衢州府城爆發誅官殺教的衢州教案，吳小村因保護教堂而遇害。《申報》一八九六年十二月九日第三版《吳山釀雪》：「部選西安縣吳小村大令德瀟，籍隸四川，係癸西拔貢某科舉人，由京領憑來浙，於上月十七日稟到。」《申報》一八九八年二月二十六日第二版《浙省官場紀事》：「署錢塘縣正任西安縣吳小村大令德瀟，現奉藩憲飭回本任所。」《申報》一九〇〇年八月九日第一版《三衢亂耗三志》：「浙江衢州府屬江山縣土匪起事擾及郡城……惟西安縣主吳小村大令聞已被害署中。」《清德宗實錄》卷四百六十八光緒二十六年庚子七月甲申：「西安縣知縣吳德瀟因保護教堂為莠民戕殺，禍及家屬，情形甚慘。又致斃洋人多命。」

　　吳小村是清末穩健的政治革新派。梁啟勳《戊戌前後康、梁史料補遺》：「一八九六年，梁啟超到上海辦起了《時務報》。《時務報》出版後風行一時。那時湖南巡撫陳寶箴、臬臺黃遵憲，要在長沙辦一個學堂，請梁啟超去當校長。恰在這時，錢塘縣知縣吳小村先生（四川達縣人）打算在西湖找一個地方，買上千百元的書，把梁啟超『關』在那裡，再請一個英文教員、一個德文教員教他。……為梁啟超的去處，黃遵憲同吳小村激烈地辯論了半年之久。黃遵憲認為：甲午戰敗，國勢危急，《時務報》的影響很大，應該讓梁啟超出來搞政治活動。吳則主張說，梁啟超不過一個二十四歲的青年，學問還沒有大成就，讓他出來搞政治豈不是害了他？還是讓他學一兩種歐洲文，對他的學問幫助大。」（《文史資料選輯》第八輯，北京：中國文史出版社，一九八六年，第九六頁。）

　　在此應當說到，清末劉行道、伍澹川皆深受李長祥影響，劉行道撰有李長祥《天問閣文集後序》，伍澹川撰有李長祥《天問閣集序》；同時，二人皆為中國同盟會會員，劉行道當死於秘密參與汪精衛刺攝政王案，伍澹川任達縣保路同志分會會長，參與了

辛亥革命。

　　關於劉行道。《達縣志·補遺二》梅黍雨《劉行道傳》:「劉行道,字士志。……得鄉先生李長祥《天問閣集》,蓋在乾隆禁燬書目中,即全祖望所記從張煌言馳驅海濱之李侍郎也。行道讀之,意益不平。」民國三十八年五月五日《達縣日報》第二版《創辦達縣中學的劉行道先生》:「他除了一心致力教育事業外,也潛謀革命。……暗中與孫中山通消息和書信往返。……(宣統二年)到北京去,任教京師大學。……僅僅一年的時間,遽發病而死。」(《達縣文史資料》第三輯,一九九〇年,第九六頁。)王守璞《劉行道先生幾件事》:「筆者祖母同父輩談說,劉行道在省裏任校長時,就參加了孫中山的同盟會。……有人傳說,汪精衛刺攝政王一事與劉行道有關。汪失事被捕後,劉行道怕事情敗露,吞金自殺了。因此,人們始終不知道劉行道和革命黨人有聯繫,認為他是得急病死的。」(《達縣文史資料》第三輯,一九九〇年,第一〇〇～一〇一頁。)

　　關於伍澹川。趙開宗《達城學校的民主愛國運動和地下鬥爭》:「官至兵部侍郎的李長祥,字研齋,達城人,是著名抗清將領,他著的《天問閣文集》充滿了愛國主義思想,對後來太平天國起義和辛亥革命具有一定影響。清末,強敵交侵,割地削權,危亡岌岌,人不自保。綏定府中學堂講司伍澹川(名錫幀,清增生,四川省高等學堂畢業,同盟會會員,達城人),同同盟會會員尹躍先(清增生,後留日)、陳炳堅(清增生)於一九一一年發動學紳商各界組織四川保路同志會達縣分會。……同年十二月,達縣響應辛亥革命,宣布獨立。」(《達縣文史資料》第二輯,一九八六年,第七五～七六頁。)一九九四年《達縣志》第五編第一章第一節《議事會》:「清宣統三年(一九一一年)……議會一成立,正、副議長和部分議員悖清王朝旨意,組織達縣保路同志分會,伍澹川任會長,開展保路鬥爭。」(成都:四川辭書出版社,一九九四年,第一九〇頁。)

凡　例

　　一、底本與校勘。以嘉慶達縣李氏祠堂刊本《天問閣文集》附錄《海棠居初集》作底本，參校民國南林劉承幹《求恕齋叢書》刊本《天問閣文集》附錄《海棠居初集》及其他選本。異文不多，校語置於箋注。異體字，逕改為正體字。

　　二、箋注。箋注用典、用語、今典（詩人相關舊作）、今事（時事），解釋詩句，揭示內容，以及詩人學殖、藝術造詣。箋注時事，是為重點。由於姚淑生活在文網森嚴的時代，她的詩，詞微而意隱，內含豐富，多有可以坐實的本事。如《客舍有感》「思君節義蓋時雄」句，出自陶淵明《擬古》「聞有田子泰，節義為士雄」，陶淵明以田疇的故實，自喻其涉險勤工的壯舉，姚詩即用淵明句意，以讚頌李長祥奔赴南方，參加民族鬥爭以至獻身的節義。《孔雀行》「雛思母，不能回。萬里外，苦憔悴」句，是用孟子「民之憔悴於虐政，未有甚於此時」的意思，揭露清朝對明遺民志士進行政治迫害的暴行。《焙茶》「親戚遠鄉至，開書見苦情」句，隱記四川自明末到康熙的四十餘年之間，人民迭被戰禍的苦楚，由此可以得到發掘史料的線索。

　　三、編年。討論詩歌寫作年代、相關本事和時事。

　　四、後案。討論詩歌其他相關問題，如可資比較的史事、詩歌。

　　五、集評。輯錄前人相關評論，著錄選集選入情況。

　　六、附錄投贈詩文、關於姚淑軼事的文獻資料、關於李長祥的文獻資料、史子集部及現代文獻有關姚淑著作的參考資料，著重收錄年代較早的文獻。

　　七、《姚淑事蹟繫年》。姚、李夫婦生平史事，頗多傳聞不確，甚至空白。

如在南方的抗清活動，對此干犯清廷大忌的政治問題，當時作者皆諱莫如深。如翁洲老民、全祖望都說長祥「南下百粵，與屈大均處者，久之」〔註1〕，僅此一句而已。然而卻又說：「天下大定，始居毗陵（常州），築讀《易》臺以老焉。」〔註2〕自是而後，甚至連他家鄉達縣人也說是「飲憾沒於江南。」〔註3〕竟不知道長祥晚年到南方抗清，直至身亡這一重大情節。因此作事蹟繫年，附於本書之末，與詩歌箋注互補，以資進一步瞭解姚、李夫婦的生平事蹟，尤其是重大史事。

八、箋注、繫年引用《天問閣文集》的文字，引用通行本《求恕齋叢書》本不標明版本，其他均標明版本，如光緒趙之謙刻《仰視千七百二十九鶴齋叢書》本《天問閣集》（簡稱鶴齋本）、嘉慶達縣李氏祠堂本《天問閣文集》（簡稱嘉慶達縣祠堂本）。因各種版本所收的篇章，多寡不侔，文字亦有歧異。

整理者補充說明　鄧小軍

一、本書箋注者以嘉慶祠堂本《海棠居初集》作底本，參校《求恕齋叢書》本及其他選本，而嘉慶祠堂本實為《求恕齋叢書》本的底本，故應無甚異文，只有一條校勘是以《明詩綜》對校，而置入注文。整理時，校勘增加使用新見康熙本《海棠居初集》，異文校勘置於新設【校記】，一共十五條。並將原有一條校勘從注文獨立出來為校記。全書一共十六條校記。

二、前言、箋注、繫年增補新見文獻，置於相關注文或繫年行文之後，冠以【補注】，全書一共十條。

〔註1〕明翁洲老民《海東逸史》卷十《李長祥傳》：「長祥南下百粵，與屈大均處者久之。」（杭州：浙江古籍出版社，一九八五年，第八五頁。）清全祖望《鮚埼亭集外編》卷九《前侍郎達州李公研齋行狀》：「複南下百粵，與屈大均處者久之。」（《四部叢刊》初編《鮚埼亭集外編》景印嘉慶十六年汪繼培刊本）

〔註2〕全祖望《前侍郎達州李公研齋行狀》。

〔註3〕伍澹川《天問閣集序》（民國《達縣誌·補遺二》）。

諸家序

敘　李長祥

　　余內仲淑氏。初，余以畫聘，其歸也，進畫而詩。世之女子能詩者多矣，常想一身之服飾，盡男女各有之；而環佩鳴來，偏使人意遠，何哉？仲淑詩和秀而大要清。夫秋日之山出樹外，人見之而留連，以其清也。六月之冰碎，點滴在掌上，百骸九竅，即莫不透寒，亦以其清也。故清之貴也。

　　獨其每篇之感發悲歡居多，則詩之所謂哀者、怨者。蓋余初生來好遊，朱顏相對，琴瑟靜好，一旦言萬里，即疾馳去不顧耳，故仲淑詩如此。是見之《召南》，有草蟲趯趯焉，其憂心則忡忡也。陟南山采蕨，憂心又惙惙；而及乎采薇，則且曰，「我心傷悲」也。仲淑之詩宜然也。夫閨中少婦，樓頭相望，雖君子之侯封，且不願矣。況遊（以下缺葉）

康熙刻本、嘉慶達縣李氏祠堂刻本

《天問閣文集》附《海棠居初集》卷首

鍾山秀才詩序　龔百藥

　　有鍾山秀才詩一卷，余讀之，鍾山秀才非男子也，其詩則非婦人女子也。嗚呼，異哉！古今婦人女子之為詩者有矣，其為之而傳不傳，未可知也。其為之而傳者有矣，而觀者則曰，是婦人女子之詩也，豈非不知詩者過哉？

　　孔子之刪《詩》也，自后妃、諸侯大夫之妻、以及民間之男女室家，無不採之，《國風》著之，以列於六經。太史公曰：詩三百，孔子皆絃歌之。何其重也！自秦焚以後，詩失其傳，而說者日謬。余嘗取《詩序》《傳》及諸家之

說，深思之，而有以得其是非。是以十五《國風》之中，若《卷耳》，文王之
求賢也，后妃也。《小星》，小臣之行役也，非侯妾也。《殷其靁》，武王克商，
諸侯之思歸也，非婦人之思君子也。《邶》之《柏舟》，康叔之監殷，憫王室，
思周公也，非婦人之不得於其夫也。又若《將仲子》之刺鄭莊，《蘀兮》、《扶
蘇》之刺鄭忽之類，詩人皆指其事以諷，而解者一切以為僅婦人女子之自言
耳。吁，可憾也！若夫《關雎》、《葛覃》，后妃作也。《江有汜》，媵不怨也。
《野有死麕》，□□女自防也。《谷風》，棄婦之詞也。《伯兮》從……（以下四
個半葉，多磨礱漫漶，僅錄個別可以辨識之文句）非研齋不能□□□□□□□
□□其論詩也，以清……（以下一個半葉磨礱漫漶）之不清之故，則亦無以易
於研齋之談也。後之振起者，日漸以靡。唐初又變為近體，沈、宋、王、楊、
盧、駱開其始，莫盛於李、杜。余嘗論太白之詩以才勝，少陵之詩以力勝。力
可為也，才不可為也，豈非天耶！

　　鍾山秀才詩，以絕塵獨立之才，矯矯然有以大異於人，而自成其為一家。
夫質之素者鮮，味之澹者甘，得乎天者也，豈非詩家所甚難者乎！乃竟為儋帷
有哉。余平生最好吟詩，然以為非學可似，偶然而得之，意固自樂。今讀秀才
之詩，又不覺爽然自失。秀才者，所謂詩之清者歟。

　　姚夫人仲淑，研齋之夫人，江寧人，故自號鍾山秀才。余是以序之，使天
下後世之人，知有鍾山秀才詩也。

　　年眷侄毗陵龔百藥琅霞氏拜書於論世堂

　　（殘缺字數不詳標……，漫漶單字標□）

康熙刻本、嘉慶達縣李氏祠堂刻本
《天問閣文集》附《海棠居初集》卷首

附錄：《擷芳集》「姚淑」條引龔百藥《鍾山秀才詩序》略

　　龔百藥《鍾山秀才詩序》略：鍾山秀才非男子也，其詩則非婦人女子也。
古今婦人女子之為詩者有矣，其為之而傳不傳，未可知也。其為之而傳者有
矣，而觀者則曰，是婦人女子之詩也，豈非不知詩者，過哉。西蜀李研齋先生
為之說曰：孔子之言詩，謂其可以興觀群怨，而事父事君焉，不徒鳥獸草木之
多識也。不知而為之者，得其半，止鳥獸草木之名而已。善乎研齋此言，非研
齋不能有此言也。研齋既雄於文，其論詩也以清，謂詩未有不清而可以為詩
者。夫質之素者鮮，味之淡者甘，得乎天者也，豈非詩家所甚難，嗟乎，乃
竟為儋帷有哉！余平生最好太白詩，然以為非學可似，偶然而得之，反或有

焉。今讀秀才之詩，又不覺爽然自失，倘研齋所謂詩之清者歟！姚夫人仲淑，研齋之夫人，江寧人，故自號鍾山秀才。余是以序之，使天下後世之人，知有鍾山秀才詩也。

清汪啟淑輯《擷芳集》卷十四「姚淑」條，乾隆飛鴻堂刻本

姚仲淑詩序　杜濬

士有宜享王侯之奉者，而窮居隱約，酌水賦詩，澹然無怨色，則君子賢之矣，況士而女者乎！士而女者誠能如此，則君子倍賢之矣！又況其所以能如此者，由其審於世變，澤於道理，薄浮雲為不義，信風雅為足賴，而凜然於薰蕕之界，斷斷然不肯以彼易此，則其賢智豈不尤百倍乎！蓋今世有姚夫人仲淑氏者，吾友研齋太史之室，儼然天人，所謂宜享王侯之奉者也。乃研齋以孤臣而處逆旅，食貧不減寒素，而仲淑甘之，惟孜孜以讀書學詩為得志。

今春過毗陵，研齋視余以其詩，如山泉鳴而幽蘭馥，令人心曠神怡，有不知其所以然者，而感時貞遇之意，固無往而不見，信乎其不可及矣！嘗考前代漢朝貴盛之家，積金至四十萬萬，唐朝宮中用錦，每歲至七百萬疋，舉今人之富侈，不過如此。度以仲淑視之，非時之金錦，正與襤褸乞匄無異。而衣粗食淡，吟詠性情，乃其所以為豪華也。昔歐陽子序謝希孟詩，至比之衛莊姜許穆公夫人，而惜其不遇仲尼，列之國風。夫希孟生宋之盛時，歐陽子特以詩論詩，猶且重之若是。設以今日論仲淑之詩，有不止於詩者，其重之又當何如哉！

研齋為余述仲淑語云：序吾詩者，必君之友杜于皇乃可。豈非以于皇亦求窮而得窮者耶。余故為著其詩之所以然，用見仲淑之性成，得之於刑于之化者，十之三。研齋之靡悔，得之於內助之力者，十之七也。研齋雖倔強，然心是吾言矣。

清杜濬《變雅堂文集·序》，康熙刻本

海棠居詩集序　廖燕

海棠居詩，為明太史李研齋夫人所作。而海棠即其所手植，而因以為號者也。按本傳，夫人姚姓，字仲淑，金陵人。歸太史十餘年，數罹亂離，最後復值滇逆之變來吾韶，寄居仁化河頭寨萬山之中。未幾，太史沒。夫人獨撫孤二人，客居至於今者又八、九年。嗚呼，難矣！知夫人之遇之苦，而後可讀其詩。

　　夫人秉乾健之氣，生而為丈夫子，舉天下聖賢英傑將相為所難能之事，皆其事。即不然，亦得縱其心思耳目，周流遐覽，悉天地萬物情狀，與胸中之奇相感觸，發而為詩文。雖其間鮮有能者，即能之，亦非所甚難。獨是閨弱之質，言語步履，不出於閫，無師友相成之益，即稍知書義，已為僅事，況其才、其節復有過人萬萬者哉！以此而跡其所為，不難舉天下聖賢英傑將相難為之事，以一身任之。才以成其節，節以貞其遇之苦，其見於詩者，即其才與節迸逼而出之者也，如夫人者亦大異矣！

　　予間以禮見，夫人則垂簾抗談，皆古今大義、氣節文章之概。故其見之詩者，奇奧超悟。今讀其《過洞庭》，及《閒坐》、《憶鍾山》諸詠，其氣骨在秦漢之上，當是英雄負奇才人語，疑非出閨閣口中也。

　　太史沒數年，而斯集始出。太史遺稿甚多，有《天問閣集》，已刻，遇亂，失其板之六七。非夫人輯藏之力，而稿幾不存。海棠居別有《記》，與《墨竹樓記》並載《天問閣集》中。《墨竹樓記》者，稱夫人尤善寫竹云。

　　張泰亭先生曰：不獨表其詩，並表其節。中間層次節略，如作夫人一本傳。文復正大雄駿，序婦人詩，那得有此筆墨。

清廖燕《二十七松堂集》卷三，乾隆刻本

康熙元年以後之作

憶鍾山〔一〕

　　萬方之天〔二〕，豈不明矣〔三〕。五嶽四瀆猶來朝〔四〕，只山山不見〔五〕，雲霧厚起〔六〕。不得見兮〔七〕，泣涕如雨〔八〕。

【箋注】

〔一〕鍾山：本名金陵山，又名紫金山，在戰國楚金陵邑、明南京、清江寧府（今江蘇南京市）東北。詩中鍾山一詞，兼有兩重涵義。一謂鍾山所在之金陵，為帝王之都。宋李昉等《太平御覽》卷一百七十「昇州」：「《金陵圖》云：昔楚威王見此有王氣，因埋金以鎮之，故曰金陵。」二指明朝，明朝建立於南京，明太祖陵孝陵在南京鍾山。《明史・地理志一・京師・南京》：「洪武元年八月建都，曰南京。」又云：「（上元縣）東北有鍾山，山南有孝陵衛。」上元為南京轄縣（今南京市區）。明張岱《陶庵夢憶》卷一《鍾山》：「鍾山上有雲氣，浮浮冉冉，紅紫間之。人言王氣，龍蛻藏焉。」詩中之鍾山，實為明遺民心目中明朝之象徵。憶鍾山，即眷懷明朝。

〔二〕萬方句：萬方：萬邦，此指全中國各地。《尚書・商書・湯誥》：「誕告萬方。」唐杜甫《登樓》詩：「萬方多難此登臨。」天：兼有兩重涵義，一指天空。《莊子・逍遙遊》：「天之蒼蒼。」二指君王。《左傳・宣公四年》：「君，天也。」《爾雅・釋詁》：「天，……君也。」漢許慎《說文解字》卷一《一部》「天」：「至高無上。」

〔三〕明：兼有三重涵義，一指天明。《史記・樂書》：「以昏時夜祠，到明而終。」唐溫庭筠《更漏子》詞：「一葉葉，一聲聲，空階滴到明。」二，尊（君）。《禮

—5—

記・禮運》:「故君者所明也。」漢鄭玄注:「明,猶尊也。」唐孔穎達《疏》:
「『君者所明也』者,『明,猶尊也』,謂在下百姓所尊奉君,使之光顯尊明。」
三指明朝。

「萬方之天,豈不明矣」,句謂中國之天,豈不天明矣?隱喻中國之君,豈不
再尊為君矣?中國之天,豈不再是明朝矣?姚淑《春日大雪行》詩:「堯舜去,
九州迷。」喻明朝亡後,神州無主,暗無天日,即不承認滿清為正統之意,可
以參讀。

〔四〕五嶽句:兼有兩重涵義。五嶽四瀆:一指天下名山大川。五嶽:五大名山的總
稱。即東嶽泰山、南嶽衡山、西嶽華山、北嶽恒山、中嶽嵩山(《漢書・郊祀
志上》)。四瀆:長江、黃河、淮河、濟水的總稱。《爾雅・釋水》:「江、河、
淮、濟為四瀆。」二指大臣諸侯。《禮記・王制》:「天子,祭天下名山大川,
五嶽視三公,四瀆視諸侯。」

朝:一指江流朝宗于海。《尚書・夏書・禹貢》「荊州」:「江漢朝宗于海。」漢
孔安國傳:「二水經此州而入海,有似於朝。百川以海為宗,宗,尊也。」唐
杜甫《長江二首》之一:「朝宗人共挹,盜賊爾誰尊。」二指臣朝見君。《爾
雅・釋言》:「陪,朝也。」唐陸德明釋文:「臣見君曰朝。」

五嶽句意,借用江河朝宗于海之古典,隱喻明室傾覆後,南明將領張名振、張
煌言、鄭成功等海上抗清,先後多次率水師攻入長江,泊金山,圍南京,遙祭
明孝陵之近事。明張煌言《北征錄》:「三入長江,登金山,掠瓜、儀。」明末
清初計六奇《明季南略》卷十《浙紀・張名振題詩金山》:「順治十一年甲午
(明永曆八年,一六五四年)正月,海船數百,溯流而上。十三日,抵鎮江,
泊金山,大帥張名振、劉孔昭及史某也。二十日,名振等白衣方巾登山,從者
五百人。……且書簿云:『張某到此,大兵不得侵擾。』徘徊半日乃下。次日,
紗幘青袍角帶,復登山,向東南遙祭孝陵,泣下沾襟。設醮三日,題詩金山
云:『十年橫海一孤臣,佳氣鍾山望裏真。鶉首義旗方出楚,燕雲羽檄已通閩。
王師枹鼓心肝嚅,父老壺漿涕淚親。南望孝陵兵縞素,會看大纛祃龍津。』
(詩)前云:『予以接濟秦藩,師泊金山,遙拜孝陵有感(而賦)。』後云:『甲
午年孟春月,定西侯張名振同誠意伯題並書。』」同書卷十一《閩記・鄭成功
入鎮江》又載:「(順治)十六年己亥(明永曆十三年,一六五九年)五月十三
日,(鄭)成功率兵十萬入寇,……六月初一至初三日,蔽江而上。初八日,
至丹徒。十三日,泊巫(金)山,祭天,諸舟環集,旗蓋、袍服俱用紅,望之

如火。十四日，祭地及山河江海諸神，色俱黑，望之如墨。十五日，先以吉服祭太祖，次以縞服祭先帝，俱用白色，望之如雪。祭畢，大呼高皇者三，將士及諸軍俱泣下。」七月，鄭成功水師兵敗，退入海上。

〔五〕只山句：只：是。《詩經·小雅·南山有臺》：「樂只君子，邦家之基。」漢鄭玄箋：「只之言是也。」《詩經·周南·樛木》：「樂只君子，福履綏之。」唐陸德明音義：「只，之氏反，猶是也。」只山：是山、此山，指鍾山。

〔六〕雲霧：南朝宋劉義慶《世說新語·賞譽》：「若披雲霧睹青天。」唐高嶠《晦日重宴》詩：「別有陶春日，青天雲霧披。」

〔七〕不得見兮：《詩經·王風·采葛》：「一日不見，如三月兮」，「一日不見，如三秋兮」，「一日不見，如三歲兮！」唐權德輿《渡江秋怨二首》之二：「我有所思兮不得見，不得見兮露寒水深，耿遙夜兮傷心。」元稹《酬樂天赴江州路上見寄三首》：「朝朝寧不食，日日願見君。一日不得見，愁腸坐氛氳。」

〔八〕泣涕：《詩經·邶風·燕燕》：「瞻望莫及，泣涕如雨。」三國魏張揖《廣雅·釋言》：「涕泣，淚也。」

【斷句】

本詩「五嶽四瀆猶來朝，只山山不見」，斷句是從鄧之誠《清詩紀事初編》卷四「姚淑」條。另外亦可以斷句為：「五嶽四瀆，猶來朝只。山山不見」，「只」作語氣詞。兩種斷句，意思基本相同。不同之處在於，前一種斷句更有氣勢，亦更有跌宕。

【編年】

乙未順治十二年（一六五五年），姚淑與李長祥結為夫婦於南京。本詩題為《憶鍾山》，當是康熙元年壬寅（一六六二年）姚淑同長祥自南京移居常州（漢毗陵縣、晉毗陵郡、明清常州府，今江蘇省常州市）後作。李長祥《天問閣文集》卷二《唐薛二賢祠記》：「予以壬寅來毗陵。」同書同卷《桃園草堂記》：「予來毗陵，友人假予居於東門外之桃園上。」本詩「五嶽四瀆猶來朝」，指順治十六年己亥（一六五九年）鄭成功率水師入長江圍南京，遙祭明孝陵。本詩「只山山不見」，指鍾山不得見矣。足證本詩作於康熙元年離開南京移居常州之後。本詩表達對南京鍾山的思念，和不屈不撓的反清復明理想。

【後案】

明遺民如顧炎武、屈大均等亦屢謁孝陵。炎武先後七謁孝陵，其《元旦陵

下作》有「十載逢元日，朝陵有一臣」，《閏五月十日恭謁孝陵》有「薄海哀思結，遺臣涕淚稠」，《重謁孝陵》有「問君何事三千里，春謁長陵秋孝陵」句。

【集評】

廖燕《海棠居詩集序》：「今讀其《過洞庭》，及《閒坐》、《憶鍾山》諸詠，其氣骨在秦漢之上，當是英雄負奇才人語，疑非出閨閣口中也。」

鄧之誠《清詩紀事初編》卷四「姚淑」條選錄本詩。

【附】出師討滿夷自瓜州至金陵　明鄭成功

縞素臨江誓滅胡，雄師十萬氣吞吳。試看天塹投鞭渡，不信中原不姓朱。

《延平二王遺集》

右詩載《延平二王遺集》，當是順治十六年，鄭成功率水師入長江圍南京時作

野望

城郭行來風覺悽〔一〕，雲奔萬里失山蹊〔二〕。他鄉樹影連天去〔三〕，遠水舟帆入霧迷〔四〕。數處鳥飛過竹裏，誰家犬吠傍林移〔五〕。歸時曲徑看人出〔六〕，茅舍籬邊落日西〔七〕。

【箋注】

〔一〕城郭句：城郭：謂常州城郭。悽：悲。《楚辭》卷五屈原《遠遊》：「意荒忽而流蕩兮，心愁悽而增悲。」

〔二〕失山蹊：唐杜甫《返照》詩：「歸雲擁樹失山村。」

〔三〕他鄉句：他鄉樹影：唐馬戴《灞上秋居》：「落葉他鄉樹，寒燈獨夜人。」連天去：觀「他鄉樹影連天去，遠水舟帆入霧迷」，及「誰家犬吠傍林移」，似為水上舟行情景。

〔四〕遠水舟：隋薛道衡《敬酬楊僕射山齋獨坐》詩：「遙原樹若薺，遠水舟如葉。」

〔五〕誰家犬吠：晉陶淵明《歸園田居五首》之一：「曖曖遠人村，依依墟里煙。狗吠深巷中，雞鳴桑樹顛。」宋於石《山中》詩：「誰家犬吠聲，聲在雲深處。」

〔六〕曲徑：唐常建《破山寺後禪院》詩：「曲徑通幽處。」牟融《題趙支》詩：「林間曲徑掩衡茅。」

〔七〕籬邊：唐杜甫《正月三日歸溪上有作簡院內諸公》詩：「野外堂依竹，籬邊水向城。」

【編年】

細玩詩中「城郭行來」,「歸時曲徑」諸語,當是初居常州郊遊之作。

海烈婦祠〔一〕

烈婦祠何處〔二〕,郡城流水邊〔三〕。野風吹日日〔四〕,寒月照年年〔五〕。碧草悲紅粉〔六〕,千春痛九泉〔七〕。尚看遺像在〔八〕,不覺數淒然〔九〕。

【箋注】

〔一〕烈婦:即烈女,謂重義輕生的女子。《史記・刺客列傳・聶政傳》:「其姊亦烈女也。」海烈婦:清順治時徐州烈女海氏,為抗暴而自盡殉節於常州。李長祥《天問閣文集》卷一《陳烈婦海氏傳》:「烈婦海氏,徐州人,父某。少適故衛指揮同里陳氏子,名有量,篤相好焉。婦美容色,有量則賤貧無技能,識字,傭書而相諧。歲饑,就食所親於松江、江陰間,屢就則皆不給。徙毗陵,又不給,則相與謀曰,是不如仍還徐。糧船巨猾林顯瑞,鳳陽人也。泊毗陵,聞人言海氏美,以計誤有量,有量遂攜海氏入其舟,林於是圖海氏矣。其圖之也,初相誘,再則暴,及暴,則海氏竟死。」乾隆《江南通志》卷一百十四《職官志・名宦三・常州府》:「朱士達,潛江人,順治中授常州推官。時有旗丁林顯瑞,以逼奸,戕烈婦海氏,匿其屍漕艘中。士達監兌至其船,疑焉,發米得屍,林論如律。」

海烈婦祠:《歸莊集》卷七《洞庭三烈婦傳》附《海氏傳》:「事聞臺使,為誅(運糧)武弁而奏旌烈婦,立祠於毗陵驛。虎邱、毗陵皆孔道,過之者多嗟歎泣下。文人學士作為詩文以彰之。」

〔二〕祠何處:唐杜甫《蜀相》詩:「丞相祠堂何處尋。」

〔三〕郡城句:乾隆《江南通志》卷三十九《輿地志・壇廟三・祠墓・常州府》:「海烈婦祠,在府治運河岸。」

〔四〕野風吹:南朝宋鮑照《代東門行》詩:「野風吹秋木,行子心腸斷。」唐杜甫《別贊上人》詩:「野風吹征衣,欲別向曛黑。」吳融《野廟》詩:「日暮鳥歸人散盡,野風吹起紙錢灰。」

〔五〕寒月照:唐杜甫《北征》詩:「夜深經戰場,寒月照白骨。」

〔六〕碧草句:碧草:唐杜甫《蜀相》詩:「映階碧草自春色,隔葉黃鸝空好音。」紅粉:婦女代稱。南朝梁昭明太子蕭統選編《文選》卷二十九《古詩十九首》之二:「盈盈樓上女,皎皎當窗牖。娥娥紅粉妝,纖纖出素手。」唐白居易《燕

子樓》詩：「爭教紅粉不成灰。」

〔七〕千春句：千春：猶言千秋。晉皇甫謐《高士傳》卷上《曾參》：「傳耀千春。」唐李白《古風五十九首》之一：「垂輝映千春。」九泉：地下。三國魏阮瑀《七哀詩》：「冥冥九泉室，漫漫長夜臺。」

〔八〕遺像：唐杜甫《詠懷古蹟五首》之五：「宗臣遺像肅清高。」

〔九〕不覺句：不覺數：宋鄭思肖《三教記序》：「邇來三教淒涼甚矣，不覺數數為之動心。」淒然：悲傷貌。晉陶淵明《贈長沙公族祖》詩：「敬哉離人，臨路淒然。」

【編年】

海烈婦祠，當時已成為常州名勝古蹟之一。本詩當為姚淑康熙元年至康熙十三年（一六六二至一六七四年）間居常州時，遊覽當地風光名勝之作。

【附】大酺　陳維崧

題毗陵海烈婦祠，用《片玉詞》韻

烈婦徐州人，流落毗陵。豔色，為漕卒所窺，迫之，不屈而死。

悵廟竿紅，垣衣碧，門外銀濤雪屋。群妃蓬島宴，御天風來往，釵鈴戛觸。寂寂小姑，惺惺聖女，苦鳥啼歸修竹。古苔壞牆滿，任脫韁石馬，畫廊眠熟。歎螺髻煤殘，蝶裙灰燼，夜長人獨。

靈旗歸太速。神弦歇，醉覕扶華轂。可惜是、亂水彭城，舊家小沛，望鄉徒極登臨目。入不言兮出。學唱個、秋墳鬼曲。怨青冢，望江國。斑斑恨血，土花墳起紅菽。水腥打滅翠燭。

《迦陵詞全集》卷二十九

早妝

日蔽家山暗洞房〔一〕，鳥啼驚起捲簾妝〔二〕。從容顧影迴明鏡〔三〕，的的盤雲髮上光〔四〕。

【箋注】

〔一〕日蔽句：蔽：古通蔽。日蔽：白日落山。宋劉敞《晚涼》詩：「落日蔽崑崙。」家山：指金陵（南京）。時姚淑居常州，金陵在常州西（偏西北），故云。洞房：深邃的內室。《楚辭》卷九宋玉《招魂》：「姱容修態，絚洞房些。」宋洪興祖補注：「五臣云：洞，深也。」南朝梁沈約《應王中丞思遠詠月》詩：「洞

房殊未曉。」

〔二〕鳥啼句：鳥啼驚起：唐孟浩然《春曉》詩：「春眠不覺曉，處處聞啼鳥。」捲簾：宋郭茂倩輯《樂府詩集》卷七十二《雜曲歌辭·古辭·西洲曲》：「捲簾天自高，海水搖空綠。」

〔三〕從容句：從容：《楚辭》卷四屈原《九章·懷沙》：「孰知余之從容。」漢王逸注：「從容，舉動也。」顧影：《後漢書·南匈奴傳》：「昭君豐容靚飾，光明漢宮，顧景（影）裴回。」梁簡文帝蕭綱《詠獨舞》詩：「因羞強正釵，顧影時回袂。」迴明鏡：唐溫庭筠《菩薩蠻》詞：「照花前後鏡，花面交相映。」

〔四〕的的句：的的：光亮、鮮明貌。《淮南子·說林訓》「的的者」漢許慎注：「的的，明。」南朝梁沈約《六憶詩》：「憶來時，的的上階墀」。唐劉希夷《公子行》詩：「的的珠簾白日映，娥娥玉顏紅粉妝。」盤云：形容髮鬢高聳。三國魏曹植《洛神賦》：「雲髻峨峨。」唐溫庭筠《張靜婉採蓮曲並序》：「蘭膏墜髮紅玉春，燕釵拖頸拋盤雲。」明王燧《修竹美人圖》詩：「蘭膏香膩盤雲綠。」朱純《古宮怨》詩：「鴉髻盤雲金鳳小。」清初鈕琇《觚賸》卷三《吳觚·墨池》：「李研齋之繼室，曰鍾山秀才。浮渲梳頭，凝妝特妙。每一出遊，則秦淮麗人，爭相窺倣。」浮渲，梳高髻。

【編年】

自此詩至《遊楊氏園》七首，味其詞意，均為初居常州之作。

贈太史〔一〕

得懸琴瑟是仙家〔二〕，看看樓頭日又斜。君自讀書覺太苦，過來花下且煎茶。

【箋注】

〔一〕太史：史官，明代修史之職歸翰林院，故俗稱翰林為太史，此稱李長祥。《明史》卷七十三《職官志二·翰林院》：「史官，自洪武十四年置修撰三人，編修、檢討各四人。其後由一甲進士除授及庶吉士留館授職。」又云：「翰林院庶吉士，選進士文學優等及善書者為之。」長祥崇禎十六年癸未科進士及第（見《明清進士題名碑錄索引·明朝之部·崇禎十六年癸未科第三甲三百一十四名》），選為翰林院庶吉士。李長祥《天問閣文集》卷四《讀〈易〉臺自序》：「予壬午北上，……以庶吉士入史館。」

〔二〕得懸句：懸：南朝梁劉勰《文心雕龍·樂府七》：「杜夔調律，音奏舒雅；荀勖

改懸，聲節哀急。」律、懸，互文同義，俱指律呂；懸，此作協調解。案荀勗改變杜夔所定律呂事，見《晉書‧律曆志》、《晉書‧樂志》。琴瑟：兩種絃樂器。引喻為夫婦和諧之意。《詩經‧小雅‧棠棣》：「妻子好合，如鼓琴瑟。」仙家：仙人之家，比喻美滿幸福的家庭。傳漢東方朔《海內十洲記》「瀛洲」：「洲上多仙家，風俗似吳人，山川如中國也。」唐王維《敕借岐王九成宮避暑應教》詩：「仙家未必能勝此，何事吹笙向碧空。」杜甫《滕王亭子》詩：「春日鶯啼修竹裏，仙家犬吠白雲間。」

初成海棠居自詠〔一〕

　　幽居傍樹林〔二〕，窗前日長陰〔三〕。案上有書卷〔四〕，坐久自會心〔五〕。高花吹香靜〔六〕，忽然月到琴〔七〕。微風應在指〔八〕，請君聽其音。

【箋注】

〔一〕海棠居：在常州桃園草堂內。李長祥《天問閣文集》卷二《桃園草堂記》：「予來毗陵，友人假予居於東門外之桃園上。園背城而僻，多桃樹，毗陵之人，春日以看花飲酒者也。予居之。有謂予者曰：『此之園上，無先生，一飲酒看花場耳。』於是名其居為『桃園草堂』。」同書同卷《海棠居記》：「余內作一小齋，讀書其中，名曰『海棠居』。婦女之性喜花，故雖以讀書之居，仍名花也。入其中，所見松柏而已，無海棠，而名之何也？曰：『松柏類君者也，吾故種之。』問海棠之何以名，則不言。我知之矣，蓋自當之乎！乃讀書其中。」案桃園本名桃原，長祥易「原」為「園」。清陳夢雷等編纂《古今圖書集成‧方輿彙編‧職方典‧常州府部匯考‧常州府古蹟考一》：「桃原。在城東新城壕高阜處，春時，桃花盛開，延袤數里，遊者擬武陵焉。」

〔二〕幽居：晉陶淵明《答龐參軍（衡門之下）》詩：「豈無他好，樂是幽居。」又《答龐參軍（相知何必舊）》詩：「我實幽居士，無復東西緣。」

〔三〕長陰：唐杜甫《積草嶺》詩：「連峰積長陰。」

〔四〕案上句：李長祥《海棠居記》：「（仲淑）乃讀書其中。初，以作詩之故，讀《楚辭》。……自是漸窺經史，深更苦讀，以勞成疾。」

〔五〕會心句：參閱下文《海棠居獨坐》：「還向河圖觀理數，早從太極悟陰陽。幽居自負書生性，卻憾雲鬟是女妝。」及其注文。會心：領會。南朝宋劉義慶《世說新語‧言語》：「簡文入華林園，顧謂左右曰：『會心處不必在遠，翳然林木，便自有濠、濮間想也。』」

〔六〕吹香：南朝梁庾信《對燭賦》：「夜風吹，香氣隨。」唐儲光羲《薔薇》：「風吹
香氣逐人歸。」宋姜夔《除夜自石湖歸苕溪》：「梅花竹裏無人見，一夜吹香過
石橋。」

〔七〕忽然月到琴：唐杜甫《泛溪》：「衣上見新月。」于良史《春山夜月》：「掬水月
在手。」張祜《題造微禪師院》：「看松月到衣。」姚詩與唐詩意境相似而不
同。

〔八〕應在指：宋蘇軾《琴詩》：「若言琴上有琴聲，放在匣中何不鳴？若言聲在指頭
上，何不於君指上聽？」宋施元之注《施注蘇詩・補遺》卷下引馮景注云：
「《楞嚴經》：『譬如琴瑟、箜篌、琵琶，雖有妙音，若無妙指，終不能發，汝
與眾生，亦復如是。』」

聽琴〔一〕

閑坐書齋裏，聽君指上琴〔二〕。忽然高山起〔三〕，恍惚移我心〔四〕。
悲處如怨女〔五〕，風吹連幽林〔六〕。作者古大聖〔七〕，七絃傳到今〔八〕。

【箋注】

〔一〕聽琴：聽長祥撫琴。

〔二〕指上：見前《海棠居初成自詠》注〔四〕。

〔三〕高山：《列子・湯問》：「伯牙鼓琴，鍾子期善聽。伯牙鼓琴，志在登高山，鍾
子期曰：『善哉，峩峩兮若泰山！』志在流水，鍾子期曰：『善哉，洋洋兮若江
河！』」

〔四〕恍惚句：恍惚：隱約不清，難以捉摸也。《老子》第二十一章：「道之為物，唯
恍唯惚。惚兮恍兮，其中有象。恍兮惚兮，其中有物。窈兮冥兮，其中有精。
其精甚真，其中有信。」唐李白《贈僧崖公》詩：「凌兢石橋去，恍惚入青冥。」
移心：即移情，轉變人的情志。唐吳兢《樂府古題要解》卷下《水仙操》：「舊
說伯牙學鼓琴於成連先生，三年而成，至於精神寂寞，情志專一，尚未能也。
成連云：『吾師子春，在海中，能移人情。』乃與伯牙延望，無人。至蓬萊山，
留伯牙，曰：『吾將迎吾師。』刺船而去，旬時不返。但聞海上水汨沒漰澌之
聲，山林窅冥，群鳥悲號，愴然歎曰：『先生將移我情！』乃援琴而歌之。曲
終，成連刺船而還，伯牙遂為天下妙手。」明梅鼎祚《古樂苑》卷三十《琴曲
歌辭・水仙操》引《琴苑要錄》：「乃援琴而作此歌：『緊洞渭兮流澌濩，舟楫
逝兮仙不還。移形素兮蓬萊山，歆欽傷宮仙石還。』」

〔五〕怨女：過時未能結婚的女子。《孟子·梁惠王下》：「內無怨女。」唐韓愈《聽穎師彈琴》詩：「昵昵兒女語，恩怨相爾汝。」姚合《贈張籍太祝》詩：「絕妙江南曲，淒涼怨女詩。」白居易《新樂府·七德舞》：「怨女三千放出宮。」

〔六〕幽林：漢班固《西都賦》：「崇山隱天，幽林穹谷。」三國魏曹植《白鶴賦》：「薄幽林以屏處兮，蔭重景之餘光。」

〔七〕古大聖：指古聖神農作琴。《說文解字》卷十二《琴部》：「琴，禁也。神農所作。」一說古聖伏羲作琴。漢蔡邕《琴操》卷上《序首》：「昔伏羲氏作琴，所以禦邪僻，防心淫，以修身理性，反其天真也。」

〔八〕七絃：漢蔡邕《琴操》卷上《序首》：「五弦，宮也，象五行也。大絃者，君也，寬和而溫。小絃者，臣也，清廉而不亂。文王、武王加二弦，合君臣恩也。」

海棠居獨坐〔一〕

但得春風即有香〔二〕，晴窗坐久覺衣涼〔三〕。樓前古木高連日〔四〕，山後新花豔過牆〔五〕，還向河圖觀理數〔六〕，早從太極悟陰陽〔七〕。幽居自負書生性〔八〕，卻恨雲鬟是女妝〔九〕。

【箋注】

〔一〕題曰《獨坐書齋》，實為抒發抱負之作。

〔二〕春風香：唐李白《酬殷佐明見贈五雲裘歌》：「瑤臺雪花數千點，片片吹落春風香。」

〔三〕晴窗：唐杜甫《贈獻納使起居田舍人澄》詩：「晴窗點檢白雲篇。」

〔四〕古木：唐白居易《江樓夕望招客》詩：「風吹古木晴天雨。」

〔五〕新花：南朝齊謝朓《詠薔薇》詩：「新花對白日。」

〔六〕河圖句：河圖：《尚書·周書·顧命》：「天球、河圖。」漢孔安國傳：「河圖，即八卦。伏羲氏王天下，龍馬出河，遂則其文，以畫八卦，謂之河圖。」《易傳》認為八卦主要象徵天、地、雷、風、水、火、山、澤八種自然現象。理數：自然之道理。《三國志·蜀書·關羽等傳·評曰》：「以短取敗，理數之常也。」元董真卿《周易會通》卷一《周易上經》引宋元之際王希旦曰：「善讀《易》者，要識聖人畫卦作《易》來處，無非太極河圖、理數自然之妙，則《繫辭》啟蒙，是其機括。」句謂從八卦的演變，窺探宇宙萬事萬物變化的道理。

〔七〕太極句：太極：指天地未開、陰陽未分之前的原始混沌狀態。《周易‧繫辭上》：
「易有太極，是生兩儀，兩儀生四象，四象生八卦。」唐孔穎達疏：「太極，
謂天地未分之前元氣。」陰陽：化生萬物的兩種元素，即陰氣、陽氣。宋周敦
頤《太極圖說》：「無極而太極，太極動而生陽，動極而靜，靜而生陰。靜極復
動，一動一靜，互為其根，分陰分陽，兩儀立焉。」又云：「二氣交感，化生
萬物，萬物生生，而變化無窮焉。」句謂從太極中悟出自然界陰陽變化的規
律。太極，河圖，互文足義，均為《周易》之代稱。參見【後案】。

〔八〕幽居句：幽居：猶言隱居。《禮記‧儒行》：「儒有博學而不窮，篤行而不倦，
幽居而不淫。」《後漢書‧逸民列傳‧法真傳》：「學窮典奧，幽居恬泊，樂以
忘憂。」晉陶淵明《讀史述九章‧魯二儒》：「易代隨時，迷變則愚。介介若
人，特為貞夫。德不百年，污我詩書。逝然不顧，被褐幽居。」自負：《淮南
子‧詮言訓》「自偩」漢許慎注：「自偩（同負），自恃也。」性：天性、本性。
陶淵明《歸去來兮辭》：「質性自然，非矯勵所得。」又《歸園田居五首》之
一：「少無適俗韻，性本愛丘山。」

〔九〕雲鬢：婦女髮結如雲也。《詩經‧鄘風‧君子偕老》：「鬢髮如雲。」漢毛氏傳：
「鬢，黑髮也。如雲，言美長也。」唐杜甫《月夜》詩：「香霧雲鬢濕，清輝
玉臂寒。」

【編年】

此首題曰《海棠居獨坐》，當作於康熙初，居常州築海棠居後。

【後案】

李長祥曾研究《周易》（見《天問閣文集》卷四《讀〈易〉臺自序》），著
有《易經參伍錯綜圖》（見清嘉慶《達縣志》卷四十七《藝文志》）。姚淑受其
影響，亦喜讀《周易》。《海棠居記》：「自是漸窺經史，深更苦讀，以勞成疾。
猶欲余講《易》，余不與講，每背去，不相與語。然猶私讀也。其自作海棠居
詩，有云：『還向河圖觀理數，早從太極悟陰陽。』又云：『幽居自負書生性，
卻憾雲鬢是女妝。』予亦作二絕，其一云：『本是書齋靜似秋，終朝書卷不梳
頭。登樓我亦看書去，聞汝書聲又下樓。』述之作記。」

【集評】

清汪啟淑輯《擷芳集》卷十四、完顏妙蓮保輯《國朝閨秀正始續集》卷五
均選錄本詩。

遊楊氏園〔一〕

憶昔春遊到，裙裾掃石橋〔二〕。日光侵草色〔三〕，水影亂雲霄〔四〕。一路鳥邊過〔五〕，群姑岸外招。行行欲暫坐〔六〕，他處去還遙。

【校記】

群姑：康熙本《海棠居初集》作「郡姑」，此從嘉慶達縣李氏祠堂刊本、民國十一年南林劉承幹《求恕齋叢書》刊本《海棠居初集》。

【箋注】

〔一〕楊氏園：常州名勝。首云「憶昔春遊到」，當是重遊所作。案同時陳玉璂《學文堂集》卷三有《秋夜龔琅霞移尊招飲楊氏園，同諸公用工部〈遊何將軍山林十首〉韻》五律十首，姚淑此詩亦用杜甫前二首韻，而玉璂與龔琅霞（百藥）皆為長祥至契，疑本詩乃與玉璂同時作也。

〔二〕裙裾：裙子，裙幅。南朝梁庾信《夜聽搗衣》詩：「裙裾不奈長，衫袖偏宜短。」唐孟浩然《春情》：「坐時衣帶縈纖草，行即裙裾掃落梅。」

〔三〕草色：唐李白《觀元丹丘坐巫山屏風》詩：「水石潺湲萬壑分，煙光草色俱氛氳。」

〔四〕水影句：南朝梁何遜《夕望江橋示蕭諮議楊建康江主簿》詩：「風聲動密竹，水影漾長橋。」宋朱熹《觀書有感二首》之二：「半畝方塘一鑒開，天光雲影共徘徊。」

〔五〕鳥邊：唐王維《登裴迪秀才小臺作》詩：「落日鳥邊下，秋原人外閒。」劉長卿《夜宴洛陽程九主簿宅送楊三山人往天台尋智者禪師隱居》詩：「弄棹白蘋裏，掛帆飛鳥邊。」

〔六〕行行：連續地走。《文選》卷二十九《古詩十九首》之一：「行行重行行。」

又

何必山泉好〔一〕，眼前池水清〔二〕。折花貪滿袖〔三〕，看竹恐驚鶯〔四〕。石畔苔如錦〔五〕，籬邊菜是羹〔六〕。林深天乍見〔七〕，小徑趁人行〔八〕。

【校記】

本詩在康熙本《海棠居初集》第四葉 b 面第四至七行，題《又》（上接第四葉 a 面第八行至 b 面第三行《遊楊氏園》），本面第八行題《又》，下缺第五、第六葉。

【箋注】

〔一〕山泉好：隋盧思道《上巳禊飲》詩：「山泉好風日，城市厭囂塵。」

〔二〕池水清：晉傅玄《秋蘭篇》：「秋蘭蔭玉池，池水清且芳。」案陳玉璂《秋夜龔琅霞移尊飲楊氏園》詩第六首：「一帶東皋勝，誰教繪輞川」，第八首：「倚徙向亭池」，可想見楊氏園中池亭之勝。

〔三〕折花句：折花：《太平御覽》卷九百七十：「《荊州記》曰：陸凱與范曄相善，自江南寄梅花一枝詣長安與曄，並贈花詩曰：『折花逢驛使，寄與隴頭人。江南無所有，聊贈一枝春。』」貪：唐杜甫《漫成二首》之二：「仰面貪看鳥，回頭錯應人。」滿袖：杜甫《奉和賈至舍人早朝大明宮》：「朝罷香煙攜滿袖。」

〔四〕看竹句：暗用王子猷看竹故事。《晉書》卷八十《王徽之傳》：「徽之字子猷，性卓犖不羈。……時吳中一士大夫家有好竹，欲觀之，便出坐輿造竹下，諷嘯良久。主人灑掃請坐，徽之不顧。將出，主人乃閉門，徽之便以此賞之，盡歡而去。」並見《世說新語・任誕》。

〔五〕苔如錦：唐李白《酬殷佐明見贈五雲裘歌》：「濃似苔錦含碧滋。」劉兼《晝寢》詩：「花落青苔錦數重。」

〔六〕菜是羹：南朝梁宗懍《荊楚歲時記》：「正月七日為人日，以七種菜為羹。」

〔七〕天乍見：北魏酈道元《水經注》卷三十四《江水》「自三峽七百里中」：「自非停午夜分，不見曦月。」

〔八〕趁：宋陳彭年等《重修廣韻》卷四：「趁，逐。」唐杜甫《題鄭縣亭子》：「花底山蜂遠趁人。」

【附】秋夜龔琅霞移尊招飲楊氏園，同諸公用工部《遊何將軍山林十首》韻　陳玉璂

其二

為有幽尋興，行行過板橋。入門紆細路，倚樹豁層霄。來往應無定，親朋況此招。一杯休易盡，良夜正超遙。

其八

淒然思往事，倚徙向亭池。寄傲憑枯樹，忘機倒接䍦。繁華耽秘戲，歌舞聚群兒。景物還如昨，令人感歎隨。（自注：「園故為曹氏創，相傳歌舞甚盛。」）

《學文堂集》卷三

秋夜

　　山上樹過石〔一〕，花開一樓香〔二〕。黃昏妝已殘〔三〕，雲來月無光〔四〕。古書讀不盡〔五〕，有燭移到房〔六〕。半夜自覺寒〔七〕，呼兒添衣裳〔八〕。

【箋注】

〔一〕樹過石：謂山上樹多於石，掩蓋山石。柳宗元《鈷鉧潭西小邱記》：「嘉木立，美竹露，奇石顯。」《至小邱西小石潭記》：「伐竹取道。」《袁家渴記》：「有小山出水中，皆美石，上生青叢，冬夏常蔚然」，「每風自四山而下，振動大木，掩苒眾草，紛紅駭綠，蓊葧香氣。」可以參讀。

〔二〕樓：常州桃園草堂中李長祥、姚淑之讀書樓。李長祥《天問閣文集》卷二《墨竹樓記》：「夔子（長祥別號）在毗陵，逍遙山澤，館舍有假石山，山上茂林，四時之花備焉。仲淑作詩，有曰：『花開一樓香。』其嗜好遠矣。」

〔三〕妝已殘：唐王建《宮詞一百首》之八十一：「宿妝殘粉未明天。」宋蘇軾《菩薩蠻·夏景回文》詞：「閒照晚妝殘。殘妝晚照閒。」

〔四〕月無光：唐元稹《雜憶五首》之一：「今年寒食月無光。」

〔五〕古書句：唐白居易《詠拙》詩：「靜讀古人書。」

〔六〕燭移：南朝齊謝朓《奉和隨王殿下》之七：「宴私移燭飲。」唐曹鄴《將寄天平職書懷寄翰林從兄》詩：「吟餘紅燭移。」

〔七〕半夜句：宋蘇軾《雪後書北臺壁二首》之一：「五更曉色來書幌，半夜寒聲落畫簷。」

〔八〕呼兒：《文選》卷二十七《樂府古辭·飲馬長城窟行》：「呼兒烹鯉魚。」唐杜甫《雨過蘇端》：詩「呼兒具梨棗。」《賓至》詩：「呼兒正葛巾。」《同元使君春陵行並序》：「呼兒具紙筆。」

康熙三年至康熙五年之作

贈太史雙鬟〔一〕

　　幽居滿壁君文章〔二〕，欲到君前從整妝。書齋坐久共長吟〔三〕，侍兒取箋寶髻傍〔四〕。君愛盤雲雲生光〔五〕，恨君有翼志他方〔六〕。常恐風煙一舟行〔七〕，贈君雙鬟君莫忘〔八〕。

【箋注】

〔一〕太史：此稱李長祥。見前《贈太史》注〔一〕。雙鬟：古代年輕女子的兩個環
　　　形髮髻。漢辛延年《羽林郎》詩：「胡姬年十五，春日獨當壚。……兩鬟何窈
　　　窕，一世良所無。一鬟五百萬，兩鬟千萬餘。」唐白居易《續古詩十首》之
　　　五：「窈窕雙鬟女，容德俱如玉。」

〔二〕幽居句：幽居：見前《海棠居獨坐》注〔八〕。滿壁：唐杜甫《題玄武禪師屋
　　　壁》：「何年顧虎頭，滿壁畫瀛州。」

〔三〕長吟：晉陶淵明《癸卯歲始春懷古田舍二首》之二：「長吟掩柴門。」唐杜甫
　　　《解悶十二首》之七：「新詩改罷自長吟。」

〔四〕侍兒句：侍兒：婢女。唐白居易《長恨歌》：「侍兒扶起嬌無力。」寶髻：飾有
　　　珠翠的髮髻，後用作女子髮髻的美稱。唐李白《宮中行樂詞六首》：「山花插寶
　　　髻，石竹繡羅裳。」章孝標《貽美人》詩：「寶髻巧梳金翡翠。」句謂讓侍兒
　　　取來箋紙，張於旁邊，以盛剪下之雙鬟。

〔五〕盤雲：見前《早妝》注〔四〕。

〔六〕有翼句：有翼：謂如飛鴻之有羽翼，奮飛遠圖。《管子·戒》：「今夫鴻鵠，春
　　　北而秋南，而不失其時，夫唯有羽翼，以通其意於天下乎。」又云：「雖鴻鵠

之有翼，濟大水之有舟楫也，其將若君何。」南朝梁朱超《詠獨棲鳥》詩：「但令積風多少便，何患有翼不能飛。」志他方：謂長祥遠遊他方，志在復國。長祥遠遊的行蹤，據《天問閣文集》卷一《石井道士傳》（長祥自傳）說：「道士故好遊，於是又遊焉。南大河，北恒岳（今河北曲陽西北），左泰山，右積石（今甘肅省臨夏西北）；陷井陘（井陘關，今河北井陘縣北），絕桑乾（桑乾河，自山西北部東北流經河北北部），立白登（白登山，今山西大同東），遲土木（土木堡，今河北懷來東），龍關（今河北赤城西南）、雁門（雁門關，今山西代縣北），蜚狐（蜚狐口，今河北蔚縣南）、殺馬（殺馬關，今甘肅臨夏西南），莫不徘徊，以至於雲中（今山西大同，泛指今山西北部一帶）。作《雲中君之賦》，賦成，又循長城去。長城起臨洮（今甘肅臨洮），至遼海，萬餘里延袤。道士曰：『是何可不縱觀之盡。』」至於長祥北遊之志，據《石井道士傳》說：「嶽瀆關河，宮廟陵寢，悲歌之區，要領之處，必止馬留連，茂草黃花，索殘碑，覓故老，然後乃已。」同書卷四《祭和憲（方拱乾）先生文》說：「今予也，奔驅萬里，徒然遑遑，不得為斷首之樊於期。」足見長祥北行是訪求遺民，密謀恢復，甘願作為國獻身的樊於期。

〔七〕風煙：此喻戰亂之世。南朝陳韋鼎《在長安聽百舌》詩：「萬里風煙異，一鳥忽相驚。那能對遠客，還作故鄉聲。」唐杜甫《秋興八》之六：「瞿唐峽口曲江頭，萬里風煙接素秋。」宋陸游《觀長安城圖》：「日暮風煙傳隴上，秋高刁斗落雲間。」

〔八〕贈君雙鬟：長祥北遊，志在復明，姚淑剪雙鬟贈別，是以雙鬟伴隨遠行，表示夫婦志同道合，支持、勉勵長祥此行。清初鄒祗謨《驀山溪‧感舊》詞：「投贈雙鬟，一幅鮫綃縐。樓外月黃昏，試東風、情懷如酒。不堪重說，往事費思量，分離後。」所述女子剪雙鬟贈別，可以參閱。惟鄒詞所述剪雙鬟贈別，只是表示莫忘舊情；姚詩所述剪雙鬟贈別，則是表示志同道合。

【編年】

本詩為康熙三年甲辰（一六六四年）李長祥將北遊時作。長祥於是年秋天，從常州出發，經蘇州至揚州，再北上。案明翁洲老民《海東逸史》卷十八《李長祥傳》：「（長祥）由吳門渡秦郵，走河北，遍歷宣府（宣化府，今河北張家口）、大同。」李長祥《天問閣文集》卷二《江都董子祠記》：「歲甲辰（康熙三年）秋，予來江都。」《天問閣文集》卷四《贈李條侯序》：「條侯在兩淮間，以豪俠聞……予常過兩淮矣，……今與過朝歌，吾別去。」以及《石井道

士傳》（已見箋注〔四〕所引）。據此可知長祥北遊，以康熙三年甲辰自江蘇常
州經揚州，轉向安徽、河南，歷河北、山西等省，至康熙五年丙午（一六六六
年）方回到常州。案其時，在康熙五年五月長祥師方拱乾去世之前不久。《天
問閣文集》卷二《和憲先生桐城方公（拱乾）墓誌銘》云：「公在江都，疾，
召門人李長祥於毗陵，……未十日，而先生卒。」又云：又云：「（公）卒於丙
午夏五月二十六日。」同書卷四《祭和憲先生文》：「今予也，奔驅萬里，徒然
遑遑，不得為斷首之樊於期，公即已休。」同書卷三《與熊魚山書》：「庵前拜
別，越版險，經混沌之地，計時兩歲，路萬里。氣血枝梧，不諳自存惜，乃耳
目茫然，返矣。」由上可知，長祥北遊為康熙三年至五年間事，此行計歷時兩
年，行程萬里。

【後案】

　　案當時顧炎武、屈大均諸人均有志於北方，圖謀恢復。鄧之誠《清詩紀事
初編》卷一「顧炎武」條：「（炎武）是後二十年間，蹤跡多在山左右。嘗出雁
門，兩至大同。蓋明亡邊兵多有存者，姜瓖之變，募邊兵事攻戰，期年清人不
能克。李因篤屈大均在塞上，意即在此。知炎武始終不忘恢復。」鄔慶時《屈
翁山年譜》：「先生知山、陝之間，僻處一隅，清不甚妨閒，有志之士，多匿處
以圖恢復。因與杜蒼舒入陝聯絡。」（王蘧常《顧亭林詩集匯注》卷五引）長
祥北遊，與顧、屈諸人之北行略同。

七夕〔一〕

　　徘徊雲漢間〔二〕，終古織機杼〔三〕。一年不得息，此夕渡河去〔四〕。
依依兩相歡〔五〕，歡好復幾許〔六〕。東方高明星〔七〕，別去不能語〔八〕。

【校記】

　　終古：康熙本作「中古」，此從嘉慶達縣祠堂本、《求恕齋叢書》本。

【箋注】

　〔一〕七夕：夏曆七月初七晚上。宋陳元靚《歲時廣記》卷二十六：「梁吳均《續齊
　　　　諧記》曰：桂陽成武丁有仙道，常在人間，忽謂其弟曰：『七月七日，織女渡
　　　　河，諸仙悉還宮，吾向已被召，不得暫停，與爾別矣。後三千年，當復還。』
　　　　弟問曰：『織女何事渡河？兄何當還？』答曰：『織女暫詣牽牛，一去後，三千
　　　　年當還。』明旦，果失武丁所在。世人至今猶云，七月七日織女嫁牽牛。又，

宗懔《荊楚歲時記》云：七月七日，世謂織女牽牛聚會之日，是夕，陳瓜果於庭中以乞巧。」

〔二〕徘徊句：徘徊：往返迴旋，來回走動。《荀子·禮論》：「今夫大鳥獸則失亡其群匹，越月踰時，則必反鉛；過故鄉，則必徘徊焉，鳴號焉，躑躅焉，踟躕焉，然後能去之也。」唐楊倞注：「徘徊，迴旋飛翔之貌。」雲漢：銀漢，銀河。《詩經·大雅·棫樸》：「倬彼雲漢，為章于天。」漢毛氏傳：「雲漢，天河也。」

〔三〕終古：永遠。《楚辭》卷二屈原《九歌·禮魂》：「春蘭兮秋菊，長無絕兮終古。」宋洪興祖補注：「終古，猶永古也。」織機杼：《文選》卷二十九《古詩十九首》之十：「迢迢牽牛星，皎皎河漢女。纖纖擢素手，札札弄機杼。」參見本詩下注〔四〕。

〔四〕渡河：明馮應京《月令廣義》卷十四《七月令·日次·初七日·一年一會》引南朝梁殷芸《小說》：「天河之東有織女，天帝之子也。年年機杼勞役，織成雲錦天衣，容貌不暇整。帝憐其獨處，許嫁河西牽牛郎。嫁後，遂廢織紝。天帝怒，責令歸河東，但使一年一度相會。」唐杜甫《天河》詩：「牛女年年渡，何曾風浪生。」

〔五〕依依：《四部叢刊》景明活字本南朝梁徐陵選編《玉臺新詠》卷一無名氏《古詩為焦仲卿妻作》：「賤妾留空房，相見常自稀，彼意常依依。」唐崔素娥《別韋洵美詩》：「妾閉閒房君路歧，妾心君恨兩依依。」

〔六〕幾許：多少。此指約計的時數。《文選》卷二十九《古詩十九首》之十：「河漢清且淺，相去復幾許。」則指約計的距離。

〔七〕明星：《爾雅·釋天》：「明星謂之啟明。」晉郭璞注：「太白星也，晨見東方為啟明，昏見西方為太白。」

〔八〕不能語：《文選》卷二十九《古詩十九首》之十：「盈盈一水間，脈脈不得語。」

【編年】

此與前首為同一時期之作。

中秋

浮雲散盡月悠悠〔一〕，半夜天涯共此秋〔二〕。杯裏酒光紅似粉〔三〕，幾分清露濕釵頭。

【箋注】

〔一〕浮雲句：雲散：宋蘇軾《六月二十日夜渡海》詩：「雲散月明誰點綴。」悠悠：

安閒靜止貌。唐張登《仲秋夜郡內西亭對月》詩:「天高月滿影悠悠。」

〔二〕天涯句:天涯:天邊,極遠的地方。《文選》卷二十九《古詩十九首》之一(行
　　行重行行):「相去萬餘里,各在天一涯。」唐王勃《杜少甫之任蜀州》詩:「海
　　內存知己,天涯若比鄰。」杜甫《野望》:「海內風塵諸弟隔,天涯涕淚一身
　　遙。」《涪江泛舟送韋班歸京得山字》:「天涯故人少。」此句詩意,化用唐張
　　若虛《春江花月夜》詩:「誰家今夜扁舟子,何處相思明月樓。」又云:「此時
　　相望不相聞。」張九齡《望月懷遠》詩:「海上生明月,天涯共此時。情人怨
　　遙夜,竟夕起相思。」

〔三〕酒光紅:唐岑參《與鮮于庶子泛漢江》詩:「酒光紅琥珀,江色碧琉璃。」

【編年】

　　詩有「天涯共此秋」語,當為康熙三、四年間長祥北遊時所作。

【集評】

　　清汪啟淑輯《擷芳集》卷十四選錄本詩。

掃山

　　山有秋風木葉萋〔一〕,花有清香人不移〔二〕。卻嫌草荒無路上,舉頭
看去即多迷〔三〕。侍兒兩兩呼之去,屈身剪除各無語〔四〕。輕羅徐步立山
頭〔五〕,每日太史同此處〔六〕。

【箋注】

〔一〕山有句:秋風木葉:《楚辭》卷二《九歌·湘夫人》:「嫋嫋兮秋風,洞庭波木葉
　　　下。」萋:《詩經·周南·葛覃》:「維葉萋萋。」漢毛氏傳:「萋萋,茂盛貌。」

〔二〕花有清香:宋蘇軾《春夜》詩:「花有清香月有陰。」

〔三〕舉頭看:唐李白《靜夜思》:「舉頭望明月。」韓愈《送惠師》:「舉頭看星辰。」

〔四〕剪除:指斬除荒草。晉袁宏《三國名臣序贊》:「思樹芳蘭,剪除荊棘。」

〔五〕輕羅:一種質地較薄的絲織品,此指輕羅之衣。梁武帝蕭衍《搗衣》:「輕羅飛
　　　玉腕。」唐岑參《田使君美人舞如蓮花北鋋歌》:「輕羅金縷花蔥蘢。」

〔六〕每日句:謂往日與長祥常登此山也。太史:此稱李長祥。見前《贈太史》注
　　　〔一〕。

【編年】

　　細玩全詩之意,當是康熙三年秋,姚淑登山懷念長祥遠遊在外而作。

自君之出矣〔一〕

　　自君之出矣，不復整衣裳〔二〕。思君如落葉〔三〕，片片到他鄉〔四〕。

【箋注】

〔一〕《自君之出矣》本樂府篇名。宋郭茂倩輯《樂府詩集》六十九《雜曲歌辭‧自君之出矣》：「漢徐幹《室思詩》五章，其第三章曰：『自君之出矣，明鏡暗不治。思君如流水，無有窮盡時。』《自君之出矣》，蓋起於此。」同書同卷載有南朝陳後主同題聯章詩六首（見附錄）。此詩亦全組六首，低徊往復，傾吐其對長祥拳拳弗釋的深情。

〔二〕不復：唐張九齡《賦得自君之出矣》：「自君之出矣，不復理殘機。思君如滿月，夜夜減清輝。」

〔三〕思君句：元顧瑛編《草堂雅集》卷九郭翼《自君之出矣》詩三首其三：「自君之出矣，琴瑟何曾御。思君如落葉，蕭瑟悲秋暮。」姚淑詩「思君如落葉」句與郭翼詩句是異曲同工，但下句「片片到他鄉」則別開生面。

〔四〕他鄉：《文選》卷二十七《樂府古辭‧飲馬長城窟行》：「遠道不可思，夙昔夢見之。夢見在我傍，忽覺在他鄉。他鄉各異縣，輾轉不可見。」

又

　　自君之出矣，日日損胭脂〔一〕。思君如蕙草〔二〕，搖落是秋期〔三〕。

【箋注】

〔一〕胭脂句：胭脂：一作燕支，婦女的化妝品，此指容顏。《四部叢刊三編》景宋本晉崔豹《古今注》卷下：「燕支葉似薊，花似捕（蒲）公，出西方，土人以染，名為燕支。中國亦謂為紅藍，以染粉，為婦人色，謂為燕支粉。」損胭脂：謂容顏憔悴。

〔二〕蕙草：香草名。又名薰草、零陵香。《楚辭》卷一屈原《離騷》：「余既滋蘭之九畹兮，又樹蕙之百畝。」晉嵇含《南方草木狀》卷上：「蕙草，一名薰草，葉如麻，兩兩相對，氣如蘪蕪，可以止癘，出南海。」南朝梁江淹《古別離》詩：「不惜蕙草晚，所悲道里寒。」

〔三〕搖落句：搖落：《楚辭》卷八宋玉《九辯》：「悲哉秋之為氣也，蕭瑟兮草木搖落而變衰。」三國魏曹丕《燕歌行》二首之一：「秋風蕭瑟天氣涼，草木搖落露為霜。」秋期：《詩經‧衛風‧氓》：「將子無怒，秋以為期。」唐沈佺期《牛女》詩：「粉席秋期緩，針樓別怨多。」

又

自君之出矣，惆悵入羅幃〔一〕。思君如畫鳥，有翼不能飛〔二〕。

【箋注】

〔一〕惆悵句：惆悵：傷感，懊惱。《楚辭》卷八宋玉《九辯》：「廓落兮羈旅而無友生，惆悵兮而私自憐。」羅幃：羅帳，絲織的帳幕、床帳。唐盧照鄰《長安古意》詩：「雙燕雙飛繞畫梁，羅幃翠被鬱金香。」

〔二〕有翼句：見前《贈太史雙鬟》詩注〔六〕。

又

自君之出矣，長歎無人知〔一〕。思君如大石，寸寸不能移〔二〕。

【箋注】

〔一〕無人知：唐白居易《潛別離》詩：「不得哭，潛別離。不得語，暗相思。兩心之外無人知。」

〔二〕思君二句：《詩經·邶風·柏舟》：「我心匪石，不可轉也。我心匪席，不可卷也。」漢毛氏傳：「石雖堅，尚可轉。席雖平，尚可卷。」漢鄭玄箋：「言己心志堅、平，過於石、席。」此變化其意而用之。

又

自君之出矣，日日望還家〔一〕。思君如短笛，夢裏落梅花〔二〕。

【箋注】

〔一〕日日句：唐劉商《送人往虔州》詩：「高樓日日望還家。」

〔二〕落梅花：宋郭茂倩輯《樂府詩集》卷二十四《橫吹曲辭·漢橫吹曲》：「《梅花落》，本笛中曲也。」唐李白《與史郎中飲聽黃鶴樓上吹笛》詩：「黃鶴樓中吹玉笛，江城五月落梅花。」又《觀胡人吹笛》詩：「胡人吹玉笛，一半是秦聲。十月吳山曉，梅花落敬亭。」

又

自君之出矣，書舍日淒涼。思君如一月，兩處見天光〔一〕。

【箋注】

〔一〕思君二句：承前首「思君如短笛，夢裏落梅花」，言夢裏對月思君，夢醒對月思君，如對一月，並非一月，然而兩處都是對月思君，直到天明。意境暗用杜

甫《夢李白二首》其一：「落月滿屋樑，猶疑照顏色。」而推擴之，化杜詩寫夢醒為兼寫夢裏、夢醒，別開生面。杜詩此二句之下文：「水深波浪闊，無使蛟龍得。」隱然意在言外。

【編年】

此與前首同是康熙三、四年間長祥北遊時所作。

【集評】

清汪啟淑輯《擷芳集》卷十四選錄本詩「惆悵入羅幃」、「日日望還家」兩首。

【附】自君之出矣　　南朝陳後主

自君之出矣，霜暉當夜明。思君如風影，來去不曾停。
自君之出矣，房空幃帳輕。思君如畫燭，懷心不見明。
自君之出矣，不分道無情。思君如寒草，零落故心生。
自君之出矣，塵網暗羅幃。思君如落日，無有暫還時。
自君之出矣，綠葉遍階生。思君如夜燭，垂淚著雞鳴。
自君之出矣，愁顏難復覩。思君如蘗條，夜夜只交苦。

《樂府詩集》卷六十九

明月

明月照水水更清〔一〕，亂風吹月月光明〔二〕。明者浮水隨水動，若疑月從水上生〔三〕。看來月在高天上，又有杯裏月蕩漾〔四〕。我欲取來取不得〔五〕，我去月來同默默〔六〕。

【校記】

月光明：康熙本作：「光明明」，此從嘉慶達縣祠堂本、《求恕齋叢書》本。

【箋注】

〔一〕明月照水：元劉敏中《和傅君實張公子園賞花二首並引》之二：「高霞落日爛如綺，明月照水清無塵。」

〔二〕風吹月：南朝齊謝朓《和王中丞聞琴》詩：「涼風吹月露，圓景動清陰。」唐李白《關山月》詩：「明月出天山，蒼茫雲海間。長風幾萬里，吹度玉門關。」《魯郡堯祠送竇明府薄華還西京》詩：「長風吹月度海來。」

〔三〕月從水上生：唐張九齡《望月懷遠》詩：「海上生明月。」

〔四〕杯裏月：唐劉禹錫《途次山陽》詩：「清淮月影落金巵。」

〔五〕取不得：唐張若虛《春江花月夜》詩：「空裏流霜不覺飛。」張九齡《望月懷
　　　遠》詩：「不堪盈手贈。」姚詩此二句，與之意同而造語不同。

〔六〕我去月來：張若虛《春江花月夜》詩：「玉戶簾中卷不去，搗衣砧上拂還來。」

【編年】

　　自此詩至《憶太史》三首，細玩各詩旨趣，皆為康熙三、四年間長祥北遊
時，姚淑居常州桃園草堂所作。

高臺望明月〔一〕

　　明月當臺滿，萬方共一光〔二〕。溶溶天氣靜〔三〕，白白地霜長〔四〕。
漸覺雲鬟濕〔五〕，還看寶髻涼〔六〕。清輝吹不斷〔七〕，偏是到紅妝〔八〕。

【箋注】

〔一〕望明月：本詩亦為康熙三年至康熙五年間，李長祥北遊從事地下復明活動時，
　　　姚淑思念長祥所作。題曰「望明月」，寓意實深。第一，本詩乃是從杜甫《月
　　　夜》詩意境變化而來，《月夜》是杜甫在安史叛軍佔領下的長安思念遠方的妻
　　　子所作，本詩是妻子思念在遠方從事地下復明活動的丈夫所作。第二，「明月」
　　　之「明」字，明明就是明朝之「明」字也。

〔二〕明月二句：「明」、「萬方」：今典出自姚淑自己康熙元年所作《憶鍾山》詩：
　　　「萬方之天，豈不明矣。」《憶鍾山》的主旨，乃是不屈不撓的反清復明理
　　　想。

〔三〕溶溶：月光蕩漾貌。唐許渾《冬日宣城開元寺贈元孚上人》詩：「林疏霜槭槭，
　　　波靜月溶溶。」宋晏殊《寓意》詩：「梨花院落溶溶月。」

〔四〕地霜：唐李白《靜夜思》詩：「床前明月光，疑是地上霜。」

〔五〕雲鬟濕：唐杜甫《月夜》詩：「香霧雲鬟濕。」雲鬟：見前《海棠居獨坐》注
　　　〔九〕。

〔六〕寶髻：見前《贈太史雙鬟》注〔四〕。以上二句，謂身在常州家中，月夜思念
　　　遠在北方從事地下復明活動的丈夫，漸覺雲鬟為夜氣所濕，寶髻為夜氣所涼。
　　　暗指與杜甫《月夜》所寫身在淪陷區長安，思念遠在鄜州的妻子，「今夜鄜州
　　　月，閨中只獨看」，「香霧雲鬟濕」，情景相同。

〔七〕清輝句：清輝：唐杜甫《月夜》詩：「清輝玉臂寒。」吹不斷：唐李白《望廬
　　　山瀑布水二首》其一：「海風吹不斷，江月照還空。」此借李白詩謂風吹不斷

瀑布,指風吹不斷月光。「清輝吹不斷」,較「海風吹不斷」,更為空靈、神韻。唐張若虛《春江花月夜》詩「空裏流霜不覺飛」,寫出月光不可把握的特性,「清輝吹不斷」,則寫出月光風吹不斷的特性,兩詩同一空靈、神韻。

〔八〕偏是句:偏:特別,在此訓為特地。宋郭茂倩輯《樂府詩集》卷四十四《晉宋齊辭‧子夜四時歌‧夏歌二十首》之十八:「情知三夏熱,今日偏獨甚。」梁武帝蕭衍《古意二首》之一:「既悲征役久,偏傷壟上兒。」唐李白《送友人尋越中山水》:「聞道稽山去,偏宜謝客才。」嚴武《巴嶺答杜二見憶》:「可但步兵偏愛酒,也知光祿最能詩。」紅妝:婦女妝飾多紅色,故稱為「紅妝」,代指婦女,此是姚淑自指。南朝梁何遜《看伏郎新婚》:「何如花燭夜,輕扇掩紅妝。」《樂府詩集》卷二十五《古辭‧木蘭詩二首之一》:「阿姊聞妹來,當戶理紅妝。」以上二句,謂秋風吹不斷明月的清輝,清輝特地來到了自己身邊。這明明是說,清輝乃是丈夫對自己的思念。這是杜甫《月夜》所未有的意境創新。

【後案】

案本詩乃取杜甫《月夜》詩意而化用之。杜甫《月夜》,是身處安史叛軍佔領下的長安,懷念異地之妻子兒女而作;姚淑此詩,是滿清入主中原後,懷念丈夫李長祥為復明行役於外的篇什。與杜甫情事略同,其用意實深也。

杜甫《大雲寺贊公房》之三:「明朝在沃野,苦見塵沙黃。」之四:「艱難世事迫,隱遁佳期後。晤語契深心,那能總箝口。」可見杜甫身處安史叛軍佔領的長安,是在從事地下光復活動。姚淑熟習杜詩,暗以從事地下光復活動的杜甫,喻指從事地下復明活動的長祥。這是本詩的深刻用意之一。詩中對復明志士丈夫的相思,包含了志同道合的相知。這是本詩的深刻用意之二。

「清輝吹不斷,偏是到紅妝。」寫眼前景,熔李白、杜甫兩家詩為一爐,罕見;以溫柔的比興、巧妙的用典,寫出丈夫對自己之思念的優美意境,獨創;包含了對丈夫從事地下復明活動的理解,深刻。若非實有此等精神境界、生活體驗,如何道的出?若非把李白、杜甫兩家詩爛熟於心,又能妙手拈來,亦是寫不出。

憶太史〔一〕

寒風蕭瑟落葉時〔二〕,與君共月君不知〔三〕。夜長清漏一幃孤〔四〕,夢斷他鄉心自疑〔五〕。有鴉聲噪寒霜淒〔六〕,欲寫新詩愁凍筆〔七〕。獨上

妝臺倚鏡邊，數得歸期在何日〔八〕。

【箋注】

〔一〕太史：此稱李長祥。見前《贈太史》注〔一〕。

〔二〕蕭瑟：草木被風吹拂的聲音。《楚辭》卷八宋玉《九辯》：「蕭瑟兮草木搖落而
變衰。」漢王逸注：「陰令促急風疾暴也。」東漢曹操《苦寒行》詩：「樹木何
蕭瑟，北風聲正悲。」三國魏曹丕《燕歌行二首》之一：「秋風蕭瑟天氣涼，
草木搖落露為霜。」

〔三〕與君句：共月：唐張若虛《春江花月夜》詩：「此時相望不相聞。」君不知：
南朝梁王僧孺《秋閨怨》：「徒勞妾辛苦，終言君不知。」

〔四〕清漏：清晰的滴漏聲。古代以銅壺滴漏計時。唐杜甫《洞房》詩：「繫舟今夜
遠，清漏往時同。」

〔五〕夢斷句：《文選》卷二十七《樂府古辭‧飲馬長城窟行》：「遠道不可思，宿昔
夢見之。夢見在我傍，忽覺在他鄉。他鄉各異縣，展轉不可見。」

〔六〕溧：凜溧，猶栗烈、凜冽，形容寒冷刺骨。《詩經‧豳風‧七月》：「二之日栗
烈。」晉傅咸《神泉賦》：「六合蕭條，嚴霜凜冽。」唐李白《大獵賦》：「若乃
嚴冬慘切，寒氣凜冽。」明劉基《為詹同文題浙江月夜觀潮圖》詩：「商聲爽
淅合群籟，澤國凜溧寒欲凍。」

〔七〕凍筆：宋范成大《南塘冬夜偶和》詩：「凍筆難驅字更難。」

〔八〕歸期：《詩經‧邶風‧擊鼓》：「不我以歸，憂心有忡。」漢鄭玄箋：「不與我歸
期，兵凶事，懼不得歸，豫憂之。」晉潘岳《內顧詩》：「引領訊歸期，沉思不
可釋。」唐杜甫《陪鄭廣文遊何將軍山林》之十：「幽意忽不愜，歸期無奈何。」
李商隱《夜雨寄北》詩：「君問歸期未有期。」宋陸游《聞杜鵑戲作絕句》：「憑
鞍日日數歸期。」

康熙六年之作

送太史游臨安〔一〕

送君上扁舟，低首不能語。歸來無幾時〔二〕，今又遠方去。步步望不見，何時共一處？不惜閨閣寒〔三〕，但恐風煙阻〔四〕。

【箋注】

〔一〕太史：此稱李長祥。臨安：今浙江杭州市。宋李心傳《建炎以來繫年要錄》卷二十五建炎三年秋七月辛卯：「升杭州為臨安府。」明李賢等《大明一統志》卷三十八《浙江布政司‧杭州府》：「宋為杭州高宗南渡，遷都於杭，升為臨安府。元立兩浙都督府，尋改杭州路。本朝改為杭州府。」嘉慶《大清一統志》卷二百八十三《浙江‧杭州府》：「本朝因之。」

〔二〕幾時：長祥自康熙三年秋北遊，於去年康熙五年始歸，今又去臨安，故云歸來無幾時也。

〔三〕閨閣：女子居室。唐劉希夷《搗衣篇》：「燕山遊子衣裳薄，秦地佳人閨閣寒。」白居易《閨怨詞三首》：「關山征戍遠，閨閣別離難。」《宋史》卷四百六十《塗端友妻陳氏傳》：「吾聞貞女不出閨閣。」

〔四〕風煙：見前《贈太史雙鬟》注〔七〕。

【編年】

此康熙六年（一六六七年）冬，長祥遊杭州時，姚淑送別之作。李長祥《天問閣文集》卷三《與吳浙癸未友人書》：「丁未（即康熙六年）冬，來臨安。」可證。

【集評】

清汪啟淑輯《擷芳集》卷十四選錄本詩。

寄太史〔一〕

年年歎離別〔二〕，此別何時休〔三〕。樓頭望不見〔四〕，從今不上樓。君不惜娥眉〔五〕，娥眉空作愁。無錢買鯉魚〔六〕，君書何處求。

【校記】

詩題：清朱彝尊《明詩綜》卷八十六題作「寄研齋太史」。

【箋注】

〔一〕太史：此稱李長祥。見前《贈太史》注〔一〕。

〔二〕年年歎離別：案長祥康熙三年北遊，歷兩年始歸，今又出遊杭州，故云。參見前詩《送太史游臨安》注〔二〕。

〔三〕何時休：唐杜甫《暮秋枉裴道州手札率爾遣興寄近呈蘇渙侍御》詩：「天下鼓角何時休。」

〔四〕樓頭望不見：宋郭茂倩輯《樂府詩集》卷七十二《雜曲歌辭·古辭·西洲曲》：「樓高望不見，盡日欄杆頭。」

〔五〕惜娥眉：唐郭元振《王昭君》詩：「聞有河南信，傳言殺畫師。始知君念重，更肯惜娥眉。」娥眉：原作蛾眉，形容女子之眉修長而美者。《詩經·衛風·碩人》：「螓首蛾眉。」南朝宋鮑照《翫月城西門廨中》詩：「始見西南樓，纖纖如玉鉤。未映東北墀，娟娟似娥眉。」唐李白《怨情》詩：「美人卷珠簾，深坐顰蛾眉。」後亦借為女子之代稱。

〔六〕鯉魚：書信的代稱。《文選》卷二十七《樂府古辭·飲馬長城窟行》：「客從遠方來，遺我雙鯉魚。呼兒烹鯉魚，中有尺素書，長跪讀素書，書中竟何如？上有加餐食，下有長相憶。」唐李善注：「鄭玄《禮記》注曰：素，生帛也。」呂向注：「尺素，絹也。古人為書，多書於絹。」唐孟浩然《送王大校書》詩：「尺書能不吝，時望鯉魚傳。」杜甫《寄岑嘉州》詩：「不見故人十年餘，不道故人無素書。」又云：「眼前所寄選何物，贈子雲安雙鯉魚。」

【編年】

本詩係康熙六年作。詳見前詩【編年】。

【集評】

　　清朱彝尊編《明詩綜》卷八十五、清張豫章輯《四朝詩‧明詩》卷三十五、錢仲聯《清詩紀事‧列女卷》，均選錄本詩。

康熙十年之作

外甥唐大陶至〔一〕

扁舟到毗陵〔二〕，天涯嗟爾至〔三〕。當軒置尊酒〔四〕，雲盡月下地〔五〕。對月語重重〔六〕，此會良不易〔七〕。今日吾家客，明朝煙水次〔八〕。

【箋注】

〔一〕外甥：姊妹之子。漢劉熙《釋名》卷三《釋親屬》：「舅謂姊妹之子曰甥。」唐大陶（一六三〇～一七〇四年）：字鑄萬，後易名甄，四川達州人，李長祥之外甥，清初傑出的思想家。清王聞遠《西蜀唐圃亭先生行略》：「先生姓唐氏，諱大陶，字鑄萬。順治丁酉舉人，仕為山西潞安府長子縣知縣。後更名曰甄，別號圃亭。先生生於西蜀夔州府之達州，幼即岐嶷不凡，八歲，從父亨予公諱皆泰為吳江令，時張獻忠寇蜀，蜀地為赤，不得返故鄉，遂家吳焉。先生十四五歲，即嗜古學，精進淬礪，不拘拘於師說，落筆卓有端緒。善為歌詩，集中如《散病》《獨飲》《春遊》諸詩，皆少作也。附居舅氏李研齋家，太夫人督課甚嚴，故先生有『晝當課其文，夜當課其詩』之句。」楊賓《楊大瓢先生雜文殘稿·唐鑄萬傳》：「唐大陶，字鑄萬，蜀之達州人。其父階泰，啟、禎間為吳江令。……會國變蜀亂，不能歸，遂家吳江。大陶樸略負氣，無所好，獨好為文。……順治丁酉舉於鄉，會試不第，謁選知長子縣，日為文不事事。未一歲，罷歸，益發憤為文。……己未（康熙十八年，一六七九年）夏，寧都魏禧以文名當世，辭聘避吳門王楓橋吳傳鼎家。楓橋去城十里許，大陶平旦盥沐，懷所著《衡書》，自持刺往訪之。及門，日已午，門者相其衣冠，受其書與刺而謝之。大陶餒不能行，雖去，猶徘徊橋上下。禧方袒裼臥竹床納涼，見其

書，讀之至《五行》，蹴然起，呼門者追客，必使返，而大陶猶在。禧衣冠迎入，扶大陶坐堂上，而自拜於堂下，曰：『五百年無此文矣！』因呼傳鼎具食，共讀之。讀竟付梓，而《衡書》始著。……蜀撫姚締虞奏驅蜀人歸蜀，大陶乃變姓名曰甄，出入避人。……所著有《潛書》若干卷，《潛書》者，《衡書》之所改名者也；詩集若干卷；《春秋述傳》若干卷；《雜文》若干卷；《日記》若干卷。」

〔二〕扁舟句：扁舟：小船。宋蘇軾《前赤壁賦》：「駕一葉之扁舟。」毗陵：常州古稱。明李賢等《大明一統志》卷十《常州府》：「晉太康初，省校尉分吳郡置毗陵郡，東晉初，改為晉陵郡，……宋、齊、梁、陳皆因之。隋開皇中，廢郡置常州，太業初，改為毗陵郡。唐武德初，改常州。」

〔三〕天涯：見前《中秋》注〔二〕。案大陶時從山西長子縣（今山西長子縣）罷官至常州，其行程甚遠，故云。

〔四〕當軒句：唐盧綸《送顧秘書獻書後歸岳州》詩：「當軒置尊酒，送客歸江城。」

〔五〕雲盡句：雲彩散盡，月光照地。宋蘇軾《六月二十日夜渡海》詩：「雲散月明誰點綴，天容海色本澄清。」

〔六〕對月句：月：隱喻遺明朝。《周易·繫辭下》：「日月相推，而明生焉。」明字從日從月，是會意字。姚淑《讀太史詩》：「日月山川詩句裏」，「胞中別有一天地」，日月二字連用，顯然喻指明朝。姚淑詠月詩甚多，其中一些詩，月是隱喻明朝。《外甥唐大陶至》：「雲盡月下地，對月語重重」，《夏日》：「明心在月中」，《好客多乘月》：「此時人人月相似，此月照人光不已。獨有高人月更清，行去行來月光裏」，月隱喻明遺民心中之明朝。《聯句》：「天從地下起」，「向月卻憐妝」，月隱喻當下有希望的明朝復興。案同時期黃媛介《眼兒媚·謝別柳河東夫人》詞二首之二：「月兒殘了又重明。後會豈如今。」月亦隱喻明朝。可知月隱喻明朝，乃是明遺民詩詞之一共同藝術意象。語重重：言語層層深入，語重心長。宋陳與義《羅江二絕》之二：「好語重重意不傳。」清初杜濬《答贈山公和尚偈五首用步元韻》之二：「先師曾示語重重。」

〔七〕此會句：唐劉長卿《題冤句宋少府廳留別》詩：「此會良不易。」

〔八〕明朝句：煙水：多用於描寫隱逸生涯。晉皇甫謐《高士傳》卷中《漁父》：「楚老垂竿，漁於煙水。」唐李白《金門答蘇秀才》詩：「身世如兩忘，從君老煙水。」韓愈《桃源圖》詩：「船開棹進一回顧，萬里蒼蒼煙水暮。」次：旅行所停留的地方。《周易·旅卦·六二》：「旅即次。」魏王弼注：「次者，可以安

行旅之地也。」唐王灣《次北固山下》詩：「客路青山外，行舟綠水前。」

【編年】

本詩約作於康熙十年（一六七一年）冬。按大陶自順治十四年（一六五七年）從蘇州回四川，於閬中參加鄉試，中舉人。順治十五年（一六五八年）由四川經陝西、河南赴北京參加進士考試，不中，復參加吏部試，被分往山西。於康熙十年任山西長子縣知縣。（參閱李之勤《唐甄事蹟叢考·事蹟簡表》，《潛書》附錄，中華書局，一九六三年，第二九一頁。）《清史列傳》卷七十《唐甄傳》：「（甄）選山西長子縣知縣，導民蠶桑，以身率之，日省於鄉。三旬而樹桑八十萬本，民業利焉。甫十月，以逃人詿誤去官，僦居吳市（今蘇州市）。」是大陶到常州省視其舅李長祥，當是康熙十年冬去官以後之事。

【後案】

案唐李益《喜見外弟又言別》：「十年離亂後，長大一相逢。問姓驚初見，稱名憶舊容。別來滄海事，語罷暮天鍾。明日巴陵道，秋山又幾重。」此詩意境與之相似，而毫無遜色。

【集評】

鄧之誠《清詩紀事初編》卷四「姚淑」條選錄本詩。

雨飲

混沌一天雨〔一〕，今朝落下來。大風吹亂甚〔二〕，太史樂奇哉〔三〕。有酒數瓶滿，呼兒與姪開〔四〕。家君忘白髮〔五〕，醉後欲登臺。

【箋注】

〔一〕混沌：謂渾合不可分也。漢班固《白虎通》卷八《天地》：「混沌相連，視之不見，聽之不聞，然後剖判。」唐儲光羲《仲夏入園中東陂》詩：「暑雨若混沌，清明如空虛。」

〔二〕大風：《史記·高祖本紀》：「高祖擊筑，自為歌詩曰：大風起兮雲飛揚。」

〔三〕太史：此稱李長祥。見前《贈太史》注〔一〕。

〔四〕呼兒句：呼兒：見前《秋夜》詩注〔八〕。兒：案長祥有二子。長名李畝，為長祥原配黃夫人所生。清全祖望《鮚埼亭集外編》卷九《前侍郎達州李公研齋行狀》：「初，侍郎之在寨中也，寄孥上虞之趙氏。及寨潰，相傳侍郎已歿，其夫人黃氏聚其家人謀共死。有僕婦曰文鴛，夫人婢也，曰：『夫人當為公子

計，以延李氏香火，惡可死！』曰：『然則奈何？』曰：『婢子死罪，願代夫人，以吾女代公子，俟死於此，而夫人速以公子去。』夫人泣曰：『安忍使汝代我死。』曰：『小不忍，最害事。』速驅之。而山中有羅吉甫者，時時遊侍郎門下。至是奔至，曰：『夫人、公子我則任之。雖以是死，甘心焉。』於是夫人抱其子畝拜吉甫，且拜文鶯。文鶯曰：『夫人休矣，捕者行至矣。』甫出門，捕者至，以文鶯去。」一為姚淑所生，名字不詳。廖燕《海棠居詩集序》：「太史沒，夫人獨撫孤二人。」姪：似謂唐大陶及其弟某。清王聞遠《西蜀唐圃亭先生行略》：「先生至性孝友，……與弟妹情誼敦篤，不分爾我。弟早歿，遺女幼稚，先生撫之。」

〔五〕家君：此姚淑自謂其父。《周易·家人·彖辭》：「家人有嚴君焉，父母之謂也。」後因稱己父為家君。唐王勃《滕王閣序》：「家君作宰，路出名區。」白髮：喻年老。

【編年】

本詩與前首當是同一時期之作。

康熙十一年之作

萬綠軒前家太史次談芳洲先生韻，因而和之〔一〕

客至芭蕉下〔二〕，調羹恨未精〔三〕。名公得句好〔四〕，太史亦吟成〔五〕。奇氣驚天地〔六〕，空心見性情〔七〕。隔門聽不已〔八〕，露落有餘清〔九〕。

【箋注】

〔一〕萬綠軒：李長祥、姚淑旅居福州時的寓所。李長祥《天問閣文集》卷二《萬綠軒記》：「夔子居福州一小軒，軒前種花，花滿矣。無花者多綠，更滿也。一奴子忽大聲曰：『是皆賤者也，種之何為？』夔子曰：『……予之為此也，以息蔭也。……』奴子相顧曰：『有以夫，吾小人善惜之，任其滋蔓，蔓乃圖乎，無輕鋤去矣。』夔子曰：『是。』因名其軒曰萬綠軒云。」家太史：此稱李長祥。談芳洲：長祥友好。《天問閣文集》卷四《談芳洲詩序》：「吾始至毗陵，談芳洲相鄰。芳洲讀書一樓上，聲徹吾庭內，亦不廢絲竹。無幾何，知予嗜學者也，即毀去。風雨凍餓，讀之不輟。吾畏之，就友焉。」據詩題及詩，是談芳洲此時亦在福州。

〔二〕客至：唐蘇頲《餞澤州盧使君赴任》：「舊交何以贈，客至待烹魚。」

〔三〕調羹：調和羹湯。《新唐書》卷二百二《李白傳》：「帝賜食，親為調羹。」

〔四〕名公句：謂負盛名的人，此指談芳洲。唐李白《當塗趙炎少府粉圖山水歌》：「名公繹思揮彩筆，驅山走海置眼前。」得句好：唐李商隱《閒遊》詩：「得句總堪誇。」杜甫《奉贈嚴八閣老》詩：「新詩句句好。」談芳洲原作未見。據長祥《談芳洲詩序》稱「其詩，五言古合蘇、李、《十九首》變化之，而本乎《國風》，逸之以《離騷》，美焉，善焉。」《序》中又說：「予與交之既久，

予有作，芳洲和之；芳洲有作，余和之。」

〔五〕吟成：唐杜甫《解悶十二首》之七：「陶冶性靈存底物，新詩改罷自長吟。」
李商隱《籌筆驛》詩：「梁父吟成恨有餘。」

〔六〕奇氣句：字面寫芭蕉之奇氣，寄託明遺民之奇氣。晉嵇含《南方草木狀》卷
上：「甘蕉。望之如樹，株大者一圍余，葉長一丈或七八尺，廣尺餘二尺許。」
芭蕉高可達六至七米。宋范成大《桂海虞衡志》：「蕉子。芭蕉極大者，凌冬不
凋。」奇氣：不平凡之氣。宋蘇轍《上樞密韓太尉書》：「故其文疏蕩，頗有奇
氣。」驚天地：《詩大序》：「故正得失，動天地，感鬼神，莫近於詩。」唐杜
甫《寄李十二白二十韻》：「筆落驚風雨，詩成泣鬼神。」

〔七〕空心句：字面寫芭蕉之空心，寄託明遺民之無私心。空心：謂植物中心是空
的。南朝梁庾信《北園射堂新成》：「空心不死樹，無葉未枯藤。」明李時珍
《本草綱目》卷十五《甘蕉·釋名》：「芭蕉。」又《集解》：「葛宗奭曰：芭蕉
三年已上，即有花自心中抽出，一莖止一花，全如蓮花，瓣亦相似，但色微黃
綠，中心無蕊，悉是花葉也。」又為佛教語，謂清淨無染的禪心。《大智度論·
釋初品》：「如佛弟子，實知空心不動。」庾信《奉和闡弘二教應詔》：「空心論
佛性。」性情：人的本性和感情。《禮記·中庸》：「天命之謂性。」《周易·乾
卦·文言》：「利貞者，性情也。」《詩大序》：「吟詠性情。」唐杜甫《贈王二
十四侍御契四十韻》詩：「由來意氣合，直取性情真。」

〔八〕隔門聽：舊時禮俗，男女不相見，故云。清廖燕《二十七松堂集》卷三《海棠
居詩集序》：「予間以禮見，夫人則垂簾抗談，皆古今大義、氣節文章之概。」

〔九〕餘清：謂清氣有餘不盡。唐杜甫《揚旗》：「江雨颯長夏，府中有餘清。」

【編年】

本詩為康熙十一年（一六七二年）夏，姚淑同長祥遊福州時作。李長祥
《天問閣文集》卷二《墨竹樓記》：「壬子（即康熙十一年）秋日，夔子在福
州。」康熙十一年李長祥之遊福州，是在康熙十三年三藩事起、福建靖南王耿
精忠起兵反清之前兩年。案《天問閣文集》卷二《福州府閩越王廟碑》：「予至
福州，父老為予指示無諸王宮處，予因見山海之壯，自然名都會。閩以一嶺之
隔，別有開闢，宜其有霸者為中國啟事興兵之地；天之分疆域如此，人事之有
以也如此。」復案故宮博物院《文獻叢編增刊·清三藩史料》第一輯康熙十三
年八月十八日《巡撫湖廣等處兼提督軍務張朝珍啟》述吳三桂兵部尚書李長祥
標下都司毛羽猴被俘後供詞：「李長祥原是四川人，明季做過翰林院，一向在

福建耿精忠那邊，來見吳三桂，甚待優禮，因加他兵部尚書職銜，差往岳州節制將軍兵馬。」（《文獻叢編增刊・清三藩史料》第一輯，北平故宮博物院編，民國二十年，第六十二頁。）可見康熙十一年李長祥遊福州，實與策動福建靖南王耿精忠起兵反清有關。

　　復案清方苞《望溪集》卷八《三山林湛傳》：「耿精忠襲封靖南王，大以金帛招致文學士。」姚椿《晚學齋文集》卷六《顧處士祖禹傳略》：「或言其（祖禹）嘗遊耿精忠幕中，干以謀，不用，乃去之。」康熙十一年李長祥之遊福州，亦當出於耿精忠之延致。

康熙元年至康熙十二年
居常州，不編年之作

讀太史詩〔一〕

　　古詩竟如冰雪涼〔二〕，近體看來似盛唐〔三〕。字字不斷四時氣〔四〕，包羅五色日生光〔五〕。日月山川詩句裏，鳥啼風聲花有香〔六〕。胸中別有一天地〔七〕，筆墨變化靈氣長。〔八〕

【箋注】

〔一〕太史詩：此稱李長祥詩。李長祥《天問閣文集》卷一《墨池傳》：「蓋予之集中，有題《墨池》詩也。」是長祥曾有詩集。清周亮工《賴古堂尺牘新鈔二選藏弄集》卷九載方拱乾《與李子發（長祥）書》，亦有「子欲捨詩而專心於古文詞」之語。是長祥曾致力於詩，詩集已佚。

〔二〕古詩句：古詩：詩體名，和近體詩相對，亦稱古風，興起於漢魏時期。每篇句數不拘，有四言、五言、六言、七言、雜言等體。後世用五言、七言者為多。不求對仗，平仄，用韻較自由。如冰雪：《三國志·魏書·倉慈傳》南朝宋裴松之注引《魏略·令狐邵傳》：「出為弘農太守，所在清如冰雪。」唐薛能《獻僕射相公》詩：「清如冰雪重如山。」

〔三〕近體句：近體：詩體名，與古體詩相對而言，形成於唐代。是五言、七言律詩和絕句的通稱。句數、字數、平仄、用韻等，都有嚴格的規定。盛唐：唐朝和唐詩，分初唐、盛唐、中唐、晚唐四個歷史時期。一說以玄宗開元天寶年間為盛唐（見明高棅《唐詩品彙總敘》）。一說由玄宗開元至代宗大曆初為盛唐（見

明徐師曾《文體明辨序說‧近體律詩》)。宋嚴羽《滄浪詩話》:「盛唐諸人,惟在興趣,羚羊掛角,無跡可求,故其妙處透徹玲瓏,不可湊泊,如空中之音,相中之色,水中之月,鏡中之象,言有盡而意無窮。」元方回《瀛奎律髓》卷四十二:「盛唐人詩氣魄廣大。」

〔四〕四時氣:謂春、夏、秋、冬四時陰陽變化之氣。《周易‧繫辭上》:「廣大配天地,變通配四時,陰陽之義配日月,易簡之善配至德。」

〔五〕包羅句:包羅:包括網羅。漢趙岐《孟子題辭》:「包羅天地,揆敘萬類。」五色:青、黃、赤、白、黑五色,此謂各種色彩。《尚書‧虞書‧益稷》:「以五采彰施於五色,作服,汝明。」《孔子家語》卷七《禮運》「五色」三國魏王肅注:「五色者,青、赤、白、黑、黃。」日生光:唐宋之問《奉和聖製閏九月九日登莊嚴總持二寺閣》詩:「梵宇日生光。」

〔六〕日月二句:謂詩中容納自然日月山川、鳥啼風聲花香,隱喻詩中容納明朝日月山川、鳥啼風聲花香。日月:日月二字合為明字,隱喻明朝。參閱前文《外甥唐大陶至》注〔六〕。

〔七〕胞中句:胞:本義為胎衣,漢許慎《說文解字》卷九《包部》:「胞,兒生裏也。」後引申指心腹、心胸,始自《莊子‧外物》:「胞有重閬,心有天遊。」晉郭象注:「閬,空曠也。」唐成玄英疏:「言人腹內空虛,故容藏胃,藏胃空虛,故通氣液。」又云:「虛空,故自然之道遊其中。」胞中:猶言胸中。宋陳淳《侍講待制朱先生敘述》:「瑩萬理於胞中,炳千古於目前。」胡仔《苕溪漁隱叢話後集》卷三十三:「黃太史詩妙脫蹊徑,言謀鬼神,唯胞中無一點塵,故能吐出世間語。」俞琰《石碣吟》:「胞中有真樂,終日得其所。」元耶律楚材《彈廣陵散》詩:「居士閒彈止息時,胞中鬱結了無遺。」明祁彪佳《魯彥陳秋日偕韻士遊九漈》詩:「胞中無丘壑,臥遊何足適。」別有天地:唐李白《山中問答》詩:「別有天地非人間。」此隱喻胸中別有明朝天地。

〔八〕筆墨句:筆墨變化:此借用書法術語,指詩歌做法。明汪砢玉《珊瑚網》卷二十四下《李君實(日華)評帖》:「(蘇軾、黃庭堅、米芾)三公筆墨變化,往往隨事注精‧以展其妙。」靈氣:靈妙之氣。《管子‧內業》:「靈氣在心,一來一逝。」晉郭璞《遊仙詩七首》之六:「燕昭無靈氣,漢武非仙才。」

【編年】

自此首以下至《憶韓園梅》諸詩,皆康熙元年至十二年居常州時作,各詩寫作的具體年月不詳,姑並繫於此。

【後案】

案長祥詩集未見刊行，其稿已佚。茲附錄所作二首於後，其中《秋懷》一詩，是為鄭成功水師入長江圍南京，戰敗退入海上而作。

【附】野池秋月　李長祥

積水連荒草，空明皓月懸。已知清似鏡，不覺曠於田。那有潛龍蟄，應無涸鮒憐。一方河漢影，永夜落尊前。

民國《達縣志》卷末下《詩存》

【附】秋懷　李長祥

江上烽煙正暮秋，石城涼雨入高樓。金山雲暗天方醉，滄海星飛水自流。白下露催園菊老，紅橋風送井梧愁。老夫起舞恒通夕，不待荒雞已白頭。

《明詩紀事・辛籤》卷九下

和太史〔一〕

翰林字跡滿妝臺〔二〕，讀罷新詩一卷開。可惜才人不得意〔三〕，勸君且飽菜羹來〔四〕。

【箋注】

〔一〕此和長祥之作，長祥原詩未見。

〔二〕翰林：此稱李長祥，見前《贈太史》注〔一〕。

〔三〕才人：才同材，《左傳・文公十六年》：「國之材人，無不事也。」晉杜預注：「有賢材者。」

〔四〕菜羹：謂賢者安貧的淡泊生活。《孟子・萬章下》：「晉平公之於亥唐也，入云則入，坐云則坐，食云則食，雖蔬食、菜羹，未嘗不飽。」宋陸游《菜羹》詩：「青菘綠韭古嘉蔬。」

盆魚

綠草朱鱗尺水中〔一〕，群群婉轉靜相從〔二〕。可憐不是大江海〔三〕，那得波濤忽幾重〔四〕。

【箋注】

〔一〕尺水：小量的水。晉葛洪《抱朴子・外篇・嘉遁》：「寸膠不能治黃河之濁，尺水不能卻蕭丘之熱。」唐李白《贈別舍人弟臺卿之江南》詩：「潛虹隱尺水，

著論談興亡。」

〔二〕婉轉：委婉曲折。《左傳·昭公三十一年》：「趙簡子夢童子羸而轉以歌。」晉
杜預注：「轉，婉轉也。」南朝宋顏延之《秋胡詩》：「迢遙行人遠，婉轉年運
徂。」南朝梁江淹《愛遠山》詩：「碧色兮婉轉。」

〔三〕大江海：《漢書·郊祀志下》：「夫江海，百川之大者也。」唐元稹《和樂天招
錢蔚章看山絕句》：「人間還有大江海，萬里煙波天上無。」

〔四〕波濤：《淮南子·人間訓》：「江水之始出於岷山也，可攬衣而越也，及至其下
洞庭，鶩石城，經丹徒，起波濤，舟杭一日，不能濟也。」漢許慎注：「潮者
湧起，運者為濤。」因以比喻事物的起伏變化。唐宣宗《瀑布聯句》：「溪澗豈
能留得住，終歸大海作波濤。」

【後案】

案此詩似從韓愈《峽石西泉》一首變化翻新而來。韓詩：「居然鱗介不能
容，石眼環環水一鍾。聞說旱時求得雨，只疑科斗是蛟龍。」韓詩偏在議論，
姚詩借題發揮，寓意深遠。

牡丹〔一〕

暮春處處得香風，惟有名花更不同〔二〕。蜀錦剪來綠樹紫〔三〕，吳雲
疊起露華紅〔四〕。翰林何必皇居里〔五〕，妃子偏宜草舍中〔六〕。可惜家貧
愁向晚，徘徊復去到廚東〔七〕。

【箋注】

〔一〕牡丹：明李時珍《本草綱目》卷十四《牡丹·釋名》：「時珍曰：牡丹以色丹者
為上，雖結子而根上生苗，故謂之牡丹。唐人謂之木芍藥，以其花似芍藥，而
宿幹似木也。群花品中，以牡丹第一，芍藥第二，故世謂牡丹為花王，芍藥為
花相。」

〔二〕名花：謂牡丹。唐李白《清平調詞》之三：「名花傾國兩相歡。」宋樂史《楊
太真外傳》：「開元中，禁中重木芍藥，即今牡丹也。得數本，紅紫、淺紅、通
白者，上因移植於興慶池東沉香亭前。會花方繁開，上乘照夜白，妃以步輦
從。……上曰：『賞名花，對妃子，焉用舊樂詞為。』遽命（李）龜年持金花
箋，宣賜翰林學士李白，立進《清平樂詞》三篇。」

〔三〕蜀錦：元費著《蜀錦譜》：「蜀以錦擅名天下，故城名以錦官，江名以濯錦。」
所載「織錦名色」，有「真紅錦」、「青綠錦」、「真紅櫻桃錦」等名色。明薛鳳

翔《亳州牡丹史》卷一《表一・花之品・神品》：「奪錦。……黃絨鋪錦。……
宮錦。……天機圓錦。」又《名品》：「銀紅錦繡。」《亳州牡丹史》卷一《傳
六・一神品》：「宮錦。此品碎瓣，梅紅色。開時必俟花房滿實，方為大放，然
後漸成纈暈，玩之猶蜀宮新裁錦耳。」「蜀錦」之義本此。此暗以牡丹花品名
「奪錦」、「宮錦」等，形容牡丹豔似蜀錦。

〔四〕吳雲句：吳雲：宋李誡《營造法式》卷十四《彩畫作制度・五彩遍裝》：「五彩
遍裝之製，梁栱之類，外棱四周皆留緣道，用青綠或朱疊暈，內施五彩諸華
（花）。」又云：「華文有九品：一曰海石榴花，寶牙華太平華之類同。二曰寶
相華，牡丹華之類同。」又云：「雲文有二品，一曰吳雲，二曰曹雲。」「吳雲」
之義本此。此以建築彩畫吳雲疊起，形容牡丹盛開如畫。露華：唐李白《清平
調詞》之一：「春風拂檻露華濃。」

〔五〕翰林句：翰林：字面謂李白，見本詩注〔二〕；實指李長祥，詳前《贈太史》
注〔一〕。皇居：漢孔融《薦禰衡表》：「觀帝室皇居，必畜非常之寶，若衡等
輩不可多得。」

〔六〕妃子句：謂牡丹花品多以妃子名花，皆出自草舍種花人家。明薛鳳翔《亳州牡
丹史》卷一《表一・花之品・名品》：「醉玉環。……楊妃深醉。……楊妃繡
球。……太真晚妝。……倚新妝。」《亳州牡丹史》卷一《傳六・二名品》：「醉
玉環，方顯仁所種。……太真晚妝，……曹縣一種名忍濟紅，色相近。忍濟
者，王氏齋名。……倚新妝，……出自曹縣。」姚淑藉以自喻。以上二句，喻
夫婦二人甘於淡泊，如牡丹本上苑之品，而盛開於草舍也。

〔七〕徘徊句：徘徊：見前《七夕》注〔二〕。廚東：唐叔孫矩《大唐揚州六合縣靈
居寺碑》：「次講堂後，式建天廚。……廚西序列賓客省，廚東序陳香積庫。」

玉蘭行〔一〕

　　春風不寒吹衣服，家園花生如在谷〔二〕。處處看來即有花，惟有玉
蘭高連屋〔三〕。千枝萬枝花開滿〔四〕，樓上樓下天遮半。日落黃昏更有
香，鳥穿樹裏光不斷〔五〕。每愁風雨向夜來，曾將瓜果祝花開〔六〕。於今
花下還再拜〔七〕，莫向山前趁落梅〔八〕。

【箋注】

〔一〕玉蘭：辛夷之一種。明李時珍《本草綱目》卷三十四《辛夷・集解》：「《別錄》
曰：辛夷生漢中（魏興，梁州）川谷。……保升曰：其樹大連合抱，高數仞，

葉似柿葉而狹長。正月二月花，似有毛小桃，色白而帶紫。……所在山谷皆有……時珍曰：……亦有白色者，人呼為玉蘭。」案嘉慶達縣祠堂本李長祥《天問閣文集》祭文類有代姚淑作《祭玉蘭花神文》，可與本詩互為發明。附錄於後，以資參證。

〔二〕生在谷：唐王維《辛夷塢》詩：「木末芙蓉花，山中發紅萼。澗戶寂無人，紛紛開且落。」錢起《暮春歸故山草堂》（一作劉長卿詩，題云：晚春歸山居題窗前竹）詩：「谷口春殘黃鳥稀，辛夷花盡杏花飛。」

〔三〕處處二句：明王圻、王思義纂集《三才圖會·草木》卷十二《花卉類·辛夷即木筆》：「辛夷生漢中川谷，今處處有之，木高數丈。」

〔四〕千枝句：唐杜甫《江畔獨步尋花七絕句》之六：「黃四娘家花滿蹊，千朵萬朵壓枝低。」皎然《風入松歌》：「西嶺松聲落日秋，千枝萬葉風颼颼。」

〔五〕鳥穿句：謂玉蘭樹高，濃陰遮天蔽日，鳥穿樹裏，分開花葉，始不斷漏出陽光。

〔六〕將瓜果：南朝梁宗懍《荊楚歲時記·七月七日》：「是夕，人家婦女結綵縷，穿七孔針，或以金銀、鍮石為針，陳几筵、酒脯、瓜果於庭中，以乞巧。」祝花開：宋劉克莊《又和詠荼蘼》：「禱祝花神憐惜取，問開時、晴雨須斟酌。枝上雪，莫消卻。」明駱問禮《詠署中牡丹別鬥野鳳樓二寅丈》詩：「殷勤暗向東風祝，花開常對人如玉。」

〔七〕花下再拜：唐杜甫《病柏》詩：「神明依正直，故老多再拜。」是拜古柏。宋王沂孫《眉嫵·新月》詞：「漸新痕懸柳，澹彩穿花，依約破初暝。便有團圓意，深深拜，相逢誰在香徑。」是拜月。明馮夢龍《醒世恒言·灌園叟晚逢仙女》：「秋先每日清晨起來，掃淨花底落葉，汲水逐一灌溉。到晚上又澆一番。若有一花將開，不勝歡躍。或暖壺酒兒，或烹甌茶兒，向花深深作揖，先行澆奠，口稱『花萬歲』三聲，然後坐於其下，淺斟細嚼。」是拜花。歷代詩詞小說中的拜花、拜月、拜古柏，皆表現對自然美的敬意與愛心。擬之以花神，如長祥代姚淑作《祭玉蘭花神文》所述，實亦為此種敬意之昇華。

〔八〕趁：宋陳彭年等《重修廣韻》卷四：「趁，逐。」

【附】祭玉蘭花神文（代）　李長祥

忽軒然而望遠，是太史之書樓。作妝臺於其下，鏡如木而長秋。有樹焉，高出於樓之上，枝垂垂其四周。是玉蘭哉！花開千萬，如積雪之成丘。去歲何為，花開無幾？相對不樂，只歎息耳。一夕，晚鐘之已過，當更漏之漸深。不

覺匡床之安寢，恍惚花下之獨行。有影自林間出，以為禽鳥之動息而相驚。須
臾，蹤跡隱隱，露貌見形。娥眉粉面，寶髻如雲。其長過我，其大倍人。雖窈
窕之不足，而婉轉其可親。蓋婦人也，胡為乎來哉？曰：「吾玉蘭之花神。慕
夫人之翩躚，特冒露其來此。果書齋之秀士，豈粉黛之女子。」於是珊珊相
近，拱手施禮。竟如舊識，余亦心喜。問以：「去歲何為，花開不多？又無風
雨，蕭條奈何？」神曰：「有此，誤矣，誤矣！極盛之花，請從今始。」言之
方濃，予忽一驚。猶然匡床，不見斯人。及今歲之三月，果花開之滿枝。信神
言之不謬，感斯花之及期。予也終日花下，飲食不離。不負青春，有如此兮。
太史或來，清酒隨之。高吟不輟，我亦有詩。長篇短篇兮大石旁，若盈懷袖兮
花之光。樂良辰兮夜未央。神之賜兮不可忘。乃卜今朝，肅我容儀。一果一瓜，
兼酒一巵。對花再拜，聊以報此。歲歲花開，宜將祝只。願佩環兮常鳴，使風
雨兮不侵。顧瞻花兮匪自今，神庇佑兮妥予心。

嘉慶達縣李氏祠堂本《天問閣文集》祭文類

薔薇〔一〕

　　藤梢滿架數枝垂〔二〕，花光一片亂娥眉〔三〕。團團雲壓花葉上〔四〕，
香吹遠風蝶先知〔五〕。今日花落花將盡〔六〕，可憐牆頭風不定〔七〕。行去
行來滿衣裳〔八〕，不覺紅裙掃香徑〔九〕。

【箋注】

〔一〕薔薇：明王圻、王思義纂集《三才圖會‧草木》卷十二《花卉類‧薔薇》：「種
　　　類不一，有大紅、粉紅、黃、白四色，花大如錢。又一種白化名野薔薇，其花
　　　甚香。」明李時珍《本草綱目》卷十八上《營實、牆蘼‧釋名》：「薔薇。」又
　　　《集解》「時珍曰」：「南番有薔薇露，云是此花之露水，香馥異常。」

〔二〕藤梢：明王象晉《二如亭群芳譜‧貞部‧花譜二‧薔薇》：「藤身，叢生，莖青
　　　多刺。」

〔三〕花光句：花光：花之光彩。南朝陳後主《梅花落》詩之一：「映日花光動，迎
　　　風香氣來。」唐李白《上皇西巡南京歌十首》之三：「花光不減上林紅。」許
　　　渾《春望思舊遊》詩：「花光晴漾漾。」娥眉：見前《寄太史》注〔五〕。此借
　　　指眼睛。句謂花光一片，亂人眼目。較白居易《錢塘湖春行》「亂花漸欲迷人
　　　眼」，更進一層。

〔四〕團團：簇聚貌，此指盛開之薔薇。南朝齊謝惠連《七月七日夜詠牛女》詩：「團

團滿葉露，析析振條風。」宋吳曾《能改齋漫錄》卷六《白露團》：「杜子美《初月》詩云：『庭前有白露，暗滿菊花團。』又《白露》詩云：『白露團甘子。』又《江月》詩：『玉露團清影。』又《絕句》：『玉座應悲白露團。』按謝惠連詩：『團團滿葉露。』謝元暉：『猶沾餘露團。』庾抱《胥臺露》詩：『唯有團階露，承睫共沾衣。』杜詩所本也。」

〔五〕香吹句：香吹：唐駱賓王《秋日山行簡梁大官》詩：「香吹分巖桂。」張易之《奉和聖製夏日遊石淙山》詩：「山中日暮幽巖下，泠然香吹落花深。」劉禹錫《薔薇花聯句》：「波紅分影入，風好帶香來。」蝶先知：宋蘇軾《惠崇春江曉景二首》之一：「春江水暖鴨先知。」

〔六〕花落句：花落：唐孟浩然《春曉》詩：「夜來風雨聲，花落知多少。」花將盡：孟浩然《晚春臥疾寄張八子容》詩：「狹徑花將盡。」

〔七〕風不定：唐白居易《落花》詩：「留春春不住，春歸人寂寞。厭風風不定，風起花蕭索。」

〔八〕行去句：唐盧照鄰《長安古意》詩：「獨有南山桂花發，飛來飛去襲人裾。」

〔九〕不覺句：紅裙：南朝陳後主《日出東南隅行》詩：「紅裙結未解，綠綺自難徽。」唐萬楚《五日觀妓》詩：「眉黛奪將萱草色，紅裙妒殺石榴花。」香徑：唐戴叔倫《遊少林寺》詩：「石龕蒼蘚積，香徑白雲深。」宋晏殊《浣溪沙》詞：「小園香徑獨徘徊。」

妝臺

芭蕉倒影入妝臺〔一〕，送得寒姿滿面來〔二〕。獨有雲間初上月〔三〕，遲遲窗下落紅苔〔四〕。

【校記】

倒影：嘉慶達縣祠堂本、《求恕齋叢書》本作「側影」，此從康熙本。

【箋注】

〔一〕芭蕉句：妝臺：梳妝之鏡臺。唐盧照鄰《梅花落》詩：「因風入舞袖，雜粉向妝臺。」張若虛《春江花月夜》詩：「可憐樓上月徘徊，應照離人妝鏡臺。」

【補注】

倒影：北魏酈道元《水經注》卷三十四《江水》「自三峽七百里中」：「春冬之時，則素湍綠潭，回清倒影。」南朝梁庾丹《秋閨有望》詩：「月斜樹倒影。」唐溫庭筠《河

中陪帥遊亭》詩：「人過橋心倒影來。」

〔二〕送得句：指芭蕉姿影。寒姿：唐李白《江西送友人之羅浮》詩：「素色愁明湖，秋渚晦寒姿。」權德輿《奉陪李大夫九日龍沙宴會》詩：「煙蕪斂暝色，霜菊發寒姿。」滿面來：宋文同《詠蓮》：「清香滿面來。」

〔三〕雲間句：晉陶淵明《擬古九首》之六：「皎皎雲間月，灼灼葉中華。」唐韋應物《陪王卿郎中游南池》詩：「林高初上月。」

〔四〕落紅苔：紅：既是落字之名詞賓語，落花；又是苔字之動詞謂語，染紅。元釋善住《春晚》詩：「春光不可駐，徒抱惜春心。一陳黃昏雨，落紅苔徑深。」

落楊花〔一〕

花光一片綠叢中〔二〕，色色分明巧畫工〔三〕。竟是忽然蝴蝶滿〔四〕，亂人偏在幾枝紅〔五〕。

【箋注】

〔一〕楊花：柳絮。明李時珍《本草綱目》卷三十五下《柳‧釋名》：「小楊（《說文》）、楊柳。弘景曰：『柳即今水楊柳也。』恭曰：『柳與水楊全不相似，水楊葉圓闊而尖，枝條短硬，柳葉狹長而青綠，枝條長軟。陶以柳為水楊，非也。』」又《柳華‧釋名》：「柳絮（《本經》）。……弘景曰：『柳花熟時，隨風狀如飛雪，當用其未舒時者，子亦隨花飛止。應水漬汁爾。』藏器曰：『《本經》以柳絮為花，其誤甚矣。花即初發時黃蕊，其子乃飛絮也。』」南朝梁庾信《春賦》：「二月楊花滿路飛。」唐李白《猛虎行》詩：「溧陽酒樓三月春，楊花茫茫愁殺人。」《聞王昌齡左遷龍標遙有此寄》詩：「楊花落盡子規啼。」杜甫《絕句漫興九首》之七：「糝徑楊花鋪白氈。」

〔二〕花光：見前《薔薇》注〔三〕。

〔三〕色色句：色色：猶言各種各樣。唐元稹《連昌宮詞》：「色色龜茲轟《錄續》。」巧畫工：巧於畫工。畫工：畫師，畫家。唐杜甫《丹青引贈曹將軍霸》詩：「先帝天馬玉花驄，畫工如山貌不同。」

〔四〕蝴蝶滿：北齊陽休之《春日》詩：「遲遲暮春日」，「蝴蝶映花飛。」南朝梁蕭子範《落花》詩：「綠葉生半長，繁英早自香。因風亂胡蝶，未落隱鸝黃。」唐李白《山人勸酒》詩：「春風爾來為阿誰，蝴蝶忽然滿芳草。」李端《送竇兵曹》詩：「莫遣佳期過，看看蝴蝶飛。」劉威《閏三月》詩：「夢得成胡蝶，芳菲幸不遺。」

〔五〕亂人句：亂人：唐李白《對雪醉後贈王歷陽》詩：「白雪飛花亂人目。」王叡
　　　《牡丹》詩：「牡丹妖豔亂人心，一國如狂不惜金。」幾枝紅：唐雍陶《聞杜
　　　鵑》詩：「高處已應聞滴血，山榴一夜幾枝紅。」

【後案】

　　案本詩題為《落楊花》，詩寫「花光一片」，「色色分明」，「亂人偏在幾枝
紅」，隻字未及落楊花。詩意是言，暮春落楊花時節，猶有動人春光也。命意
甚深。

雨後看新綠贈太史

　　蕭蕭久雨濕黃梅〔一〕，忽然雲散天自開。雨後葉肥垂垂綠〔二〕，染得
裙裾淨似苔〔三〕。君樂文章我樂才〔四〕，與君相樂呼酒來。樹裏鳥驚人亦
去，荒草青青空高臺。

【箋注】

〔一〕蕭蕭句：蕭蕭：唐杜甫《久雨期王將軍不至》詩：「天雨蕭蕭滯茅屋。」李商
　　　隱《明月》詩：「池閣雨蕭蕭。」此謂風聲和雨聲。濕黃梅：指梅雨。南朝梁
　　　庾信《奉和夏日應令》詩：「麥隨風裏熟，梅逐雨中黃。」隋薛道衡《梅夏應
　　　教》詩：「細雨應黃梅。」隋煬帝《江都夏》詩：「梅黃雨細麥秋輕，楓樹蕭蕭
　　　江水平。」唐杜甫《梅雨》詩：「南京犀浦道，四月熟黃梅。」仇兆鰲注：「周
　　　處《風土記》：『夏至前雨名黃梅雨。』《埤雅》：『江湘二浙，四五月間，梅欲
　　　黃落，則水潤土溽，柱礎皆汗，蒸郁成雨，謂之梅雨。』」
〔二〕垂垂：漸漸。杜甫《和裴迪登蜀州東亭送客逢早梅見寄》詩：「江邊一樹垂垂
　　　發。」
〔三〕裙裾：見前《遊楊氏園》注〔二〕。
〔四〕文章：文辭，泛稱成篇的文章。杜甫《偶題》詩：「文章千古事。」文章又指
　　　樂禮制度，《禮記·大傳》：「考文章，改正朔。」

夏日

　　夏日少涼處，深林自有風〔一〕。高樓更覺熱，長巷喜穿空。學道忘
人境，〔二〕明心在月中〔三〕。此時池水好，獨坐意無窮〔四〕。

【箋注】

〔一〕自有風：唐趙嘏《贈式上人》詩：「菱荷葉上難停雨，松檜枝間自有風。」

〔二〕學道句：學道：《禮記‧燕義》：「使之修德學道。」唐孔穎達疏：「使之修行其德，學習道藝也。」人境：晉陶淵明《飲酒二十首》之五：「結廬在人境，而無車馬喧。」

〔三〕明心句：謂心對月明，隱喻思明之心在於明朝。參閱前文《外甥唐大陶至》詩注〔六〕。

〔四〕池水二句：似從朱熹《觀書有感》詩之意變化而來。朱詩云：「半畝方塘一鑒開，天光雲影共徘徊。問渠那得清如許，惟有源頭活水來。」獨坐：唐王維《竹里館》詩：「獨坐幽篁裏。」李白《獨坐敬亭山》詩：「相看兩不厭，只有敬亭山。」

菊

百花零落菊成芳〔一〕，幾處移來在草堂。豔色團團綠葉上〔二〕，雲霞一望亂天光〔三〕。

【箋注】

〔一〕百花零落：宋史正志《菊譜序》：「菊性介烈高潔，不與百卉同其盛衰，必待霜降草木黃落，而花始開。」

〔二〕豔色：漢揚雄《方言》卷二：「美色為豔。」晉郭璞注：「言光豔也。」宋蘇軾《和陶九日閒居》詩：「鮮鮮霜菊豔。」團團：簇聚貌，此指盛開之菊花。參見《薔薇》注〔四〕。

〔三〕雲霞：宋史鑄《百菊集譜》卷三《古今詩話》：「韓忠獻公詩：『紫菊披香碎曉霞。』」天光：天雲輝光。南朝梁江淹《詣建平王上書》：「天光沉陰。」宋范仲淹《岳陽樓記》：「上下天光。」

至後〔一〕

冬至日初永〔二〕，宮中添線長〔三〕。從今春又發〔四〕，此後雪將忘。敗草知天意〔五〕，寒花覺樹香〔六〕。四時靈氣轉〔七〕，萬物得陰陽〔八〕。

【箋注】

〔一〕至後：夏曆冬至節之後。冬至節，在農曆十一月中，大雪後十五日，公曆十二月二十一至二十三日。《左傳‧僖公五年》晉杜預注：「十一月冬至。」唐杜甫《至後》詩：「冬至至後日初長。」

〔二〕日初永：日初長。《漢書‧天文志》：「日有中道，……中道者，黃道。……夏

至至於東井，北近極，故晷短；……冬至至於牽牛，遠極，故晷長。……晷景（影）者，所以知日之南北也。日，陽也，陽用事，則日進而北，晝進而長。」冬至日北半球夜最長，晝最短，南半球相反。

〔三〕添線長：唐杜甫《至日遣興奉寄北省舊閣老兩院故人二首》之一：「愁日愁隨一線長。」《苕溪漁隱叢話前集》卷十《杜少陵五》：「《至日》云：『愁日愁隨一線長。』釋者謂《歲時》記云：『宮中以紅線量日影，至日日影增一線。』而《唐雜錄》謂：『宮中以女工揆日之長短，冬至後日晷漸長，比常日增一線之功。』此說為是。」

〔四〕春又發：唐杜甫《小至》詩：「冬至陽生春又來。」

〔五〕知天意：《文選》卷二十七《樂府古辭·飲馬長城窟行》：「枯桑知天風，海水知天寒。」古辭言知天風天寒，此言知天意回春，是反其意而用之。天意：唐李商隱《晚晴》詩：「天意憐幽草，人間重晚晴。」

〔六〕寒花：唐杜甫《秋日夔府詠懷奉寄鄭監審李賓客之芳一百韻》：「春草何曾歇，寒花亦可憐。」

〔七〕靈氣：謂精靈之氣。《管子·內業》：「靈氣在心，一來一逝，其細無內，其大無外。」《詩經·大雅·大明》「在洽之陽，在渭之涘」唐孔穎達疏：「名山大川，皆有靈氣。」

〔八〕陰陽：《周易·繫辭上》：「陰陽不測謂之神。」唐孔穎達疏：「天下萬物，皆由陰陽，或生或成，本其所由之理，之謂神也。」參見前《海棠居獨坐》注〔七〕。

春日大雪行

君不見，行路難，到此春日煖更寒。紛紛風吹湧白雪，可憐長安道上濕馬鞍〔一〕。虛空茫茫落不已〔二〕，一峰吹過一峰起。光彩一片連城隅〔三〕，曠野悲聲聲入耳〔四〕。悲莫悲兮卉木淒〔五〕，堯舜去〔六〕，九州迷〔七〕。河海之大半為冰〔八〕，行人稀〔九〕，苦征衣〔十〕。我閉門兮無所識，嶺上紅梅知變色〔十一〕。見雪飛兮轉天地〔十二〕，憶此春兮長歎息〔十三〕。

【箋注】

〔一〕長安：此為首都的代稱。西漢、隋、唐皆建都於長安，故唐以後通稱國都為長安。唐李白《金陵》詩：「晉朝南渡日，此地舊長安。」

〔二〕茫茫：模糊不清貌。北周庾信《郊行值雪》詩：「風雲俱慘慘，原野共茫茫。」

〔三〕城隅：此指城牆。宋鮑照《擬古八首》之四：「日夕登城隅，周回視洛川。」

〔四〕曠野句：曠野：三國魏阮籍《詠懷八十二首》之十六：「綠水揚洪波，曠野莽茫茫。」悲聲：唐李白《古風五十九首》之二十二：「秦水別隴首，幽咽多悲聲。」

〔五〕悲莫句：悲莫悲：《楚辭》卷二屈原《九歌·少司命》：「悲莫悲兮生別離。」卉木：草木。《詩經·小雅·出車》：「卉木萋萋。」漢毛氏傳：「卉，草也。」淒：寒。《詩經·邶風·綠衣》：「淒其以風。」漢毛氏傳：「淒，寒風也。」

〔六〕堯舜去：喻明朝滅亡。《孟子·滕文公下》：「堯舜既沒，聖人之道衰，暴君代作。」堯舜：儒家推崇的聖明君主。《孟子·滕文公上》：「孔子曰：大哉，堯之為君！惟天為大，惟堯則之。蕩蕩乎，民無能名焉！君哉，舜也！巍巍乎，有天下而不與焉！」

〔七〕九州句：九州：古代中國設置的九個州，即冀州、兗州、青州、徐州、揚州、荊州、豫州、梁州、雍州（見《尚書·夏書·禹貢》）。此指全國各地。迷：明張自烈《正字通·酉集下》「迷」：「昏惑也，亂也。」此句緊承上句之意，謂明室傾覆，神州無主。蓋不承認滿清為正統也。案明末清初顧炎武《詠史》詩：「中夜視北辰，神州何茫茫。」又《與胡處士訪北齊碑》詩：「一自永嘉來，神州久無主。」與姚淑此詩，同一為憤慨滿清入主中國之作。

〔八〕河海：河與海，此喻全國各地。《春秋公羊傳·僖公三十一年》：「祭泰山河海。」河海之大：《文選》卷四十六晉陸機《豪士賦序》「河海」唐張銑注：「河海之大。」

〔九〕行人稀：南朝梁何遜《送韋司馬別》詩：「薄暮行人稀。」

〔十〕征衣：遠行者的衣服，此借代行旅艱苦之遊子。唐韓愈《宿神龜驛招李二十八馮十七》詩：「夜宿驛亭愁不睡，幸來相就蓋征衣。」

〔十一〕嶺上句：嶺上紅梅：唐樊晃《南中感懷》詩：「四時不變江頭草，十月先開嶺上梅。」宋范成大《嶺上紅梅》詩：「霧雨胭脂照松竹，江南春風一枝足。」變色：北周庾信《擬詠懷二十七首》之一：「風雲能變色。」唐駱賓王《代徐敬業討武氏檄》：「喑嗚則山嶽崩頹，叱吒則風雲變色。」

〔十二〕轉天地：此謂紛飛的大雪改變了天地的顏色，與上文「嶺上紅梅知變色」的變，互為呼應。暗喻明亡，山河變色。轉：轉變。《韓非子·心度》：「法與時轉則治，治與世宜則有功。」漢蔡琰《胡笳十八拍》之八：「曲成兮心轉愁。」唐杜甫《北征》詩：「禍轉亡胡歲，勢成擒胡月。」

〔十三〕長歎息：晉陸機《悲郢》：「愁纏綿以宅心，長歎息而飲淚。」陶淵明《擬古九首》之五：「歌竟長歎息。」唐李白《長相思》詩：「孤燈不明思絕，卷帷望月空長歎。」

憶韓園梅〔一〕

澄江韓園有宋梅〔二〕，每到春來千樹開。花枝重重如白雪〔三〕，只恐風吹落滿苔。深閨徘徊隔山水〔四〕，夢隨梅花韓園裏。驚醒有月竟無花〔五〕，宋去花存傳不已〔六〕。

【校記】

宋：嘉慶達縣祠堂本、《求恕齋叢書》本作「未」，此從康熙本。韓園創自宋代，有宋梅，作「宋」是。

【箋注】

〔一〕韓園：江蘇江陰縣名勝。清初黃與堅《韓園老梅記》：「江陰韓氏園，相傳二百餘畝，自宋仲十公，迄南陽二守念源公，垂五百年。栽梅以幾千計，其老梅至有二百餘年者。」（盧文弨《常郡八邑藝文志》卷四上）侯方域《澄江過韓氏園亭》（二首）之二：「寂寞憐官閣，迢遙憶嶺梅。豈知千萬樹，都向歲時開。」乾隆時朱黼《畫亭詞草》卷三《滿江紅》詞題：「澄江韓園，有宋梅一株，瘦削如屈鐵，花時略綴數蕊，古意絕倫。曩在都門，曾作長歌寄懷。」《畫亭詩草》卷七《都門春日憶韓園宋梅》：「根如鐵堅不頹，天水碧色粉莓苔。三花兩花足太息，已閱五百餘歲來。」又卷十《松竹梅次韻三首》之三：「鄉園遙報宋梅枯。」自注：「江陰韓園宋梅，近聞已槁。」

〔二〕澄江：江陰之別稱。宋王象之《輿地紀勝》卷九《兩浙西路》：「江陰軍（澄川、澄江、暨州、暨陽。）」俞巨源《（紹熙）江陰志序》：「大江自京口委折而南，浩瀁澎湃，勢益壯，越數百里，聚為澄江之區。」（明嘉靖《江陰縣志》卷二十一《遺文》）

〔三〕每到句及花枝句：唐岑參《白雪歌送武判官歸京》：「北風卷地白草折，胡天八月即飛雪。忽如一夜春風來，千樹萬樹梨花開。」岑詩以千樹花喻雪，此以千樹雪喻花，是反其意而用之。

〔四〕深閨句：深閨：指常州桃園草堂海棠居。徘徊：見前《七夕》注〔二〕。隔山水：指常州隔江陰九十里地。明李賢等《大明一統志》卷十常州府：「江陰縣，在府城西北九十里。」

〔五〕有月竟無花：宋邵雍《花月長吟》：「有花無月愁花老，有月無花恨月孤。」

〔六〕傳不已：明何喬新《懷司馬溫公》詩：「忠清與粹德，令聞傳不已。」

醃菜〔一〕

放開書卷下廚房，青菜翻來入甕香。日日海棠居里靜，今看婢子各加忙。

【校記】

各加忙：康熙本作「各如忙」，此從嘉慶達縣祠堂本、《求恕齋叢書》本。

【箋注】

〔一〕醃菜：宋代浦江吳氏《吳氏中饋錄‧乾閉甕菜》：「菜十斤，炒鹽四十兩，用缸醃菜。一皮菜，一皮鹽，醃三日，取起。菜入盆內，揉一次，將另過一缸，鹽鹵收起聽用。又過三日，又將菜取起，又揉一次，將菜另過一缸，留鹽汁聽用。如是九遍完，入甕內。一層菜上灑花椒、小茴香一層，又裝菜如此。緊緊實實裝好，前留起菜鹵，每壇入三碗，泥起，過年可吃。」明宋詡《竹嶼山房雜部》卷五《菜果製‧鹽醃十六製》，包括「熟醃菜」、「閉甕醃菜」等醃菜製法。

康熙十三年之作

江行

空天一望水茫茫〔一〕，片片飛帆帶日光〔二〕。恍惚波濤心不定〔三〕，迴旋今古意偏長〔四〕。青山已過雲猶在，遠岸推來草自荒〔五〕。去去竟迷千里外〔六〕，舟人指點是他鄉〔七〕。

【箋注】

〔一〕空天：唐李白《秋夜與劉碭山泛宴喜亭池》詩：「月色望不盡，空天交相宜。」《安州應城玉女湯作》詩：「沸珠躍明月，皎鏡函空天。」

〔二〕飛帆：《世說新語‧仇隙》南朝梁劉孝標注引《王廙別傳》：「廙高朗豪率。王導、庾亮遊於石頭，會廙至，爾口迅風飛帆，廙倚船樓長嘯，神氣甚逸。」唐李白《暮春江夏送張祖監丞之東都序》：「繫飛帆於半天，泛淥水於遙海。」

〔三〕心不定：《周易‧繫辭下》「中心疑者」唐孔穎達疏：「中心於事疑惑，則其心不定。」

〔四〕迴旋句：迴旋：兼有二義，一為盤旋。晉張華《博陵王宮俠曲二首》之二：「騰超如激電，迴旋如流光。」迴旋今古，句謂撫今思昔。二是指歷史的改變。北周庾信《哀江南賦》：「且夫天道迴旋，生民預焉。」明末清初顧炎武《少林寺》詩：「百物有盛衰，迴旋倘天意。」迴旋今古，隱喻改變歷史。今古：唐李白《謝公亭》詩：「今古一相接。」杜甫《將赴荊南寄別李劍州》詩：「使君高義驅今古。」意偏長：宋朱熹《壽母生朝又二首》之一：「歌罷意偏長。」

〔五〕遠岸推來：謂坐在船上的人，並未感到船在水中前進，卻以為迎面的江岸在向後退移。《敦煌曲子詞‧浣溪紗》：「滿眼風波多閃灼，看山恰似走來迎。仔

細看山山不動，是船行。」

〔六〕去去：謂遠去。三國魏曹植《門有萬里客》詩：「行行將復行，去去適西秦。」
唐張九齡《使至廣州》詩：「去去雖殊事，山川長在哉。」

〔七〕舟人句：舟人指點：唐杜甫《詠懷古蹟五首》之二：「舟人指點到今疑。」是
他鄉：杜甫《江亭王閬州筵餞蕭遂州》：「離亭非舊國，春色是他鄉。」

【編年】

本詩首二句寫廣闊無垠的江面，末句點明舟已在千里之外的他鄉，可知
此為康熙十三年（一六七四年）春，姚淑同長祥離開常州，沿長江而上舟行湖
南之作。

詳見下第二首《過洞庭湖》【編年】。

【集評】

黃稚荃《蜀中前代女詩人平議·海棠居詩》：「姚淑詩極富性靈，全用白
描，精神氣骨，出自天然，非做作可到。此詩第三句『恍惚波濤心不定』，乃
是對吳三桂是否能與之合作之考慮。第四句『迴旋今古意偏長』，想到自己所
做正是古今以來歷史上很有意義之事。至於『片片飛帆帶日光』，『遠岸推來草
自荒』，寫江行風景，讀之宛如身臨其境。」（黃稚荃《杜鄰存稿》，四川人民
出版社，一九九〇年，第九九頁。）

聯句〔一〕

天從地下起仲淑〔二〕，今自古時長〔三〕。霧樹全雲出研齋〔四〕，漁人半
草藏〔五〕。扣舷相對飲仲淑〔六〕，向月卻憐妝〔七〕。莫恨離香閣研齋〔八〕，
偏宜隨異鄉〔九〕。雙雙萬里日仲淑〔十〕，依舊讀書堂研齋〔十一〕。

【校記】

〔一〕本詩在康熙本《海棠居初集》第七葉 a 面第一至第四行，無標題，康熙本缺
第五、第六兩葉（四個半葉），遂上接第四葉《遊楊氏園》、《又》、《又》；在
《求恕齋叢書》本《海棠居初集》第三葉 b 面，題《又聯句》，上接《遊楊氏
園》（二首，提行並列，無標題），《求恕齋叢書》本葉數無缺葉。本詩下接《雨
飲》，則兩本一致。可知嘉慶祠堂本以及《求恕齋叢書》本校勘時，並未發現
缺葉情況，遂將本詩誤屬《遊楊氏園》，並誤加標題《又聯句》。本書箋注者在
並未見到康熙本的情況下，已發現本詩的內容與《遊楊氏園》不合，因此將本

詩從《遊楊氏園》題下獨立出來，並擬加標題曰《聯句》，從而糾正了嘉慶祠堂本以及《求恕齋叢書》本之誤，實與康熙本暗合。

〔二〕舷：康熙本不缺末筆，《求恕齋叢書》本缺末筆。

【箋注】

〔一〕聯句：舊時作詩的一種方式，兩人或多人各吟一句或兩句，相聯成篇，多用於宴席及朋友間的當下酬應。相傳起於漢武帝與群臣柏梁臺聯句詩。見漢辛氏《三秦記》，及唐歐陽詢等編纂《藝文類聚》卷五十六。

〔二〕天從句：《晉書·天文志上》：「舊說天轉從地下過。」宋章如愚《山堂考索前集·曆數門》：「舊說天從地下過。」又云：「日隨天而轉。」《周易·明夷·彖辭》：「明入地中。」漢鄭玄注：「夷，傷也。日出地上，其明乃光；至其入地，明則傷矣；謂之明夷。」句謂天明從地下升起，隱喻明朝從地下升起，暗指反清復明局面之出現。與姚淑自己康熙元年（一六六二年）《憶鍾山》詩「萬方之天，豈不明矣」之今典，先後呼應。其重大時事，則是康熙十二年十一月原平西王吳三桂起兵反清於雲南，發布興明討清檄文《原鎮守山海關總兵、今奉旨總統天下水陸大師興明討虜大將軍吳、檄告天下文武官吏軍民人等知悉》：「（狡虜）竊我先朝神器，變我中國冠裳」；「周田二皇親，密會太監王奉，抱先皇三太子，年甫三歲，刺骨（股）為記，寄命託孤」，「密圖恢復」，「蓋三十年矣」；「本鎮仰觀俯察，正當伐暴救民，順天應人之日也。爰率文武臣工，共勷義舉，卜取甲寅年正月元旦寅刻，推奉三太子，郊天祭地，恭登大寶，建元周啟。檄示布聞，告廟興師，刻期併發。移會總統兵馬上將軍耿（精忠）、招討大將軍總統使世子鄭（經）等，調集水陸官兵三百六十萬元（員），直搗燕山」，「剪彼臊氛」。（日本林春勝、林信篤同編；浦廉一解說：《華夷變態》卷二《吳三桂檄》，東京：東洋文庫，一九五八年，第五三～五四頁。）

〔三〕今自句：長：延續、繼承。《周易·夬卦·象辭》：「無號之凶，終不可長也。」唐孔穎達疏：「長，延也。」句謂今日之中國乃是自古以來之中國之繼承，言外之意是不許夷狄入主中國，亦即趕走侵略者。此是《春秋》大義。《春秋公羊傳·隱公七年》：「不與夷狄之執中國也。」唐陸德明音義：「中國者禮義之國也，執者治文也，君子不使無禮義制治有禮義。」《春秋公羊傳·莊公十年》：「不與夷狄之獲中國也。」《春秋公羊傳·哀公十三年》：「不與夷狄之主中國也。」

〔四〕霧樹句：霧樹：唐杜甫《喜達行在所三首》之一：「霧樹行相引，蓮峰望忽開。」

雲出：晉郭璞《遊仙詩十四首》之六：「神仙排雲出。」句謂樹在霧中，皆隱約出現矣，之前樹在雲中，則不可見；隱喻好比杜甫穿過安史叛軍敵佔區，奔赴唐朝鳳翔行在，是從地下狀態之中逐漸走出來；愛國志士穿過滿清敵佔區，奔赴反清復明前線，全是從地下狀態之中逐漸走出來。吳三桂討清檄文《興明討虜大將軍吳檄告天下文武官吏民人等知悉》：「若有生儒，精習兵法，奮拔巖谷，不妨獻策軍前。」詩與檄文，皆反映當時情勢。

〔五〕漁人句：漁人：化用陶淵明《桃花源記》：「晉太元中，武陵人捕魚為業。緣溪行，忘路之遠近。忽逢桃花林」，「（桃源人）自云：先世避秦時亂，率妻子邑人來此絕境，不復出焉。」草藏：三國吳周魴《誘曹休箋》其五：「山棲草藏。」句謂漁人猶多隱藏桃源未出，隱喻明遺民猶多隱藏草間未出。

〔六〕扣舷：敲擊船的邊緣。宋蘇軾《前赤壁賦》：「於是飲酒樂甚，扣舷而歌之。歌曰：桂棹兮蘭槳，擊空明兮泝流光。渺渺兮予懷，望美人兮天一方。」

〔七〕向月句：月：隱喻明朝。參閱前文《外甥唐大陶至》詩：「雲盡月下地，對月語重重。」及該詩注〔六〕。憐：在此訓為包含敬意的愛和同情。杜甫《奉賀陽城郡王太夫人恩命加鄧國太夫人》：「可憐忠與孝，雙美畫麒麟。」《不見（近無李白消息）》：「世人皆欲殺，吾意獨憐才。」妝：梳妝，代指女性，此指姚淑。句謂面對明月，卻心疼、敬愛作為女子的你。言外之意是，面對復明局面的出現無比喜悅，卻心疼、敬愛作為女子的你，冒著生命危險來參與復明戰鬥。憐妝二字，雖見於梁簡文帝蕭綱《戲贈麗人》：「麗姬與妖嬌，共拂可憐妝。」但含義不同。

〔八〕香閣：即香閨，閨閣，女子所居之室。唐裴夷直《春色滿皇州》詩：「思婦開香閣。」謝偃《踏歌詞》之二：「逶迤度香閣，顧步出蘭閨。」句謂你莫要抱恨離開閨閣，言外之意，轉為鼓勵姚淑參與復明戰鬥。

〔九〕偏宜句：偏宜：特別適宜。南朝梁庾信《夜聽擣衣》：「裙裾不奈長，衫袖偏宜短。」唐李白《送友人尋越中山水》：「聞道稽山去，偏宜謝客才。」異鄉：他鄉，外地。三國魏曹植《敘愁賦》：「顧堂宇之舊處，悲一別之異鄉。」唐李白《江行寄遠》：「隔別時酒猶在，已為異鄉客。」句謂我特別適宜隨你遠行異鄉，言外之意是，我特別喜歡與你一起參與復明戰鬥。

〔十〕萬里：李長祥、姚淑夫婦此行，自常州出發，溯長江西上，經洞庭湖，南下湖南參與復明戰鬥，行程數千里，曰萬里，是舉成數。

〔十一〕讀書堂：唐劉眘虛《闕題》詩：「閒門向山路，深柳讀書堂。」此指常州桃園

草堂以及其中之海棠居。李長祥《天問閣文集》卷二《桃園草堂記》：「予來毗陵，友人假予居於東門外之桃園上」，「於是名其居為『桃園草堂』。」同書同卷《海棠居記》：「余內作一小齋，讀書其中，名曰『海棠居』。」案《天問閣文集》、《海棠居初集》，「讀書」二字，不下數十見。廖燕《海棠居詩集序》：「夫人秉乾健之氣，生而為丈夫子，舉天下聖賢英傑將相為所難能之事，皆其事。」長祥、姚淑平素所讀何書，可以概見。

【編年】

本詩是康熙十三年甲寅（一六七四年）春，李長祥、姚淑夫婦自常州奔赴湖南參與吳三桂反清復明軍事鬥爭時，在水路船上所作聯句詩。姚淑、李長祥此詩，寫出了對反清復明局面出現的無比驚喜，秘密奔赴已經復明地區的高峰體驗，氣象非凡，意境奇之又奇，從未有過，極具地下復明運動之色彩，乃是地下復明運動詩歌之典範。

吳三桂從昆明起兵，經雲、貴、湘三省，直至湖南長江南岸，三千多里路，所到之處，紛紛打開城門來迎接吳軍。幾乎整個南中國以及川、陝、甘等地，都舉起了反清復明的旗幟。可見人心所向。

顧炎武《哭歸高士（莊）》詩：「平生慕魯連，一矢解世紛。碧雞竟長鳴，悲哉君不聞！」清末幽光閣據戴子高家藏潘次耕手鈔原本鉛印本《足本亭林詩稿》卷五雙行小字自注：「君歿十旬，而文覃舉庚。」「碧雞竟長鳴」，指昆明吳三桂舉兵反清復明，發布告天下檄文。近人王遽常《顧亭林詩集匯注》卷五引清末徐嘉《顧亭林先生詩箋注》：「楊慎《雲南山川志》：『碧雞山在（雲南府）城西南三十里。』」又引尹（炎武）云：「『文覃舉庚』四字，余諧以韻目，蓋『雲南舉兵』之隱。……亭林嚴夷夏之大防，雖以三桂之反覆，猶冀其復辟焉。」「文覃舉庚」乃是以平水韻韻部標目字代忌諱字，即以上平聲「文」韻代其中「雲」字，以下平聲「覃」韻代其中「南」字，以下平聲「庚」韻代其中「兵」字，暗指：雲南舉兵。是為之歡欣鼓舞。

如同李長祥，屈大均亦奔赴湖南參與吳三桂反清復明軍事鬥爭。屈大均《翁山文外》卷三《繼室黎氏孺人行略》：「甲寅春，予從軍於楚。」（參閱《姚淑事蹟繫年》康熙十三年。）

【後案】

李長祥乃杜詩專家，著有《杜詩編年》，姚淑亦對於杜詩研幾極深。《聯句》前四句「天從地下起，今自古時長。霧樹全雲出，漁人半草藏」，深受杜甫《喜

達行在所三首》詩之影響。兩詩皆寫從敵佔區秘密奔赴自由區之無比驚喜的心情，心理學所謂高峰經驗是也。惟《聯句》是作於敵佔區途中，抒情較《喜達行在所三首》更為隱藏。

姚淑「天從地下起」之句，較杜甫「喜遇武功天」之句，青出於藍矣。

【附】《喜達行在所三首》（原注：自京竄至鳳翔）　　唐杜甫

西憶岐陽信，無人遂卻回。眼穿當落日，心死著寒灰。霧樹行相引，蓮峰望忽開。所親驚老瘦，辛苦賊中來。

愁思胡笳夕，淒涼漢苑春。生還今日事，間道暫時人。司隸章初睹，南陽氣已新。喜心翻倒極，嗚咽淚沾巾。

死去憑誰報，歸來始自憐。猶瞻太白雪，喜遇武功天。影靜千官裏，心蘇七校前。今朝漢社稷，新數中興年。

《宋本杜工部集》卷十

【補注一】

康熙本《天問閣文集》係半殘本，缺葉、殘葉、磨礱、墨丁，隨處可見。反映出康乾間文字獄尤其乾隆時禁燬《天問閣文集》之恐怖氛圍，和藏書人達州李長祥族裔冒著身家性命危險保藏文獻之一段歷史。康熙本《天問閣文集・海棠居初集》第四葉本詩之前所缺第五、六兩葉，當是在禁燬《天問閣文集》恐怖氛圍下所除去。

【補注二】

鄔慶時《屈大均年譜》「癸丑，永曆二十七年、康熙十二年（一六七三），先生四十四歲」條：「慶時按《遺聞》云：『先生聞吳三桂反清，即往從之。先往乳源，邀周詡同行，周以吳是弒君之仇，義不可往。先生則謂：弒君者一時，反敵者又一時，今既反敵，則前此為敵弒君之罪俱消。自應同心合力，共圖復明，若捨此不圖，則復明之舉，將待至何時？我只知復明，不知其他也。周謂：急於復明，不擇手段，誠然誠然。但靦顏事之，於吾心總覺不安，且吳實一反覆小人，成功之後，難保其不為滿清之續也。先生曰：我只知復明，不知其他。有大機會趁大機會，有小機會趁小機會，凡是機會則必趁，若不是機會則必走。是不是機會，要見他之後方知。』」（《屈大均年譜》，廣東人民出版社，二〇〇六年，第一三六～一三七頁。）鄔慶時《屈大均年譜・序》：「屈太孺人諱鳳竹，……翁山其十八世族祖也。歸先考道源公諱寶珍，生慶時……兄弟……姐妹五人。……翁山之節義文章，為屈太孺人所愛敬。加以父老傳說，耳熟能詳，時時以之訓示慶時，實含有承先啟後之意。……今徇書局之意，將《屈太孺人

口說》改編為《屈翁山遺聞》。……時一九六三年六月。」(《屈大均年譜》,第一～二頁。)案屈太孺人《屈翁山遺聞》所述屈大均參與吳三桂反清復明軍事鬥爭之緣故,李長祥實與之相同,足資參考。

李長祥、屈大均後來因吳三桂無意復明,將要稱帝,始脫離吳三桂而去。李長祥、屈大均參與吳三桂反清復明軍事鬥爭所體現之精神,可以稱之為「苟利國家生死以」。

過洞庭湖〔一〕

一入洞庭湖〔二〕,飄飄身似無〔三〕。山高何處見〔四〕,風定亦如呼〔五〕。天地忽然在〔六〕,聖賢自不孤〔七〕。古來道理大〔八〕,知者或吾儒〔九〕。

【箋注】

〔一〕過洞庭湖:康熙十二年癸丑(一六七三年)十一月,清平西王吳三桂在雲南起兵反清復明,遣使常州至聘南明兵部尚書李長祥。清孫旭《李長祥吳三桂始末》:「(癸丑十一月)二十五日五鼓,(三)桂集藩下官屬殿上,擲帽棄辮髮。……圍巡撫門,綁撫臣朱國治,詣市碎殺之。……偽稱周元年。鑄偽印曰『天下都招討兵馬大元帥之印』。……十二月初一日,自雲南起兵,先發檄文,……乃自率兵二十萬,……行二十日至貴州,甘文焜以先奔鎮遠鎮自縊,巡撫曹申吉等出郭迎接。……所過州縣,俱為令剪辮。……至湖廣,陷辰州,湖南巡撫盧振在長沙棄城而走,於是所屬州縣俱陷。而沅州、常德、寶慶、長沙、永州、衡州、岳州等處皆陷。賊桂封吳應麒討朔將軍印,守岳州;吳國貴掛靖朔將軍印,守衡州;王屏藩掛破朔將軍印,攻四川;方獻廷巡撫湖南;吳世宗掛大將軍印,攻廣西,全省俱陷。……王屏藩下四川,全省俱陷。……遣使潛……聘前明少卿李長祥,延以賓禮,問方略。」康熙十三甲寅年正月,李長祥應吳三桂聘,自常州溯長江赴湖南,三月,至岳州(今湖南岳陽),經洞庭湖赴常德府(治武陵縣,今湖南常德市)會三桂。姚淑與長祥同行,過洞庭湖時,作此詩。

〔二〕洞庭湖:在今湖南省北部,長江南岸,北納長江的松滋、太平、藕池、調弦四口來水,南和西納入湘、資、沅、澧四水及汨羅江等小支流,由岳陽市城陵磯注入長江。乾隆《大清一統志》卷二七九《岳州府·山川》:「洞庭湖在巴陵縣西南,宋儒以為《禹貢》九江也,為湖南眾水之匯。……每夏秋水漲,周圍廣八百餘里,其沿邊則有青草湖、翁湖、赤沙湖、黃驛湖、安南湖、大通湖,並

名合為洞庭。」時洞庭湖之大,西南接近常德,溯沅水可至。

〔三〕飄飄:飛貌。《淮南子·兵略訓》:「與飄飄往,與飄飄來,莫知其所之。」《史記·司馬相如傳》:「飄飄有凌雲之氣,似遊天地之閒意。」宋蘇軾《前赤壁賦》:「飄飄乎如遺世獨立,羽化而登仙。」

〔四〕山高句:謂身在洞庭湖中,望不見湖岸,山再高也望不見,但見浩浩湯湯,橫無際涯之水。此寫出洞庭湖之遼闊廣大。

〔五〕風定句:謂洞庭湖雖已是風平浪靜,但還是覺得好像在呼嘯不已。此寫出洞庭湖之氣勢磅礴。

〔六〕天地在:唐杜甫《雙燕》詩:「今秋天地在,吾亦離殊方。」清仇兆鰲《杜詩詳注》卷一二引顧云:「世經亂離而天地仍在,猶云天空任鳥飛。」楊倫《杜詩鏡銓》卷二引張云:「天地在,見雖禍亂而天地不改。」此句取杜詩語意,謂已經「天崩地解」(此係明末清初人,喻明室傾覆之語),今天忽然見我故國天地,還我河山也。案《清史稿·吳三桂傳》:「康熙十三年正月,三桂僭稱周王元年,部署諸將:楊寶蔭陷常德,夏國相陷澧州,張國柱陷衡州,吳應麒陷岳州。」又云:「是時雲南、貴州、湖南地皆入三桂。」又云:三桂「舉兵反,自號周王天下都招討兵馬大元帥。蓄髮,易衣冠幟色。」姚淑從滿清統治區涉險數千里,身至三桂所佔之地,忽然重睹漢族衣冠禮儀,「天地」句正是寫出當時自己驚喜和興奮的心情。

〔七〕聖賢句:聖賢:是自勉語。《孟子·告子下》:「人皆可以為堯舜。」亦是偏義複詞,偏義是賢。唐杜甫《陳拾遺故宅》詩:「位下曷足傷,所貴者聖賢。」不孤:《論語·里仁》:「子曰:『德不孤,必有鄰。』」三國何晏集解:「方以類聚,同志相求,故必有鄰,是以不孤。」宋邢昺疏:「有德則人所慕仰,居不孤特,必有同志相求,以之為鄰也。」案佚名《平西王吳三桂傳》,三桂舉兵前,「於是卜日謁(明永曆)陵。先期,復集諸將,謂之曰:『別故君,當以故君之衣服見。』指其首曰:『我先朝曾有此冠乎?』指其身曰:我『先朝曾有此衣乎?老臣且易服以祭。諸君其預圖之。』諸將皆曰:『諾。』」「至日,各具漢官威儀集陵下。三桂易方巾素服,酹酒山呼,再拜慟哭,伏地不能起。三軍皆哭,聲震如雷。」吳三桂之反清復明,與李長祥、姚淑夫婦之志向正相契合,吳三桂又遣使聘長祥,問方略。故有「自不孤」之說。

〔八〕道理句:道理:指儒家學說所包含的天道人道之理。《漢書·藝文志》:「儒家者流……助人君順陰陽明教化者也。遊文於六經之中,留意於仁義之際,祖

述堯舜，憲章文武，宗師仲尼，以重其言，於道最為高。」道理大：宋沈括
《夢溪筆談‧續談》：「太祖皇帝嘗問趙普曰：『天下何物最大？』普熟思未答。
間再問如前，普對曰：『道理最大。』上屢稱善。」

〔九〕吾儒：謂自己和李長祥。《論語‧衛靈公》：「子曰：『當仁不讓於師。』」

【編年】

　　本詩是康熙十三年三月間，姚淑同李長祥過洞庭湖時所作。據清乾隆《直
隸澧州志林》卷十九《祥異志‧兵難》記載，康熙十三年正月初八日，吳三桂
前鋒馬國貴、馬三保佔據澧州（今湖南澧縣），三月，吳三桂至澧。據《大清
聖祖仁皇帝實錄》卷四十六記載，二月十三日，吳三桂總兵楊寶應攻佔常德府
（今湖南常德市），三月八日之前，吳三桂已至常德。據清嘉慶《長沙縣志》
卷二十六《祥異‧兵難》記載，二月十七日，吳三桂將軍張國柱自常德佔據益
陽（今湖南益陽市）、長沙（今湖南長沙市）。據乾隆《岳州府志》卷二十九《事
紀》記載，二月二十八日，吳三桂將軍吳應麒佔據岳州（今湖南岳陽市）。由
上可知，當康熙十三年三月李長祥、姚淑夫婦過洞庭湖時，湖南全省已為吳三
桂所據，故李、姚得以通行無阻。

【集評】

　　清廖燕《海棠居詩集序》：「今讀其《過洞庭》，及《閒坐》、《憶鍾山》諸
詠，其氣骨在秦漢之上，當是英雄負奇才人語，疑非出閨閣口中也。」

桃源行〔一〕

　　昔口桃源好避秦〔二〕，桃源盡是沒用人〔三〕。大卜志士皆震動〔四〕，
獨有桃源藏其身〔五〕。桃花樹上桃花滿〔六〕，桃花樹下水流緩〔七〕。年年
歲歲長子孫〔八〕，雞犬何曾有聚散〔九〕。洞口之內無見聞〔十〕，洞口之外
干戈起〔十一〕。博浪沙上力士來〔十二〕，天下之人已驚喜〔十三〕。當時洞口
人相及，豈只三三兩兩入〔十四〕。海內無數豪傑在〔十五〕，避世之意何其
急〔十六〕？縱是成仙不足論〔十七〕，何為漁人又問津〔十八〕？願人莫向桃
源去，處處桃花開向春〔十九〕。

【箋注】

〔一〕桃源：桃花源。晉陶淵明《桃花源記並詩》：「晉太元中，武陵人捕魚為業。緣
　　　溪行，忘路之遠近。忽逢桃花林，夾岸數百步，中無雜樹，芳草鮮美，落英

繽紛。漁人甚異之，復前行，欲窮其林。林盡水源，便得一山，山有小口，彷彿若有光。便捨船，從口入，初極狹，才通人。復行數十步，豁然開朗。土地平曠，屋舍儼然，有良田、美池、桑竹之屬。阡陌交通，雞犬相聞。其中往來種作，男女衣著，悉如外人。黃髮垂髫，並怡然自樂。」明李賢等《大明一統志》卷六十四《常德府》：「秦置黔中郡，漢初改武陵郡。……（本朝）為常德府。領縣四：武陵縣，附郭。……桃源縣，在府城西八十里。」嘉慶《大清一統志》卷三百六十四《常德府‧山川》：「桃源山，在桃源縣西南三十里，有桃源洞，相傳即陶潛所記桃花源也。」道光《桃源縣志》卷二《疆域‧山》：「又東十里曰桃源之山。西近水溪，東逾桃花之溪，群山環拱，周圍五十里，其首山曰：『桃源洞山』，一曰『武陵之山』，石壁峭立，縱橫丈餘，鐫有『秦人古洞』四大字。有泉出焉，匯為桃花之潭，而伏於其下。東至後洞出，為桃花之溪，北注於沅。」本詩是康熙十三年甲寅（一六七四年）三月李長祥到常德會見吳三桂，姚淑隨長祥到常德時，因地近桃源，有感而作。唐王維、劉禹錫皆有《桃源行》（宋郭茂倩輯《樂府詩集》卷九十收入《樂府雜題》類），武元衡有《桃源行送友》，韓愈有《桃源圖》，皆七言歌行體，詠桃源故事。姚淑本詩採用《桃源行》舊題及歌行體，寫反清復明時事，內容、藝術皆出自獨創。

〔二〕昔日句：昔日：字面謂秦時，暗指今日。避秦：陶淵明《桃花源記並詩》：「見漁人，乃大驚，問所從來，具答之。便要還家，設酒殺雞作食。村中聞有此人，咸來問訊。自云：先世避秦時亂，率妻子邑人來此絕境，不復出焉，遂與外人間隔。」據宋明人考證，陶淵明《桃花源記》作於劉裕篡晉之後，以避秦寓意避宋。宋洪邁《容齋三筆》卷十《桃源行》：「乃寓意於劉裕，託之於秦，藉以為喻耳。」明黃文煥《陶詩析疑》卷四云：「蓋以避宋之懷匹避秦也。」本詩反《桃花源記》之意而用之，以避秦比避清，批評逃避抗清，激勵天下志士奮起抗清。詩中敘事用典，皆含雙層意思，以古典喻時事，具見以下各注。

〔三〕桃源盡是沒用人：陶淵明《桃花源詩》：「嬴氏亂天紀，賢者避其世。」此是反其意而用之。

〔四〕天下震動句：古典字面謂秦時陳涉起義反秦，引起天下志士震動。《史記‧陳涉世家》：「二世元年七月，發閭左適戍漁陽，九百人屯大澤鄉。陳勝、吳廣皆次當行，為屯長。會天大雨，道不通，度已失期。失期，法皆斬。……陳勝

曰：『天下苦秦久矣……』並殺兩尉，……乃詐稱公子扶蘇、項燕，從民欲也。
祖右，稱大楚。為壇而盟，祭以尉首。」今典實指康熙十二年癸丑（一六七三
年）十一月吳三桂起兵反清於雲南，引起天下志士震動。清孫旭《吳三桂始
末》：「（癸丑十一月）二十五日五鼓，（三）桂集藩下官屬殿上，擲帽棄辮髮。……
圍巡撫門，綁撫臣朱國治，詣市碎殺之。」康熙十三年甲寅正月元旦吳三桂發
布興明討清檄文《原鎮守山海關總兵、今奉旨總統天下水陸大師興明討虜大
將軍吳、檄告天下文武官吏軍民人等知悉》：「（狡虜）竊我先朝神器，變我中
國冠裳」，「本鎮仰觀俯察，正當伐暴救民，順天應人之日也。爰率文武臣工，
共勷義舉，卜取甲寅年正月元旦寅刻，推奉三太子，郊天祭地，恭登大寶，建
元周啟。檄示布聞，告廟興師，刻期併發。移會總統兵馬上將軍耿（精忠）、
招討大將軍總統使世子鄭（經）等，調集水陸官兵三百六十萬元（員），直搗
燕山。」（日本林春勝、林信篤同編；浦廉一解說：《華夷變態》卷二《吳三桂
檄》，東京：東洋文庫，一九五八年，第五三～五四頁。）震動：唐李鼎祚《周
易集解·隨卦（震下兌上）》：「鄭玄曰：震，動也。兌，說也。內動之以德，
外說之以言，則天下之人，咸慕其行，而隨從之。」《尚書·周書·武成》：「天
休震動，用附我大邑周。」漢孔安國傳：「天之美，應震動民心，故用依附我。」
小序：「武王伐殷，……作《武成》。」《史記·魯仲連列傳》：「天下震動，諸
侯驚駭。」

〔五〕獨有句：自此句至「洞口之內無見聞」句，字面謂秦時，暗指今日多士明哲保
身，隱藏不出，自得其樂，對於抗清軍事鬥爭，不聞不問。藏其身：《莊子·
庚桑楚》：「夫全其形生之人，藏其身也，不厭深眇而已。」唐杜甫《白水縣崔
少府十九翁高齋三十韻》：「鳥呼藏其身，有似懼彈射。」

〔六〕桃花滿：唐劉禹錫《桃源行》詩：「桃花滿溪水似鏡。」曹唐《大遊仙十三首》
之六《仙子洞中有懷劉阮》：「流水桃花滿澗香。」

〔七〕水流緩：唐李叔卿《江南曲》：「渡口水流緩。」

〔八〕年年句：年年歲歲：唐盧照鄰《長安古意》詩：「年年歲歲一床書。」劉希夷
《代悲白頭翁》詩：「年年歲歲花相似。」長子孫：唐王維《偶然作六首》之
二：「動則長子孫，不曾向城市。」戴叔倫《桂陽北嶺偶過野人所居聊書即事》
詩：「不記逃鄉里，居然長子孫。」

〔九〕雞犬句：陶淵明《桃花源詩》：「荒路曖交通，雞犬互鳴吠。」唐劉言史《題茅
山仙臺藥院》詩：「雞犬亦嫌秦。」

〔十〕無見聞：陶淵明《桃花源記並詩》：「問今是何世，乃不知有漢，無論魏晉。此人一一為具言所聞，皆歎惋。」

〔十一〕洞口句：洞口之外：指桃源洞外之湖南。干戈起：古典指反秦軍事鬥爭。《史記·秦始皇本紀》：「（二世皇帝元年）七月，戍卒陳勝等反故荊地，為『張楚』。勝自立為楚王，居陳，遣諸將徇地。山東郡縣少年苦秦吏，皆殺其守尉令丞反，以應陳涉，相立為侯王，合從西鄉，名為伐秦，不可勝數也……武臣自立為趙王，魏咎為魏王，田儋為齊王。沛公起沛。項梁舉兵會稽郡。」唐胡曾《汴水》詩：「錦帆未落干戈起。」今典指湖南反清軍事鬥爭。清孫旭李長祥《吳三桂始末》：「（康熙十二年癸丑）十二月初一日，自雲南起兵，先發檄文，……乃自率兵二十萬，……行二十日至貴州，甘文焜以先奔鎮遠鎮自縊，巡撫曹申吉等出郭迎接。……所過州縣，俱為令剪辮。……至湖廣，陷辰州，湖南巡撫盧振在長沙棄城而走，於是所屬州縣俱陷。而沅州、常德、寶慶、長沙、永州、衡州、岳州等處皆陷。賊桂封吳應麒討朔將軍印，守岳州；吳國貴掛靖朔將軍印，守衡州。」

〔十二〕博浪句：古典指博浪沙張良與力士狙擊秦始皇。《史記·秦始皇本紀》：「二十九年，始皇東遊。至陽武博狼沙中，為盜所驚。求弗得，乃令天下大索十日。」同書《留侯世家》：「得力士，為鐵椎重百二十斤。秦皇帝東遊，良與客狙擊秦皇帝博浪沙中，誤中副車。秦皇帝大怒，大索天下，求賊甚急，為張良故也。」唐李白《經下邳圯橋懷張子房》：「滄海得壯士，椎秦博浪沙。報韓雖不成，天地皆振動。」今典指康熙十二年北京城密謀反清起義。清佚名《松下雜抄》卷上引黃百家《耳逆草》：「據供：（吳三桂子）應熊遣人密約，凡京師滿洲、漢軍之奴僕、佃戶能殺其主者……約於甲寅（康熙十三年）元旦慶賀時，各奴之在家者，於各家積柴草處放火……其隨主人在朝者，見火起則騎各官之馬，喊殺入朝。」（《涵芬樓秘笈》第三集，上海：商務印書館，民國六年。）《大清聖祖仁皇帝實錄》卷四十四康熙十二年十二月丁巳（二十二日）：「奸民揚起隆詐稱朱三太子，糾黨謀叛，約於京城內外放火舉事，……官兵往捕。」清乾隆內府抄本《平定三逆方略》卷一康熙十二年十二月庚申（二十五日）：「李株等謀叛伏誅，株等皆楊起隆黨也，……至二千餘人。……當法司會訊時，賊黨口稱謀叛姓名至數萬餘。」《松下雜抄》卷上引黃百家《耳逆草》：「張兵城上，閉九門，盡守城中欄柵，按冊排甲牢搜。搜得，以黑絹蒙賊首面。城中不火食者三日，而各處火起者無數，白日昏黑，居人面皆土色。獲賊既多，斬決

無地，以車滿載出九門斬之，屍積如山。如是者八日。」因下句言及「天下」，此二句並指全國各地的反清起義。清孫旭《吳三桂始末》：「（賊桂封）王屏藩掛破朔將軍印，攻四川；方獻廷巡撫湖南；吳世宗掛大將軍印，攻廣西，全省俱陷。……王屏藩下四川，全省俱陷。」《清史稿・吳三桂傳》：「三桂傳檄所至，反者四起：提督鄭蛟麟，總兵譚弘、吳之茂反四川，巡撫羅森、降將軍孫延齡以有德舊部反廣西，精忠反福建，河北總兵蔡祿反彰德，三桂勢益張。」清夏琳《閩海紀要》卷三甲寅（康熙）十三年（明永曆二十八年）：「春三月，靖南王耿精忠據福州反，自稱總統兵馬上將軍；馳檄七閩，皆下之。其檄文略云：『共奉大明之文物，悉還中夏之乾坤。』」《清史稿・耿精忠傳》：「十三年三月，發兵反……分陷延平、邵武、福寧、建寧、汀州諸府。約三桂合兵入江西，嗾潮州總兵劉進忠擾廣東，又招鄭錦發兵取沿海郡縣為聲援。……出仙霞關，陷（浙江）江山、平陽……陷樂清、天台、仙居、嵊縣，而寧海、象山、新昌、餘姚諸縣土寇競起。……陷（江西）廣信、建昌、饒州。……別遣兵攻（安徽）徽州、婺源、祁門。」夏琳《閩海紀要》卷二庚戌（康熙）九年（明永曆二十四年）春二月：「三桂在雲南，漸蓄異志，（臺灣鄭）經使監紀推官吳宏濟持聘，略曰：『經兒發未燥即聞大名，每讀殿下家書檄草，忠孝激烈，未嘗不操膺慨歎，感極而繼之以泣也。今者四海仰望，惟殿下一人，未審軍政之暇，亦知有天外孤臣否？？特遣推官吳宏濟恭候福履。敝國雖小，樓船千艘，甲士十萬，惟殿下所使之。仰俟德音。』」清徐鼒《小腆紀年》卷二十：「康熙十二年冬，我平西王吳三桂反，明年靖南王耿精忠據福建反，告援於鄭氏（經）。……（經）奉永曆二十八年正朔，渡海而西，……閩中故多鄭氏舊部曲，海澄總兵趙得勝、潮州總兵劉進忠，皆降於經，於是經自取泉取漳取潮。」清沈雲《臺灣鄭氏始末》卷五：「三月，耿精忠以福建反，……約經統舟師徑取南京，與三桂為鼎峙。……（湖北）鄖陽副將洪福以所部叛，襄陽總兵楊來嘉據穀城叛，並遣使告經，仍用永曆正朔。」清蒼弁山樵《吳逆取亡錄》：「時維畿輔、河南、山左右與江南財賦之區，尚晏然無事；他如雲、貴、陝、甘、兩粵、閩、蜀、湖南、江右，及湖北之鄖、均，浙江之寧、紹、金、衢，江南之祁、歙，賊氛幾遍。」（《說庫》本第五頁，上海：文明書局，民國四年，第五十四冊。）

〔十三〕天下驚喜句：謂三藩事起，全國人民為此震動驚喜。顧炎武康熙十二年末《哭歸高士（莊）》詩：「碧雞竟長鳴，悲哉君不聞！」自注：「文覃舉庚。」韻目

代字指：「雲南起兵。」康熙十三年正月《廣昌道中》詩：「問客何方來？幽都
近如沸。出車日轔轔，戈矛接江裔。」指康熙十二年北京城密謀反清起義，及
南方反清軍事鬥爭。又《王良》詩：「秦政滅六國，自謂過帝皇。豈知漁陽卒，
狐鳴叢祠旁。」王遽常《顧亭林詩集匯注》卷五注：「此以當以陳涉喻吳三桂。」
清汪懋麟《百尺梧桐閣文集》卷二《贈揚州知府金公序》：「皇帝十三年春，
滇、閩叛亂，東南震驚。揚人多惑易擾，譌言道聽，家室朋奔。城門夜開，填
衢泣路。」可見北京及東南人民驚喜、震動之情況。孫旭《吳三桂始末》：「（三
桂）潛遣使……聘前明少卿李長祥，延以賓禮，問方略。」屈大均《翁山文
外》卷三《繼室黎氏孺人行略》：「甲寅春，予從軍於楚。」李長祥、屈大均皆
直接投身湖南反清軍事鬥爭。

〔十四〕當時二句：古典用陶淵明《桃花源詩》：「嬴氏亂天紀，賢者避其世。黃綺之商
山，伊人亦云逝。」慨歎今日逃避反清復明之士人，亦復不少。

〔十五〕海內豪傑：宋洪邁《容齋續筆》卷十四《陳涉不可輕》：「陳勝出於戍卒，一旦
奮發不顧，海內豪傑之士乃始雲合響應，並起而誅之（秦）。」

〔十六〕避世之意：《論語·微子》：「夫子憮然曰：『鳥獸不可與同群，吾非斯人之徒與
而誰與？天下有道，丘不與易也。』」宋邢昺疏：「孔子言其不可隱居避世之意
也。」

〔十七〕成仙句：句謂即使是逃入桃源成為神仙，也是不足稱道的。成仙：唐王維《桃
源行》詩：「初因避地去人間，更聞成仙遂不還。」是誤以為桃源中人已成仙。
宋蘇軾《和桃花源詩序》：「世傳桃源事，多過其實。考淵明所記，止言先世避
秦亂來此，則漁人所見似是其子孫，非秦人不死者也。」蘇軾則早已否定桃源
中人為神仙。

〔十八〕漁人又問津：陶淵《桃花源記》：「（漁人）既出，得其船，便扶向路，處處志
之。及郡下，詣太守，說如此。太守即遣人隨其往，尋向所志，遂迷，不復得
路。南陽劉子驥，高尚士也，聞之，欣然規往。未果，尋病終，後遂無問津
者。」借指逃避抗清的明遺民。

〔十九〕願人二句：謂希望天下之人都起來抗秦（清），推翻了暴秦（清）統治，處處
都將成為自由、美好如春的桃花源世界。處處桃花：化用唐王維《桃源行》
詩：「春來遍是桃花水。」

【編年】

　　本詩是康熙十三年春夏間，三藩事起，姚淑隨長祥至湖南常德參預抗清

時之作。三藩，應為四藩，即雲南平西王吳三桂，福建靖南王耿精忠，廣東平南王尚可喜之子尚之信，廣西定南王孔有德之婿孫延齡。《清史稿・吳三桂傳》載：「（康熙十二年十一月）舉兵反，自號周王天下都招討兵馬大元帥，蓄髮，易衣冠。」康熙十三年（一六七四年）正月元旦吳三桂發布興明討清檄文《原鎮守山海關總兵、今奉旨總統天下水陸大師興明討虜大將軍吳、檄告天下文武官吏軍民人等知悉》：「（狡虜）竊我先朝神器，變我中國冠裳」，「蓋三十年矣」，「（本鎮）卜取甲寅年正月元旦寅刻，推奉三太子，郊天祭地，恭登大寶，建元周啟」，「移會總統兵馬上將軍耿、招討大將軍總統使世子鄭等」，「直搗燕山」，「剪彼臊氛」。（日本林春勝、林信篤同編；浦廉一解說：《華夷變態》卷二《吳三桂檄》，東京：東洋文庫，一九五八年，第五三～五四頁。）《大清聖祖仁皇帝實錄》卷四十六康熙十三年二月辛酉：「廣東廣西總督金光祖疏報，廣西將軍孫延齡反。」同書卷四十七康熙十三年五月辛未：「孫延齡叛，自稱安遠大將軍。」《大清聖祖仁皇帝實錄》卷四十六康熙十三年三月庚辰：「耿精忠據福建反。」同書同卷四月甲辰：「孫延齡偽檄，有三藩（並變）之語。」《清史稿・耿精忠傳》：「十三年三月，發兵反。……精忠自稱總統兵馬大將軍，蓄髮，易衣冠。鑄錢曰『裕民通寶』。」是三藩抗清，均以恢復漢民族的衣冠禮儀制度來號召天下人民。

李長祥是在吳三桂「興明討虜」「檄告天下」的情況下，為反清復明、趕走侵略者的理想，而奔赴湖南，與吳三桂合作的。

孫旭《吳三桂始末》：「（三桂）潛遣使……聘前明少卿李長祥，延以賓禮，問方略。長祥曰：『急改大明名號，以收拾人心；立懷宗後裔，鼓舞忠義。』桂以其言問方獻廷、胡國柱，二人曰：『昔項羽立義帝，後又弒之，反動天下之兵。今天下在王掌握，他日又置懷宗後裔於何地？』長祥知桂意，遂拂袖去。」

康熙十三年八月十八日《巡撫湖廣等處兼提督軍務張朝珍啟》：「巡撫湖廣等處地方兼提督軍務兵部尚書兼督察院右副都御史加一級職張朝珍謹啟，為敬奉令諭事。康熙十三年八月十七日奉貝勒諭湖北巡撫張朝珍：令才能官員將前拿獲奸細毛羽羝提出密加詳問，伊身原在偽兵部李長祥下係何員役，李長祥因何事來岳，今還在岳與否，其在岳時凡有事白吳三桂係親自往說或差人往說，往來由旱路、水路，其手下辦事人員共有幾項、共有幾人、係何姓名，其差往各處招撫及差往澧州吳三桂處係何項員役，在岳偽將軍吳應麒手下辦事

應差若干人、名色幾樣、係何姓名，以上情節務須逐一問取確切口供，明白開單，即付差官帶來，特諭等因，敬此。當即檄行按察司查訊去後。今據該司高翼辰回稱，遵即弔取監犯毛羽猴赴司當堂研審，詰問毛羽猴：你原在偽兵部李長祥下係何員役？據供：小的係四川人，同余大海總爺一路下來，投誠後在王平總爺營裏做外委火器營守備，過後辭了營頭，在新提落業行醫，於本年四月初八日投入賊營，有廖將軍先給我守備綾劄一方，後偽部院李長祥查係同鄉，將我討去，又給我都司劄付一紙，在李長祥標下原係都司職銜。李長祥原是四川人，明季做過翰林院，一向在福建耿精忠那邊，來見吳三桂，甚待優禮，因加他兵部尚書職銜，差往岳州節制將軍兵馬。」（《文獻叢編增刊·清三藩史料》第一輯，北平故宮博物院編，民國二十年，第六十二頁。）

案康熙十三年八月十八日《巡撫湖廣等處兼提督軍務張朝珍啟》述吳三桂兵部尚書李長祥標下都司毛羽猴被俘後供詞，李長祥「來見吳三桂甚待優禮，因加他兵部尚書職銜，差往岳州節制將軍兵馬」，可知孫旭《吳三桂始末》所述「長祥知桂意，遂拂袖去」一節，似乎長祥一見三桂，即拂袖去，欠確。但孫旭所述「（三桂）潛遣使……聘前明少卿李長祥，延以賓禮，問方略。長祥曰：『急改大明名號，以收拾人心；立懷宗後裔，鼓舞忠義』」，則不誤。吳三桂當對李長祥所言「急改大明名號，以收拾人心；立懷宗後裔，鼓舞忠義」作出承諾，故長祥遂暫接受三桂所加兵部尚書差往岳州節制將軍兵馬。後來當李長祥確知吳三桂無意復明時，即斷然離去，在吳三桂稱帝之前。

陳伯陶《勝朝粵東遺民錄·屈大均傳》：「會吳三桂叛，以蓄髮易衣冠號召天下。時有說其立明後裔者，甲寅、乙卯（康熙十三、十四兩年），大均往來楚粵中。」所云「時有說其立明後裔者」，即指李長祥。

康熙十三年四月，李長祥抵達岳州兵部尚書節制將軍兵馬任所。七月，清軍大兵水陸齊發，進攻岳州，李長祥指揮吳軍將領吳應麒等率兵七萬餘人擊敗清軍，使清軍未能攻克岳州，退保荊州，從此「無敢渡江攖其鋒者」。由此可見李長祥軍事指揮才能之卓越，吳三桂對李長祥之器重，並未落空。八月，清軍統帥多羅貝勒尚善命取俘供詳細瞭解「偽兵部」李長祥在岳州之情況，可見對於李長祥之重視和畏懼（詳《姚淑事蹟繫年》康熙十三年）。

姚淑隨長祥參預抗清鬥爭。廖燕《海棠居詩集序》：「夫人秉乾健之氣，生而為丈夫子，舉天下聖賢英傑將相為所難能之事，皆其事。」《桃源行》詩就是她參預抗清鬥爭的明證。

時屈大均亦從事於吳三桂軍，頗往來於常德、澧州吳三桂與岳州李長祥之間，並與李長祥結下共同抗清之深厚友誼（詳《姚淑事蹟繫年》康熙十三年）。

【附】廣東詩匯·屈大均小傳　　鄔慶時　屈向邦

屈大均，字翁山，番禺人，生於南海邵氏。年十六，以邵龍姓名補南海縣學生員。其父攜之歸沙亭，復姓屈氏，易名紹隆，字介子。永曆元年，從業師陳邦彥起義。邦彥殉難，大均赴肇慶行在，上《中興六大典書》。大學士王化澄疏薦，將官以中秘，聞父病，遽歸。父歿，大均入雷峰為僧，名今種，字一靈，又名騷餘。逾年，出遊大江南北，東出榆關，北抵粟末，遍交其豪傑。聯絡鄭成功入鎮江，攻南京。鄭兵敗走，大均歸里，返於儒，更今名。復遊秦隴，作《華嶽詩》百韻。李因篤歎服，介紹王華姜與之成婚。留代州三年，攜華姜回粵。家居數年，吳三桂反清，以蓄髮復衣冠號召天下，大均建義始安，以廣西按察司副司監督安遠大將軍孫延齡軍於桂林。後知三桂有僭竊之意，謝事歸，避地南京，復歸沙亭。粵督吳興祚擬疏薦之，以母老辭，不復出。年六十七卒。有《詩外》。

《廣東詩匯》卷四十四

【補注】

《廣東詩匯·屈大均小傳》，當轉錄自蘇州大學中文系明清詩文研究室編、錢仲聯主編《明清詩文研究資料集》第二輯《清詩紀事一勺·屈大均》條（上海古籍出版社，一九八六年，第二六～二七頁）。今據鄔慶時《屈大均年譜》錄文（廣東人民出版社，二○○六年，第二八五～）校訂。

【集評】

黃稚荃《蜀中前代女詩人平議·海棠居詩》：「自陶潛撰《桃花源記》，作《桃花源詩》，假設一逃避秦政苛虐之世外桃源，以寄託其理想。後來王維有《桃源行》，益衍陶潛之意，歌頌桃花源中之太平天地，後世之厭世亂者，無不感慕讚歎於桃花源。姚淑此詩，實為自有《桃花源記》以來一千二百多年第一篇翻案文字。姚淑反對逃避現實，逃避現實，即無用之人。只有面對現實鬥爭，才能人間處處都是桃源。其目光之透澈，不愧革命行動者之心聲。」（黃稚荃《杜鄰存稿》，四川人民出版社，一九九○年，第九九～一○○頁。）

裴公亭〔一〕

　　昔聞裴公有亭在〔二〕，今到裴公亭已壞〔三〕。只見山青青入天〔四〕，不盡長江空一派〔五〕。古來城闕總成丘〔六〕，況此孤亭幾度秋〔七〕。高賢去後名偏久〔八〕，年年荒徑有人遊。

【箋注】

〔一〕裴公亭：明李賢等《大明一統志》卷六十三《長沙府·宮室》：「裴休亭，在益陽縣白鹿山，唐裴休讀書之所。」嘉慶《大清一統志》卷三百五十五《長沙府二·古蹟》：「裴公亭，在益陽縣西白鹿山，一名裴休亭，唐裴休讀書處。」同治《益陽縣志》卷二十四《古蹟》：「裴公亭廟，治西南白鹿山，唐裴休構為讀書處，下縈資江，北眺城郭，湖山一覽，風景絕佳。」

〔二〕裴公，即裴休。《新唐書·裴休傳》：「裴休，字公美，孟州濟源人。……擢進士第，……入為監察御史，更內外任。至大中時，以兵部侍郎領諸道鹽鐵轉運使。（大中）六年，進同中書門下平章事。……復起歷昭義、河東、鳳翔、荊南四節度。……（休）能文章，……為人醖（蘊）藉，舉止閒雅。」明李賢等《大明一統志》卷六十三《長沙府·名宦》：「裴休，乾符間，歷荊南節度使，鎮長沙。不為皦察行，所治吏下畏信。」

〔三〕今到裴公亭：清嘉慶《常德府志》卷三《疆界》：「治所在湖南布政使司（長沙）西北四百八十里。」同治《益陽縣志》卷一《輿地志上》：「益陽縣在湖南會城長沙府治西北二百里。」又云：「（西北）至常德府二百里。」姚淑到益陽縣裴公亭，當是康熙十三年三、四月間，李長祥、姚淑至常德後，長祥自常德送姚淑及二子南至長沙安頓，途經益陽之時。

〔四〕山青：謂白鹿山。明李賢等《大明一統志》卷六十三《長沙府·山川》：「白鹿山，在益陽縣治西南，下有龍湫，蒼崖古木，清絕可愛。唐裴休講道於此，有白鹿銜花出聽，因名。宋楊億詩：『濱江水急魚行澀，白鹿峰高鳥度遲。』」

〔五〕不盡句：不盡：唐杜甫《登高》詩：「不盡長江滾滾來。」長江一派：謂流經益陽注入洞庭湖之資江，為長江之一條支流。明李賢等《大明一統志》卷六十三《長沙府·山川》：「濱江，在益陽縣，……過沅江縣，入洞庭湖。」一派：一支流。唐包佶《酬於侍郎湖南見寄十四韻》：「桂嶺千崖斷，湘流一派通。」白居易《泛溢水》：「溢水從東來，一派入江流。」劉威《黃河賦》：「惟天河之一派，獨殊類於百川。」

〔六〕古來句：唐李白《登金陵鳳凰臺》詩：「晉代衣冠成古丘。」

〔七〕幾度秋：唐王勃《滕王閣》詩：「物換星移幾度秋。」

〔八〕高賢：對賢明才智者的尊稱。《漢書·禮樂志》：「大海蕩蕩水所歸，高賢愉愉民所懷。」唐杜甫《湘江宴餞裴二端公赴道州》：「盛名富事業，無取愧高賢。」

【編年】

此詩當是康熙十三年三、四月間，李長祥、姚淑至常德後，長祥自常德送姚淑及二子南至長沙安頓，途經益陽時所作。

【集評】

清汪啟淑輯《擷芳集》卷十四選錄本詩。

鵝羊池〔一〕

古來鵝羊池，王府今何知〔二〕？荒草淒淒亂〔三〕，野花處處垂〔四〕。窗前樹影去，鏡裏水波移〔五〕。枕上釣魚起〔六〕，一天風雨吹〔七〕。

【校記】

知：康熙本作「如」，蓋形近之誤，此從嘉慶達縣祠堂本、《求恕齋叢書》本。

【箋注】

〔一〕鵝羊池：清同治《益陽縣志》卷二十四《古蹟》：「鵝羊池，在治西三里歧市後。廣十餘畝，前明吉藩莊蓄鵝羊處。」

〔二〕王府：指明末藩王吉王朱慈煃，其王府在長沙。《明史》卷一百一十九《吉簡王見濬傳》：「吉簡王見濬，英宗第七子，……成化十二年就藩長沙。……孫定王厚焨嗣。……子端王載均由光化王嗣。……子莊王翊鎮嗣，……無子，庶兄宣王翊鑾由龍陽王嗣。……孫由棟嗣，崇禎九年薨。子慈煃嗣。十六年，張獻忠入湖南，同惠王走衡州，隨入粵。國亡後，死於緬甸。」

〔三〕淒淒：同萋萋，盛貌。《詩經·小雅·大田》：「有渰萋萋。」《說文》引作淒淒。《說文解字》卷十一《水部》：「淒，雲雨起也。從水妻聲。《詩》曰：『有渰淒淒。』」唐王維《送張五諲歸宣城》詩：「欲歸江淼淼，未到草淒淒。」

〔四〕花垂：唐杜甫《北征》詩：「菊垂今秋花。」

〔五〕鏡裏水波：唐李白《憶襄陽舊遊贈馬少府巨》詩：「開窗青嶂滿，拂鏡滄江流。」

〔六〕枕上句：用太公渭濱釣魚，從而輔周滅商，喻長祥出自隱遁，從事反清復明。

枕上：唐白居易《冷泉亭記》：「坐而翫之者，可濯足於牀下；臥而狎之者，可

垂釣於枕上。」釣魚起：《史記‧齊太公世家》：「太公望呂尚者，東海上人。其先祖嘗為四嶽，佐禹平水土甚有功。虞夏之際封於呂，或封於申，姓姜氏。夏商之時，申、呂或封枝庶子孫，或為庶人，尚其後苗裔也。本姓姜氏，從其封姓，故曰呂尚。呂尚蓋嘗窮困，年老矣，以漁釣干周西伯。西伯將出獵，卜之，曰：『所獲非龍非彲，非虎非羆；所獲霸王之輔。』於是周西伯獵，果遇太公於渭之陽，與語大說，曰：『自吾先君太公曰：「當有聖人適周，周以興。」子真是邪？吾太公望子久矣。』故號之曰『太公望』，載與俱歸，立為師。」元代佚名《全相武王伐紂平話》卷中：「渭水河岸，有磻溪之水。姜尚因命守時，直鉤釣渭水之魚，不用香餌之食，離水面三尺，尚自言曰：『負命者上釣來！』」

〔七〕一天風雨：暗用《詩經‧衛風‧風雨》：「風雨如晦，雞鳴不已。」毛序：「《風雨》，思君子也。亂世則思君子，不改其度焉。」毛傳：「晦，昏也。」漢鄭玄箋：「雞不為如晦而止不鳴。」明曹學佺《蜀中廣記》卷三十《潼川州二》：「嵩山觀有唐呂嵒詩云：『兩日行山興尚稠，塵緣未斷且回頭。一天風雨吹涼閣（下略）。』」句謂正當風雨如晦，亂世則思君子，起而救亡也。

【編年】

此首亦當是康熙十三年三、四月間，李長祥、姚淑至常德後，長祥自常德送姚淑及二子南至長沙安頓，途經益陽時作。長祥當在送姚淑及二子至長沙安頓後，再赴抗清前線岳州兵部尚書差往岳州節制將軍兵馬任所。

生香亭看花〔一〕

野望地如茵〔二〕，村花處處新。柴門青草上〔三〕，有香忽隨人〔四〕。行行入門去，一亭花滿春〔五〕。鳥啼移幾處〔六〕，徘徊尚數巡〔七〕。

【校記】

新：此從康熙本，作「新」是。嘉慶達縣祠堂本、《求恕齋叢書》本作「心」，誤。

【箋注】

〔一〕生香亭：未詳。

〔二〕地如茵：明袁中道《遊居柿錄》卷九：「抵公安，至家園，木香藉地如茵。」

〔三〕柴門：《禮記‧儒行》：「儒有一畝之宮，環堵之室，篳門圭窬，蓬戶甕牖。」

漢鄭玄注：「篳門，荊、竹織門也。」唐孔穎達疏：「杜預云：柴門也。」晉陶
淵明《癸卯歲始春懷古田舍二首》之二：「長吟掩柴門，聊為隴畝民。」唐杜
甫《羌村三首》之一：「柴門鳥雀噪，歸客千里至。」

〔四〕香隨人：宋韓淲《十四日》詩：「天以客尋詩句好，香隨人與酒杯慳。」

〔五〕一亭花：明貢欽《書吳氏壁》詩：「春風齊放一亭花。」

〔六〕鳥啼句：唐杜審言《春日江津遊望》詩：「鳥啼移幾處。」

〔七〕徘徊句：徘徊：見前《七夕》注〔二〕。數巡：《左傳・桓公十二年》「三巡數
之」晉杜預注：「巡，遍也。」唐黃滔《題靈峰僧院》詩：「數巡香茗一枰棋。」

【編年】

此首編次為自《桃源行》起之後第四首，自《鵝羊池》起之前第三首，或
是同一時期之作，暫繫於此。

落花

風自清清時時好〔一〕，每到春來吹花早〔二〕。不憐豔色滿樹枝，紅白
不分沾青草。草間香處盡是花，多時香散成泥沙〔三〕。惟有楊花飛不住
〔四〕，隨風去去到人家。

【箋注】

〔一〕風自清清：《藝文類聚》卷一戰國楚宋玉《風賦》：「其風清清泠泠。」

〔二〕吹花：唐杜甫《城上》詩：「風吹花片片。」戴叔倫《白苧詞》：「東風吹花落
庭樹，春色催人等閒去。」

〔三〕成泥：唐岑參《青門歌送東臺張判官》：「灞頭落花沒馬蹄，昨夜微雨花成
泥。」

〔四〕楊花飛：唐韓愈《晚春》詩：「楊花榆莢無才思，惟解漫天作雪飛。」

【編年】

此首在集中編次為《鵝羊池》後第一首，暫繫於此。

康熙十七年以後之作

行路難〔一〕

　　行路難〔二〕，苦路長。昨日村裏，今日他鄉〔三〕。飽時偏有飯，饑時何處爨〔四〕。百里無人煙〔五〕，只有虎狼伴〔六〕。曠野淒淒淚不乾〔七〕，風風雨雨一身寒。日日閨中向幃帳〔八〕，如今行行那得安〔九〕。

【箋注】

〔一〕行路難：樂府篇名。宋郭茂倩輯《樂府詩集》卷七十《雜曲歌辭》引唐吳兢《樂府解題》曰：「《行路難》，備言世路艱難及離別悲傷之意。」姚淑此詩係三藩舉兵，長祥參預湖南抗清失利，夫婦行遁廣東途中所作。清全祖望《鮚埼亭集外編》卷二十九《跋明崇禎十七年進士錄》：「達州李長祥，其後間關戎行，累起累躓，事敗行遁，不知所終，最稱完節。」此詩備述行遁中歷盡跋涉之艱辛情況，足補全氏記載之略。姚淑夫婦「事敗行遁」所經之地，即《行路難》所描述之「百里無人煙」的深山地區。姚淑夫婦最後隱居於廣東韶州府仁化（今廣東仁化）縣河頭寨丹霞山萬山之中。

〔二〕行路難：唐李白《行路難三首》之一：「行路難，行路難，多歧路，今安在。」杜甫《夜聞觱篥》詩：「君知天地干戈滿，不見江湘行路難。」

〔三〕今日他鄉：唐劉長卿《郢上送韋司士歸上都舊業》詩：「今日他鄉獨爾身。」

〔四〕爨：燒火煮飯。《孟子·滕文公》：「許子以釜甑爨。」宋朱熹集注：「爨，然火也。」

〔五〕人煙：指住戶。三國魏曹植《送應氏》詩：「中野何蕭條，千里無人煙。」

〔六〕虎狼伴：唐杜甫《彭衙行》詩：「癡女饑齩我，啼畏虎狼聞。」

〔七〕淒淒：寒涼貌，悲傷貌。《詩經‧鄭風‧風雨》：「風雨淒淒。」唐孔穎達疏：「淒淒，寒涼之意，言雨氣寒也。」

〔八〕幃帳：帷幕床帳。漢劉熙《釋名‧釋床帳》：「帷，圍也，所以自障圍也。帳，張也，張施於床上也。」

〔九〕行行：連續地走。《文選》卷二十九《古詩十九首》之一：「行行重行行。」

【編年】

　　康熙十七年戊午（一六七八）三月，李長祥、姚淑一家自湖南南下，越過南嶺山脈，四月上旬抵達廣東仁化丹霞山隱居地，途中姚淑作本詩。

春日有感

　　十五從君千里外〔一〕，可憐生我不稱時〔二〕。日日閨閣如花玉〔三〕，如今風霜無定居〔四〕。多少愁腸凋顏色〔五〕，悲自悲兮誰人知。春鳥啼兮恐春去〔六〕，可惜春花正宜宜〔七〕。

【箋注】

〔一〕十五句：《儀禮‧士昏禮》：「女子許嫁，笄而醴之，稱字。」唐賈公彥疏：「女子許嫁，謂年十五已上，至十九已下。」《春秋穀梁傳‧文公十二年》：「女子十五而許嫁，二十而嫁。」唐張九齡《苦別離》：「十五為君婚，二十入君門。自從入戶後，見君長出門。」十五從君之意本此。句謂成年與君結為夫妻，君遠行千里之外。指康熙三年至五年間長祥北遊。

〔二〕可憐句：稱：適合，相副。生不稱時，出自《楚辭》卷八宋玉《九辯》：「悼余生之不時兮，逢此世之佪攘（紛擾）。」

〔三〕閨閣：見前《送太史游臨安》注〔三〕。

〔四〕如今句：謂如今飽經風霜，留滯廣東，居無定所。無定居：唐杜甫《將別巫峽贈南鄉兄瀼西果園四十畝》詩：「苔竹素所好，萍蓬無定居。遠遊長兒子，幾地別林廬。」

〔五〕愁腸句：愁腸：《藝文類聚》卷一引晉傅玄詩：「青雲徘徊，為我愁腸。」唐柳宗元《與蜀浩初上人同看山寄京華親故》詩：「海畔尖山似劍芒，秋來處處割愁腸。」顏色：此指容顏。晉陸機《擬青青河畔草》詩：「灼灼美顏色。」南朝梁江淹《古離別》詩：「願一見顏色，不異瓊樹枝。」

〔六〕春鳥啼：《楚辭》卷一屈原《離騷》：「恐鵜鴃之先鳴兮，使夫百草為之不芳。」漢王逸注：「言我恐鵜鴃以先春分鳴，使百草華英摧落，芬芳不得成也。」

〔七〕宜宜：相稱，此謂正當時。《史記·周本紀》：「相地之宜，宜穀者稼穡焉。」
南朝梁顧野王《玉篇》卷十一「宜」：「當也，安也。」

【編年】

本詩題為《春日有感》，當是康熙十七年戊午（一六七八）春，避地隱居於廣東省韶州府仁化縣丹霞山河頭寨不久時所作。

廖燕《海棠居詩集序》：「夫人姚姓，字仲淑，金陵人。歸太史十餘年，數罹亂離，最後復值滇逆之變來吾韶，寄居仁化河頭寨萬山之中。」李長祥在湖南抗清失利行遁，湖南適與廣東仁化接壤。

李長祥《天問閣文集》卷三《與周櫟園書》：「年來海內名流，又相繼凋落，猶有存者學問不真，陷於左道，如楚之熊魚山，桐城之方密之，浙之金道隱，膜拜（以下原闕）。」可知長祥與金堡道隱即今釋澹歸，素來有舊。

澹歸（一六一四～一六八〇），法名今釋，字澹歸，俗名金堡，字道隱，杭州人。崇禎庚辰進士。曾依魯王，隆武。永曆時，官兵科給事中，論事切直，不畏權貴。後為政敵中傷，被逮下獄，刑酷，幾死者數四，左足創攣，須杖而行，遂絕意世事，落髮為僧於桂林（明王夫之《永曆實錄》卷二十五《金堡傳》）。清軍孔有德入廣西，南明大學士瞿式耜、總督張同敞不屈死，澹歸上書孔有德，請具衣冠殮之（明末清初計六奇《明季南略》卷十五《瞿式耜殉節》）。順治六年，下廣州，參雷峰天然是和尚，受具足戒。康熙元年，澹歸到韶州仁化丹霞山創建別傳寺，康熙五年落成（《丹霞山志》卷六《澹歸禪師傳》），為南粵之大剎。

清乾隆《廣東通志》卷十《山川志·仁化縣》：「丹霞山，在城南十七里，高一百二十丈，周廣二十餘里。重岩絕巘，闢為叢林。」同治《韶州府卷志》卷十二《輿地略·山·仁化縣》：「丹霞山，縣南十七里，重岩絕巘，踞錦石之巔。繞山有海山門、長老峰、紫玉臺、海螺岩、天然岩、天柱山諸勝。明季，賀康年挈家隱此避難，又鄧州李永茂自虔州移家，弟充茂作記，極岩壑之美，山名始著。」光緒《仁化縣志》卷一《山川》：「丹霞山，城南十七里，拔起江干，踞錦岩之巔，聳削千仞，望之如囷廩，如層城，三面皆峭壁陡絕，斑斕相錯，故名。一徑獨上，有天然岩、紫玉臺、長老峰。左攀鐵索，上海螺頂，前有片鱗、舵盤、雪岩、龍尾石諸勝。明末南贛巡撫李永茂避居於此，其弟充茂，以捨淡歸禪師。康熙元年，始闢為道場，建別傳寺，殿閣輝煌，竹木蓊蔚，成大叢林。」

清乾隆五年刻本丹霞今釋澹歸《徧行堂續集》卷十一《答李研齋內翰》（康熙十七年五月）：「臥病嶺頭，日與寒熱為伴侶，出關請藏，不覺濡滯。得山中信，知臺駕暫駐河頭寨，未能趨候，徒有悵仰。承示既已了悟，則今日之澹公和尚，必不迷在昔之道隱先生。殊不知今日之澹歸已迷澹歸，豈有在昔之道隱更見道隱者？且共置之，不足復道也。賤恙未愈，稍俟秋涼，縷縷不盡，尚容續布。」《徧行堂續集》卷十《與丹霞樂說辯和尚·又》（第七則）：「研老又有書到，今以數行候之，並備一禮，見意而已。」由此可知，長祥、姚淑一家避地隱居於仁化丹霞山河頭寨，此事與丹霞山別傳寺僧澹歸之幫助或安排有關，金堡為僧後，猶維護復明志士（參閱《姚淑事蹟繫年》康熙十七年）。

清邵廷采《明遺民所知傳》：「明之季年，故臣莊士，往往避於浮屠，以貞厥志。」陳伯陶《勝朝粵東遺民錄·序》：「明季吾粵風俗，以殉死為榮，降附為恥，國亡之後，遂相率而不仕、不試，以自全其大節。……故《貳臣傳》中，吾粵士大夫乃無一人。……此亦可見吾粵人心之正，其敦尚節義，浸成風俗者，實為他行省所未嘗有也。」明季遺民逃禪之風氣，廣東崇尚氣節之風氣，乃是李長祥、姚淑避地隱居廣東仁化佛教勝地丹霞山的歷史背景。

【補注】

李長祥、姚淑一家所居丹霞山河頭寨，後改名別峰，又名師姑寨，位於別傳寺山門前，錦江河岸邊。清康熙三十八年陳世英撰、雍正十一年釋古如補、丹霞別傳寺刻《丹霞山志》卷七《田賦志·新建代坡舊碑文》：「一、仁化劉資深居士昆仲於康熙八年四月初八日，將豐坑洞（錦江河）對河壩邊土名『犁壁燕』土地並山一帶送予本山為業。載糧壹升捌合。後改名『佛日山』，天老和尚塔並塴院在焉。一、康熙八年五月十一日買置葉御式等豐坑洞山一座，土名『河頭寨』，後改名『別峰』，坐落本山門前。樂說和尚衣缽塔在焉。」光緒《仁化縣志》卷一《山川》：「師姑寨，城南十八里，面山背河，形勢險峻，相傳李充茂攜眷寓此。」（河頭寨即師姑寨，見仇江《清代丹霞山別傳寺和尚塔》，《嶺南文史》二〇〇三年第二期。）

長相思〔一〕

長相思，思夜臺〔二〕。時時淚流淚成血〔三〕，千里萬里君還來〔四〕。如今一木君隔絕〔五〕。千呼萬呼君不言，何時會面到黃泉〔六〕？欲死念死難，欲生思年年〔七〕。

【箋注】

〔一〕《長相思》，樂府篇名。宋郭茂倩輯《樂府詩集》卷六十九《雜曲歌辭·長相思》解題云：「蘇武詩曰：『生當復來歸，死當長相思。』長者久遠之辭。」長祥去世，取此命題哀悼也。

〔二〕夜臺：墓穴。《文選》卷二十八晉陸機《輓歌詩三首》之一：「按轡遵長薄，送子長夜臺。」唐李周翰注：「謂亡者墓室一閉，無復見明，故云長夜臺。」唐李白《哭宣城善釀紀叟》詩：「夜臺無曉日，沽酒與何人？」

〔三〕淚成血：《韓非子·和氏》：「文王即位，和乃抱其璞而哭於楚山之下，三日三夜，淚盡而繼之以血。」宋郭茂倩輯《樂府詩集》卷五十九漢蔡琰《胡笳十八拍·第十拍》：「一生辛苦兮緣離別，十拍悲深兮淚成血。」唐李白《蘇武》詩：「泣把李陵衣，相看淚成血。」

〔四〕千里句：千里萬里：唐王維《榆林郡歌》：「山頭松柏林，山下泉聲傷客心。千里萬里春草色，黃河東流流不息。」韋應物《送馮著受李廣州署為錄事》詩：「如何從此去，千里萬里期。」君還來：乃是姚淑至情語，亦是傳統習俗招魂語。《楚辭》卷九宋玉《招魂》：「魂兮歸來！南方不可以止些。」又云：「目極千里兮，傷春心。魂兮歸來，哀江南！」

〔五〕如今句：木：棺木。隔絕：唐杜甫《述懷》詩：「去年潼關破，妻子隔絕久。」

〔六〕黃泉：地下。《左傳·隱公元年》：「不及黃泉，無相見也。」《文選》卷二十八三國魏繆襲《輓歌詩》：「朝發高堂上，暮宿黃泉下。」唐李善注引服虔《左氏傳》注曰：「天玄地黃，泉在地中，故言黃泉也。」南朝梁徐陵《玉臺新詠》卷一無名氏《古詩為焦仲卿妻作並序》：「結髮同枕席，黃泉共為友。」又云：「黃泉下相見。」

〔七〕欲生二句：乃是姚淑悲痛之極語。漢蔡琰《悲憤詩》：「欲死不能得，欲生無一可。」晉王羲之《蘭亭集序》：「古人云：『生死亦大矣。』豈不痛哉！」年年：晉陶淵明《擬古九首》之四：「年年見霜雪。」唐白居易《輓歌詞》：「春風草綠北邙山，此地年年生死別。」來鵠《宛陵送李明府罷任歸江州》詩：「倘見吾鄉舊知己，為言憔悴過年年。」

【編年】

　　廖燕《海棠居詩集序》：「（太史）數罹亂離，最後復值滇逆之變來吾韶，寄居仁化河頭寨萬山之中。未幾，太史沒。」案長祥於康熙十七年戊午（一六七八）四月到仁化丹霞山河頭寨，廖云：「未幾，太史沒」，「未幾」，即一兩年

內。復案《海棠居初集》，本詩《長相思》編次於《行路難》之後（僅隔《秋月》一首），《客舍有感》之前。然則長祥當歿於康熙十七年戊午下半年或次年康熙十八年己未。

【後案】

　　同治《仁化縣志》卷四《流寓》：「李長祥，字研齋，四川達州人。登崇禎進士，仕至兵部尚書。性剛直，以氣節文章自負。不喜釋氏，有以三教並稱者，即唾之。遇國變，抗節不仕，隱居仁化河頭寨，終其身。著有《天問閣集》數十卷。」

客舍有感〔一〕

　　憶昔雙雙筆墨同，如今獨坐歎無窮。時時想見黃泉裏〔二〕，日日悲傷明鏡中〔三〕。念妾飢寒流落苦〔四〕，思君節義蓋時雄〔五〕。欲歸蜀國千山遠〔六〕，棧道不從江水通〔七〕。

【箋注】

〔一〕客舍：此指在外地居住，猶言寄居，客居。漢趙岐《三輔決錄》卷二：「五門子孫，凡民之伍。」晉摯虞注：「門今在河南西四十里澗谷，洛三水之交。傳聞馬氏兄弟五人，共屠居此，作五門客舍，因以為名。」唐賈島《渡桑乾》詩：「客舍并州已十霜，歸心日夜憶咸陽。」此指仁化丹霞山河頭寨居所。此首亦悼念長祥之作。詩中傾訴長祥沒後自己的感傷，讚揚其抗清復國的堅強意志，凜然不屈的民族氣節。

〔二〕黃泉：見前《長相思》注〔六〕。

〔三〕明鏡句：唐李白《將進酒》詩：「高堂明鏡悲白髮。」

〔四〕流落：漂泊外地、生活窘迫。三國魏阮瑀《怨詩》：「民生受天命，漂若河中塵。雖稱百齡壽，孰能應此身。猶獲嬰凶禍，流落恒苦心。」南朝宋孔欣《相逢狹路間》詩：「流落尚風波。」唐杜甫《歸雁二首》之二：「傷弓流落羽，行斷不堪聞。」錢起《秋夜作》詩：「流落四海間，辛勤百年半。」廖燕《海棠居詩集序》：「（夫人）歸太史十餘年，數罹亂離，最後復值滇逆之變來吾韶，寄居仁化河頭寨萬山之中。未幾，太史沒。夫人獨撫孤二人，客居至於今者又八、九年。嗚呼，難矣！」鄧之誠《清詩紀事初編》卷四「姚淑」條：「為達州李長祥繼室，長祥沒後，晚景拮据頗蒼涼也。」

〔五〕節義：晉陶淵明《擬古九首》之二：「聞有田子泰，節義為士雄。」近人逯欽

立注《陶淵明集》附錄《陶淵明事蹟詩文繫年》晉安帝元興三年：「按《三國志·魏書·田疇傳》：『田疇，字子泰，北平無終人。董卓遷帝遷於長安，幽州牧劉虞欲奉使展效臣節，聞田疇奇士，乃備禮請疇，署為從事，具其車騎。疇曰：今道路阻絕，寇虜縱橫，稱官奉使，眾所指名。願以私行，期於得達而已。虞從之。疇遂至長安致命。詔拜騎都尉，固辭不受。得報馳還。』董卓挾漢獻帝西遷，田疇致命行在，間道馳驅於幽州、長安間。桓玄挾晉安帝西走，陶淵明為勤王之事，涉險奔走於尋陽、建康間，二者極其類似。詩稱田疇之義舉，用以自喻，亦所以自贊也。」吳三桂舉兵，遣使聘長祥問策略，長祥應聘，冒著風險到湖南參與抗清，後因與三桂議不合，即謝去，間關避地，直至身亡。長祥為抗清之義舉，與田疇、陶淵明為勤王之義舉相一致。「節義」句意出此。清全祖望《跋明崇禎十七年進士錄》：「達州李長祥，其後間關戎行，累起累蹶，事敗行遁，不知所終，最稱完節。」與姚淑「思君節義蓋時雄」意同。

〔六〕欲歸句：謂欲歸葬長祥柩於四川達州故里。蜀國：四川古稱蜀國。《史記·周本紀》「及庸蜀」唐張守節正義引《括地志》：「益州及巴利等州，皆古蜀國。」千山：唐王維《送梓州李使君》詩：「萬壑樹參天，千山響杜鵑。」

〔七〕棧道句：棧道：指從陝西西部往南通往四川北部的陸路交通要道。是在懸崖峭壁上鑿孔，支架木排柱，上鋪木板而成道路。《戰國策·秦策三》：「棧道千里，通於蜀漢。」江水：指從四川東部通往湖北的長江水道。《水經注·江水》：「江水又東，經巫峽。」北魏酈道元注：「杜宇所鑿，以通江水也。」以上二句，意謂從廣東仁化萬山之中的仁化，至四川北部萬山之中的達州，輾轉萬里，單取陸路或水道，都不能通達。

【編年】

前首悲長祥之歿，此首思歸葬於蜀，是同一時期之作。

春日有感〔一〕

蝴蝶飛飛正是春，二月三月萬物新〔二〕。花當春時顏色好〔三〕，我當春時惟苦辛〔四〕。年年愁容只一鏡〔五〕，古來傷心多薄命〔六〕。夜長草草雞已鳴〔七〕，歷歷明星一天淨〔八〕。

【箋注】

〔一〕此詩亦悼念長祥之作。

〔二〕二月句：二月三月：唐崔顥《行路難》詩：「二月三月花如霰，九重幽深君不見。」任華《寄杜拾遺》詩：「鶯啼二月三月時，花發千山萬山裏。」萬物新：晉陶淵明《歸去來兮辭》：「善萬物之得時。」唐許棠《春日言懷》詩：「東風萬物新，獨未到幽人。」

〔三〕顏色好：此指春花。南朝梁庾信《燕歌行》詩：「桃花顏色好如馬，榆莢新開巧似錢。」唐杜甫《花底》詩：「深知好顏色，莫作委泥沙。」

〔四〕苦辛：三國魏曹植《贈白馬王彪》詩：「倉卒骨肉情，能不懷苦辛。」

〔五〕年年句：愁容：唐王適《古別離》詩：「愁容鏡獨知。」一鏡：唐韋應物《歎白髮》詩：「對此孤鏡曉。」

〔六〕古來句：傷心：《尚書·周書·酒誥》：「民罔不盡傷心。」漢孔安國傳：「民無不盡然痛傷其心。」漢司馬遷《報任少卿書》：「悲莫痛於傷心。」晉陸機《弔魏武帝文》：「今乃傷心百年之際，興哀無情之地。」宋陸游《重過沈園作》詩之一：「傷心橋下春波綠，曾是驚鴻照影來。」薄命：《漢書·孝成許皇后傳》：「妾薄命，端遇竟寧前。」《北史·侯白傳》：「文帝聞其名，召與語，悅之……後給五品食，月餘而死。時人傷其薄命。」多薄命：唐杜甫《錦樹行》詩：「自古聖賢多薄命。」宋王炎《白頭吟》：「古來佳人多薄命。」

〔七〕草草：憂慮，勞心。《詩經·小雅·蒼伯》：「驕人好好，勞人草草。」漢毛氏傳：「草草，勞心也。」

〔八〕歷歷句：《文選》卷二十九《古詩十九首》之十九：「眾星何歷歷？」唐李白《擬古十二首》之一：「青天何歷歷，明星如白石。」歷歷：分明可數。

懷秋〔一〕

四面青山水浩浩〔二〕，自傷芙蓉在秋草〔三〕。潦倒荒野誰可知〔四〕，空映水中顏色好〔五〕。可憐流落幾風塵〔六〕，更有涼風吹折早〔七〕。何能飛飛入青霄〔八〕，常恐落時隨泥掃〔九〕。

【校記】

懷秋：康熙本作「秋懷」，此從嘉慶達縣祠堂本、《求恕齋叢書》本。

【箋注】

〔一〕懷秋：猶傷秋，悲秋之意。詩中以芙蓉自喻，述其身處危境，遭到政治迫害的憤慨心情。三藩事變，李長祥、姚淑夫婦到湖南參預抗清戰鬥，為滿清所矚目，康熙十三年八月駐荊州清軍統帥安遠靖寇大將軍多羅貝勒尚善，曾命湖

北巡撫張朝珍審取俘供詳細瞭解李長祥在岳州指揮吳軍抗清之情況。康熙十七年李長祥、姚淑到廣東仁化，不久長祥去世，滿清曾對姚淑加以迫害。廖燕《海棠居詩集序》說：「(夫人)況其才、其節復有過人萬萬者哉！以此而跡其所為，不難舉天下聖賢英傑將相難為之事，以一身任之。才以成其節，節以貞其遇之苦，其見於詩者，即其才與節迸逼而出之者也，如夫人者亦大異矣！」廖燕所說「其才、其節」、「其遇之苦」、「其才與節迸逼而出之者」，即為此而發。廖燕到河頭寨訪問姚淑母子，歸後《與李㬊公》書說：「匆匆一晤，亦復匆匆別去，人生不得自由，曷勝惋歎！」(《二十七松堂集》卷十)並說明姚淑處境之險惡。

〔二〕四面句：句謂自家居所師姑寨，在丹霞山四面青山、錦江河浩浩湯湯之環抱之中。案錦江由北向南流，經仁化縣城東，穿丹霞山，經別傳寺、師姑寨西，再南流匯入滇江(北江之上游)。同治《韶州府卷志》卷十二《輿地略·山·仁化縣》：「丹霞山，縣南十七里，重岩絕巘，踞錦石之巔。」同書同卷《輿地略·川·仁化縣》：「錦江，錦石岩之前為錦江。」光緒《仁化縣志》卷一《山川》：「師姑寨，城南十八里，面山背河，形勢險峻，相傳李充茂攜眷寓此。」浩浩：水盛大貌。《尚書·虞書·堯典》：「湯湯洪水方割，蕩蕩懷山襄陵，浩浩滔天。」

〔三〕芙蓉句：芙蓉：蓮花、荷花別稱。《楚辭》卷一屈原《離騷》：「製芰荷以為衣兮，芙蓉以為裳。」漢王逸注：「芙蓉，蓮華也。」此姚淑自喻。秋草：晉陸機《婕妤怨》詩：「春苔暗階除，秋草蕪高殿。」唐李白《陪族叔刑部侍郎曄及中書賈舍人至遊洞庭五首》之五：「帝子瀟湘去不還，空餘秋草洞庭間。」白居易《長恨歌》：「西宮南苑多秋草，落葉滿階紅不掃。」此借喻滿清王朝及漢奸走狗、鎮壓迫害明遺民志士的惡勢力。參閱注〔一〕及【後案】。

〔四〕潦倒：困頓、不得志。三國魏嵇康《與山巨源絕交書》：「足下舊知吾潦倒麤疏。」唐李白《上安州李長史書》：「何圖叔夜潦倒。」杜甫《登高》詩：「艱難苦恨繁霜鬢，潦倒新停濁酒杯。」

〔五〕顏色：參閱前文《春日有感》(十五從君千里外)詩注〔五〕。

〔六〕流落句：流落：見前《客舍有感》詩注〔四〕。風塵：喻戰亂。唐杜甫《贈別賀蘭銛》詩：「國步初反正，乾坤尚風塵。」《釋悶》詩：「眼暗不見風塵清。」《詠懷古蹟五首》之一：「支離東北風塵際，漂泊西南天地間。」《復愁十二首》之五：「一自風塵起，猶嗟行路難。」此指同長祥在湖南身經抗清戰鬥後

行遁廣東，見前《行路難》詩注〔一〕。

〔七〕更有句：涼風吹折：唐李白《長干行二首》之一：「苔深不能掃，落葉秋風早。」
《長干行二首》之二：「昨夜狂風度，吹折江頭樹。」句喻殘酷的政治迫害。
參證下文《孔雀行》詩：「樊籠裏，孔雀哀。」

〔八〕何能句：喻渴望獲得自由。用三國魏曹植《野田黃雀行》詩：「高樹多悲風，
海水揚其波。利劍不在掌，結友何須多。不見籬間雀，見鷂自投羅。羅家得雀
喜，少年見雀悲。拔劍捎羅網，黃雀得飛飛。飛飛摩蒼天，來下謝少年。」青
霄：藍天，喻自由天地。南朝宋何承天《雉子游原澤篇》：「古有避世士，抗志
青霄岑。」

〔九〕常恐句：謂常恐風掃芙蓉，凋落隨泥。《文選》卷二十七《樂府古辭·長歌行》：
「常恐秋節至，焜黃華葉衰。」晉陶淵明《歸園田居五首》之二：「常恐霜霰
至，零落同草莽。」

【編年】

本詩當是康熙十七年或次年康熙十八年長祥逝世不久之後，姚淑居河頭
寨山中時所作。

【後案】

案當時廣東抗清志士家屬，常遭滿清政治迫害。如屈大均《翁山文外》
卷三《繼室黎氏孺人行略》：「甲寅春，予從軍於楚，既行，而孺人產一女，
又患痁瘧。左右乳兒及女乳益少，兒瘦而黃。始傭一食母，以分乳。而敵人
偵知予上書言兵，惡之，將遣兵潛捕家口，孺人倉卒扶姑，昏夜一舟，茫然不
知所適。」又云：「方是時，予建義始安，為某大將軍監督漢土官兵進取，敵
人聞之，又將不利於予家。孺人提挈十口，朝菱塘而夕大埔，奔走不寧。……
於是，孺人復趣佛山，風雨中，漁篷破漏，寒噤蒲伏，竟日炊煙不能舉。水
苦淺，船刺不前，亂兵騰踏而至，孺人益驚悸無人色，而病自此篤矣。」足資
參考。

孔雀行〔一〕

聖人出，鳳凰來〔二〕。道里行，天地開〔三〕。今思古〔四〕，廢其才〔五〕。
吾道窮〔六〕，空其臺〔七〕。樊籠裏〔八〕，孔雀哀〔九〕。雛思母〔十〕，不能回
〔十一〕。萬里外〔十二〕，苦憔悴〔十三〕。豈人為〔十四〕，實天意〔十五〕。閨中
寫恨恨何日〔十六〕，嗟汝五色何為爾〔十七〕？

【箋注】

〔一〕孔雀：孔雀是雉科中較大的鳥類，形略似雉，雄孔雀有長羽尾屏，五色金翠線
紋，散佈虹彩光澤的眼圈狀圖案，能開張作扇狀，開屏時為身長兩倍，華麗無
比。被稱為「鳳友」。《山海經‧海內經》：「有翠鳥，有孔鳥。」晉郭璞注：「孔
雀也。」宋羅願《爾雅翼》卷十三：「孔雀生南海，蓋鸞鳳之亞。尾凡五年而
後成，長六七尺，展開如車輪，金翠燁然。」唐韓愈《奉和武相公鎮蜀時詠使
宅韋太尉所養孔雀》詩：「穆穆鸞鳳友，何年來止茲。飄零失故態，隔絕抱長
思。」詩以鳳凰喻李長祥，以鳳友孔雀自喻。

〔二〕聖人二句：聖人出：漢揚雄《法言‧五百篇》：「五百歲而聖人出。」鳳凰來：
《尚書‧虞書‧舜典》：「簫韶九成，鳳皇來儀。」孔穎達疏：「簫韶之樂作之九
成，以致鳳皇來，而有容儀也。」《論語‧子罕》：「子曰：『鳳鳥不至，河不出
圖，洛不出書，吾已矣夫！』」宋朱熹集注：「鳳，靈鳥，舜時來儀，文王時鳴於
岐山。」《論語‧微子》：「鳳兮鳳兮。」三國魏何晏集解：「鳳鳥待聖君乃見。」

〔三〕道里二句：道里：道路。《淮南子‧本經訓》：「置堯以為天子，於是天下廣陝、
險易、遠近，始有道里。」引申指道理。天地開：三國魏司馬懿《燕飲歌》：
「天地開闢，日月重光。」南朝宋鮑照《河清頌並序》：「更開天地，再鑄群
生。」唐劉長卿《歸沛縣道中晚泊留侯城》詩：「伊昔楚漢時，頗聞經濟才。
運籌風塵下，能使天地開。」以上四句，謂當聖人出，鳳凰來，就會道路通，
天地開，道理行，從亂世走向太平世。

〔四〕今思古：《詩經‧小雅‧裳裳者華》唐孔穎達疏：「傷今思古。」漢劉歆《遂初
賦》：「感今思古。」

〔五〕廢其才：廢：不用，廢棄。《楚辭》卷十六漢劉向《九歎‧愍命》：「戚宋萬於
兩楹兮，廢周邵於遐夷。」漢王逸注：「不用曰廢。」才：人才，指聖賢。以
上二句，謂如今人心盼望像古時聖人出，鳳凰來，道里行，天地開，可是天意
不用如此人才。暗指李長祥無地盡其才反清復明，並指李長祥之死。

〔六〕吾道窮：《春秋公羊傳‧哀公十四年》：「西狩獲麟，孔子曰：『吾道窮矣。』」

〔七〕空其臺：臺：鳳凰臺，在南京。姚淑是南京人，乙未順治十二年（一六五五
年），與李長祥結為夫婦，亦在南京。宋周應合《（景定）建康志》卷二十二
《臺觀》：「鳳凰臺，在保寧寺後，寶祐元年，倪總領豈重建。考證：宋元嘉十
六年，秣陵王顗見三異鳥，數集於山，狀如孔雀，文采五色，音聲諧和，眾鳥
附翼而群集，時謂之鳳。乃置鳳凰里，起臺於山，因以為名。」唐李白《登金

陵鳳凰臺》詩：「鳳凰臺上鳳凰遊，鳳去臺空江自流。」以上二句，喻說復明道窮，長祥去世，好比鳳去臺空。

〔八〕樊籠：關鳥獸的籠子，喻不自由的境地。晉陶淵明《歸田園五首》之一：「久在樊籠裏，復得返自然。」

〔九〕孔雀哀：以上二句，謂孔雀關在樊籠裏，自喻遭到禁錮或管制。參證前首《懷秋》詩：「可憐流落幾風塵，更有涼風吹折早。何能飛飛入青霄，常恐落時隨泥掃。」及其【後案】。

〔十〕雛思母：雛：鳳雛。此姚淑自謂。《晉書‧陸雲傳》：「陸幼時，吳尚書廣陵閔鴻見而奇之曰：『此兒若非龍駒，當是鳳雛。』」思母：時姚淑母居江寧。

〔十一〕不能回：時姚淑欲歸江寧依母，而不能返回。參證下文《思母》詩：「母思我兮淚不乾，我欲歸兮路隔斷！」

〔十二〕萬里：極言從廣東仁化去江寧路程之遠。光緒《仁化縣志》卷一《輿地志》：「至南京三千六百八十里。」此是陸路里程。廖燕《上吳制府乞移李研齋柩歸金陵書》：「蜀山萬里，首丘為難，金陵一水可達。」（《二十七松堂集》卷九）如果移李研齋柩歸江寧，從仁化走北江水路至廣州，再走海路入長江至江寧，水運較為便利，唯路程更遠，約四千餘里。

【補注】

光緒《仁化縣志》卷一《輿地志》：「（達省城）水路一千一百六十里。」據《中國沿海航行里程表》，上海港至廣州港九三二海里（一海里等於一‧八五二公里），約當今一七六二公里，即三五二四華里；南通港至南京港三四八‧一公里，約當今六九六華里。（北京：中國航海圖書出版社，二〇〇六年，第四四頁；第六一頁。）

〔十三〕憔悴：《孟子‧公孫丑上》：「民之憔悴於虐政，未有甚於此時者也。」

〔十四〕豈人為：《史記‧禮書》：「豈人力也哉！」唐柳宗元《蠍說》：「豈人為之耶！」

〔十五〕實天意：《史記‧項羽本紀》：「此天之亡我，非戰之罪也。」天意：《漢書‧五行志上》：「此天意也。」唐杜甫《暮春江陵送馬大卿公恩命追赴闕下》詩：「天意高難問，人情老易悲。」

〔十六〕寫恨：寫：宣洩，傾吐，抒發。《詩經‧小雅‧蓼蕭》：「既見君子，我心寫兮。」毛傳：「輸寫其心也。」漢鄭玄箋：「我心寫者，舒其情意，無留恨也。」唐李白《雉朝飛》詩：「彈弦寫恨意不盡，瞑目歸黃泥。」

〔十七〕嗟汝句：嗟：歎詞。汝：你。五色：《山海經‧南山經》：「丹穴之山，……有

鳥焉。⋯⋯其狀如雞，五采而文，名曰鳳凰。」《太平御覽》卷九百二十四引
《異物志》曰：「孔雀形體既大，細頸隆背似鳳凰，自背及尾，皆作珠文，五
彩光耀。」何為：反問語詞，有何用。三國魏曹植《贈白馬王彪》詩：「太息
將何為？天命與我違。」

【後案】

此與前首《懷秋》反映出滿清對明遺民志士及其家人加以迫害的殘酷暴
行，二詩均極有關係之作。

秋日苦雨

秋木日零落〔一〕，涼風吹衣薄〔二〕。偏有細雨多，寂寂愁閨閣〔三〕。
山路少人行〔四〕，漁舟暗渡津。田家更覺苦〔五〕，處處大水生〔六〕。

【校記】

渡：嘉慶達縣祠堂本、《求恕齋叢書》作「度」，此從康熙本。

【箋注】

〔一〕零落：《楚辭》卷一屈原《離騷》：「惟草木之零落兮。」漢王逸注：「零落皆墮
也。」

〔二〕涼風吹衣：南朝梁沈約《麗人賦》：「風動竹而吹衣。」

〔三〕寂寂：冷清。晉左思《詠史八首》之四：「寂寂揚子宅。」唐盧照鄰《長安古
意》：「寂寂寥寥揚子居。」

〔四〕少人行：唐杜甫《柳司馬至》詩：「幽燕唯鳥去，商洛少人行。」白居易《長
恨歌》：「峨眉山下少人行。」

〔五〕田家苦：漢楊惲《報孫會宗書》：「田家作苦。」唐李白《宿五松山下荀媼家》
詩：「田家秋作苦。」

〔六〕大水生：《莊子·秋水》：「秋水時至，百川灌河，涇流之大，兩涘渚崖之間，
不辯牛馬。」唐成玄英疏：「大水生於春而旺於秋。」

靜夜思〔一〕

十月夜覺長〔二〕，獨坐看文章〔三〕。舉頭寒月落〔四〕，開窗處處霜〔五〕。
入房滿幃寂〔六〕，徘徊在他鄉〔七〕。何能追隨去〔八〕，思君不得忘〔九〕。

【箋注】

〔一〕靜夜思：李白《靜夜思》，收在宋刻本《李太白文集》卷六《樂府》。清王琦注

引胡震亨曰：「思歸之辭也。太白自制名。」此詩係追念長祥之作，乃用李白原題也。姚淑詩屢用唐詩名篇原題，敢於追武唐賢。例如《靜夜思》、《賦得人間桂花落》。本詩第三四句亦用李白《靜夜思》前二句之語意。

〔二〕十月句：謂未至十一月冬至，十月已覺夜長。唐杜甫《至後》詩：「冬至至後日初長。」姚淑《至後》詩：「冬至日初永。」

〔三〕獨坐：唐李白詩題：「獨坐敬亭山」。

〔四〕舉頭句：舉頭：李白《靜夜思》詩：「舉頭望明月。」寒月：李白《望月有懷》詩：「寒月搖清波，流光入窗戶。」盧綸《長門怨》：「空宮古廊殿，寒月落斜暉。」

〔五〕處處霜：喻指月光。梁簡文帝蕭綱《玄圃納涼》詩：「夜月似秋霜。」唐張若虛《春江花月夜》詩：「空裏流霜不覺飛。」李白《靜夜思》詩：「床前明月光，疑是地上霜。」

〔六〕入房句：暗用唐張九齡《望月懷遠》詩：「滅燭憐光滿。」

〔七〕徘徊句：徘徊：在此兼有兩個意思，一是安行貌，徐行貌。指月亮徐行，月光徘徊。《文選》卷四漢張衡《南都賦》：「揔萬乘兮徘徊，按平路兮來歸。」唐李善注：「徘徊即遲遲也。《毛詩》曰：行道遲遲。」張銑注：「徘徊，安行狀。」三國魏曹植詩《七哀》詩：「明月照高樓，流光正徘徊。」唐張若虛《春江花月夜》詩：「可憐樓上月徘徊，應照離人妝鏡。」二是猶彷徨、躊躇，游移不定貌。指自己流落異鄉，欲去未定。《漢書·高后紀》：「徘徊往來。」顏師古注：「徘徊猶仿偟，不進之意也。」在他鄉：漢蔡邕《飲馬長城窟行》詩：「夢見在我旁，忽覺在他鄉。」

〔八〕追隨：漢應劭《風俗通義·十反》：「妾幸有三孤，足統喪紀，正相追隨。」《後漢書·黨錮列傳·夏馥》：「（馥弟）靜追隨至客舍，共宿。」三國魏阮籍《詠懷詩》之二十六：「但爾亦自足，用子為追隨。」

〔九〕思君：唐李白《沙丘城下寄杜甫》詩：「思君若汶水。」

思母〔一〕

母思我兮淚不乾，我欲歸兮路隔斷。奈何何處問平安，消息不真心疑亂〔二〕。家園荒荒草徑長〔三〕，蛛網重重迷滿堂〔四〕。樓臺雨漏已倒壞，何日歸兮屋生光〔五〕。

【箋注】

〔一〕思母：此是姚淑思念她居於江寧的母親之作。

〔二〕消息不真：杜甫《遣憂》詩：「亂離知又甚，消息苦難真。」案三藩事起時，清廷對抗清人士的家屬嚴加迫害，其時當有各種誤傳消息。

〔三〕家園句：家園荒荒：晉陶淵明《擬古九首》之二：「自從分別來，門庭日荒蕪。」草徑長：陶淵明《歸去來兮辭》：「三徑就荒。」

〔四〕蛛網：晉張協《雜詩十首》之一：「青苔依空牆，蜘蛛網四屋。」

〔五〕何日句：何日歸：隋孔德紹《送蔡君知入蜀二首》之一：「金陵已去國，銅梁忽背飛。失路遠相送，他鄉何日歸。」唐趙嘏《江上與兄別》：「人間離別盡堪哭，何況不知何日歸。」屋生光：南朝梁徐陵輯《玉臺新詠》卷一《古樂府詩‧相逢狹路間》：「五日一來歸，道上自生光。」宋郭茂倩輯《樂府詩集》卷三十五《古辭‧長安有狹斜行》：「三子俱入室，室中自生光。」

閒坐〔一〕

傷心兮世上多，薄命兮奈若何〔二〕。時不利兮鼠變虎〔三〕，天地不分兮洪水苦〔四〕。大禹去兮今無學〔五〕，恨不勇兮是女蘿〔六〕。閒思古兮看伐柯〔七〕，秋蟬鳴兮愁雙蛾〔八〕。

【箋注】

〔一〕此感時傷世，仍然期盼復明之作。詩中「天地不分兮洪水苦」句，即孟子說的「堯舜既沒，聖人之道衰，」「沛澤多而禽獸至」的洪水猛獸逼人的世界。暗喻對滿清異族入主中原的深沉憤慨。「鼠變虎」，喻漢奸投降變節分子。清彭孫貽《嶺上吟序》：「在昔賓賓一先生之鄉，惠者握經，魯者秉耒，今刀之砧之，以魚以肉。僅而逸於網者，伏處豐林下，匿不出聲，固已使龍為蛇，使虎為鼠，而通都之上，皆屬鞬者，弁尾者，貓面鳥言，獸皮而狼視者，斯豈方趾含血者所遊乎？」（謝國楨《明清筆記談叢‧彭茗齋著述考》引，上海古籍出版社，一九八一年，第二六三頁。據《四部叢刊續編》影印彭孫貽《茗齋集》第五冊校訂。）彭孫貽，明遺民。《嶺上吟》係其清初過嶺而作。

〔二〕傷心二句：傷心、薄命：俱見《春日有感》（蝴蝶飛飛正是春）注〔六〕。奈若何：《史記‧項羽本紀》：「於是項王乃悲歌忼慨，自為詩曰：『力拔山兮氣蓋世，時不利兮騅不逝。騅不逝兮可奈何，虞兮虞兮奈若何！』」

〔三〕時不句：時不利：見注〔二〕。鼠變虎：唐李白《遠別離》詩：「君失臣兮龍為魚，權歸臣兮鼠變虎。」

〔四〕天地句：天地不分：《尚書‧虞書‧益稷》：「洪水滔天，浩浩懷山襄陵。」洪

水苦:《孟子·滕文公下》:「當堯之時,水逆行,泛濫於中國,蛇龍居之,民無所定。……使禹治之,禹掘地而注之海,驅龍蛇而放之菹,水由地中行,江、淮、河、漢是也。險阻既遠,鳥獸之害人者消,然後人得平土而居之。堯舜既沒,聖人之道衰,暴君代作,……世衰道微,邪說暴行有(又)作。」漢趙岐注:「邪說橫流,壞人心術,甚於洪水猛獸之災,慘於夷狄篡弒之禍。」洪水苦,喻滿清的殘酷統治,猶如洪水猛獸之為害。

〔五〕學:效法。漢伏勝《尚書大傳》卷四《洛誥》:「學,效也。」

〔六〕女蘿:即松蘿,是一種柔弱蔓生植物。《詩經·小雅·頍弁》:「蔦與女蘿,施于松柏。」漢毛氏傳:「女蘿,菟絲,松蘿也。」《楚辭》卷二屈原《九歌·山鬼》:「若有人兮山之阿,被薜荔兮帶女羅。」漢王逸注:「羅,一作蘿。」姚淑以女蘿自比身為柔弱女性。

以上二句,謂自大禹去後,今日無人效法大禹,消滅洪水猛獸;自恨身為女性,而非勇武的男子漢,可以投身救國。

〔七〕閒思句:閒:悠閒。是反語修辭,實則心情沉重。思古:見上文《孔雀行》詩注〔四〕。伐柯:持斧砍伐樹木來作斧柄,喻指效法、學習。《詩經·豳風·伐柯》:「伐柯如何,匪斧不克。」又云:「伐柯伐柯,其則不遠。」漢毛氏傳:「柯,斧柄也。」漢鄭玄箋:「則,法也。伐柯者必用柯,其大小長短,近取法於柯,所謂不遠求也。」

〔八〕秋蟬句:秋蟬鳴:喻天地驚秋,隱喻滿清統治中國。《禮記·月令》:「涼風至,白露降,寒蟬鳴。」《文選》卷二十九《古詩十九首》之十九:「秋蟬鳴樹間。」雙蛾:女性雙眉,代指自己。南朝陳徐陵《玉臺新詠序》:「南都石黛,最發雙蛾。」唐李白《北風行》詩:「幽州思婦十二月,停歌罷笑雙蛾摧。」明末清初王夫之《讀文中子二首》之二:「天下皆憂得不憂,梧桐暗認一痕秋。」亦以天地驚秋隱喻滿清統治中國,可與姚淑「秋蟬鳴兮愁雙蛾」參讀。

以上二句,謂思古傷今,卻仍然盼望有人能效法大禹,消滅洪水猛獸;自己身為女性,愁對滿清統治中國,亦並不能心甘也。

【集評】

廖燕《海棠居詩集序》:「今讀其《過洞庭》,及《閒坐》、《憶鍾山》諸詠,其氣骨在秦漢之上,當是英雄負奇才人語,疑非出閨閣口中也。」(《二十七松堂集》卷三)

悶〔一〕

異鄉常有恨〔二〕，千里想雙親〔三〕。客舍何曾樂〔四〕，柴門不覺春〔五〕。窗前穿竹鳥，鏡裏看花人〔六〕。安得輕舟去〔七〕，予懷日日新〔八〕。

【箋注】

〔一〕悶：煩惱，憤懣。漢賈誼《旱雲賦》：「群生悶懣而愁憒。」唐杜甫《悶》詩：「瘴癘浮三蜀，風雲暗百蠻。捲簾唯白水，隱几亦青山。猿捷長難見，鷗輕故不還。無錢從滯客，有鏡巧催顏。」清仇兆鰲注：「此詩為滯客無聊而作。」姚淑久滯廣東仁化山中，頗思念其父母，苦不得歸，因借杜詩此題，抒其憤懣也。

〔二〕異鄉：他鄉，外地。南朝宋鮑照《代東門行》詩：「一息不相知，何況異鄉別。」唐王維《九月九日憶山中兄弟》詩：「獨在異鄉為異客。」

〔三〕千里句：千里：時姚淑之父母居江寧，相去廣東仁化數千里。參閱《孔雀行》詩注〔十二〕。雙親：又稱二親，父母親。漢韓嬰《韓詩外傳》卷一：「二親之壽，忽如過隙。」蔡邕《琴操》卷下《曾子歸耕》：「念二親年衰。」唐韓翃《贈兗州孟都督》詩：「不見雙親辦豐膳，能留五馬盡佳期。」宋劉攽《賦望雲寮》詩：「家山一萬三千里，華髮雙親七十稀。」明黃淮《夜夢二親》詩：「雙親鬢髮久成絲，千里關河入夢思。」

〔四〕客舍：此指仁化縣丹霞山河頭寨居所。見前《客舍有感》詩注〔一〕。

〔五〕不覺春：唐孟郊《長安羈旅行》詩：「萬物皆及時，獨余不覺春。」

〔六〕鏡裏句：謂鏡裏看花，以免含啼。借用南朝梁庾信《為梁上黃侯世子與婦書》：「想鏡中看影，當不含啼；欄外將花，居然俱笑。」鏡裏：唐杜甫《悶》詩：「有鏡巧催顏。」白居易《醉歌》：「鏡裏朱顏看已失。」看花人：唐張籍《病中酬元宗簡》詩：「莫說櫻桃花已發，今年不作看花人。」

〔七〕輕舟去：唐李白《入清溪行山中》詩：「輕舟去何疾。」《早發白帝城》詩：「輕舟已過萬重山。」案錦江南流經丹霞山河頭寨姚淑居所西側，再南流匯入滇江，再匯入北江。參閱前文《懷秋》詩注〔二〕。

〔八〕予懷句：晉陶淵明《癸卯歲始春懷古田舍二首》之二：「良苗亦懷新。」予懷：《尚書·夏書·五子之歌》之五：「嗚呼曷歸，予懷之悲。」日日新：《禮記·大學》：「湯之盤銘曰：『苟日新，日日新。』」唐孔穎達疏：「日日新者，言非唯一日之新，當使日日益新。」

夜坐〔一〕

流落異鄉苦〔二〕，孤燈照百無〔三〕。深藏君寶劍〔四〕，賣盡妾明珠〔五〕。朝倚書千卷〔六〕，夜惟香一爐〔七〕。空空向四壁〔八〕，靜坐聽啼烏〔九〕。

【箋注】

〔一〕此夜坐無聊，而追念長祥也。

〔二〕流落：見前《客舍有感》詩注〔四〕。異鄉：見前《悶》詩注〔二〕。

〔三〕孤燈照：唐韋應物《簡郡中諸生》詩：「四面盡荒山。此時聽夜雨，孤燈照窗間。」

〔四〕深藏句：深藏：《史記・老莊申韓列傳》：「良賈深藏若虛。」唐司馬貞索隱：「深藏，謂隱其寶貨，不令人見。」藏劍：唐虞世南編《北堂書鈔》卷一百二十二《武功部一・劍》：「《列士傳》云：干將莫耶為晉君作劍，三年乃成，劍有雌雄，乃以雌獻君，留其雄者自服。君覺，殺之。妻孕，謂其妻曰：『吾藏劍在南山之陰，北山之陽，松生石上，劍在其中矣。爾生男，當以告之。』」唐薛能《和曹侍御除夜有懷》詩：「斲材須見像，藏劍豈為魚。」

〔五〕賣珠句：此用唐杜甫《佳人》詩：「侍婢賣珠還」句意。謂其家境清寒。明珠：寶珠。漢班固《白虎通義・封禪》：「江出大貝，海出明珠。」

〔六〕書千卷：唐李群玉《自遣》詩：「修竹萬竿資聞寂，古書千卷要窮通。」

〔七〕一爐香：唐白居易《北窗閒坐》詩：「虛窗兩叢竹，靜室一爐香。」

〔八〕空空句：空空：空無一物。《論語・子罕》子曰：「有鄙夫問於我，空空如也。」四壁：《史記・司馬相如列傳》：「家居徒四壁立。」南朝宋裴駰集解：「郭璞曰：言貧窮也。」唐司馬貞索隱：「孔文祥云：徒，空也。家空無資儲，但有四壁而已。」

〔九〕啼烏：烏鴉常夜啼。梁元帝蕭繹《歌曲名詩》：「啼烏怨別偶，曙烏憶離家。」庾信《烏夜啼》詩：「彈琴蜀郡卓家女，織錦秦川竇氏妻。詎不自驚長淚落，到頭啼烏恒夜啼。」唐李白《烏夜啼》詩：「黃雲城邊烏欲棲，歸飛啞啞枝上啼。」

【後案】

嘉慶《達縣志》卷四十六邑進士李淳《處士李模墓表》：「又伯曾祖長祥，崇禎癸未詞林，授兵部尚書，賜上方劍。」

魯王監國五年（一六五〇年），授李長祥兵部尚書。明查繼佐《罪惟錄・紀》卷十九《魯王監國》庚寅（監國五年、永曆四年）春正月：「晉李長祥東

閣大學士，兼兵部尚書。」《罪惟錄·志》卷十九《直閣志·魯監國》：「李長祥，研齋，夔州人，由進士，竄野，遙授都御史，進兵部尚書。入舟山，晉東閣大學士。」左尹（查繼佐）《魯春秋·監國紀》（永曆四年）庚寅（監國五年）春正月：「晉李長祥東閣大學士，兼兵部尚書。初，長祥奮槊東山莽，監國遙敕為兵部尚書。」康熙十三年（一六七四年），吳三桂舉兵反清復明時，亦授李長祥兵部尚書。康熙十三年八月十八日《巡撫湖廣等處兼提督軍務張朝珍啟》毛羽猷供詞：「李長祥原是四川人，明季做過翰林院，一向在福建耿精忠那邊，來見吳三桂甚待優禮，因加他兵部尚書職銜，差往岳州節制將軍兵馬。」（《文獻叢編增刊·清三藩史料》第一輯，北平故宮博物院編，民國二十年，第六十二頁。）

明代故事（成例）：戰時，皇帝賜兵部尚書或軍事長官尚方劍，便宜從事。《明史》卷二百二十八《梅國楨傳》：「（萬曆二十年）夢熊既代學曾，亦賜尚方劍。」

姚淑所深藏的長祥之寶劍，是否為魯王監國所賜尚方劍不詳，但一定是長祥從事抗清軍事鬥爭之珍貴遺物。

【集評】

黃稚荃《蜀中前代女詩人平議·海棠居詩》：「其時勢已不能有為，於是李姚夫婦共隱於廣東仁化縣河頭寨萬山之中。未幾，李長祥病卒。姚淑悼亡詩有：『深藏君寶劍，賣盡妾明珠』之名句。」（黃稚荃《杜鄰存稿》，成都：四川人民出版社，一九九〇年，第一〇〇頁。）

客舍苦雨〔一〕

艱難常自哭〔二〕，客舍半間屋。偏偏雨連連，漏來濕衣服〔三〕。更苦泥裏鞋〔四〕，難支水滿階〔五〕。欲爨破泥灶〔六〕，婢子何安排？

【箋注】

〔一〕客舍：此指旅館，供過往旅客休息住宿的屋舍。《史記·商君列傳》：「商君亡至關下，欲舍客舍。」唐王維《渭城曲》：「渭城朝雨浥輕塵，客舍青青柳色新。」杜甫《巴西驛亭觀江漲呈竇使君》詩：「天邊同客舍，攜我豁心胸。」此詩述其避地寄居異地時，居室狹陋，慘遭風雨侵襲之苦楚，因題為《客舍苦雨》。

〔二〕艱難：唐杜甫《大雲寺贊公房四首》之四：「艱難世事迫。」《登高》：「艱難苦

恨繁霜鬢。」

〔三〕漏來句：極似杜甫《茅屋為秋風所破歌》「床頭屋漏無干處，雨腳如麻未斷絕」
之淒涼苦況。

〔四〕泥裏：唐盧仝《寄贈含曦上人》詩：「藥成必分余，余必投泥裏。」

〔五〕水滿階：即《莊子・讓王》所云：「原憲居魯，環堵之室，茨以生草，蓬戶不
完，桑以為樞；而甕牖二室，褐以為塞，上漏下濕」的困苦情景。

〔六〕炊爨：煮飯燒菜。晉傅玄《苦雨》詩：「炊爨不復舉，灶中生蛙蝦。」《詩經・
小雅・楚茨》：「執爨踏踏。」漢毛氏傳：「爨，饔爨，廩爨也。」唐孔穎達疏：
「饔爨以煮肉，廩爨以炊米。」《說文解字》卷十《火部》：「炊，爨也。」

感懷

　　天涯流落苦〔一〕，親戚少人來〔二〕。一載無音信〔三〕，今秋又不回。
月光萬國在〔四〕，山色一天開。夢裏蘭陵去〔五〕，徘徊只鏡臺〔六〕。

【箋注】

〔一〕天涯：見前《中秋》注〔二〕。流落：見前《客舍有感》詩注〔四〕

〔二〕親戚：內外親屬，即父系親屬和母系親屬。《禮記・曲禮上》：「故州閭鄉黨稱
其孝也，兄弟親戚稱其慈也。」唐孔穎達疏：「親指族內，戚言族外。」

〔三〕無音信：唐高適《自淇涉黃河途中作十二首》之四：「長想別離處，猶無音信
還。」邢群《郡中有懷寄上睦州員外杜十三兄》詩：「雖免嶂雲生嶺上，永無
音信到天涯。」

〔四〕萬國在：唐褚亮《享太廟樂章》之一：「萬國在茲。」

〔五〕蘭陵：常州古稱。明李賢等《大明一統志》卷十《常州府》：「武進縣，附郭。
……（晉）太興初，於武進僑置南蘭陵郡。梁天監中，改為蘭陵縣，屬南蘭陵
郡。」

〔六〕徘徊句：承上句夢裏，指夢醒。徘徊：在此兼有兩個意思，一是安行貌，徐行
貌。指月亮徐行，月光徘徊。《文選》卷四漢張衡《南都賦》：「摠萬乘兮徘徊，
按平路兮來歸。」唐李善注：「徘徊即遲遲也。《毛詩》曰：行道遲遲。」張銑
注：「徘徊，安行狀。」三國魏曹植詩《七哀》詩：「明月照高樓，流光正徘
徊。」唐張若虛《春江花月夜》詩：「可憐樓上月徘徊，應照離人妝鏡。」二
是猶彷徨、躊躇，游移不定貌。指自己流落異鄉，欲去未定。《漢書・高后紀》：
「徘徊往來。」顏師古注：「徘徊猶仿偟，不進之意也。」

題美人圖〔一〕

獨坐看書思越鄉〔二〕，可憐薄命有離傷〔三〕。秋風樹下吹衣冷〔四〕，
淚落蒼苔翠袖長〔五〕。

【箋注】

〔一〕題美人圖：借題抒發離鄉背井之悲傷。

〔二〕越鄉：離鄉，遠離故鄉。《左傳・襄公十五年》：「小人懷璧，不可以越鄉。」
《文選》卷二十七南朝宋鮑照《上潯陽還都道中》詩：「誰令乏古節，貽此越
鄉憂。」唐張銑注：「越，違也。」唐王勃《他鄉敘興》詩：「邊城琴酒處，俱
是越鄉人。」孟浩然《江上別流人》詩：「以我越鄉客，逢君謫居者。」岑參
《武威送劉單判官赴安西行營便呈高開府》詩：「男兒感忠義，萬里忘越鄉。」

〔三〕薄命：薄命：見《春日有感》（蝴蝶飛飛正是春）注〔六〕。離傷：離鄉背井之
悲傷，兼指與長祥死別之悲傷。並參見《春日有感》（蝴蝶飛飛正是春）注〔六〕
「傷心」。

〔四〕秋風句：秋風：《楚辭》卷二屈原《九歌・湘夫人》：「嫋嫋兮秋風，洞庭波兮
木葉下。」三國魏曹植《贈白馬王彪》詩：「秋風發微涼，寒蟬鳴我側。」吹
衣：南朝梁庾信《夜聽搗衣》：「吹衣一夜風。」《詠畫屏風詩二十五首》之二
十三：「風晚細吹衣。」

〔五〕淚落句：蒼苔：唐李白《謝公宅》詩：「荒庭衰草遍，廢井蒼苔積。」《廬山謠
寄盧侍御虛舟》：「謝公行處蒼苔沒。」翠袖：杜甫《佳人》詩：「絕代有佳人，
幽居在空谷」，「天寒翠袖薄，日暮倚修竹。」宋蘇軾《芍藥》詩：「倚竹佳人
翠袖長，天寒猶自薄衣裳。」

雨後看石榴〔一〕

一天風雨自聲狂〔二〕，倏忽晴來日轉廊〔三〕。遠看深紅綠樹裏〔四〕，
行行不覺染衣裳〔五〕。

【箋注】

〔一〕石榴：《藝文類聚》卷八十六《石榴》：「陸機《與弟雲書》曰：張騫為漢使外
國十八年，得塗林安石榴也。」明王象晉《二如亭群芳譜・亨部・果譜・石
榴》：「石榴，一名若榴，一名丹若，一名金罌，一名金龐，一名天漿。本出塗
林安石國，漢張騫使西域得其種以歸，故名安石榴。今在處有之。……葉綠，
狹而長，梗紅。五月開花，有大紅、粉紅、黃、白四色。」

〔二〕聲狂：宋郭祥正《清明雨不果出》詩：「雷勢黑飛天，馬陣雨聲狂。」

〔三〕日轉廊：宋蘇軾《海棠》詩：「東風嫋嫋泛崇光，香霧霏霏月轉廊。」向滈《莞
爾堂夏日偶成》詩：「槐影參差日轉廊。」陸游《夏日雜詠》詩：「鉤簾日轉
廊。」

〔四〕遠看句：隋魏澹《詠石榴》詩：「分根金谷裏，移植廣庭中。新枝含淺綠，晚
萼散輕紅。」

〔五〕行行句：行行：《文選》卷二十九《古詩十九首》之一：「行行重行行。」染衣
裳：南朝梁江淹《望荊山》詩：「零淚染衣裳。」宋蔡戡《和胡端約岩桂六首》
之二：「瀹雪凝酥點嫩黃，薔薇清露染衣裳。」

【後案】

案韓愈《榴花》詩云：「五月榴花照眼明，枝間時見子初成。可憐此地無
車馬，顛倒青苔落絳英。」方世舉曰：「（此）潘岳賦《河陽庭前安石榴》之意，
所謂『豈伊仄陋，用渝厥真』者也。」（《韓昌黎詩集編年箋注》卷四）。姚淑
詩「行行不覺染衣裳」，正從韓詩之「顛倒」句意，翻新而出。

竹〔一〕

竿竿吹動白雲邊〔二〕，本是空心節自堅〔三〕。不似春花花色豔〔三〕，
歲寒霜雪看年年〔四〕。

【箋注】

〔一〕竹：此借詠竹以自勵堅貞之品節也。

〔二〕白雲邊：唐杜甫《秦州雜詩二十首》之十四：「何時一茅屋，送老白雲邊。」

〔三〕空心節自堅：唐白居易《養竹記》：「竹似賢，何哉？竹本固，固以樹德；君子
見其本，則思善建不拔者。竹性直，直以立身；君子見其性，則思中立不倚
者。竹心空，空以體道；君子見其心，則思應用虛受者。竹節貞，貞以立志；
君子見其節，則思砥礪名行，夷險一致者。夫如是，故君子人多樹之，為庭
實焉。」

〔三〕春花：南朝梁肩吾《南苑還看人》詩：「春花競玉顏。」

〔四〕歲寒：《論語·子罕》：「子曰：『歲寒，然後知松柏之後彫也。』」三國魏何晏
注：「大寒之歲，眾木皆死，然後知松柏小彫傷。平歲則眾木亦有不死者，故
須歲寒而後別之。喻凡人處治世，亦能自修整，與君子同在濁世，然後知君子
之正不苟容。」唐賈島《竹》詩：「子猷沒後知音少，粉節霜筠漫歲寒。」

村居

生來樂水上〔一〕，此日得村居。茅屋深林裏，柴門去釣魚〔二〕。

【箋注】

〔一〕樂水：《論語・雍也》：「子曰：『知者樂水，仁者樂山。』」

〔二〕柴門句：柴門：《後漢書・楊震傳》：「於是柴門絕賓客。」釣魚：唐杜甫《奉酬嚴公寄題野亭之作》詩：「懶性從來水竹居」，「幽棲真釣錦江魚。」《村居》全詩之意，似出於此。清仇兆鰲注：「懶性從來，幽棲真釣，見託跡此堂，習而安之矣。」姚淑隱居河頭寨山中，達十年之久，其託跡村居釣魚，亦習而安之也。

窗前看芭蕉〔一〕

一片遮一日，片片天遮半〔二〕。早起出羅幃，不覺天已旦〔三〕。明鏡在窗下，照來影搖亂。更看新葉生〔四〕，舊葉如更換〔五〕。

【箋注】

〔一〕芭蕉：晉嵇含《南方草木狀》卷上：「甘蕉。望之如樹，株大者一圍餘，葉長一丈或七八尺，廣尺餘二尺許。花大如酒杯，形色如芙蓉，著莖末。」芭蕉高可達六至七米。明李時珍《本草綱目》卷十五《甘蕉・釋名》：「芭蕉。」又云：「時珍曰：按陸佃《埤雅》云：蕉不落葉，一葉舒，則一葉焦，故謂之蕉。」

〔二〕一片兩句：北魏酈道元《水經注》卷三十四《江水》：「自三峽七百里中，兩岸連山，略無闕處，重岩迭嶂，隱天蔽日，自非停午夜分，不見曦月。」唐司空圖《率題》詩：「高竹長遮日。」

〔三〕旦：《詩經・鄭風・女曰雞鳴》：「女曰雞鳴，士曰昧旦。」《說文解字》卷七《旦部》：「旦，明也。」

〔四〕新葉生：南朝梁沈約《霜來悲落桐》詩：「宿莖抽晚幹，新葉生故枝。」

〔五〕如更換：謂蕉不落葉，一葉舒，則一葉焦，有如落葉，並未落葉。更換：替換，此指落葉。北魏楊衒之《洛陽伽藍記》卷二《平等寺》：「以淨綿拭其淚，須臾之間，綿濕都盡，更換以它綿，俄然復濕。」

美人蕉〔一〕

昨日移來今更好〔二〕，片片遮天天覺小〔三〕。此花有豔落葉然〔四〕，遠疑高燭光輝繞〔五〕。分明當庭籠絳綃〔六〕，風風雨雨紅更嬌〔七〕。綠雲

裁剪空翠飛〔八〕，不惹香風沾青霄〔九〕。

【箋注】

〔一〕美人焦：即美人蕉。明高濂《遵生八箋》卷十六《紅蕉花二種》：「種自東粵來者，名美人蕉。其花開若蓮，而色紅若丹，中心一朵，曉生甘露，其甜如蜜。」王世懋《學圃雜疏》：「芭蕉惟福州美人蕉最可愛，歷冬春不凋，常吐朱蓮如簇。吾地種之能生，然不花，無益也。」王路《花史左編》卷四《美人蕉》：「產福建福州府，其花四時皆開，深紅照眼，經月不謝。」陳正學《灌園草木識》卷一《美人蕉》：「葉盡見花，如邁深紅色，久之成穗，開至半年方殘。」

〔二〕移來句：謂將美人蕉從山野移植到河頭寨自家庭院。移來：唐白居易《庭松》詩：「移來有何得，但得煩襟開。即此是益友，豈必交賢才。」劉禹錫《葡萄歌》：「野田生葡萄，纏繞一枝高。移來碧墀下，張王日日高。」陸龜蒙《榔李花賦》：「試問花翁，得櫑李之春叢，移來砌下，出自山中。」

〔三〕片片句：謂美人蕉植株高，葉片茂密，遮天蔽日。天覺小：唐宋之問《下桂江縣黎壁》詩：「天小霧峰攢。」岑參《酬成少尹駱谷見行呈》詩：「峰攢望天小。」

〔四〕此花句：謂美人蕉落葉時花開，紅豔如火焰燃燒。然：通燃。《說文解字》卷十《火部》：「然，燒也。」唐柳宗元《紅蕉》詩：「晚英值窮節，綠潤含朱光。」李紳《紅蕉花》詩：「紅蕉花樣炎方識，瘴水溪邊色最深。葉滿叢深殷似火，不唯燒眼更燒心。」

〔五〕遠疑句：謂遠看美人蕉花開，好像一片高燭光輝繚繞。宋蘇軾《海棠》詩：「東風嫋嫋泛崇光，香霧空濛月轉廊。只恐夜深花睡去，故燒高燭照紅妝。」蘇詩「故燒高燭照紅妝」，言須燒高燭照海棠，姚詩「遠疑高燭光輝繞」，言美人蕉自如高燭光輝繚繞，是反其意而用之。

〔六〕絳綃句：謂美人蕉花開，庭院裏又像籠罩一片紅綃。綃為生絲織成的薄紗、細絹。宋陳思《海棠譜》卷中宋真宗《海棠》詩：「繁如簇絳綃。」

〔七〕風風句：宋楊萬里《又和風雨二首》之二：「風風雨雨又春窮，白白朱朱已眼空。」姚詩「風風雨雨紅更嬌」，是反其意而用之，寫出南國美人蕉不怕風雨，飽經風雨更加美豔的獨特花品。

〔八〕綠雲句：謂當庭之美人蕉，好像剪來山間一片空翠，勢若綠雲飛起。綠云：唐白居易《雲居寺孤桐》詩：「一株青玉立，千葉綠雲委。」明徐桂《詠蕉》詩：「當空炎日障，倚檻碧雲流。」空翠：山間青翠的煙靄。南朝宋謝靈運《過

白岸亭詩》:「空翠難強名。」陳後主《五言同管記陸瑜九日觀馬射》詩:「歇
霧含空翠。」唐王維《山中》詩:「山路元無雨,空翠濕人衣。」杜甫《大曆
三年春白帝城放船出瞿唐峽久居夔府將適江陵漂泊有詩凡四十韻》詩:「空
翠撲肌膚。」案宋楊萬里《又和風雨二首》之二:「拼卻老紅一萬點,換將新
綠百千重。」姚詩「綠雲裁剪空翠飛」略用其意,而改議論為描寫,意象氣韻
生動。

〔九〕不惹句:謂美人蕉無有香氣招惹,直上青霄,品格自高。惹香:五代趙崇祚集
《花間集》卷一唐溫庭筠《酒泉子》之四:「羅帶惹香。」《楊柳枝》:「六宮眉
黛惹香愁。」青霄:青天,高天。唐杜甫《陪鄭廣文遊何將軍山林十首》之
一:「名園依綠水,野竹上青霄。」

【後案】

　　此詩寫美人蕉,花之紅豔如火焰燃燒,葉如綠雲直上青霄,不怕風雨,經
久不衰,品格自高,有自喻之寓意。在藝術上,亦有與宋詩比賽之意。蘇軾詩
「故燒高燭照紅妝」,言須燒高燭照海棠,姚淑詩「遠疑高燭光輝繞」,言美人
蕉自如高燭光輝繚繞,是反其意而用之。楊萬里詩「風風雨雨又春窮,白白朱
朱已眼空」,姚淑詩「風風雨雨紅更嬌」,亦是反其意而用之,寫出南國美人蕉
不怕風雨,飽經風雨更加美豔的獨特花品。楊詩「拼卻老紅一萬點,換將新綠
百千重」,姚詩「綠雲裁剪空翠飛」略用其意,而改議論為描寫,意象氣韻生
動。蓋姚淑詩的基本路子,是漢魏六朝唐詩一途,而非宋詩一途。

題採樵圖

　　望盡深山花樹穠〔一〕,本是春來卻似冬〔二〕。一片山連無去路,樵人
指點過幾重〔三〕。雲壓花枝度日暗〔四〕,花近樵人心欲淡〔五〕。樵人自向
枯樹邊〔六〕,重重進山挑幾擔。

【箋注】

〔一〕穠:花木繁盛貌。宋毛居正《增修互注禮部韻略》卷一:「穠,華木稠多貌。」
〔二〕本是句:暗指繁花似雪,本是春光,卻似冬景。花似雪的意思,隱藏在春似冬
　　　的背後,趣味。南朝梁范雲《別詩二首》之一:「昔去雪如花,今來花似雪。」
　　　唐劉禹錫《竹枝詞九首》之五:「兩岸山花似雪開。」姚淑《憶韓園梅》詩:
　　　「花枝重重如白雪。」說花似雪,已潛在地包含春光卻似冬景的意思。唐岑參
　　　「千樹萬樹梨花開」,則是說雪似花。

〔三〕一片二句：化用宋陸游《遊山西村》詩：「山重水複疑無路，柳暗花明又一村。」
指點：以手指或其他物點示。唐李白《相逢行》詩：「金鞭遙指點，玉勒近遲
回。」杜甫《詠懷古蹟五首》之二：「舟人指點到今疑。」

〔四〕雲壓句：雲壓：唐元稹《西歸絕句十二首》之十一：「雲覆藍橋雪滿溪，須臾
便與碧峰齊。風回面市連天合，凍壓花枝著水低。」許渾《宿咸宜觀》詩：「雲
壓桃花月滿空。」度日暗：指日光透過繁花，光線為之暗淡。

〔五〕花近句：謂樵夫接近花枝，好像不為花枝動心。花近：隋丁六娘《十索四首》
之三：「君言花勝人，人今去花近。」唐杜甫《登樓》詩：「花近高樓傷客心。」
欲：好像，擬料之辭。杜甫《春望》詩：「白頭搔更短，渾欲不勝簪。」淡：
《說文解字》卷十一《水部》：「淡，薄味也。」漢梁鴻《安丘嚴平頌》：「無營
無欲，澹爾淵清。」

〔六〕樵人句：謂樵夫懂得只採枯樹，莫採花枝。枯樹：南朝梁庾肩吾《經陳思王
墓》：「採樵枯樹盡。」唐張籍《樵客吟》：「上山採樵選枯樹，深處樵多出辛
苦。秋來野火燒櫟林，枝柯已枯堪採取。」又云：「採樵客，莫採松與柏。松
柏生枝直且堅，與君作屋成家宅。」

【後案】

《題採樵圖》，是題畫詩。「望盡深山花樹穠，本是春來卻似冬」，下筆含
蓄；「花近樵人心欲淡，樵人自向枯樹邊」，下筆詼諧；皆富於筆墨趣味。題畫
詩的筆墨趣味，為畫的筆墨趣味，增光生色。

賦得人閒桂花落〔一〕

不知花已落〔二〕，惟有在閒時〔三〕。窗下遲遲靜〔四〕，階前點點垂〔五〕。
沾衣疑雨滴〔六〕，入酒喜香隨〔七〕。猶恐風吹盡〔八〕，留連不忍移〔九〕。

【箋注】

〔一〕賦得：凡摘取古人成句為題的詩，題首多冠以「賦得」二字。如南朝梁元帝蕭
繹有《賦得涉江採芙蓉》（《初學記》卷二十七）、《賦得蘭澤多芳草》詩，陳
祖孫登、隋孔德紹皆有《賦得涉江採芙蓉》詩，其「賦得」原句均出自《古
詩十九首》之六的首二句：「涉江採芙蓉，蘭澤多芳草。」「人閒桂花落」：是
唐王維《鳥鳴澗》詩之首句。《鳥鳴澗》寫的是春天的桂花，唐代桂花實有
此品種。唐段成式《酉陽雜俎·續集》卷九：「李衛公言：桂花三月開，黃而
不白。」

〔二〕不知句：謂桂花落為人所不知，因為王維詩寫的是黑夜裏的桂花落，桂花細
　　　小，黑夜裏看不見桂花落；桂花輕微，落地無聲無息，聽不見桂花落。

〔三〕惟有句：謂只有在人閒時，才諦聽到或感覺到了桂花落，如王維詩所寫人閒
　　　之時，是人心寧靜，靜如止水；且環境寧靜，萬籟俱寂。閒：人或物悠閒自
　　　在，淡泊寧靜，無牽無掛。晉陶淵明《歸園田居五首》之一：「戶庭無塵雜，
　　　虛室有餘閒。」《遊斜川》：「風物閒美。」《移居二首》之二：「農務各自歸，
　　　閑暇輒相思。」《五柳先生傳》：「閒靖少言。」《與子儼等疏》：「偶愛閒靜，開
　　　卷有得。」唐李白《獨坐敬亭山》詩：「孤雲獨去閒。」《江夏送林上人遊衡嶽
　　　序》：「閒雲無心，與化偕往。」《同族姪評事黯遊昌禪師山池二首》之一：「花
　　　將色不染，水與心俱閒。」《望廬山瀑布水二首》之一：「而我樂名山，對之心
　　　益閒。」《尋高鳳石門山中元丹丘》詩：「遂造窮谷間，始知靜者閒。」杜甫
　　　《夜聽許十誦詩愛而有作》詩：「人閒夜寥闃。」

〔四〕窗下句：遲遲：緩慢，此指光陰緩慢，烘托環境寧靜。《詩經·豳風·七月》：
　　　「春日遲遲，采繁祁祁。」漢毛氏傳：「遲遲，舒緩也。」晉陶淵明《詠貧士
　　　七首》之一：「遲遲出林翮，未夕復來歸。」唐陳子昂《感遇三十八首》之二：
　　　「遲遲白日晚。」儲光羲《薔薇》詩：「春日遲遲欲將半。」靜：《楚辭》卷九
　　　宋玉《招魂》：「靜閒安些。」漢王逸注：「無聲曰靜。」

〔五〕點點：唐韓愈《南溪始泛三首》之一：「點點暮雨飄，梢梢新月偃。」杜牧《村
　　　行》詩：「娉娉垂柳風，點點回塘雨。」

　　　以上二句，謂諦聽到了桂花落在窗下、階前，無聲無息。

〔六〕沾衣句：謂感覺到了桂花落在衣上，無聲無息。沾衣：晉陶淵明《歸田園居五
　　　首》之三：「道狹草木長，夕露沾我衣。」唐王維《山中》詩：「山路元無雨，
　　　空翠濕人衣。」宋釋志南《絕句》：「沾衣欲濕杏花雨。」雨滴：南朝梁何遜
　　　《臨行與故遊夜別》詩：「夜雨滴空階。」唐孟浩然斷句：「微雲淡河漢，疏雨
　　　滴梧桐。」杜牧《題新定八松院小石》詩：「雨滴珠璣碎。」

〔七〕入酒句：謂桂花浸製的桂花酒，具有桂花馥郁香氣。《楚辭》卷二屈原《九歌·
　　　少司命》：「援北斗兮酌桂漿。」明田汝成《西湖遊覽志餘》卷二十四：「桂漿
　　　之說，起於《楚辭》，殆亦今之桂花釀酒法耳。」宋王洋《龍涎香》：「大門當
　　　得桂花酒，小樣時分寶月圓。」

〔八〕風吹盡：唐杜甫《三絕句》之一：「楸樹馨香倚釣磯，斬新花蕊未應飛。不如
　　　醉裏風吹盡，可忍醒時雨打稀。」

〔九〕留連：留戀不忍離開。唐杜甫《江畔獨步尋花七絕句》之六：「黃四娘家花滿
　　　蹊，千朵萬朵壓枝低。留連戲蝶時時舞，自在嬌鶯恰恰啼。」

【附】鳥鳴澗　　唐王維

　　　人閒桂花落，夜靜春山空。月出空山鳥，時鳴春澗中。

　　　　　　　　　　　　　　　　　　　　　　　　　《王摩詰文集》卷五

好客多乘月〔一〕

　　　月出東山山蒼蒼〔二〕，皎皎空中散月光〔三〕。穿林影碎花如亂，秋風
吹來一路涼。此時人人月相似〔四〕，此月照人光不已〔五〕。獨有高人月更
清〔六〕，行去行來月光裏〔七〕。幾家不寐幾家思〔八〕，世之人兮隨月移〔九〕。
風風雨雨亦必來〔十〕，有月乘之更何疑〔十一〕。

【箋注】

〔一〕好客多乘月：唐王維《登裴迪秀才小臺》詩：「好客多乘月，應門莫上關。」
　　　本詩藉以為題。好客：唐杜甫《范二員外邈吳十侍御郁特枉駕闕展待聊寄此》
　　　詩：「野外貧家遠，村中好客稀。」在此暗指來作客的明遺民。乘月：趁著月
　　　光而行。《晉書‧袁宏傳》：「謝尚時鎮牛渚，秋夜乘月，率爾與左右微服泛江。」
　　　乘：宋陳彭年《重修廣韻》卷二：「乘，駕也。」引申為趁著、就著。月：並
　　　隱喻明遺民心中之明朝。參閱前文《外甥唐大陶至》注〔六〕。

〔二〕月出句：月出東山：南朝宋鮑照《代朗月行》詩：「朗月出東山。」宋蘇軾《赤
　　　壁賦》「月出於東山之上，徘徊於斗牛之間。」蒼蒼：深青色。《莊子‧逍遙
　　　遊》：「天之蒼蒼，其正色耶？其遠而無所至極耶？」

〔三〕皎皎：《文選》卷二十九《古詩十九首》之十：「皎皎河漢女。」唐張若虛《春
　　　江花月夜》詩：「皎皎空中孤月輪。」

〔四〕此時句：唐張若虛《春江花月夜》詩：「人生代代無窮已，江月年年望相似。」

〔五〕此月句：唐張若虛《春江花月夜》詩：「江畔何人初見月？江月何年初照人？」

〔六〕獨有句：獨有：特有。《史記‧曆書》：「是時獨有鄒衍，明於五德之傳。」唐
　　　張籍《和周贊善聞子規》詩：「此處誰能聽，遙知獨有君。」高人：志行高尚
　　　的人，多指隱士。《晉書‧邵續傳》：「續既為（石）勒所執，身灌園鬻菜，以
　　　供衣食。勒屢遣察之，歎曰：『此真高人矣。不如是，安足貴乎！』」南朝陳
　　　江總《遊攝山棲霞寺並序》：「敬仰高人德，抗志塵物表。」唐李咸用《題劉
　　　處士居》詩：「干戈謾道因天意，渭水高人自釣魚。」宋蘇軾《越州張中舍壽

　　樂堂》詩：「青山偃蹇如高人，常時不肯入官府。高人自與山有素，不待招邀
　　滿庭戶。」清：明，明亮。《楚辭》卷十六漢劉向《九歎・愍命》：「或清激其
　　無所通。」漢王逸注：「清，明也。」《淮南子・精神訓》：「清目而不以施。」
　　漢許慎注：「清，明也。」《文選》卷六十南朝宋王僧達《祭顏光祿文》：「禮
　　以仁清。」唐李善注引孔安國曰：「清，明也。」唐崔道融《月夕》：「人閒月
　　更清。」

〔七〕行去句：人：暗指心嚮明朝的明遺民。月：隱喻明遺民心中的明朝。以上四句
　　謂，人人心嚮明月相同；明月永遠照亮人心；正是因為特別是有明遺民，明月
　　才更加明亮；明遺民是在明月的光輝裏行來行去，正大光明。

〔八〕幾家句：謂在此之時多少人家不寐思月，言外之意是，當今之世多少人家思
　　念明朝。幾家：唐杜甫《閣夜》詩：「野哭幾家聞戰伐。」劉長卿《穆陵關北
　　逢人歸漁陽》詩：「城池百戰後，耆舊幾家殘。」宋人話本《京本通俗小說・
　　馮玉梅團圓》入話引《吳歌》：「月兒彎彎照九州，幾家歡樂幾家愁。幾家夫婦
　　同羅帳，幾家飄散在他州。」並云：「此歌出自我宋建炎年間，述民間亂離之
　　苦。」亦見宋趙彥衛《雲麓漫抄》卷九。

〔九〕世之句：謂世上之人是隨明月而行，言外之意是決不從滿清為轉移也。世之
　　人兮：李長祥《天問閣文集》卷一《石井道士傳上》：「世之人兮今何思，再回
　　身兮難與支。」隨月：唐李白《把酒問月》詩：「人攀明月不可得，月行卻與
　　人相隨。」杜甫《十七夜對月》詩：「捲簾還照客，倚杖更隨人。」

〔十〕風雨來：唐杜甫《秋述》：「秋，杜子臥病長安旅次，多雨生魚，青苔及榻。常
　　時車馬之客，舊雨來，今雨不來。」

〔十一〕有月句：有月乘之：宋陸游《遊山西村》詩：「從今若許閒乘月，拄杖無時夜
　　叩門。」更何疑：唐釋貫休《偶作》詩：「道孤終不雜，頭白更何疑。」張祜
　　《江南雜題三十首》之一：「殷勤謝莊叟，櫟社更何疑。」

【補注】

　　鄔慶時《屈大均年譜・序》：「慶時故鄉番禺縣，……不服清一語，鄉中父老人人
能言之。慶時自幼即有所聞，顧茫然不知所謂也。當以問先妣屈太孺人，屈太孺人輒
以明末清初史事語慶時。」（《屈大均年譜》，廣東人民出版社，二○○六年，第一頁。）
案不服清一語，屈大均鄉人歷清代二三百年之後，猶人人能言之，何況清初之明遺民
耶？由此亦可以對姚淑《好客多乘月》之寓意，增益瞭解矣。

秋月

月起山山靜〔一〕，眼前清復清〔二〕。一天空渺渺〔三〕，滿地盡明明〔四〕。有樹移來近〔五〕，他村到處平〔六〕。乾坤光裏出〔七〕，竟夜寂無聲〔八〕。

【箋注】

〔一〕山山：指丹霞山群山。

〔二〕清：指月光清明。見前《好客多乘月》詩注〔六〕。

〔三〕渺渺：悠遠貌。《管子・內業》：「渺渺乎如窮無極。」唐房玄齡注：「渺渺，微遠貌。」南朝梁吳均《贈王桂陽別三首》之二：「白雲方渺渺。」

〔四〕明明：東漢曹操《短歌行》：「明明如月，何時可掇。」

〔五〕有樹句：謂樹影隨明月之運行而移來近人。是化用杜詩之義，唐杜甫《月三首》之一：「魍魎移深樹，蝦蟆動半輪。」

〔六〕他村句：謂明月照臨，雖在他村，如照此村；雖在深山，如照平地；到處容光必照，無偏無私。到處：化用《孟子・盡心上》：「日月有明，容光必照焉。」漢趙岐注：「容光，小隙也。言大明照幽微也。」宋朱熹集注：「日月於容光之隙無不照。」平：典出《尚書・周書・洪範》：「無偏無陂，遵王之義」，「無黨無偏，王道平平。」唐孔穎達疏：「無偏私、無陂曲」，「無阿黨、無偏私。」陂，坡。《說文解字》卷十四昌部：「陂，阪也。」案《秋月》「他村到處平」，暗用《孟子》「日月有明，容光必照」漢趙岐注「言大明照幽微也」，用意至深，若有若無。

〔七〕乾坤句：乾坤：天地。《周易・說卦》：「乾為天」，「坤為地。」晉成公綏《中宮詩二首》之二：「天地不獨立，造化由陰陽。乾坤垂覆載，日月曜重光。」唐杜甫《寄岳州賈司馬六丈巴州嚴八使君兩閣老五十韻》詩：「開闢乾坤正。」句謂天地從明月之光裏出現。實隱藏祝願明朝重光之潛伏意識也。

〔八〕竟夜句：唐張九齡《望月懷遠》詩：「竟夕起相思。」

題畫

水上芙蓉傍石邊〔一〕，鴛鴦蕩漾自天然〔二〕。秋時占盡春紅好〔三〕，滿幅雲霞在目前〔四〕。

【箋注】

〔一〕芙蓉：即荷花。見前《懷秋》注〔三〕。

〔二〕蕩漾：水微動貌。唐李白《惜餘春賦》：「水蕩漾兮碧色。」

〔三〕春紅：春花。唐李白《怨歌行》詩：「花顏笑春紅。」鄭谷《苔錢》詩：「春紅
　　　秋紫繞池臺。」

〔四〕雲霞：喻畫中荷花之色彩。

偶作

　　可笑荒村只畜牛〔一〕，山頭古蹟幾時修。於今若有高賢在〔二〕，溫水
河邊不聽流〔三〕。

【校記】

　　在溫水：此三字，康熙本漫漶不可辨識，此從嘉慶達縣祠堂本、《求恕齋
叢書》本。「溫」字，疑當作「潁」。

【箋注】

〔一〕畜牛：戰國時猗頓畜牛致富，成為大富商。漢孔鮒《孔叢子·陳士義》：「猗
　　　頓，魯之窮士也。耕則常饑，桑則長寒。聞陶朱公富，往而問術焉。朱公告之
　　　曰：『子欲速富，當畜五牸。』於是乃適西河，大畜牛羊於猗氏之南，十年之
　　　間，其滋息不可計，貲擬王公，馳名天下。以興富於猗氏，故富猗頓。」《史
　　　記·貨殖列傳》：「猗頓用盬鹽起……與王者埒富。」

〔二〕高賢：見前《裴公亭》詩注〔八〕。

〔三〕聽流：謂聽流洗耳。堯聘許由為九州長，許由不願世俗之言污染耳朵，聽流洗
　　　耳於潁水濱。漢蔡邕《琴操·河間雜歌·箕山操》：「許由者……以清節聞於
　　　堯。堯大其志，乃遣使以符璽禪為天子。於是許由喟然歎曰：『匹夫結志，固
　　　如磐石。採山飲河，所以養性，非以求祿位也；放髮優游，所以安己不懼，非
　　　以貪天下也。』使者還，以狀報堯，堯知由不可動，亦已矣。於是許由以使者
　　　言為不善，乃臨河洗耳。樊堅見由方洗耳，問之：『耳有何垢乎？』由曰：『無
　　　垢，聞惡語耳。』堅曰：『何等語者？』由曰：『堯聘吾為天子。』堅曰：『尊
　　　位何為惡之？』由曰：『吾志在青雲，何乃劣劣為九州伍長乎？』於是樊堅方
　　　且飲牛，聞其言而去，恥飲於下流。」晉皇甫謐《高士傳·許由》：「堯又召為
　　　九州長，由不欲聞之，洗耳於潁水濱。」宋張炎《瀟瀟雨·泛江有懷袁通父唐
　　　月心》詞：「空山彈古瑟，掬長流、洗耳復誰聽。」明熊明遇《浮湘》詩：「揚
　　　帆泛修廣，洗耳聽流漫。」

　　詩謂村民只知道致富，忘記了維修古蹟，如果還有許由那樣的高人還在，也

是不願意來此河邊聽流洗耳，言外之意，此地之人既然唯利是圖，此地之水也就不再潔淨。

初冬夜飲菊花前〔一〕

飲酒菊花前，燭至花影偏。團團垂綠葉〔二〕，時凋花更鮮〔三〕。杯深花氣煖〔四〕，歡坐自忘眠〔五〕。漏殘窗月轉〔六〕，夜盡尚留連〔七〕。

【箋注】

〔一〕初冬：夏曆十月。南方氣候和暖，故初冬時菊花盛開。宋胡仔《苕溪漁隱叢話後集》卷六：「東坡云：嶺南氣候不常。吾嘗云，菊花開時乃重陽，佳月涼天即中秋，不須以日月為斷也。十月初吉菊始開，乃與客作重九，因次韻淵明《九月九日》詩云：今日我重九，誰謂秋冬交。黃花與我期，草中實後凋。香餘白露乾，色映青松高。』」

〔二〕團團：簇聚貌，此指盛開之菊花。參見前《薔薇》詩注〔四〕。

〔三〕時凋：百花凋謝季節。宋陸游《將進酒》詩：「我欲挽住北斗杓，常指蒼龍無動搖，春風日夜吹草木，只有榮盛無時凋。」

〔四〕花氣：花香。隋陳良《遊俠篇》：「花氣近薰衣。」唐宋之問《發藤州》詩：「露涰千花氣，泉和萬籟聲。」杜甫《畫夢》詩：「桃花氣暖眼自醉。」方干《山中寄吳磻十韻》詩：「掬水皆花氣，聽松似雨聲。」

〔五〕歡坐句：歡坐：三國魏曹植《當車以駕行》詩：「歡坐玉殿。」忘眠：唐白居易《晚起閒行》詩：「坐穩夜忘眠。」

〔六〕漏殘：將盡的漏聲，指夜將盡。古代以銅壺滴漏計時。唐戎昱《桂州臘夜》詩：「曉角分漏殘，燈孤落碎花。」

〔七〕留連：見前《賦得人閒桂花落》詩注〔九〕。

大水〔一〕

海水奔來急〔二〕，江流驟在前〔三〕。大橋還有跡，小徑竟無邊〔四〕。茅屋隨波去，高山盡霧連。茫茫村不見，獨苦雨頻喧〔五〕。

【箋注】

〔一〕大水：謂洪水。本詩是寫丹霞山夏天山洪暴發情景。光緒《仁化縣志》卷五《風土·災異》：「康熙四年，大雨東南浸城丈餘，沿河沖壞民居無算。乾隆五十七年夏大水，沖毀民居無數。」

【補注】

　　二〇一四年《仁化縣志》第五章《自然概貌》第四節《氣候》：「夏季天氣熱，雨量多，雷雨、洪澇、強風、高溫活躍，強對流天氣頻繁；秋季雨水少，陽光多。」（北京：方志出版社，二〇一四年，第六十八頁。）

〔二〕海水：謂洪水。

〔三〕江流句：謂江流猛漲，原來離家尚有一段路，如今已驟然直至家門前。江流：當指流經丹霞山的錦江。

〔四〕小徑句：謂小路無跡可尋，淹沒於洪水。無邊：無跡。此從與上句互文可知。

〔五〕頻喧：明徐燉《洛陽橋》詩：「潮落頻喧萬馬群。」姚孫棨《山居即景》之二：「滴瀝頻喧噫氣豪，秋陰漠漠壓林皋。」

遊村野茅亭〔一〕

　　茅亭看去萬松坡〔二〕，曠野白雲偏覺多。牆外鳥飛花滿樹，山中溪轉水成河〔三〕。老翁放鴨獨歡喜，稚子撈魚幾唱歌〔四〕。歸徑難行泥草上，徘徊還向石邊過。

【箋注】

〔一〕本詩當是寫丹霞山中出遊。

〔二〕萬松坡：清陳世英《丹霞山志》卷一《山水總序》：「丹霞之得峰者二十有奇，其得岩者亦二十有奇，得砦與石者四五，井與泉者三四，洞與關者一二。峰之屬，若寶塔，若雲梯，若天柱，若雙髻，若龍尾，若金盆、佛日、獅子、焰慧、七如來，或遠或近，或向或背，或如雲起，或聳秀插天，或菁蔥蓊鬱。聽松則濤翻十里，看竹則碧落千竿，泠然善也。」廖燕《遊丹霞山記》：「上為松嶺，松數百皆大數圍，聽松濤颼颼，不忍去。」

〔三〕山中溪：當是指丹霞山錦江眾支流。參閱前《春日有感》（十五從君千里外）詩【補注】、《懷秋》詩注〔二〕。

〔四〕稚子撈魚：唐杜甫《江村》詩：「稚子敲針作釣鈎。」宋陸游《訪村老》詩：「稚子捕魚乘月歸。」明屠隆《南滁大雪歌》：「童子撈魚溪水邊。」

看蘭亭圖〔一〕

　　蘭亭字跡飛龍蛇〔二〕，亭半倚水山半遮〔三〕。高竹幾林連松下，詩人處處坐白沙〔四〕。自知桃源避秦士〔五〕，今看蘭亭聚貴家〔六〕。詩篇盡從

斗酒出〔七〕，杯杯流來過落花〔八〕。

【箋注】

〔一〕蘭亭圖：為蘭亭會所作的畫。晉王羲之《蘭亭集序》：「永和九年，歲在癸丑，暮春之初，會於會稽山陰之蘭亭，修禊事也。群賢畢至，少長咸集。」《晉書·王羲之傳》：「（羲之）嘗與同志宴集於會稽山陰之蘭亭，羲之自為之序，以申其志。」修禊是古時於農曆三月上巳日，臨水洗濯，祓除疾病的風俗活動，亦為春遊活動，及文酒之會。本詩為題畫詩，不曰「題」，而曰「看」，可以留意。參閱「今看蘭亭聚貴家」句及注〔六〕。

〔二〕飛龍蛇：形容書法筆勢飛動，蜿蜒盤曲。唐李白《草書歌行》詩：「時時只見龍蛇走，左盤右蹙如驚電。」唐何延之《蘭亭記》：「蘭亭者，晉右將軍會稽內史琅琊王羲之字逸少所書之詩序也。右軍蟬聯美冑，蕭散名賢，雅好山水，尤善草隸。以晉穆帝永和九年暮春三月三日……修祓禊之禮，揮毫製序，興樂而書，用蠶繭紙鼠鬚筆，遒媚勁健，絕代更無。」句謂蘭亭圖上書有《蘭亭集序》，雖非王羲之書法，亦是筆走龍蛇。

〔三〕倚水句：謂《蘭亭圖》中自然環境，依山傍水。王羲之《蘭亭集序》：「此地有崇山峻嶺，茂林修竹。又有清流激湍，映帶左右。」

〔四〕坐白沙：謂《蘭亭圖》中詩人之多，分坐水邊沙岸，飲酒賦詩。王羲之《蘭亭集序》：「又有清流急湍，映帶左右。引以為流觴曲水，列坐其次。」

〔五〕自知句：姚淑自謂。並兼指今日參與文酒盛會之人，本為避秦抗清之士。避秦士：晉陶淵明《桃花源記詩並序》：「村中聞有此人，咸來問訊。自云先世避秦時亂，率妻子邑人來此絕境，不復出焉，遂與外人間隔。問今是何世，乃不知有漢，無論魏晉。」

〔六〕今看句：今：點明今日，非指晉代。蘭亭：謂今日之文酒盛會。貴家：達官貴族之家。《古詩為焦仲卿妻作並序》：「兼愧貴家子。」唐白居易《和春深二十首》之一：「何處春深好，春深富貴家。」

〔七〕詩篇句：王羲之《蘭亭集序》：「一觴一詠，亦足以暢敘幽情。」南朝梁劉孝標注《世說新語·企羨》：「王羲之《臨河敘》曰：『故列序時人，錄其所述。右將軍司馬太原孫丞公等二十六人，賦詩如左；前餘姚令會稽謝勝等十五人，不能賦詩，罰酒各三斗。』」斗酒：唐杜甫《飲中八仙歌》：「李白斗酒詩百篇。」句謂今日文酒盛會，人們詩興大發，酒興酣暢，一斗酒，出一篇詩。

〔八〕杯杯句：杯流：王羲之《蘭亭集序》：「流觴曲水。」南朝梁宗懍《荊楚歲時

記》：「三月三日，士民並出江渚池沼間，臨清流為流觴曲水之飲。」三月三日宴集於環曲之水渠旁，於上流放置酒杯，任其順流而下，杯停在誰面前，誰即取飲，稱為「流觴曲水」。句謂曲水流杯，落花伴流，似言其美，實為嘲諷，觀「自知桃源避秦士，今看蘭亭聚貴家」可知。

【後案】

「今看蘭亭聚貴家。」本詩巧為借題發揮，語甚微婉，嘲諷昔日桃源避秦之士，今日參與滿清貴家文酒盛會。

康熙二十二年以後之作

焙茶〔一〕

　　親戚遠鄉至〔二〕，開書見苦情〔三〕。帶來瓶裏綠〔四〕，傾入盞中清〔五〕。味自山間得〔六〕，香從火處生〔七〕。不知紅袖煖〔八〕，還去傍爐擎〔九〕。

【箋注】

〔一〕焙茶：用溫火烘製茶葉。以清除茶葉水分，利於保藏貯存。唐顧況《過山農家》詩：「莫嗔焙茶煙暗，卻喜曬穀天晴。」白居易《題施山人野居》詩：「夜火焙茶香。」焙：烘烤。元戴侗《六書故》卷三：「焙，蒲妹切，烘也。」本詩寫達州親屬來到仁化看望姚淑，帶來家鄉所產之茶相贈，歷述茶葉經過採茶、焙茶，勞作辛苦，來之不易，並以焙茶為題，是含蓄地深表珍重之情。

〔二〕親戚句：親戚：內外親屬，即母系親屬和父系親屬。《禮記·曲禮上》：「故州閭鄉黨稱其孝也，兄弟親戚稱其慈也。」唐孔穎達疏：「親指族內，戚言族外。」此指四川達州之親屬。案長祥居達州之親屬有其弟長祐和長祥長女。其女適達州舉人馮定齋之孫（見嘉慶達縣祠堂本李長祥《天問閣文集》碑傳類《黃節婦傳》）。

〔三〕苦情：謂達州當時遭受戰爭之苦。清蔣良騏《東華錄》卷十二康熙十九年：「三月，（清）建威將軍吳丹率師至重慶，偽文武官迎降，達州、東鄉、太平、新寧、南江、安岳等州悉定。……（九月）譚弘復叛，瀘、溆、永寧俱陷賊，夔（州）民亦變。上命將軍噶爾漢、都統范達禮、提督徐治都等率師赴夔州，與貝子準塔分道攻之。……十二月，譚弘犯夔州。高孟復渠縣。」同書同卷康熙二十年正月：「總兵高孟復達州。《大清聖祖仁皇帝實錄》卷一百

—117—

二十一康熙二十四年九月甲戌：「四川巡撫姚締虞陛辭，上諭曰：『四川省當明末時遭張獻忠之亂，百姓凋敝，地亦荒殘。後又屢經賊變，人民愈加疲耗。爾宜正己率屬，愛養撫綏，俾遠方之人遂生樂業。」《清史稿》卷二百七十四《姚締虞傳》：「締虞至（四川），牓上諭於廳事，嚴約束，禁私徵雜派，杜絕餽遺，屬吏憚之。疏言四川迭經兵火，荒殘已極。」據此，可知當時四川飽受兵禍之苦。

〔四〕帶來句：帶來：謂達州親屬帶來家鄉所產之茶相贈。清順治、康熙時達州屬夔州府，其屬地以產茶著稱。雍正《四川通志》卷三十八之六《物產·直隸達州》：「茶。《唐志》：通州東鄉、太平俱出。」嘉慶《四川通志》卷七十四《食貨·物產·夔州府》：「《唐志》：『夔州貢茶。』舊《志》：『開縣茶嶺產茶，味絕佳。不生雜卉。』《府志》：『萬縣、巫山俱出。』」唐山南西道通州（治所通川縣），明洪武時四川布政使司重慶府達縣、正德時夔州府（今重慶市奉節縣）達州，清雍正時四川省直隸達州（治所達縣），即今四川達州市。

綠：謂茶之顏色。唐白居易《謝李六郎中寄新蜀茶》詩：「綠芽十片火前春。」鄭谷《峽中嘗茶》詩：「合座半甌輕泛綠，開緘數片淺含黃。」

〔五〕傾入句：自謂將此茶葉傾入盞中沏茶。清：晉張載《登成都白菟樓》詩：「芳茶冠六清，溢味播九區。」唐陸羽《茶經》卷下《茶之煮》：「其水用山水，上；江水，中；井水，下。」

〔六〕味自句：謂茶葉採自山間。味：茶之氣味，有陰山陽山之別。唐劉禹錫《西山蘭若試茶歌》：「陽崖陰嶺各殊氣，未若竹下莓苔地。」明高元濬《茶乘·拾遺》：「《圖經》云：蒙頂有茶，受陽氣之全，故茶芳香。」

〔七〕香從句：謂茶葉經過焙製。香：唐岑參《暮秋會嚴京兆後廳竹齋》：「甌香茶色嫩。」白居易《睡後茶興憶楊同州》：「沫下曲塵香，花浮魚眼沸。盛來有佳色，咽罷餘芳氣。」李德裕《憶茗芽》詩：「蘭氣入甌輕。」火：焙茶的火候。唐趙璘《因話錄》卷二：「（李）約天性惟嗜茶，能自煎。謂人曰：『茶須緩火炙，活火煎。』活火，謂炭火之焰者也。」此處之煎茶，即指焙茶。

〔八〕紅袖：指古代女子紅衣長袖，後來成為女子的代名詞。南朝齊王儉《白紵辭》：「羅袿徐轉紅袖揚。」唐李白《代美人愁鏡二首》：「時將紅袖拂明月。」此指遠鄉焙茶的女子。

〔九〕還去句：擎：用手托舉。宋陳彭年《重修廣韻》卷二：「擎，舉也。」唐陸羽《茶經》卷上《茶之具》：「焙：鑿地深二尺，闊二尺五寸，長一丈，上作短

牆，高二尺，泥之。貫：削竹為之，長二尺五寸，以貫茶焙之。」以上二句，謂可知焙茶天暖，紅袖還去爐邊擎貫焙茶。

【編年】

本詩約作於康熙二十二年（一六八三年）左右。時三藩已平。清蔣良騏《東華錄》卷十二康熙二十年十一月：「雲南平，群臣朝賀於乾清門。」四川和廣東的社會秩序已恢復正常，故達州之親屬得以到仁化看望姚淑。因定本詩作於本年前後。

讀書

孟夏山前草木多〔一〕，花開花落卻如何〔二〕？閉門日日翻書卷，獨有《離騷》盡可歌〔三〕。

【箋注】

〔一〕孟夏句：孟夏：《呂氏春秋·孟夏紀》：「一曰孟夏之月。」漢高誘注：「孟夏，夏之四月也。」草木：《史記·屈原列傳》：「乃作《懷沙》之賦，其辭曰：『陶陶孟夏兮，草木莽莽。』」晉陶淵明《讀山海經十三首》詩之一：「孟夏草木長，繞屋樹扶疏。」

〔二〕花開花落：唐薛濤《春望詩四首》之一：「花開不同賞，花落不同悲。欲問相思處，花開花落時。」劉禹錫《送廖參謀東遊二首》之一：「望高樓上忽相見，看過花開花落時。」劉得仁《寄春坊顧校書》詩：「冥目冥心坐，花開花落時。」

〔三〕《離騷》：戰國楚屈原著。《史記·屈原列傳》：「屈原者，名平，楚之同姓也。為楚懷王左徒，……王甚任之。上官大夫與之同列，爭寵而心害其能。……王怒而疏屈平。屈平疾王聽之不聰也，讒諂之蔽明也，邪曲之害公也，方正之不容也，故憂愁幽思而作《離騷》。離騷者，猶離憂也。……屈平正道直行，竭忠盡智，以事其君，讒人間之，可謂窮矣。信而見疑，忠而被謗，能無怨乎？屈平之作《離騷》，蓋自怨生也。《國風》好色而不淫，《小雅》怨誹而不亂，若《離騷》者，可謂兼之矣。」

山中海棠〔一〕

高連石壁忽開花，一片紅光似出霞〔二〕。即有名園移不去，可憐豔色幾山遮。

【箋注】

〔一〕海棠：明李時珍《本草綱目》卷三十《海紅·釋名》：「海棠梨。時珍曰：按李德裕《花木記》云：凡花木名海者，皆從海外來，如海棠之類是也。」王象晉《二如亭群芳譜·貞部·花譜一·海棠》：「有四種，皆木本。貼梗海棠，叢生，花如胭脂。垂絲海棠，樹生，柔枝長蒂，花色淺紅。又有枝梗略堅，花色稍紅者，名西府海棠。有生子如木瓜可食者，名木瓜海棠。海棠盛於蜀，而秦中次之。」清同治《韶州府志》卷十一《輿地略·物產·花屬》：「海棠。」

〔二〕出霞：唐薛濤《海棠溪》詩：「春教風景駐仙霞，水面魚身總帶花。」吳融《海棠二首》之二：「雪綻霞鋪錦水頭。」宋石延年《海棠》詩：「盛若霞藏日。」范純仁《和吳仲庶龍圖西園海棠》詩：「媚晴光奪彩霞紅。」

康熙二十七年之作

題鄒氏女子〔一〕

舞腰初罷自相親〔二〕，古木蒼苔處處新。獨有手持書一卷，沉吟卻是意中人〔三〕。

【箋注】

〔一〕鄒氏女子：俟考。

〔二〕舞腰句：舞腰：舞女腰肢，此謂舞蹈。梁簡文帝蕭綱《夜聽妓》詩：「何如明月夜，流風拂舞腰。」自相親：自相親愛。晉楊方《合歡詩五首》之二：「宮商聲相和，心同自相親。」杜甫《冬至》詩：「天涯風俗自相親。」

〔三〕沉吟：沉思吟味，謂默默研究探索。東漢曹操《短歌行》：「但為君故，沉吟至今。」意中人：心意相知的友人。晉陶淵明《示周續之祖企謝景夷三郎》詩：「藥石有時閒，念我意中人。」

【編年】

在《海棠居初集》中，《題鄒氏女子》詩編次為自《讀黃崑之詩》起之前第二首。《讀黃崑之詩》當作於康熙二十七年戊辰（一六八八年）寄寓廣州時，本詩疑亦作於同時。

讀黃崑之詩〔一〕

流落深山裏〔二〕，吁嗟不稱時〔三〕。多年忘舊字，今日學新詞〔四〕。得自龍象句〔五〕，已成閨閣詩〔六〕。五羊文士有〔七〕，獨在先生奇〔八〕。

【箋注】

〔一〕黃嵒之：黃河源，字嵒之，清康熙時南海（今廣州市）人，詩人、畫家。清凌揚藻《國朝嶺海詩抄》卷五：「黃河源，字嵒之，一字石谷，南海人。善畫山水兼工花鳥，著有《櫨樗山堂詩稿》。高陽韓太史雄岱、岢嵐賈刺史雒英序之。」同治《南海縣志》卷二十六《藝文略二》：「《櫨樗山堂詩稿》。國朝黃河源撰。據採訪冊。」光緒《廣州府志》卷六《沿革表一·國朝》：「廣州府布政使司治領縣十四：南海（注：附郭）。番禺（注：附郭）。順德。東莞。」

〔二〕流落句：流落：見前《客舍有感》詩注〔四〕。深山：謂仁化丹霞山。時姚淑居廣東仁化縣丹霞山河頭寨山中，故云。

〔三〕吁嗟：歎詞。《楚辭》卷六屈原《卜居》：「黃鐘毀棄，瓦釜雷鳴；讒人高張，賢士無名。吁嗟默默兮，誰知吾之廉貞！」

〔四〕新詞：新詩。晉張華《答何邵》詩：「良朋貽新詩。」

〔五〕龍象：佛家語，謂修行勇猛有最大能力者。《維摩詰所說經》卷中《不思議品第六》：「譬如龍象蹴踏，非驢所堪。」《大智度論》卷三《釋初品中共摩訶比丘僧》：「那伽或名龍，或名象。是五千阿羅漢，諸羅漢中最大力，以是故言如龍如象。水行中龍力最大，陸行中象力最大。」唐杜甫《山寺》詩：「如聞龍象泣，足令信者哀。」

〔六〕閨閣：女子代稱，此姚淑自謂。此句承上句謂受到黃嵒之詩的啟發，而成本詩。

〔七〕五羊句：五羊：即五羊城，廣州別稱。《太平御覽》卷七百四：「裴淵《廣州記》曰：州廳事梁上畫五羊象，又作五穀囊，隨象懸之，云：昔高固為楚相，五年銜穀萃於楚庭，因是圖其象。」又《太平寰宇記》一五七《嶺南道一·廣州》：「《續南越志》云：舊說有五仙人，乘五色羊，執六穗秬而至，至今人呼為五羊城是也。」文士：有文采之士。《韓詩外傳》卷七：「君子宜避三端，文士之筆端。」唐元稹《唐故檢校工部員外郎杜君墓系銘》：「建安之後，天下文士，遭罹兵戰。」

〔八〕獨在句：獨在：晉陶淵明《時運》詩：「黃唐莫逮，慨獨在余。」奇：陶淵明《飲酒二十首》之八：「連林人不覺，獨樹眾乃奇。」以上二句，謂五羊城多有文士，唯獨先生為特出者。

【編年】

姚淑《讀黃嵒之詩》云：「流落深山裏」，「多年忘舊字」。廖燕《與陳元孝》

書云：「李研齋太史客死吾韶，眷屬寄寓貴郡，其夫人並其公郎俱感激義俠，託燕致謝，尚祈終始也。」（《二十七松堂文集》卷十）可知姚淑母子在仁化丹霞山居住多年以後，曾經在明遺民陳恭尹（字元孝，廣州順德人）的幫助下，寄寓廣州。其時間，當在康熙二十七年戊辰（一六八八年）（詳《姚淑事蹟繫年》康熙二十七年。）姚淑本詩，當是在寄寓廣州時，廣州詩人黃河源投贈詩作，因而回贈之作。

由後來姚淑經過湖南、長江返回江南，可見其寄寓廣州之後，當又返回仁化，再離開廣東。

康熙二十八年以後之作

憶親

雙親千里〔一〕，高山峨峨〔二〕。水湧路落〔三〕，欲歸奈何〔四〕？晝夜不樂，亂思夢多。

【箋注】

〔一〕雙親：見前《悶》詩注〔三〕。

〔二〕峨峨：高峻貌。《後漢書・馮衍傳》：「山峨峨而造天兮。」

〔三〕水湧路落：謂洪水湧起，道路淹沒。姚淑《大水》詩：「大橋還有跡，小徑竟無邊。」意同而造語不同。關於丹霞山夏天洪水情況，見前《大水》詩注〔一〕。

〔四〕奈何：歎詞，怎麼辦。《楚辭》卷二屈原《九歌・大司命》：「羌愈思兮愁人，愁人兮奈何。」

【編年】

在《海棠居初集》中，《憶親》詩編次僅次於《讀黃崑之詩》，詩言「憶親」「欲歸」，又言「高山峨峨，水湧路落」，當作於自廣州返回仁化縣丹霞山河頭寨之後，時正積極準備離開仁化，回歸江南。夏季山洪所造成之交通阻斷，只是季節性的短期之事。

本詩當作於康熙二十八年己巳（一六八九年）夏天。

和五叔太守韻〔一〕

舟中寂寞恨多灘〔二〕，細雨微風那得安。敗草孤孀惟血淚〔三〕，浮萍遊子更波瀾〔四〕。山山春色連雲起，岸岸花飛帶水瀲〔五〕。混沌一天存氣

象〔六〕，但愁點滴濕衣難。

【箋注】

〔一〕叔：《爾雅・釋親》：「父之兄弟，先生為世父，後生為叔父。」太守：官名。秦設郡守，管理一郡政事，漢景帝時更名太守，明清時為知府的別稱。明田藝蘅《留青日劄》卷六：「《後漢郡國志》：三輔之外，分九州，州部有刺史，九州控郡國，郡國有太守。今知府稱太守是矣。」清盛大士《樸學齋筆記》卷七：「稱人官階，宜遵本朝官制。今人詩中，如知府稱太守，知縣稱大令之類，原無不可。」五叔太守情況，俟考。

〔二〕寂寞：寂靜，冷清。南朝梁江淹《別賦》：「感寂寞而傷神。」

〔三〕敗草句：孤：孤兒。孀：寡婦。《淮南子・脩務訓》：「（湯）弔死問疾，以養孤孀。」漢許慎注：「幼無父曰孤，孀，寡婦。」是時姚淑同其二子依其五叔。

〔四〕浮萍句：浮萍：喻行蹤無定。魏文帝曹丕《秋胡行》之二：「泛泛綠池，中有浮萍。寄身流波，隨風靡傾。」唐杜甫《又呈竇使君》詩：「相看萬里外，同是一浮萍。」遊子：謂離家久遠之人。《文選》卷二十九漢蘇武《燭燭晨明月》詩：「征夫懷遠路，遊子戀故鄉。」

〔五〕濛：宋毛居正《增修互注禮部韻略》卷一：「濛，雨露濃貌。」明張自烈《正字通》卷十一：「濛，莫盤切，滿平聲，雨露濃貌。」

〔六〕混沌：見前《雨飲》詩注〔一〕。氣象：景象，氣候、天象。晉謝道韞《登山》詩：「氣象爾何物，遂令我屢遷。」宋蘇軾《與章子厚書》：「黃州僻陋多雨，氣象昏昏也。」

【編年】

自此以下諸詩，約為康熙二十八年以後，姚淑離開仁化，經過湖南、長江，返回江南時作。姚淑五叔太守，當在湖南為官。

與關夫人對弈〔一〕

久聞國手在閨中〔二〕，今日看來果不同。轉覺機深參未破〔三〕，被他一子滿盤空〔四〕。

【箋注】

〔一〕關夫人：未詳。對弈：二人下棋。宋歐陽修《遊大字院記》：「折花弄流，銜觴對弈。」

〔二〕國手：具有某種才藝為全國第一流的人。此指下棋的高手。唐白居易《醉贈劉二十八使君》：「詩稱國手徒為爾，命壓人頭不奈何。」裴說《詠棋》詩：「人心無算處，國手有輸時。」

〔三〕機：機巧，機靈靈巧。《列子‧仲尼》：「大夫不聞齊、魯之多機乎？」晉張湛注：「機，巧也，多巧能之人。」唐呂岩《七言》詩：「一本天機深更深。」

〔四〕被他句：謂被對方走出的一著棋子，致使自己整盤棋都輸了。盤：棋盤。空：盡，輸。宋宋伯仁《棋》詩：「亂鴉飛鷺勢縱橫，對面機心豈易萌。一著錯時都是錯，寧無冷眼看輸贏。」明馮夢龍《古今小說》卷二《陳御史巧勘金釵鈿》：「只因一著錯，滿盤都是空。」

五叔太守贈筆硯

翰林去世自多憂〔一〕，無墨無書何處求。太守憐才贈我筆〔二〕，如今寫出幾番愁〔三〕。

【箋注】

〔一〕翰林：謂李長祥。見前《贈太史》注〔一〕。

〔二〕憐才：愛惜文才。唐杜甫《不見》詩：「吾意獨憐才。」題下自注：「近無李白消息。」

〔三〕幾番：幾回。唐駱賓王《疇昔篇雜言》詩：「上苑頻經柳絮飛，中園幾番梅花落。」

又

昨日移來銅雀硯〔一〕，今開舊日薛濤箋〔二〕。案頭筆墨香風起，吹到高賢坐臥前〔三〕。

【校記】

又：嘉慶達縣祠堂本、《求恕齋叢書》本無「又」字，此從康熙本。

【箋注】

〔一〕昨日句：移：同施，施予。《史記‧田叔列傳》：「如有移德於我者，何也？」南朝宋裴駰集解：「徐廣曰：移，猶施也。」銅雀硯：銅雀臺瓦所製之硯。宋高似孫《硯箋》卷三《銅雀硯》：「瓦出銅雀臺，多斷折，間有全者。煮以歷青，發墨可用。好事者愛其古。」明潘之淙《書法離鉤》卷九：「銅雀研，乃銅雀臺瓦，入水多年，故滋潤發墨。」

〔二〕薛濤箋：唐李匡乂《資暇集》卷下《薛濤箋》：「松花箋其來舊矣，元和初，薛濤尚斯色，而好製小詩，惜其幅大，不欲長，乃命匠人狹小之。蜀中才子既以為便，後減諸箋，亦如是，特名曰薛濤箋。」此二句讚美其五叔所贈之硯箋，皆精製珍品。

〔三〕吹到句：高賢：見前《裴公亭》詩注〔八〕。坐臥：《漢書・杜周傳》：「延年居父官府，不敢當舊位，坐臥皆易其處。」唐李頎《題璿公山池》詩：「指揮如意天花落，坐臥閒房春草深。」

舟行

水外天如近〔一〕，村村田地多。牛耕青草上，茅屋轉山河〔二〕。

【箋注】

〔一〕水外：唐杜甫《水會渡》詩：「回眺積水外，始知眾星乾。」天如近：唐孟浩然《登總持寺浮屠》詩：「坐覺諸天近，空香送落花。」李白《別山僧》詩：「騰身轉覺三天近，舉足回看萬嶺低。」

〔二〕茅屋句：謂舟行江上，兩岸山河茅屋，皆退轉而去。案下水船速度快，這種視覺效果最為顯著。轉山河：唐皇甫曾《送王相公赴幽州》詩：「長路山河轉。」

【後案】

在《海棠居初集》中，《舟行》、《江南曲》、《端午龍舟》、《舟中暴風雨之作》、《江行》五題六首，依次連屬，以《江行》為集中最後一首詩。此五題詩，皆寫長江舟行，並寫到江南，當為同時之作，表明姚淑當是經湖南浮長江，返回江南故鄉。

江南曲〔一〕

江裏波濤起，雲崩山一空。天高平野闊〔二〕，獨坐苦悲風〔三〕。

【箋注】

〔一〕《江南曲》：古曲調名。宋郭茂倩輯《樂府詩集》卷二十六《相和歌辭》引《樂府解題》曰：「《江南》，古辭，蓋美芳辰麗景，嬉遊得時。若梁簡文『桂楫晚應旋』，唯歌遊戲也。」南朝梁柳惲《江南曲》：「汀洲採白蘋，日落江南春。洞庭有歸客，瀟湘逢故人。」

〔二〕平野闊：唐杜甫《旅夜書懷》詩：「星垂平野闊，月湧大江流。」

〔三〕悲風：三國魏曹植《雜詩六首》之五：「江介多悲風，淮泗馳急流。」唐杜甫

《殿中楊監見示張旭草書圖》詩：「斯人已云亡，草聖秘難得。及茲煩見示，滿目一淒惻。悲風生微綃，萬里有古色。」

端午龍舟〔一〕

端陽簫鼓曲流多〔二〕，兩岸遊人看綺羅〔三〕。竟日滿船各唱起，聽他盡是屈原歌〔四〕。

【箋注】

〔一〕端午：明徐炬《新鐫古今事物原始全書‧治歷明時‧端陽》：「《荊楚歲時記》：五月五日為端陽，一云蒲節，一云重午。《續齊諧記》云：楚大夫屈原遭讒不用，是日投汨羅江死，楚人哀之，乃以舟檝拯救，端陽競渡，乃遺俗也。」清陳夢雷等編纂《古今圖書集成‧曆象彙編‧歲功典‧端午部匯考‧競渡考》：「競渡事，本招屈。實始沅、湘之間。今洞庭以北，武陵為沅，以南長沙為湘也。故划船之盛甲海內，蓋猶有周楚之遺焉。」龍舟：《古今圖書集成‧端午部匯考‧競渡考》：「船一以杉木為之，取其性輕易划，得燥木為龍骨尤妙。」

〔二〕簫鼓：簫與鼓，此泛指音樂。漢武帝《秋風辭》：「簫鼓鳴兮發棹歌。」

〔三〕綺羅：有花紋的絲織品。南朝宋鮑照《代少年時至衰老行》詩：「綺羅豔華風，車馬自揚塵。」

〔四〕聽他句：屈原：見前《讀書》詩注〔三〕。屈原歌：競渡所唱之弔屈原歌也。《古今圖書集成‧端午部匯考‧競渡考》：「《龍船歌》『耶、野』，『阿、呵』餘音，唯武陵為然，諸處不爾。一云，其音為『些些』，本《招魂》『楚些』之遺，弔屈原意也。案宋玉《招魂》：『帝告巫陽，有人在下，我欲輔之，魂魄離散，汝筮予之。』蓋屈原已死時語，今划船用巫，實始於此。」《競渡考》又云：「武陵唱《山歌》，多《竹枝》遺意。白居易詩『江上何人唱《竹枝》，前聲曳斷後聲遲。』惟武陵人歌，曳後斷，斷後遲，為備其體。……《龍船歌》則不然，兒童所傳，終老無異。每唱四聲，前聲畢，余『耶、野』二音；後聲畢，余『阿、呵』二音而已。亦有相沿套頭，如《石榴花》、《葉兒青》之類為起興語，臨時撰足四句，彼此相嘲，鄙俚無足道。抵暮，散船，則必唱曰：『有也回，無也回，莫待江邊冷風吹。』其來甚遠。案《隋書‧地理志》：『屈原五月望日，赴汨羅，土人追至洞庭不見。湖大船小，莫得濟者。乃歌曰：何由得渡湖。因而鼓棹爭歸，競會亭上。（習以相傳，為競渡之戲。）』斯則『有也回，無也回』之義，乃數千年之語也。」

又

水上龍舟水外喧，妝成不覺興翩翩〔一〕。還看處處兼簫管〔二〕，試問何人哭屈原〔三〕？

【校記】

又：嘉慶達縣祠堂本、《求恕齋叢書》本無「又」字，此從康熙本。

【箋注】

〔一〕翩翩：歡喜自得貌。晉張華《鷦鷯賦并序》：「翩翩然，有以自樂也。」

〔二〕簫管：管樂器，此泛指音樂。《詩經·周頌·有瞽》：「既備乃奏，簫管備舉。」

〔三〕屈原：前首云「聽他盡是屈原歌」，此云忽然又「試問何人哭屈原」，此似有所喻指矣。

【編年】

本詩所描寫的端午龍舟競渡的風俗人情，實以湖南為其源始，當是姚淑返回江南經過湖南之作。

舟中暴風雨之作

大雨立時到，茫然舟子驚〔一〕。短篷看落水〔二〕，兩岸似傾城〔三〕。天壓萬山盡，雲崩古塔平〔四〕。今朝暑氣散，六月一身輕〔五〕。

【箋注】

〔一〕茫然：失意而不知所措貌。《莊子·說劍》：「芒然自失。」

〔二〕短篷句：謂暴雨落水覆蓋船篷。短篷：小舟的船篷。唐陸龜蒙《正月十五日惜春寄襲美》詩：「見織短篷裁小檝，擎煙閒弄個漁舟。」

〔三〕傾城句：謂暴雨落水好像要傾覆兩岸城市。傾城：《詩經·大雅·瞻卬》：「哲夫成城，哲婦傾城。」漢鄭玄箋：「城，猶國也。」唐孔穎達疏：「若為智多謀慮之婦人，則傾敗人之城國。」《淮南子·原道訓》：「持盈而不傾。」漢許慎注：「傾，覆也。」

〔四〕天壓二句：謂滿天烏雲崩壓下來，淹沒了高高的群山和古塔。平：參閱前文《秋月》詩「他村到處平」注〔六〕。

〔五〕今朝二句：謂這六月大雨，驅散了盛夏暑氣，令人一身輕鬆。唐杜甫《大雨》詩：「執熱乃沸鼎，纖絺成縕袍。風雷颯萬里，霈澤施蓬蒿。」意同而語別。

【編年】

案本詩中有「今朝暑氣散，六月一身輕」之句，知姚淑是年六月，又乘舟離開湖南。

江行

大江煙霧遠相連〔一〕，風散波濤還自喧〔二〕。日日東流流不盡〔三〕，飛蓬幾處去天邊〔四〕。

【箋注】

〔一〕大江：長江。《楚辭》卷二屈原《九歌・湘君》：「望涔陽兮極浦，橫大江兮揚靈。」東漢王粲《七哀詩三首》之二：「方舟泝大江。」南朝齊謝朓《暫使下都夜發新林至京邑贈西府同僚》詩：「大江流日夜。」唐李白《廬山謠寄盧侍御盧舟》：「大江茫茫去不還。」杜甫《峽口二首》之一：「峽口大江間。」

〔二〕風散句：姚淑《過洞庭湖》詩：「風定亦如呼。」

〔三〕日日句：日日東流：唐許渾《姑蘇懷古》詩：「可憐國破忠臣死，日日東流生白波。」流不盡：唐元稹《楚歌十首江陵時作》之九：「古今流不盡，流去不曾回。」

〔四〕飛蓬：隨風飄蕩的蓬草，常用以比喻飄蕩的事物。此指風帆。《詩經・衛風・伯兮》：「自伯之東，首如飛蓬。」唐李白《魯郡東石門送杜二甫》詩：「飛蓬各自遠。」杜甫《復陰》詩：「萬里飛蓬映天過。」去天邊：唐李白《黃鶴樓送孟浩然之廣陵》詩：「孤帆遠影碧空盡，唯見長江天際流。」皇甫冉《舟中送李八》詩：「天邊天色待人來。」（天色，一作山色。）

【編年】

案前首《舟中暴風雨之作》、本詩《江行》，二首皆描寫長江舟行，本詩「大江」二字尤為確證，可知姚淑是乘舟沿長江東下，回到江南。

徵引書目

1. 《周易注疏》，《十三經注疏》，北京：中華書局影阮元刊本，一九八〇年。
2. 《尚書注疏》，《十三經注疏》，北京：中華書局影阮元刊本，一九八〇年。
3. 《毛詩注疏》，《十三經注疏》，北京：中華書局影阮元刊本，一九八〇年。
4. 《儀禮注疏》，《十三經注疏》，北京：中華書局影阮元刊本，一九八〇年。
5. 《禮記注疏》，《十三經注疏》，北京：中華書局影阮元刊本，一九八〇年。
6. 《春秋左傳注疏》，《十三經注疏》，北京：中華書局影阮元刊本，一九八〇年。
7. 《春秋公羊傳注疏》，《十三經注疏》，北京：中華書局影阮元刊本，一九八〇年。
8. 《春秋穀梁傳注疏》，《十三經注疏》，北京：中華書局影阮元刊本，一九八〇年。
9. 《論語注疏》，《十三經注疏》，北京：中華書局影阮元刊本，一九八〇年。
10. 《爾雅注疏》，《十三經注疏》，北京：中華書局影阮元刊本，一九八〇年。
11. 《孟子注疏》，《十三經注疏》，北京：中華書局影阮元刊本，一九八〇年。
12. 《周易集解》，唐李鼎祚集解，姑蘇喜墨齋刻本。
13. 《爾雅翼》，宋羅願撰，上海：商務印書館，民國二十八年。
14. 《方言》，漢揚雄撰，上海：商務印書館《四部叢刊》初編景印宋本。
15. 《說文解字》，漢許慎撰，民初馬啟新書局石印本。
16. 《釋名》，漢劉熙撰，上海：商務印書館《四部叢刊》初編景印明本。
17. 《玉篇》，南朝梁顧野王撰，上海：商務印書館《四部叢刊》初編景印元刊本。

18.《重修廣韻》，宋陳彭年等撰，上海：商務印書館，民國二十五年。

19.《六書故》，宋戴侗撰，乾隆刻本。

20.《史記》，漢司馬遷撰，北京：中華書局校點本，一九五九年。

21.《漢書》，漢班固撰，北京：中華書局校點本，一九七五年。

22.《後漢書》，南朝宋范曄撰，北京：中華書局校點本，一九七三年。

23.《三國志》，晉陳壽撰，北京：中華書局校點本，一九七五年。

24.《晉書》，唐房玄齡等撰，北京：中華書局校點本，一九七四年。

25.《大唐六典》，光緒廣雅書局刊本。

26.《新唐書》，宋歐陽修等撰，北京：中華書局校點本，一九七五年。

27.《宋史》，元脫脫等撰，北京：中華書局校點本，一九七七年。

28.《崇禎實錄》，臺北：中央研究院歷史語言研究所影印本，一九六七年。

29.《明史》，清張廷玉等撰，北京：中華書局校點本，一九七四年。

30.《大清世祖章皇帝實錄》，臺北：新文豐出版公司影印本，一九七八年。

31.《大清聖祖仁皇帝實錄》，臺北：新文豐出版公司影印本，一九七八年。

32.《東華錄》，清蔣良騏撰，北京：中華書局校點本，一九八〇年。

33.《清代禁燬書目（附補遺)》，清姚覲元編，上海：商務印書館，一九五七年。

34.《清史列傳》，北京：中華書局校點本，一九八七年。

35.《清史稿》，北京：中華書局校點本，一九七六年。

36.《戰國策》，漢高誘注，北京：商務印書館，一九五八年。

37.《高士傳》，晉皇甫謐撰，上海：商務印書館，民國二十六年。

38.《國榷》，明談遷撰，北京：古籍出版社校點本，一九五八年。

39.《石匱書後集》，明張岱撰，北京：中華書局校點本，一九五九年。

40.《罪惟錄》，明查繼佐撰，浙江古籍出版社校點本，一九八六年。

41.《烈皇小識》，明文秉撰，《明季稗史初編》本，上海：商務印書館，民國二十五年。

42.《揚州十日記》，明王秀楚撰，《明季稗史初編》本。

43.《明季北略》，明末清初計六奇撰，上海：商務印書館，民國二十五年。

44.《明季南略》，明末清初計六奇撰，上海：商務印書館，民國二十五年。

45.《南疆繹史》，清溫睿臨撰，《南疆繹史摭遺》，李瑤撰，《臺灣文獻叢刊》第一三二種，臺北：臺灣銀行經濟研究室，一九六二年。

46.《小腆紀傳》，清徐鼒撰，北京：中華書局校點本，一九五八年。

47.《小腆紀年附考》，清徐鼒撰，北京：中華書局校點本，一九五七年。

48.《浙東紀略》，明徐芳烈撰，上海：商務印書館，辛亥年十一月初版。

49.《魯春秋》，明左尹撰，張鈞衡輯《適園叢書》第一集，民國二年刻本。

50.《東山國語》，明查繼佐撰，上海：商務印書館《四部叢刊三編》景印鈔本。

51.《海東逸史》，明翁洲老民撰，浙江古籍出版社校點本，一九八五年。

52.《魯之春秋》，清李聿求撰，浙江古籍出版社校點本，一九八四年。

53.《閩海紀要》，清夏琳撰，《臺灣文獻叢刊》第十一種，臺北：臺灣銀行經濟研究室，一九六二年。

54.《臺灣鄭氏始末》，清沈雲撰，《臺灣文獻叢刊》第十五種，臺北：臺灣銀行經濟研究室，一九六二年。

55.《鄭成功檔案史料選輯》，福州：福建人民出版社，一九八五年。

56.《華夷變態》，（日本）林春勝、林信篤同編，浦廉一解說，東京：東洋文庫，一九五八年。

57.《文獻叢編增刊·清三藩史料》第一輯，北平故宮博物院編，民國二十年。

58.《吳三桂始末》，清孫旭撰，之江抱陽生輯《甲申朝事小紀初編》卷五，道光大興傅氏長恩閣鈔本。

59.《平西王吳三桂傳》，佚名，《明季稗史初編》，上海：商務印書館，民國二十五年。

60.《靖南王耿精忠傳》，佚名，《明季稗史初編》，上海：商務印書館，民國二十五年。

61.《平南王尚可喜傳》，佚名，《明季稗史初編》，上海：商務印書館，民國二十五年。

62.《定南王孔有德傳》，佚名，《明季稗史初編》，上海：商務印書館，民國二十五年。

63.《松下雜抄》，佚名，上海：商務印書館《涵芬樓秘笈》第三集，民國五年。

64.《吳逆取亡錄》，蒼弁山樵撰，上海：文明書局《說庫》本，民國四年。

65.《聖武記》，清魏源撰，道光刊本。

66.《勝朝粵東遺民錄》，陳伯陶撰，民國五年真逸寄廬刊本。

67.《聽雨樓隨筆》，清王培荀撰，道光刊本。

68.《碑傳集補》，民國閔爾昌纂，沈雲龍主編《近代中國史料叢刊》本，臺北：文海出版社有限公司，一九八五年。

69.《婦人集》，清陳維崧撰，道光《海山仙館叢書》本。

70.《觚賸》，清鈕琇撰，康熙臨野堂刻本。

71.《國朝畫識》，清馮金伯撰，道光刻本。

72.《奩史》，清王初桐撰，嘉慶刻本。

73.《歷代畫史彙傳》，清彭蘊璨撰，道光五年刊本。

74.《玉臺畫史》，清湯漱玉撰，道光十七年刊本。

75.《水經注》，北魏酈道元注，上海：商務印書館，民國二十四年。

76.《太平寰宇記》，宋樂史撰，上海：商務印書館，民國二十五年。

77.《輿地紀勝》，宋王象之撰，咸豐粵雅堂刻本。

78.《大明一統志》，明李賢等撰，西安：三秦出版社影明天順初刻本，一九九〇年。

79. 嘉慶《大清一統志》，上海：商務印書館《四部叢刊續編》景印舊鈔本。

80.《蜀中廣記》，明曹學佺撰，上海：商務印書館《四庫全書珍本初集》影印本，民國二十四年。

81. 雍正《四川通志》。

82. 嘉慶《四川通志》，成都：巴蜀書社影印嘉慶刻本，一九八四年。

83. 乾隆《直隸達州志》。

84. 嘉慶《達縣志》。

85. 民國《達縣志》，民國二十二年修、民國二十七年增補鉛印本。

86. 景定《建康志》，嘉慶六年刻本。

87. 乾隆《江南通志》。

88. 嘉慶《江寧府志》。

89. 同治《重刊江寧府志》。

90. 道光《上江兩縣志》。

91. 光緒《蘇州府志》。

92. 萬曆《上虞縣志》。

93. 嘉慶《上虞縣志》。

94. 光緒《上虞縣志》。

95. 光緒《餘姚縣志》。

96. 康熙《山陰縣志》。

97. 康熙《常州府志》。

98.《常郡八邑藝文志》，清盧文弨輯，光緒十六年刻本。

99. 光緒《武進·陽湖縣志》。

100. 嘉靖《江陰縣志》。

101. 雍正《畿輔通志》。

102. 光緒《畿輔通志》，石家莊：河北人民出版社，一九八五年。

103. 康熙《雲南府志》。

104. 乾隆《直隸澧州志林》。

105. 乾隆《岳州府志》。

106. 嘉慶《龍陽縣志》。

107. 嘉慶《常德府志》。

108. 嘉慶《長沙縣志》。

109. 道光《桃源縣志》。

110. 同治《益陽縣志》。

111. 民國《汝城縣志》，民國二十一刻本。

112. 乾隆《廣東通志》。

113. 道光《廣東通志》。

114. 同治《韶州府志》。

115. 同治《仁化縣志》。

116. 光緒《仁化縣志》。

117.《丹霞山志》，康熙三十八年陳世英撰，雍正十一年釋古如補，丹霞別傳寺刻本。

118. 光緒《廣州府志》。

119. 同治《南海縣志》。

120.《張蒼水年譜》，清全祖望撰，《張蒼水全集》附錄，上海古籍出版社，一九八五年。

121.《明清進士題名碑錄索引》，朱保炯、謝沛霖編撰，上海古籍出版社，一九八○年。

122.《孔叢子》，秦孔鮒撰，上海：商務印書館《四部叢刊》初編景印明翻宋本。

123.《孔子家語》，三國魏王肅撰，上海：商務印書館《四部叢刊》初編景印明覆宋刊本。

124.《太周濂溪集》，宋周敦頤撰，上海：商務印書館，民國二十五年。

125.《周易會通》，元董真卿撰，《景印文淵閣四庫全書》，臺北：臺灣商務印書館，一九八六年。

126.《荀子》，戰國荀況撰，上海：商務印書館《四部叢刊》初編景印《古逸叢書》本。

127.《莊子》，戰國莊周撰，晉郭象注，上海：商務印書館《四部叢刊》初編景印明刊本。

128.《南華真經注疏》，唐成玄英疏，光緒《古逸叢書》景印宋本。

129.《列子》，戰國列禦寇撰，晉張湛注，上海：商務印書館《四部叢刊》初編景印北宋本。

130.《管子》，春秋管仲撰，上海：商務印書館《四部叢刊》初編景印宋本。

131.《淮南鴻烈解》，漢劉安撰，許慎注，上海：商務印書館《四部叢刊》初編景印鈔北宋本。

132.《抱朴子》，晉葛洪撰，上海：商務印書館《四部叢刊》初編景印明魯藩刊本。

133.《世說新語》，南朝宋劉義慶撰，南朝梁劉孝標注，上海：商務印書館《四部叢刊》初編景印明袁氏嘉趣堂本。

134.《潛書》，明末清初唐甄撰，北京：中華書局，一九六三年。

135.《維摩詰所說經》，姚秦鳩摩羅什譯，萬曆《嘉興藏》刊本。

136.《大智度論》，姚秦鳩摩羅什譯，萬曆《嘉興藏》刊本。

137.《南方草木狀》，晉嵇含撰，長沙：商務印書館據《百川學海》本排印，民國二十八年。

138.《三才圖會》，明王圻、王思義纂集，上海古籍出版社影明萬曆刊本，一九九五年。

139.《學圃雜疏》，明王世懋撰，上海：商務印書館，民國二十六年。

140.《亳州牡丹史》，明薛鳳翔撰，《續修四庫全書》影明萬曆刻本，上海古籍出版社，一九九五年。

141. 《花史左編》，明王路撰，《續修四庫全書》影明萬曆刻本，上海古籍出版社，一九九五年。

142. 《灌園草木識》，明陳正學撰，《續修四庫全書》影明萬曆刻本，上海古籍出版社，一九九五年。

143. 《二如亭群芳譜》，明王象晉撰，明刻本。

144. 《廣群芳譜》，清汪灝等撰，上海：商務印書館，民國二十四年。

145. 《本草綱目》，明李時珍撰，上海：商務印書館，民國十九年。

146. 《山海經注》，晉郭璞注，上海：商務印書館《四部叢刊》初編景印明刊本。

147. 《海內十洲記》，傳漢東方朔撰，明刊《顧氏文房小說》本。

148. 《古今注》，晉崔豹撰，上海：商務印書館《四部叢刊三編》影印宋刊本。

149. 《因話錄》，唐趙璘撰，長沙：商務印書館據《稗海》本排印，民國二十八年。

150. 《資暇集》，唐李匡乂撰，長沙：商務印書館，民國二十八年。

151. 《夢溪筆談》，宋沈括撰，上海：商務印書館《四部叢刊續編》景印明刊本。

152. 《觚不觚錄》，明王世貞撰，上海：商務印書館，民國二十六年。

153. 《萬曆野獲編》，明沈德符撰，道光七年姚氏刻同治八年補修本。

154. 《春明夢餘錄》，清孫承澤撰，北京古籍出版社，一九九二年。

155. 《揚州畫舫錄》，清李斗撰，清末古今書室石印本。

156. 《荊楚歲時記》，南朝梁宗懍撰，上海：中華書局，民國二十五年。

157. 《歲時廣記》，宋陳元靚撰，上海：商務印書館，民國二十八年。

158. 《月令廣義》，明馮應京撰，《四庫全書存目叢書》影明萬曆刻本，濟南：齊魯書社，一九九六年。

159. 《營造法式》，宋李誡撰，上海：商務印書館，民國二十二年。

160. 《吳氏中饋錄》，宋浦江吳氏撰，北京：中國商業出版社，一九八七年。

161. 《蜀錦譜》，元費著撰。

162. 《遵生八箋》，明高濂撰，成都：巴蜀書社，一九八八年。

163. 《珊瑚網》，明汪砢玉撰，張鈞衡輯《適園叢書》第八集，民國刻本。

164. 《太平御覽》，宋李昉等編撰，上海：商務印書館《四部叢刊三編》景印宋本。

165. 《北堂書鈔》，唐虞世南編撰，天津古籍出版社，一九八八年。

166. 《藝文類聚》，唐歐陽詢編撰，北京：中華書局，一九六五年。

167. 《山堂考索》，宋章如愚編撰，北京：中華書局，一九九二年。

168. 《新鐫古今事物原始全書》，明徐炬編撰，《四庫全書存目叢書》影明萬曆刻本，濟南：齊魯書社，一九九五年。

169. 《古今圖書集成·方輿彙編·職方典》，清陳夢雷編纂，清蔣延錫校訂，北京：中華書局、成都：巴蜀書社，一九八五年。

170. 《楚辭》，漢王逸章句，宋洪興祖補注，上海：商務印書館《四部叢刊》初編景印明翻宋本。

171. 《曹操集》，漢曹操撰，北京：中華書局，一九七四年。

172. 《曹植集校注》，三國魏曹植撰，趙幼文校注，北京：人民文學出版社，一九八四年。

173. 《阮步兵集》，三國魏阮籍撰，明張溥輯《漢魏六朝百三名家集》，上海：掃葉山房，民國六年石印本。

174. 《嵇康集校注》，三國魏嵇康撰，戴明揚校注，北京：人民文學出版社，一九六二年。

175. 《傅鶉觚集》，晉傅玄明張溥輯《漢魏六朝百三名家集》，上海：掃葉山房，民國十四年石印本。

176. 《潘黃門集》，晉潘岳撰，明張溥輯《漢魏六朝百三名家集》，上海：掃葉山房，民國十四年石印本。

177. 《陸士衡集》，晉陸機撰，上海：商務印書館據《小萬卷樓叢書》本排印，民國二十五年。

178. 《陶元亮詩》，晉陶淵明撰，明黃文煥析義，《四庫全書存目叢書》影印明刻本，濟南：齊魯書社，一九九七年。

179. 《陶淵明集》，晉陶淵明撰，逯欽立校注，北京：中華書局，一九七九年。

180. 《謝康樂集》，南朝宋謝靈運撰，明張溥輯《漢魏六朝百三名家集》，上海：掃葉山房，民國十四年石印本。

181. 《鮑參軍集注》，南朝宋鮑照撰，錢仲聯集注，上海古籍出版社，一九八〇年。

182. 《沈隱侯集》，南朝梁沈約撰，明張溥輯《漢魏六朝百三名家集》，上海：掃葉山房，民國十四年石印本。

183.《江文通集》，南朝梁江淹撰，上海：商務印書館《四部叢刊》初編景印明翻宋刊本。

184.《謝宣城集》，南朝齊謝朓撰，明張溥輯《漢魏六朝百三名家集》，上海：掃葉山房，民國六年石印本。

185.《何水部集》，南朝梁何遜撰，《景印文淵閣四庫全書》，臺北：臺灣商務印書館，一九八六年。

186.《庾子山集》，北周庾信撰，上海：商務印書館《四部叢刊》初編景印明刻本。

187.《王子安集》，唐王勃撰，上海：商務印書館《四部叢刊》初編景印明刊本。

188.《孟浩然集》，唐孟浩然撰，上海：商務印書館《四部叢刊》初編景印明刊本。

189.《王摩詰文集》，唐王維撰，上海古籍出版社影印宋蜀刻本，一九八二年。

190.《李太白文集》，唐李白撰，成都：巴蜀書社影印宋蜀刻本，一九八五年。

191.《李太白全集》，唐李白撰，清王琦注，北京：中華書局，一九七七年。

192.《宋本杜工部集》，唐杜甫撰，上海：商務印書館《續古逸叢書》景印宋本，一九五七年。

193.《杜少陵集詳注》，唐杜甫撰，清仇兆鰲注，上海：商務印書館，民國二十二年。

194.《杜詩鏡銓》，唐杜甫撰，清楊倫注，上海古籍出版社，一九八〇年。

195.《劉隨州詩集》，唐劉長卿撰，上海：商務印書館《四部叢刊》初編景印明正德刊本。

196.《岑嘉州集》，唐岑參撰，上海：商務印書館《四部叢刊》初編景印明蜀刻本。

197.《韋蘇州集》，唐韋應物撰，上海：商務印書館《萬有文庫》第二集據明崇禎間海虞毛氏汲古閣刻本影印，民國二十六年。

198.《韓昌黎集》，唐韓愈撰，上海：商務印書館《國學基本叢書》本，民國二十二年。

199.《柳河東集》，唐柳宗元撰，上海：商務印書館《國學基本叢書》本，民國十八年。

200.《劉夢得文集》，唐劉禹錫撰，上海：商務印書館《四部叢刊》初編景印董

氏景宋本。

201.《白氏長慶集》，唐白居易撰，上海：商務印書館《四部叢刊》初編景印日本翻宋本。

202.《元氏長慶集》，唐元稹撰，上海：商務印書館《四部叢刊》初編景印明嘉靖董氏刊本。

203.《李義山詩集》，唐李商隱撰，上海：商務印書館《四部叢刊》初編景印明嘉靖本。

204.《溫飛卿詩集》，唐溫庭筠撰，上海：商務印書館，民國二十六年。

205.《蘇東坡集》，宋蘇軾撰，上海：商務印書館，民國二十二年。

206.《陸放翁全集》，宋陸游撰，上海：世界書局，民國二十五年。

207.《誠齋集》，宋楊萬里撰，上海：商務印書館《四部叢刊》初編景印宋寫本。

208.《京本通俗小說》，宋人話本，上海：商務印書館，民國十四年。

209.《有學集》，明末清初錢謙益撰，上海：商務印書館《四部叢刊》初編景印原刊本。

210.《方拱乾詩集》，清方拱乾著，哈爾濱：黑龍江教育出版社，一九九二年。

211.《琅嬛文集》，明張岱撰，上海雜誌公司《中國文學珍本叢書》，民國二十四年。

212.《梅里詞》，明朱一是撰，清初清遠堂刻本。

213.《天問閣集》，明李長祥撰，光緒六年會稽趙之謙輯《仰視千七百二十九鶴齋叢書》。

214.《天問閣集》，明李長祥撰，上海：商務印書館據《仰視千七百二十九鶴齋叢書》本排印，民國二十五年。

215.《天問閣文集》，明李長祥撰，嘉慶達州李氏祠堂李淑刊本。

216.《天問閣文集》，明李長祥撰，民國壬戌（民國十一年）南林劉氏（承乾）求恕齋刊本。

217.《變雅堂文集》，明杜濬撰，康熙刻本。

218.《嵞山集》，明方文撰，上海古籍出版社影印康熙二十八年王槩刻本，一九七九年。

219.《歸莊集》，明歸莊撰，上海古籍出版社，一九八四年。

220.《確庵文稿》，明陳瑚撰，康熙毛氏汲古閣刻本。

221.《足本亭林詩稿》，明顧炎武撰，清末幽光閣據戴子高家藏潘次耕手鈔原本鉛印。

222.《顧亭林詩文集》，明顧炎武撰，北京：中華書局，一九八三年。

223.《顧亭林詩集匯注》，明顧炎武撰，王遽常輯注，上海古籍出版社，一九八三年。

224.《靜愓堂詩集》，明末清初曹溶撰，雍正三年李維鈞刻本。

225.《徧行堂續集》，明末清初今釋澹歸撰，乾隆五年刻本，上海：國學扶輪社鉛印本，宣統三年。

226.《光啟堂文集》，清方孝標撰，康熙刻本。

227.《木厓集》，明末清初潘江撰，康熙刻本。

228.《張蒼水集》，明張煌言撰，上海古籍出版社，一九八五年。

229.《延平二王遺集》，明鄭成功、鄭經撰，《玄覽堂叢書續集》，南京：國立中央圖書館據舊抄本影印，民國三十六年。

230.《醉白堂文集》，明末清初謝良琦撰，康熙刻本。

231.《醉白堂詩集》，明末清初謝良琦撰，康熙刻本。

232.《陳迦陵文集》（含《迦陵詞全集》），清陳維崧撰，上海：商務印書館《四部叢刊》初編景印康熙患立堂本。

233.《枕江堂集》，清魏憲撰，康熙十二年有恆書屋刻本。

234.《麗農詞》，清鄒祗謨撰，上海：開明書店，民國二十六年。

235.《正誼堂詩集》，清董以寧撰，康熙書林蘭蓀堂刻本。

236.《正誼堂文集》，清董以寧撰，康熙書林蘭蓀堂刻本。

237.《學文堂文集》，清陳玉瑾撰，光緒《常州先哲遺書》刻本。

238.《翁山詩外》，明屈大均撰，上海：國學扶輪社鉛印本，宣統二年。

239.《翁山文外》，明屈大均撰，上海：國學扶輪社鉛印本，宣統二年。

240.《憺園文集》，清徐乾學撰，《續修四庫全書》影明萬曆刻本，上海古籍出版社，一九九五年。

241.《甌香館集》，清惲壽平撰，道光刊本。

242.《百尺梧桐閣文集》，清汪懋麟撰，上海古籍出版社影印康熙刻本，一九八〇年。

243.《二十七松堂集》，清廖燕撰，乾隆刻本。

244.《楊大瓢先生雜文殘稿》，清楊賓撰，江蘇省立蘇州圖書館，《吳中文獻小

叢書》排印本，民國二十九年。

245.《憶雪樓詩集》，清王焕撰，康熙三十五年王氏貞久堂刻本。

246.《西蜀唐圃亭先生行略》，清王聞遠撰，上海：廣益書局，民國九年石印本。

247.《望溪集》，清方苞撰，上海：商務印書館《四部叢刊》初編景印咸豐刊本。

248.《鮚埼亭集》、《鮚埼亭集外編》，清全祖望撰，上海：商務印書館《四部叢刊》初編《鮚埼亭集》景印嘉慶九年姚江史夢蛟借樹山房刊本，《鮚埼亭集外編》景印嘉慶十六年汪繼培刊本。

249.《畫亭詞草》，清朱繡撰，乾隆刻增修本。

250.《晚學齋文集》，清姚椿撰，咸豐刊本。

251.《文選》，南朝梁蕭統選編，唐李善注，北京：中華書局影印清嘉慶胡克家刻本，一九七七年。

252.《六臣注文選》，南朝梁蕭統選編，上海：商務印書館《四部叢刊》初編景印宋本。

253.《玉臺新詠》，南朝梁徐陵選編，上海：商務印書館《四部叢刊》初編景印宋本。

254.《琴操》，漢蔡邕撰，上海：商務印書館據《平津館叢書》本排印，民國二十六年。

255.《樂府古題要解》，唐吳兢編撰，臺北：新文豐出版股份有限公司，一九八五年。

256.《樂府詩集》，宋郭茂倩編，北京：中華書局，一九七九年。

257.《古樂苑》，明梅鼎祚編，《景印文淵閣四庫全書》，臺北：臺灣商務印書館，一九八六年。

258.《古詩紀》，明馮惟訥編，《景印文淵閣四庫全書》，臺北：臺灣商務印書館，一九八六年。

259.《全唐詩》，清彭定求等編，北京：中華書局，一九七九年。

260.《御選宋金元明四朝詩》，清張豫章輯，《景印文淵閣四庫全書》，臺北：臺灣商務印書館，一九八六年。

261.《劍閣芳華集》，明費密編，費密補，四川大學圖書館藏抄本。

262.《明詩綜》，清朱彝尊編，《景印文淵閣四庫全書》，臺北：臺灣商務印書

館，一九八六年。

263. 《賴古堂全集》（含《賴古堂尺牘新鈔二選藏弆集》），清周亮工等輯，上海：國學扶輪社，宣統二年石印本。

264. 《（漁陽山人）感舊集》，清王士禛編，上海：國學扶輪社，宣統二年鉛印本。

265. 《百名家詩選》，清魏憲輯，康熙魏氏枕江堂刻本。

266. 《國朝詩別裁集》，清沈德潛輯評，乾隆二十五年教忠堂刻本。

267. 《晚晴簃詩匯》，徐世昌輯，北京：中國書店據民國退耕堂刻版重印，一九八八年。

268. 《擷芳集》，清汪啟淑輯，乾隆飛鴻堂刻本。

269. 《國朝閨秀正始續集》，清完顏妙蓮保編，道光丙申紅香館刊本。

270. 《國朝嶺海詩抄》，清凌揚藻編，道光《海雅堂全集》刻本。

271. 《龍眠風雅》，清潘江輯，康熙刻本。

272. 《百城煙水》，清徐崧、張大純輯，康熙二十九年刻本。

273. 《倚聲初集》，清鄒祗謨、王士禛輯，順治十七年刻本。

274. 《文心雕龍》，南朝梁劉勰撰，上海：商務印書館《四部叢刊》初編景印明嘉靖刻本。

275. 《苕溪漁隱叢話》，宋胡仔撰，上海：商務印書館據《海山仙館叢書》本排印，民國二十六年。

276. 《明詩紀事》，清末陳田輯，上海：商務印書館，民國二十五年。

277. 《藏園群書題記》，傅增湘撰，上海古籍出版社，一九八九年。

278. 《歷代婦女著作考》，胡文楷著，上海：商務印書館，一九五七年。

279. 《清代禁書知見錄》，孫殿起輯，上海：商務印書館，一九五七年。

280. 《販書偶記》，孫殿起錄，北京：中華書局，一九五九年。

281. 《柳如是別傳》，陳寅恪著，上海古籍出版社，一九八〇年。

282. 《增訂晚明史籍考》，謝國楨著，上海古籍出版社，一九八一年。

283. 《明清筆記談叢》，謝國楨著，上海古籍出版社，一九八一年。

284. 《近世中西史日對照表》，鄭鶴聲編，北京：中華書局，一九八一年。

285. 《清詩紀事初編》，鄧之誠撰，上海古籍出版社，一九八四年。

286. 《杜鄰存稿》，黃稚荃著，成都：四川人民出版社，一九九〇年。

附錄一　姚淑詞輯佚

滿江紅 題秦良玉畫像　　姚淑

　　翠羽明璫，空留得、畫中春色。傷心甚，家傾遼海，塵蒙燕闕。烽火連天悲蜀道，繡旗千騎從君側。剩巫山夔水，想英風，難銷歇。　　　青冢恨，燐明滅。丹心賁，從何說。對圖中遺寫，儼餘碧血。馬革竟埋千古恨，鵑魂長弔三更月。算紅顏命薄，抵天家，金甌缺。

　　清楊復吉《夢闌瑣筆》：明末石砫女土官秦良玉，以軍功官至總兵，嘗統兵入衛，受賜頒詩，其畫像流傳人間。鍾山秀才李研齋夫人姚氏，名仲淑。題詞曰：（略）調寄《滿江紅》，用宋王昭儀韻也。崑山徐如珂，天啟中任兵備道，奏議中載，練閱將伍，勘語於良玉弟民屏，有儀容俊偉語，則良玉可知矣。

　　　　　　清楊復吉《夢闌瑣筆》，《昭代叢書》癸集，道光丗楷堂刊本

　　案：詞題《滿江紅　題秦良玉畫像》，係根據《夢闌瑣筆》所述內容酌擬。

附錄二　投贈詩文

兒述李子子發近狀，兼讀其新詩，偶懷之　方拱乾

患難不相見，離怜對爾殊。代謀重明哲，苟活轉艱虞。白眼藏知己，清江歸老儒。時將蹤跡問，寂寞楚山隅。

秣陵馳尺素，期爾晤蘭陵。早已先書到，知非興獨乘。榻懸三徑竹，雪引渡江藤。楊子（原注：靜山）聞他出，經今歸也曾。

讀爾新詩好，別來知讀書。夔州同地里，晚律送居諸。已見心肝出，將毋豪氣除。細論尊酒在，白髮肯愁餘。

清方拱乾著，李興盛等整理《方拱乾詩集》，

哈爾濱：黑龍江教育出版社，一九九二年，第四二九頁

喜晤李研齋　方拱乾

果然塞衛出城來，不負新詩隔夜裁。十載江湖何處別，再生顏面一時開。奇人苟活徵聞道，將老窮經堅異才。有約毗陵今更早，傞傞莫厭濁醪杯。

清方拱乾著，李興盛等整理《方拱乾詩集》，

哈爾濱：黑龍江教育出版社，一九九二年，第四三八頁

研齋自毗陵來　方拱乾

奇氣降難盡，清言入道微。從來歸宿地，自有離合機。學力隨年長，空花著眼非。最憐鞭影疾，對面泯依違。

清方拱乾著，李興盛等整理《方拱乾詩集》，

哈爾濱：黑龍江教育出版社，一九九二年，第四七五頁

念奴嬌 陳其年見招，同李研齋、宋荔裳、方樓岡諸公集韓園分韻　朱一是

　　小春過半，正紅深林葉，黃殘籬菊。傍郭樓臺，煙樹裏，彷彿玉津金谷。妓挾東山，賓投北海，花下樽浮綠。揮毫逸興，明珠搖落千斛。　　檻外碧柳朱橋，幾回凝望，感慨霜頭禿。十載揚州驚夢醒，潦倒重來杜牧。年少風流，老成耆舊，到處相征逐。孤舟朝發，陽關又聽悲曲。

明朱一是《梅里詞》卷三，清初清遠堂刻本

李研齋太史、杜蒼略山人暑中見過限韻　方文

　　雞鳴山下美人家，我欲從之道路賒。短棹忽過桃葉渡，小園先看石榴花。一瓢冷飲煩襟滌，眾樹濃陰畏日斜。安得青溪同買宅，草堂朝夕對茶瓜。

明方文《嵞山集·續集·徐杭遊草》，康熙二十八年王槩刻本

李研齋舊史遷居秦淮過訪有贈　方文

　　劍閣瞿塘歸未能，廿年蹤跡滯金陵。居鄰十廟囂雖遠，步出三山街名懘爭上聲勝。恰喜新秋移水檻，預知窮巷有詩朋。相過百遍休嫌數，買酒無錢感又增。

明方文《嵞山集·續集·西江遊草》，康熙二十八年王槩刻本

送李研齋遊太原　曹溶

　　李公奮西南，涉躓神不移。側力控龍蛇，猛銳莫可羈。悠悠盼蒼天，密抱存所思。蟄久還怒張，守中溷雄雌。攝衣上駃騠，自吳屆燕陲。告我復前邁，言登太行陂。瞻望古都邑，庶得舒華蕤。晉陽賢主人，良會寧苦疲。四隅氍毹席，壽客黃金卮。情極轉哀生，自惜凌塵姿。銅池墜清業，珠闕無履綦。東流既滔滔，駒隙疇能追。萬事等遊觀，行矣慎勿疑。

明末清初曹溶《靜惕堂詩集》卷七，雍正刻本

再訪李研齋太史不遇留贈　陳瑚

　　去住如鷗又十年，故山萬里隔風煙。當筵尚憶郫筒酒，得句還書蜀錦箋研齋蜀人。侍從昔為天上客，隱淪今作市中仙。舁籃蕭寺重相訪，門掩花深思惘然。

明陳瑚《確庵文稿》卷三下，康熙毛氏汲古閣刻本

答李研齋內翰　今釋澹歸

臥病嶺頭，日與寒熱為伴侶，出關請藏，不覺濡滯。得山中信，知臺駕暫駐河頭砦，未能趨候，徒有悵仰。承示既已了悟，則今日之澹公和尚，必不迷在昔之道隱先生。殊不知今日之澹歸已迷澹歸，豈有在昔之道隱更見道隱者？且共置之，不足復道也。賤恙未愈，稍俟秋涼，縷縷不盡，尚容續布。

明末清初丹霞今釋澹歸《徧行堂續集》卷十一，乾隆五年刻本

聞李研齋先生候余不至返棹金陵余獨至漵墅作　徐崧

江關動鼓鼙，何處可幽棲。野草從人藉，山禽向月啼。萍枯江路狹，水淺客帆低。此際天方旱，傷心獨杖藜。

清徐崧、張大純輯《百城煙水》卷一，康熙二十九年刻本

陳皇士、陳鶴客諸子置酒石悟樓，招同李研齋、宋蓼天、張士至、家蘭生、王雙白、黃奉倩、鄭士敬、陸履嘗、姚文初、陸彥修、金孝章、陸翼王、歸玄恭、侯記原、侯研德、陸予敬、葉聖野、俞無殊、舅氏吳方輪、九畹、家禎起、綏祉，為遠社之集，因賦　徐崧

酒載雲岩下，林花共駐驂。風光隨日夜，人物震東南。石悟看如故，亭空醉亦堪。新詩如賦就，春色上雲藍。

清徐崧、張大純輯《百城煙水》卷一，康熙二十九年刻本

十月朔山塘同李研齋、梅杓司、毛蓋臣、徐松之看無祀會　潘陸

吳趨人好鬼，風俗自年年。百戲陳通國，群神冠進賢。氣暄秋雁後，花晚嶺梅先。不斷山塘路，香飄游女船。

清徐崧、張大純輯《百城煙水》卷三，康熙二十九年刻本

十月朔山塘同研齋、杓司、蓋臣、江如看無祀會分賦　徐崧

蕭瑟冬方始，迎神出郭門。逢橋行愈密，倚棹看何喧。鼓吹還終日，旌旗又幾村。誰當無祀祭，能不感蘋蘩。

清徐崧、張大純輯《百城煙水》卷三，康熙二十九年刻本

十月朔日同李研齋太史及梅杓司、毛蓋臣諸君再過西園口占　徐崧

相將令節拚終日，乘興西園一度遊。莫道女郎無解事。也從門外泊蘭舟。

清徐崧、張大純輯《百城煙水》卷三，康熙二十九年刻本

春日尋李研齋杜蒼略　梅磊

酒病不可支，佳會復難爽。躊躇減米錢，為買肩輿往。道旁雙古松，颯颯送清響。到門尋杜生，與之偕幽賞。李侯志節人，山水情浩蕩。閒庭呼酒尊，芹筍雜魚鮝。圍棋互勝負，古今共抵掌。努力重斟酌，無復塵世想。歸途片月生，梨花白蒼莽。

民國徐世昌輯《晚晴簃詩匯》卷三十九

與李研齋書　方孝標

廣陵蕭寺，忽爾言別。心冀即來，何遲遲聞竟返毗陵耶？至毗陵，才泊岸，即趨舍款門，問先生。云先一日渡江尋僕去，又何相左之奇也？曾寓書求為先君子私謚議及墓誌銘，尋承已示及私謚議，而墓誌銘未為，責僕為行狀之不速，悲悚，悲悚。然僕為行狀成久矣，惟必欲質之先生不得，故遲未授梓。頃來閩中，表弟姚經三痛先君子之云亡，而欲嘉言懿行之早聞於天下，遂梓以行。且僕亦屢易稿，亦屢商論之同人，雖未奉先生教，而心知其無忤先生教，必也。謹先以一部奉覽。哀哉，先君子旁精青鳥家言，曾自卜一吉壤，在白門仙冠嶺。或有言其穴之上下者，未決，僕兄弟尚欲屈先生臨視之。然則先君子葬期雖未卜，而墓誌銘不可不早為。以先生志先君子，必無不盡。然有一二事，恐先生之知有未盡者，敢陳左右惟垂聽焉。

先君子通籍雖四十餘年，而先後立朝不過數百日。且職在詞林，無治兵臨民之責，故伊呂管樂之材，止於講章文字見之。又嘗草疏極言天下事，而格於功令未上。經患難，稿皆焚矣，奈何？然而先君子襟期如青天白日，度量如大海長江，持身如泰山喬嶽，接物如行雲流水，以之治兵，兵必強；以之臨民，民必理，斷可識也。黃叔度一無表見，而至今以郭林宗一言，比之顏子，蓋其知者深也。然則先君子之經濟，先生亦必知其深者也。若夫出處之際，先君子一以時中處之，是《易》所謂「樂則行之，憂則違之」之道也。謂有許衡、吳澄之心，先君子不受；謂非許衡、吳澄之心，先君子亦不受。先生於此，不必為之諱，亦不必曲為之解。但據事以書，平心而論，則先君子自可泰然而無愧

－152－

於古人也。

　　至於崇儒之學，先君子生平凜凜。唯以聖學之傳，自孟子歿而失，故圖象之學，方士竊之；格致之學，釋氏竊之。然釋氏但知其始，未知其終；但知其本，未知其末。豈能如吾儒之通本末始終，而得其條貫者乎？故所著《儒辯》，有云：「生也者，長之而不害其無者也。無生正所以生生，長生者鍾生生之精，不肯自戕，而完其所以生者耳。」又曰：「何思何慮，清靜無為之橐也。無聲無臭，本來無物之宗也。一貫呼參，拈花棒喝之鑰，退藏於密，放之六合，須彌芥子之域也。」由此觀之，先君子之學，殆如陸象山、張子韶之出釋入儒，而用儒變釋者也。先生其暢言之可乎？至詩之直追風雅，頡頏少陵，海內皆知之，後世必傳之。先生亦素以為言，而不待不孝之縷縷也。

　　來教又云，私諡議有深意。四舍弟見之，若謂未盡，四舍弟想未細觀耳。不則，或以為「和憲」之字義猶未盡耶？然於所以諡「和憲」之義，則盡矣。且立意之高深，行文之古老，豈近儒可及？謹附之家乘，以志不朽矣。僕旅況平善，便書馳候，不盡悲悽。

清方孝標《光啟堂文集‧書》，康熙刻本

李研齋太史見訪　周體觀

　　入門一笑氣如雲，不道寒溫便論文。獨許昌黎碑絕調，尤稱史記傳空群。宗風自是開秦漢，歸宿還須熟典墳。可耐大家沾溉盡，後來作者但紛紛。

清魏憲輯《百名家詩選》卷四十一，康熙魏氏枕江堂刻本

贈李研齋先生　潘江

　　先朝文物盡，今日見遺民。冰雪雙蓬鬢，乾坤一葛巾。天心難厭亂，蜀道已通秦。百口聞猶在，誰憐乞米人。

　　天問樓中客，問天天豈嗔。雪埋陽羨棹，花夢錦官春。世法窮逾拙，文章老更神。讀君新著述，肯作劇秦人。

明末清初潘江《木厓集》卷十三，康熙刻本

楊靜山先生招同李研齋方象山諸子集曹園　潘江

　　干人非我輩，到此悔依劉。魚鋏無知己，瓜棚訪故侯。藤花沿路密，灌木上階稠。不改園名舊，還將姓氏留。

避暑來河朔，招尋有碧箏。玉堂縈舊夢，金谷發新叢。修竹掣雲起，危橋引澗通。虛名知誤我，感極愧飄蓬（原注：先生謬賞予制義，決為必售）。

明末清初潘江《木厓集》卷十三，清康熙刻本

鄒訏士招同李研齋、郭凌海、蔣玉大、陳其年、方象山、董文友過集 潘江

高會天涯少，沖泥著屐過。雨飄羅幔淨，涼入綺筵多。歌板愁中劇，觥章醉後苛。林端才月上，莫問夜如何。

明末清初潘江《木厓集》卷十三，清康熙刻本

桃源草堂記 謝良琦

西蜀李先生研齋，壯歲遊京洛，遭世亂，繭足吳越，已又旅食江南。壬寅冬，卜居毗陵東門之外。去郭數武，渡水，柴門在焉。門外皆桃花，土人呼為桃園。先生曰：「此桃源也。」以名其堂。讀書著文章自娛，與人遊，不廢觴詠。

余嘗謁先生而問之曰：「先生其避世者歟？抑有待於漁人之問津也？」先生曰：「余亦避世耳。」余曰：「桃源之避，誠賢者，然非漁人，則世勿知，非《桃花源記》，則雖知勿傳。今先生之避世也，而以桃源名其居，不可謂無意於知，無意於傳也。」先生曰：「桃源之避世也以時，余之避世也以志。志者時之為也。雖然，傳吾志焉，其亦可也。」余曰：「善乎，先生之所謂志者，天下未嘗無桃源也。昔之桃源一，後之桃源十。漢之時，桃源在長安東門，在遼東；晉宋之時，桃源在林慮，在柴桑；元之時，桃源在南嶽之山前，在子陵之臺。若是者，皆志也，皆桃源也。今之桃源何在乎？在賢者之所居，亦志也。故曰天下未嘗無桃源也。余行天下，於秣陵之高座寺識方密之，於西泠之西溪識姜如須，於匡廬之五老峰識郭天門，則高座、西溪、五老峰皆桃源也，賢者之所居也。於毗陵之東門識先生，則毗陵之東門，桃源也，賢者之所居也。昔之桃源在武陵之源，今之桃源在先生之志，一也。然則無漁人焉已乎？曰：先生之避世，先生之志也，先生之避世而猶與山川、花鳥、賢人、君子游，先生之時也。先生自在金馬門，聲名已動天下，中更轉徙，其詩文益宏肆，天下莫不知先生，莫不知先生之詩與文也。然天下皆能知先生之詩與文，而不能知先生之志，則天下之為漁人者常少也，或者求之賢者而未得也。惟賢者為能

知先生之詩文，因以知先生之為人。余知先生之為人，而又登先生之堂，又知先生之志，則所謂漁人者，余固有願焉而未敢請也，敬以質之先生。」先生曰：「然。」因以其言為《桃源草堂記》，比於《桃花源記》。

明末清初謝良琦《醉白堂文集・記》，康熙刻本

李研齋詩序　謝良琦

　　語天下山川之奇險，必首西蜀。其在夔州也，瞿塘、巫峽，蒼蒼莽莽尤勝。研齋鍾天地磅礴鬱積之氣篤生其間，其文章恢奇壯麗，卓爾不群，固宜也。然天地磅礴鬱積之氣，既已散為山林、海水、日月、雷霆、草木花實，而又以其精者，鍾而為人。人又以其精者，發而為言。此則何故？夫天地之氣，其不能不磅礴而鬱積，此氣之大也。散而為山林、海水、日月、雷霆、草木花實，而後其氣始條達而疏暢，而非有人焉統之，則其用或不可見，而氣或幾乎息，故又以其精者鍾而為人。其在人也亦然，亦各有其山林、海水、日月、雷、雷霆、草木花實，而非有言焉發之，則其義不可見，而氣亦或幾乎息，故亦以其精者，發而為言。研齋鍾天地磅礴鬱積之氣，發為文章，其恢奇壯麗，卓爾不群，又宜也。天以其山林、海水、日月、雷霆、草木花實而統之於人，人又以其山林、海水、日月、雷霆、草木花實，而發之於言。又以其言之得之山林、海水、日月、雷霆、草木花實、自然之性情、自然之音節，而名之為詩。詩者，言之尤精者也。上古聖賢之言，皆謂之文，詩亦文也。後世別之，曰文，曰詩，故司馬遷、揚雄、賈誼、董仲舒皆以文名，而不知其詩。李白、杜甫、陳子昂皆以詩名，而遂掩其文。山林也，海水也，日月也，雷霆也，草木花實也，文也，詩也。文之別而為詩，詩之合而為文也。司馬、揚、賈之不能為李、杜也，李、杜之不能為司馬、揚、賈也。此其故，非鍾天地磅礴鬱積之氣不能知，知而不能全也。研齋鍾天地磅礴鬱積之氣，其恢奇壯麗、卓爾不群者，於文已然，於詩無不然，又宜也。

　　余交研齋最晚，讀其文，肅然生其敬畏，而研齋亦以為余之文能不謬於古。顧吾之文雖與研齋別，然而山林、海水、日月、雷霆、草木花實，方其發之於言也，亦莫不有其磅礴鬱積之氣焉。而吾之詩，實不及研齋遠甚。夫山林、海水、日月、雷霆、草木花實，其可以形跡、意象求者，有盡者也。其不可以形跡、意象求者，無盡者也。吾方僾然順適、恣意所取之，而研齋已渾然包舉，寥廓無外。豈非其氣之全者，能合司馬、揚、賈、李、杜而為一者歟？然

則山林也，海水也，日月也，雷霆也，草木花實也，天地磅礴鬱積之氣也，西蜀之山川也，瞿塘、巫峽之蒼莽也，研齋之文也，余之文也，皆研齋之詩也。

明末清初謝良琦《醉白堂文集·記》，康熙刻本

畫說二　謝良琦

「畫竹者，必胸有成竹，當其意得，急起振筆為之，如免起鶻落，稍縱即逝。」此蘇子瞻之論畫也。「擬將一段鵝溪絹，掃取寒梢萬尺長。」又曰：「此竹數尺耳，而有萬尺之勢。」此文與可之論畫也。知此，其於畫竹，亦思過半矣。然余以為是二說者，皆有其竹之見者存也。畫者之畫物，固畫之而已。畫竹不必知其為竹也，畫水不必知其為水也，畫人物、昆蟲、鳥獸，不必知為人物、昆蟲、鳥獸也，畫也。然而見竹者知其為竹，見水者知其為水，見人物、昆蟲、鳥獸者，知其為人物、昆蟲、鳥獸，亦畫也。夫畫者之精神不與物期，物之精神亦不與畫期，而卒然相遇而成形者，乃所謂神者也。神乎、神乎！入於有，出於無；忘情筆墨之外，寄言形象之內；望之翛然，即之景蕭蕭然，離披橫斜於吾之前者，是畫竹也。抑不知竹之為畫者乎，畫之為竹者乎，則竹者乎？姚夫人之畫竹，有如是矣。異哉！姚夫人之畫竹，乃異夫蘇與文之論畫者也。夫人，金陵人，余友李研齋之繼室，以善畫，又能讀書，世稱鍾山秀才云。

明末清初謝良琦《醉白堂文續集·雜著》，康熙刻本

寄懷李研齋二首　謝良琦

買山消息近何如，孤劍空餘萬卷書。幾日飢寒吾道在，廿年蹤跡世情疏。芙蓉城上清霜落，楊柳津頭好夢初。百遍相邀延瀨月，相思空對夜窗虛。

其二

去年尚有江梅至，何事今無驛使來？江上故人雙淚落，籬邊新菊幾花開。書因遠道初緘字，酒為浮雲再舉杯。見說蓬梗又零悴，榕城霜雪正徘徊。

明末清初謝良琦《醉白堂詩集·九集》，康熙刻本

贈李研齋太史　陳維崧

人云蜀道如青天，君家乃在青天上。蠶叢鳥道不得歸，一度思歸一惆悵。去年石頭城，道遇李謫仙。手持白玉麈，囊乏青銅錢。一言稱意百不愁，邀我

直上秦淮之酒樓。城南楊花白如雪，一一亂撲胡姬裘。笑謂金陵姬，何似巫山
女。十年枉作劍閣銘，白鹽赤甲奈何許。昔住錦官城，樂事不可當。木棉花發
處，斜對碧雞坊。桃笙竇布居民賣，蒟醬江魚過客嘗。此時二月粉水香，巴僮
巴女發浩倡。賒錢夜市成都酒，渝歌春賽武都王。別來舊事心茫茫，傳聞李
特屠殘疆。臥龍躍馬竟誰是，天彭井絡空蒼涼。前者百丈船，牽過鍾山郭。忽
見三巴人，欷然萬金落。諸葛祠堂盡棘榛，譙周子弟俱俘掠。當時婉變直銅
龍，都堂香藥掖門松。自從喪亂著芒屩，飄零已復成吳儂。一身雖在不自保，
何況盜賊多於蜂。瞿唐惡浪千萬重，念之只復愁心胸。安能吹我落天外，蹲鴟
飽作西川農。語君且飲勿愀愴，眼前萬事太鹵莽。故里新年棧道開，官軍已縛
邛筰長。

清沈德潛輯評《國朝詩別裁集》卷十一，乾隆二十五年教忠堂刻本

念奴嬌 《紅橋倡和集》成，索李研齋序，孫介夫記，作詞奉柬，並呈巢民先生，仍用顧庵韻　陳維崧

夔門蜀棧，是史家粉本，先生所獨。更有孫樵雄且健，暗裏《漢書》能覆。
二老縱橫，兩篇記序，並逐中原鹿。古文奇字，他人恐不能讀。　直可抵突
曾、王，激昂韓、柳，揖歐陽永叔。我與浯溪曾有約，採入文抄篇幅。細寫千
行，高吟百遍，音響崩崖屋。遇當佳處，澆之苦茗芳菊。

清陳維崧《迦陵詞全集》卷十七，康熙二十八年陳宗石患立堂刻本

李研齋太史招同龔介眉、董舜民小集　魏憲

泊舟江岸火雲侵，招我乘涼其盍簪。結構小山資畫埠，憑陵方榻起琴心。
雄談今古多翻案，得意文章獨細尋。薄暮酒闌新月上，留髡還欲席花陰。

清魏憲《枕江堂集》卷七，康熙十二年有恆書屋刻本

鍾山秀才歌　王士祿

嬋媛有女鍾山居，明珠不結紅羅襦。獨向閨中弄筆墨，墨痕時壓唇邊朱。
因有鍾山秀才號，甄家博士差同調。金釵每劃月窗痕，錦繡愛寫風林貌。水晶
小印珊瑚紅，字纂章草書名工。夔門太史得一見，不知乃出裙笄中。太史時亦
金陵住，英雄苦有猜嫌慮。浮沉聊試覓紅顏，那知卻與傾城遇。傾城相遇忽相
憐，誰能遠結來生緣。不成便辟留侯轂，好與同泛鴟夷船。貯將絕代金堂裏，

難忘結習芙蓉紙。夫君乍見驚且疑，胡與鍾山秀才似？一笑知是當時人，當時見影今會真。文園病令詎辭渴，關圖小妹誠殊倫。書成朱鳥曾盈笥（原注：余有《朱鳥逸史》一書，備記閨秀之能文者），為君作歌重紀事。許寫湘蘅報苦吟，須署鍾山秀才字。

清王培荀《聽雨樓隨筆》卷五，道光刻本

閨怨無悶姚夫人仲淑畫《雙青圖》遺內子，代題謝　鄒祇謨

文采風流，試問今日，謝雪衛書誰敵？想姊視道昇，兄承公擇。揮灑淇園千畝，把湘妃、遠翠歸珠墨。看瘦影，便覺蒼風淡目，細香吹碧。　　清極。寫鵝溪，揮百尺。洗盡繡幃脂粉，黃樓屏障，翠筠高節。想有坡公能識。識釵股，丁香舊標格。須留供，繡佛幢前，維摩天女能惜。

黃樓屏幃文，湖州女所臨。釵股丁香，見《竹譜》。風山云：研齋知爾心魂，幽全不在手目，原題自可持贈。

清鄒祇謨、王士禎輯《倚聲初集》卷十六，順治十七年刻本

留夔州□□□□□□小飲寓中有贈　董以寧

虛逢嬌女浣明紗，泛宅浮家任海槎。有徑難栽陶令菊，無田可種邵平瓜。騷壇跋扈才猶健，相業蹉跎鬢已華。但把青樽隨處醉，聞歌莫便憶三巴。

清董以寧《正誼堂詩集・七律二》，清康熙書林蘭蓀堂刻本

案：詩題「夔州」以下剜去六字，形成空白，蓋翰林研齋先生之類字也，顯然出於忌諱。

姚夫人畫竹記　董以寧

夔州李翰林研齋先生，自越中播徙後，家室淪沒，樓於江寧。總督尚書馬公禮之，然慮其不可羈也。會有言翰林耽詩文者，喜曰：「是才士歟，則吾有以羈之矣。」遂謀為選室以娛翰林，翰林姑應之，而意實不屬，無聊抑鬱，常狂走於江寧之市中。一日至市中，見有以千緡鬻畫竹者，人曰：『此鍾山秀才筆也。』翰林初不知其誰何，久亦忘之。而尚書終強之置室，是為姚夫人。夫人名淑，字仲淑，而媵夫人者，名墨池。問其何以名墨池，則夫人畫竹時其宜於墨之淡者，俾受筆而口退其墨，故名之，翰林乃始知夫人能畫。及觀夫人畫，與其篆印，又始知夫人者，即向所謂鍾山秀才者也。乃喜而從夫人學畫，因問

曰：『畫亦有道乎？』夫人曰：『善畫者不似畫，善畫者使人不覺其為畫。畫曰寫生，畫竹則寫竹之生，寫竹之生，則不在竹之形而在竹之意。夫意則難乎寫也。即能得竹之意，而胸中有是竹矣，而手中之竹，常不如其胸中之竹。得心應手之說，未必盡然者，何哉？未畫之時，境欲清，神欲聚，思欲凝，此即東坡胸有成竹之謂。人知之，人能沉想而得之，但下筆之時，惟恐其不似胸中之竹，而欲其似焉，則竟不似矣。力欲勁，膽欲敢，手欲縱，欲靈，欲脫，筆之所至，生氣隨之，自成墨妙，並覺胸中所想之竹，亦初無如此之妙。是固有神明變化於手者，此則非人之所能知也。』翰林曰：『有是哉，是吾之所以為詩與文者，而爾以之為畫乎？讀書之破萬卷不難，而難於下筆如有神。吾為詩文，爾為畫焉，與爾偕隱。』於是翰林始有終老之志。貧則鬻詩與文，又貧則夫人鬻畫。既又恐不知者，以夫人之畫竹比於管夫人，因以翰林比於吳興趙承旨，則大不倫，乃不復鬻畫，而亦不常作畫。若間畫，則翰林每以示余，余視之，果不覺其是畫也，直以為竹矣。使翰林以此懸之天問閣中，而濯濯在前，清風生壁，直可當竹林之臥遊，而把臂之歡，又不待求之門外焉。是此畫中別有天地，而畫之有合於詩文者，尤不必論矣，更何羈之足云。

清董以寧《正誼堂文集·記》，清康熙書林蘭蓀堂刻本

贈李研齋太史　徐乾學

十載江湖穩釣磯，跨鞍絕塞欲何依。草荒白帝家難問，瓜熟青門事更非。著作千秋身未老，悲歌萬里客將歸。并州風勁霜如雪，送爾離亭淚滿衣。

清徐乾學《憺園文集》卷四，康熙刻冠山堂印本

案：《憺園文集》題作「贈友」，此從康熙刻本陸次雲輯《皇清詩選》卷十七、乾隆刻本陳維崧輯《篋衍集》卷九，作「贈李研齋太史」。

月出歌和龔琅霞作　惲壽平

西蜀李太史寓齋前，有繡球一本。花開，招琅霞龔孝廉飲其下。時當三五，圓景交光，千花並色，花不可狀，以月得之，因作月出歌。

千載此花月，幾時相盤桓。月不待花白，花從天上看。金波瀉樹枝未安，眼邊瑤海生微瀾。花枝朦朧淡如此，更無月色在花底。宛轉春風送素娥，月華為爾牆東起。惆悵李太史，歡絕龔琅霞。此時晶光霏微惟見月，半壁坐看天無涯。太史大笠不覆首，倚石離披露兩肘。摩娑高雲月在手，笑弄蟾蜍呼北斗。

倒挹天漿注瓦缶，仰問青天知我否？須臾眾影風中見，忽如翠袖開紈扇。百結流蘇掛夜珠，一隊霓裳舞春殿。吁嗟真宰賦物已太勞，太史文心亦千變。雕鏤神力爭天工，移情於此生留戀。烏鵲知未來，桂枝安在哉？華林瓊樹今已摧，尋常花木還高臺。有酒在深杯，如何不飲空徘徊？琅霞吟未絕，太史方擊節。遼城羽衣不能語，關山玉笛聲初咽。賦就應來巫峽雲，座中還想峨眉雪。

清惲壽平《甌香館集》卷三，道光刊本

秋海棠代內贈李夫人 夫人姚姓字仲淑，李研齋先生續配，善詩畫　廖燕

深院新移出，猶沾舊砌臺。天然憐弱質，好傍鏡臺開。

清廖燕《二十七松堂集》卷二十一，乾隆刻本

與李扆公　廖燕

匆匆一晤，亦復匆匆別去，人生不得自由，曷勝惋歎！途中讀令慈太夫人佳刻，奇秀超悟，今罕其比。《過洞庭》及《閒坐》、《憶鍾山》諸詠，其氣骨在秦漢之上，當是英雄負奇才人語，疑非出閨閣口中也。令先君太史目之以「清」，亦伉儷間謙詞耳。其詩豈「清」之一字所能盡者哉！弟生平不輕以詩文許人，知此當非套語耳，容擬一序呈教。聞欲移令先君柩於羊城，似不然。蘇文忠公亦蜀人，死毗陵，即葬毗陵。若不得歸蜀，則吾韶亦令先君之毗陵也。再商之，何如？

清廖燕《二十七松堂集》卷十，乾隆刻本

附錄三　關於姚淑軼事的文獻資料

墨池傳　李長祥

　　墨池，予家婢也，侍予內作畫者。凡作畫，宜墨之淡，俾墨池以口受筆，退其墨，故名墨池云。

　　乙未，予在金陵，於燈市見墨竹數幅，善價，爭易之。予問其何人畫，則笑曰：「是尚不識耶？」蓋薄予云。徐曰：「是鍾山秀才筆也。」予實不知其何如人，佯曰：「諾。」自是忘之矣。

　　大司馬以中丞受節鉞南來制諸省會軍馬公某，威望煇赫，然能以禮下人，知予在金陵，禮之。是時以家之數淪沒，無意更娶。大司馬曰：「是鰥耶！彼子然者，四方之廣，何不可矣。」予聞之，懼，乃誘金陵之走媒說者數十人，役之。蓋以噪人耳目，俾聞於大司馬，非竟欲然也。至一家，余之意忽移，竟不能已，竟果聘。大司馬乃果喜。

　　及歸，初新之婦，不知其何能。有女子媵者也，名墨池。予佳其名，問之，則以為是侍作畫者，每作畫，宜墨之淡，俾女子以口受筆，退其墨，故名墨池。予甚異，即屬畫，則即畫，墨池之侍畫則果然。其畫之意，則囊之見於市者。予乃知鍾山秀才之為女子，而已在予之室中也。

　　久之，予貧竇，秀才之奩物費盡，其所蓄久墨古硯、名人手跡，亦皆為予盡。予歎曰：「昔司馬相如、卓文君，皆能以文章著其後；趙孟頫與其夫人管氏，或以字，或以畫，今稱之。文君失節之婦，孟頫亦不足道。一其婦之不幸，一其夫之不幸，吾免焉。然求如司馬相如、卓文君在成都之愁苦，且不可得，況趙孟頫、管夫人以富貴樂哉！」

秀才曰：「無然，吾鬻吾畫。」乃鬻畫。

金陵都會之地，好事者眾，不能即給，門外常苦索不得靜，遂已焉。自是益困。再無策，即以墨池適於人。適之無幾日，其家之人來，言墨池死矣！先死之一日，告之主人曰：「我夢至一處，我之故母在焉，撫我曰：『汝何離秀才？汝有墨祿，今絕之矣，是汝之來此處時也。』」乃果然。秀才聞之淚下。又一日，讀吾詩，忽又淚下，蓋予之集中，有題《墨池》詩也。詩有云：「別有香在口，莫畏胭脂墨。」是丁酉年七月事。

明李長祥《天問閣文集》卷一，清嘉慶達州李氏祠堂本

海棠居記　李長祥

余內作一小齋，讀書其中，名曰「海棠居」。婦女之性喜花，故雖以讀書之居，仍花名也。入其中，所見松柏而已，無海棠而名之，何也？曰：「松柏類君者也，吾故種之。」問海棠之何以名，則不言。我知之矣，蓋自當之乎！乃讀書其中。

初，以作詩之故，讀《楚辭》，至「朝飲木蘭之墜露兮，夕餐秋菊之落英」，歎曰：「飲乎，餐乎，善矣！然露則墜矣，英則落矣！」又至「恐鶗鴂之先鳴兮，使夫百草為之不芳」，則效《楚辭》謂予曰：「少不可兮再得，君毋然兮輕別。」嗚呼，其惜海棠深哉！

自是漸窺經史，深更苦讀，以勞成疾。猶欲余講《易》，余不與講，每背去，不相與語，然猶私讀也。其自作海棠居詩，有云：「還向河圖觀理數，早從太極悟陰陽。」又云：「幽居自負書生性，卻恨雲鬟是女妝。」予亦作二絕，其一云：「本是書齋靜似秋，終朝書卷不梳頭。登樓我亦看書去，聞汝書聲又下樓。」述之作記。

明李長祥《天問閣文集》卷二，清嘉慶達州李氏祠堂本

墨竹樓記　李長祥

壬子秋日，爨子在福州，讀書一樓上。樓之上，壁有畫竹在焉。福州地熱，一日日午，竟如夏，顧壁上之竹，若颯颯然有風，欲吹衣拂面。爨子適甚，既乃覺其為畫，蓋仲淑氏作也。

仲淑之作此也，臨壁間數日，沉思經營，寂寞無語，忽開池濡墨，迅掃往復。其壁上下盈一丈，左右則將二丈。自辰至酉，大端隨具，加以點飾潤色，

二十日而畢。計竹百餘竿，或直或倚，或競凌出，參差竄散，或忽叢殖，遠近離披，淋漓盤鬱，恍兮惚兮，風飛電疾。至於荒草滋蔓，怪石無數，傴仰萎敗，嶙峋乍露，蒼黃在目，不可斆思，茫然會稽之巨壑，豈止乎淇園之一區。夔子叫曰：「斯何所乎！在水之湄乎，壁上乎？則生竹乎，畫乎？」夔子讀書其下，浩乎有得。忽有鳥來，翔於簷下，童子逐之，望竹飛入，蓋以其陰深蔽翳，固林也，不知愈入愈堅，莫能穿去，竟被獲焉。

初仲淑之畫此也，本以夔子在毗陵，逍遙山澤，館舍有假石山，山上茂林，四時之花備焉。仲淑作詩，有曰：「花開一樓香。」其嗜好遠矣。及來福州，居在城中，王宮巨室，朱紫左右，無山無林木，夔子不樂。仲淑曰：「無然，吾為謀此矣。」乃即畫壁上，畫成，竟不異茂林，則竟不異毗陵館舍之假石山。夔子坐臥，不異山澤，忘朱紫之左右，並忘王宮巨室，則竟忘乎其為城市之居也。仲淑因請名其樓為「墨竹樓」，夔子善之，遂作記。

明李長祥《天問閣文集》卷二，清嘉慶達州李氏祠堂本

李雲田乞姚氏女畫竹，寄其室寶燈，並囑予為題小詩　方文

楚客懷歸歸路難，先將墨竹保平安。君如粉籜隨風遠，妾似霜根抱石寒。

清方文《嵞山集·再續集》卷五，康熙二十八年王槩刻本

姚夫人為香奩畫手中逸品第一　陳維崧

夔州李翰林名長祥，崇禎癸未進士，官庶吉士，亂後僑居金陵。娶姚夫人，善丹青，得北宋人筆意。曾為雲間董大名黃母夫人畫一粉筆，煙墨離離，深秀不可言，為香奩畫手中逸品第一。或曰：夫人又工畫仕女圖。

清陳維崧《婦人集》，道光《海山仙館叢書》本

案：本條小標題係根據內容酌擬。

墨池　鈕琇

李研齋之繼室，曰鍾山秀才。浮渲梳頭，凝妝特妙。每一出遊，則秦淮麗人，爭相窺倣。其婢墨池，性亦明慧。秀才常畫蘭竹，池輒侍側，宜墨之淡，令以口受筆，退其墨。李詩云：「別有香在口，莫畏胭脂黑。」此墨池所由名矣。

清鈕琇輯《觚賸》卷三《吳觚下》，清康熙臨野堂刻本

上吳制府（興祚）乞移李研齋柩歸金陵書　廖燕

伏念研齋名長祥，四川人，登崇禎某年進士，由詞林為兵部尚書，其立朝大節，至今傳聞人口，不可殫述。後罹國變，獨能執節不仕，隱居金陵，著書講學自娛。曾於閣下有文章交誼，其嗣某為燕言如此，想不誣也。後復罹亂，流離嶺表，寄居韶陽仁化邑河頭寨萬山之中，遂病死於此。草草一棺，妻子離散，謀生救死不贍，豈暇返萬里羈魂為首丘之舉也哉！以品行如此之人，竟不能庇其身後，惜哉，悲夫！今幸閣下總制兩粵，適臨茲地，其嗣某踴躍告燕，以為可以仰干不難，燕亦為之色喜。以閣下天地為懷，雖生平不相謀面之人，猶將覆庇周急之不倦，況在聲氣之內，有道德文章足傳，不幸客死，貧復不能歸葬之，可矜如研齋者哉！蜀山萬里，首丘為難，金陵一水可達，閣下稍為援手，則移此柩以歸其地，一反掌之間耳。燕生平不識研齋，亦未識荊於閣下，而敢以此為言者，亦以閣下有好賢之誠，與研齋有文章聲氣之雅，今雖已死，其人亦不負閣下斯舉也。

清廖燕《二十七松堂集》卷九，乾隆刻本

與陳元孝（恭尹）　廖燕

行李尚未安頓好，便急走晤，值駕已旋，菀結無已。文章交誼，使非於其中有緣，自難勉強而親。燕前始辱下交，便攜其文遍贊名士，一時勝集，千古佳談，塗泥生色矣。然一晤即別，未悉所懷。此行正思作十日談，而事與願違，其如旋韶之急何哉！李研齋太史客死吾韶，眷屬寄寓貴郡，其夫人並其公郎俱感激義俠，託燕致謝，尚祈終始也。古人未及為，與今人不肯為之事，正有待於我輩耳。臨楮馳仰，不盡。

清廖燕《二十七松堂文集》卷十，乾隆刻本

題李夫人小照　夫人姓姚，名淑，字仲淑，別號鍾山秀才　王煐

漢書八表著未齊，誰能續之曹氏妻。周官之學絕已久，誰能通之韋氏母。閨閣文章古所難，況當兵燹流離間。父書能讀孤有立，嬰杵之義堪同觀。研齋太史負奇氣，放浪天涯若萍寄。獨有鍾山姚秀才，嶺海江湘隨所至。蓋棺事定殯未歸，三尺之孤屢且饑。題書染翰易薪米，千株萬葉煙雲霏。手寫遺文三十卷，名山可藏傳定遠。麥舟相助豈無人，返葬西川未云晚。我於圖畫見其真，一姬研墨何辛勤。握筆凝神詠匪石，桃花柳絮非其倫。吁嗟太史當末運，受知

一日能致身。之死靡他亦其類，食報乃在閨中人，我為題之期不泯。

清王焴《憶雪樓詩集》卷下，康熙三十五年王氏貞久堂刻本

讀海棠居集 研齋夫人集　黃錦生

閨閣有名媛，號鍾山秀才。文章緣性著，節烈自天開。染翰珠璣落，揮毫風雨來。可憐窮蜀國，幾度夕陽灰。

清乾隆《直隸達州志》卷四《藝文·詩集》

鍾山秀才　王培荀

李研齋娶鍾山秀才，吾鄉王西樵為作歌，中有云：「墨痕時壓唇邊朱。」初以為極力形容其耽文墨耳，未必實事。及觀《舶臚》云：鍾山秀才每一出遊，秦淮麗人，爭相窺仿。嘗畫蘭竹，婢墨池侍，以淡口退筆墨。李詩云：「別有香在口，莫畏臙脂黑。」乃知語非空下。

清王培荀《聽雨樓隨筆》卷三，道光二十五年刻本

案：本條小標題係根據內容酌擬。

李長祥　王培荀

達縣李研齋，名長祥，明翰林也。明亡，奔南京，授御史。浙東監國，授僉都御史，屢起兵恢復。舟山破，亡命江淮，被執，大吏不忍殺，安置江寧。時有閨秀號鍾山秀才者，工書，善寫墨竹，容色絕世，乃娶之，朝夕甚暱，大府曰：「李公有所戀矣。」守者怠忽，逸去。天下大定，乃歸。與吾鄉王西樵先生酒間道其事，西樵為作《鍾山秀才歌》云（《歌》詞已如前錄，此從略。）研齋為翰林僅一年，而志不忘國，屢阨屢脫，才智過人。

清王培荀《聽雨樓隨筆》卷五，道光二十五年刻本

案：本條小標題係根據內容酌擬。

李長祥與鍾山秀才　王培荀

西樵先生《鍾山秀才》詩，為達縣李研齋長祥作。李公崇禎癸未探花，以翰林屢建奇策，不用。仕福王，輾轉兵戈，國初猶在，忠義可貫金石。其娶鍾山秀才，世但稱其色藝，不知文章節烈，亦著當時。有人贈研齋詩云：「十載

江湖隱釣磯，跨鞍絕塞欲誰依。草荒白帝家何在，瓜熟青門事已非。著作千秋身未老，悲歌萬里客將歸。并州風勁霜如雪，送爾離亭淚滿衣。」慷慨悲壯，足寫其平生。不著姓名，想為明之逸老也。研齋古文，自成一家。研齋夫人著有《海棠居集》，黃錦生讀之有感，題詩云：「閨閣有名媛，號鍾山秀才。文章緣性著，節烈自天開。染翰珠璣落，揮毫風雨來。可憐貧老蜀，淚盡一心灰。」研齋文恢奇古宕，惜未見《海棠居集》。

清王培荀《聽雨樓隨筆》卷七，道光二十五年刻本

案：本條小標題係根據內容酌擬。

附錄四　關於李長祥的文獻資料

前侍郎達州李公研齋行狀　全祖望

　　研齋李公《天問閣集》四卷，皆丙戌以後之作也。杭人張君南漪，得之吳估書肆。侍郎於文不稱作家，然而舊聞軼事，有足疏證史案者。此桑海諸公集所以可貴也。

　　侍郎通籍甫一歲而國亡。顧自其為孝廉，捍禦里社，以至轉徙鮫官蠣屋之間，側身軍旅者十七年。《明史》既不為立傳，而世亦莫知其本末。苕人溫睿臨雖嘗為立傳，然寥寥不詳。予家浙東，乃侍郎從亡地，先太常公一門皆嘗共事，故頗悉之。及鈔斯集，益得以舊所聞互相考見，乃為之狀，使異日補注《明史》者，有所徵焉。

　　按侍郎諱長祥，字研齋，四川夔州府達州人也。諸生素之曾孫，永昌通判璧之孫，諸生為梅之子。生而神采英毅，喜言兵。是時獻賊縱橫蜀中，侍郎練鄉勇，躬擐甲冑，以助城守。自癸酉至壬午，賊中皆知有侍郎名。

　　癸未選庶常，時沈自彰任吏部，方蒙上眷，薦之，謂當援劉之綸之例，破格不次用之，使備督師之選。或問之曰：「天子若果用公督師，計將安出？」侍郎歎曰：「不見孫白谷往事乎？今惟有請便宜行事，屏邸鈔不寓目，即有金牌亦不受進止，待平賊後，囚首闕下，以受斧鉞耳！」聞者吐舌。而同里井研方為首輔，欲引之為私人，侍郎不可，故不得召見。

　　賊且日逼，侍郎上疏：「請急調寧遠鎮臣吳三桂以兵拒戰都城下，有新進士袁甧者，具將才，可令輔之。而令密雲鎮臣唐通與臣從太行入太原，歷寧武、雁門，攻其後，首尾夾攻，賊可擒也。」思宗下其議，未定，密雲帥已至，詭請守居庸關，則放賊直抵昌平。侍郎上疏，請急令大臣輔太子出鎮津門，以提

調勤王兵,皆不果行,而京師潰。

侍郎為賊所縛,遭搒掠,乘間南奔。方改監察御史、巡浙鹽,而南中又潰,因起兵浙東。監國加右僉都御史,督師西行,而七條沙之師又潰。王浮海,侍郎以餘眾結寨上虞之東山。

時浙東諸寨林立,顧無所得餉,四出募輸,居民苦之。獨侍郎與張翰林煌言、王職方翊,且屯且耕,井邑不擾。監軍華夏者,鄞人,為侍郎聯絡布置,請引翁洲之兵,連大蘭諸寨,以定鄞、慈五縣。因下姚江,會師曹娥,合偁山諸寨,以下西陵,僉議奉侍郎為盟主,刻期將集。鄞人謝三賓告之,大兵急攻東山。前軍章有功者,故會稽農也,驍銳敢戰,所將五百人,皆具兼人勇,累勝。大兵以全力壓之,不支,被擒,拉脅決齒,垂斃,猶大罵而死。時有百夫長十二人,故嘗受大兵指為間。至是中軍汪彙與十二人期,以次日縛侍郎入獻。晨起,十二人忽自相話,「奈何殺忠臣?」折矢扣刃,誓而偕遁。汪彙追之不及。於是浙東沿村接落奉檄,有得侍郎者,受上賞。

侍郎丐入舟中,入紹興城。居數日,事益急。遁至寧之奉化,依平西伯王朝先。朝先亦蜀人,華夏曾為侍郎通好,訂婚姻焉。得其資糧扉屨之助,復合眾於夏蓋山。一日,泊舟山下,有龍挾雷電將上天,蕩舟,士卒皆懼。侍郎令發大炮擊之,雷電愈甚,水起立,侍郎神色自如,俄而晴霽。由健跳移翁洲,則入朝,加兵部左侍郎,兼官如故。

侍郎言於王,請合朝先之眾,聯絡沿海,以為翁洲衛。張名振不喜,襲殺朝先,侍郎懼而免。

辛卯,翁洲又潰。亡命江淮間,總督陳公錦得之京口,都統金礪、巡道沈潤力主殺之,陳獨不可,釋之,乃居山陰澗谷中。尋遊錢唐。然大吏以為終不可測,更安置江寧。

初,侍郎之在寨中也,寄孥上虞之趙氏。及寨潰,相傳侍郎已斃,其夫人黃氏,聚其家人,謀共死。有僕婦曰文鴛,夫人婢也,曰:「夫人當為公子計,以延李氏香火,惡可死!」曰:「然則奈何?」曰:「婢子死罪,願代夫人,以吾女代公子,俟死於此,而夫人速以公子去。」夫人泣曰:「安忍使汝代我死。」曰:「小不忍,最害事。」速驅之。而山中有羅吉甫者,時時遊侍郎門下。至是奔至,曰:「夫人、公子我則任之,雖以是死,甘心焉。」於是夫人抱其子畝拜吉甫,且拜文鴛。文鴛曰:「夫人休矣,捕者行至矣。」甫出門,捕者至,以文鴛去。有徐昭如者,亦義士。不知夫人之脫,約死士謀要之,既乃微聞其

非真也,遂止。吉甫既匿夫人,知朝先與侍郎姻也,乃以夫人母子往,則侍郎已先在焉。相見慟哭,為言「文鴛一木訥女子,今若此!」而文鴛被逮,居然以命婦自重,雖見大府不肯少屈,莫不以為真夫人也。時例應徙遼左,按察使劉公自宏者,淮人,一日五鼓,傳令啟城門,命吏以文鴛就道,不得少待。或曰:劉蓋憐侍郎之忠,亦壯文鴛,密取歸養於家,而以囚中他婦代之云。

而侍郎之自翁洲亡命也,又與夫人失。及居山陰,則夫人又自海上至,得再聚。

侍郎既羈江寧,夫人已卒。總督馬公陽禮之,而終疑之,曰:「是子然者,誰保之?」侍郎微聞之。時江寧有閨秀曰鍾山秀才者,善墨竹,容色絕世,乃娶之,朝夕甚暱。馬督私謂人曰:「李公有所戀矣!」未幾,侍郎乘守者之怠,竟去,由吳門渡秦郵,走河北,遍歷宣府、大同。復南下百粵,與屈大均處者久之。天下大定,始居毗陵,築讀《易》臺以老焉。予過毗陵,累訪其子孫,無知者。

侍郎行狀如右。吾讀《天問閣集》,頗疑侍郎蜀人,而其論楊武陵多恕詞,甚至比之孫白谷,而委過於撫臣邵捷春,何其與眾論不同歟?又論周陽羨忌陳新甲而殺之,以新甲為枉死,恐亦未必然。要之大節如侍郎,不免以愛憎之偏持論,證史之所以難哉!

清全祖望《鮚埼亭集外編》卷九,
《四部叢刊》初編景印嘉慶十六年汪繼培刊本

案:全祖望《前侍郎達州李公研齋行狀》所載事蹟,李瑤《南疆繹史摭遺》、李聿求《魯之春秋》、李桓《國朝耆獻類徵》、《清史稿》等均略同。

李瑤《南疆繹史摭遺》,徐鼒《小腆紀傳》等均有《文鴛傳》,係掇拾全氏之文而成,茲從略。

李瑤《南疆繹史摭遺》卷十五《列女列傳·文鴛》:「摭遺曰:文鴛一婢子,獨能為天壤間可一不可二之事,居然一俠烈丈夫也,文鴛其終不死矣!因大書之曰『奇女子』,而尚得以下陳目之乎?彼廉訪使者,亦自有心人哉!」

跋明崇禎十七年進士錄　全祖望

達州李長祥,其後間關戎行,累起累蹶,事敗行遁,不知所終,最稱完節。

清全祖望《鮚埼亭集外編》卷二十九,
《四部叢刊》初編景印嘉慶十六年汪繼培刊本

附錄五　史子集部及現代文獻有關姚淑著作的參考資料

軍機處奏准全燬書目

（乾隆五十三年）六月二十三日奉到硃批：知道了。欽此。

《軍機處奏准全燬書目》：

《天問閣文集》　李長祥撰

清姚覲元編：《清代禁燬書目（附補遺)》，

上海：商務印書館，一九五七年，第四〇、四三、七五頁

安徽撫院閱諮會禁書二十五種

《安徽撫院閱諮會禁書二十五種》：

《天問閣文集》古夔李長祥著

以上十六種，悖逆誕妄，語多狂吠。

清姚覲元編：《清代禁燬書目（附補遺)》，鄧實《補遺二》，

上海：商務印書館，一九五七年，第三一二、三一五頁

嘉慶江寧府志

姚淑，字仲淑，江寧人。庶吉士達州李長祥納為繼室，有《鍾山秀才海棠居集》。見《明詩綜》。

嘉慶《新修江寧府志》卷五十《列女‧才淑‧明》

道光上江兩縣志

姚淑,字仲淑,江寧人。庶吉士達州李長祥聘為繼室,有《鍾山秀才海棠居集》。見《明詩綜》。

道光《上江兩縣志》卷十五下《列女·才淑·明》

嘉慶達縣志

《海棠居詩集》,李長祥妻姚仲淑著。仲淑毗陵人（案此說誤）,長祥聞其能詩,因聘之。所著詩甚富,兵火之後,僅存初集。

嘉慶十九年《達縣志》卷四十七《典籍志》

民國達縣志

《海棠居詩集》,姚仲淑。篇首原序,一為李長祥作,一為毗陵龔百藥撰。大半零亂剝落。撮其大旨,足以見之。長祥曰:「仲淑詩和秀而大要清。夫秋日之山出樹外,人見之而留連,以其清也。六月之冰碎,點滴於掌上,百骸九竅,即莫不透寒,亦以其清也。故清之貴也。獨其每篇之感發悲歡居多,則詩之所謂哀者、怨者。蓋余初生來好遊,朱顏相對,琴瑟靜好,一旦言萬里,即疾馳去不顧耳,故仲淑詩如此。是見之《召南》,有草蟲趯趯焉,其憂心則忡忡也。陟南山采蕨,憂心又惙惙;而及乎采薇,則且曰,「我心傷悲」也。仲淑之詩宜然也。」龔百藥曰:「鍾山秀才詩,以絕塵獨立之才,矯矯然有以大異於人,而自成其為一家。夫質之素者鮮,味之澹者甘,得乎天者也,豈非詩家所甚難者乎!」又曰:「余平生最好吟詩,然以為非學可似,偶然而得之,意固自樂。今讀秀才之詩,又不覺爽然自失。秀才者,所謂詩之清者歟。」姚夫人仲淑,為研齋夫人,江寧人,故自號鍾山秀才。合兩序觀之,則仲淑之詩,洵為必傳。惜僅存初集,匯載長祥《天問閣集》中。

民國《達縣志》卷十八《藝文門·集類》

奩史 王初桐

姚淑,字仲淑,工詩,有《鍾山秀才海棠居集》。

清王初桐編《奩史》卷四十四《文墨門二》,嘉慶刻本

國朝畫識 馮金伯

姚淑,字仲淑,金陵人。庶吉士連州李長祥納為繼室,有《鍾山秀才海棠

居集》。《靜志居詩話》

　　李研齋之繼室，曰鍾山秀才。浮楂梳頭，凝妝特妙。每一出遊，秦淮麗人，爭相窺仿。其婢墨池，性亦明慧，秀才常畫蘭竹，池輒侍側，宜墨之淡，令以口受筆，退其墨。李詩云：「別有香在口，莫畏胭支黑。」《吳觚》

清馮金伯《國朝畫識》卷十六，道光刻本

歷代畫史彙傳　　彭蘊璨

　　姚淑，字仲淑，號中（鍾）山秀才，金陵人，連（達）州李庶常長祥繼室。善蘭竹，著《中（鍾）山秀才海棠居集》。《靜志居詩話》

清彭蘊璨《歷代畫史彙傳》卷六十八，道光五年刊本

玉臺畫史　　湯漱玉

　　《明詩綜》：姚淑，字仲淑，金陵人，庶吉士達州李長祥繼室。

　　《婦人集》：夔州李翰林名長祥，崇禎癸未進士，官庶吉士，亂後僑居金陵。娶姚夫人，善丹青，得北宋人筆意。曾為雲間董大名黃母夫人畫一粉箋，煙墨離離，深秀不可言，香奩畫手中逸品第一。或曰：夫人又工畫仕女圖。

　　鈕琇《觚賸》：李研齋繼室，曰鍾山秀才。浮渲梳頭，凝妝特妙。其婢墨池，性明慧。嘗畫蘭竹，輒令墨池以口退墨。李詩云：「別有香在口，莫畏胭脂黑。」

清湯漱玉《玉臺畫史》卷三，道光十七年刊本

明詩綜　　朱彝尊

　　淑字仲淑，金陵人。庶吉士達州李長祥繼室，有《鍾山秀才海棠居集》。

清朱彝尊編《明詩綜》卷八十五《姚淑》，文淵閣《四庫全書》本

御選宋金元明四朝詩　　張豫章

　　姚淑，字仲淑，上元人。庶吉士達州李長祥繼室，有《鍾山秀才海棠居集》。

清張豫章輯《御選宋金元明四朝詩》卷首
《御選明詩姓名爵里八》，文淵閣《四庫全書》本

擷芳集　　汪啟淑

姚淑，字仲淑，江蘇江寧縣人，自號鍾山秀才。能詩善畫，適西蜀李長祥。著有《海棠居詩集》。

龔百藥《鍾山秀才詩序》略：鍾山秀才非男子也，其詩則非婦人女子也。古今婦人女子之為詩者有矣，其為之而傳不傳，未可知也。其為之而傳者有矣，而觀者則曰，是婦人女子之詩也，豈非不知詩者，過哉。西蜀李研齋先生為之說曰：孔子之言詩，謂其可以興觀群怨，而事父事君焉，不徒鳥獸草木之多識也。不知而為之者，得其半，止鳥獸草木之名而已。善乎研齋此言，非研齋不能有此言也。研齋既雄於文，其論詩也以清，謂詩未有不清而可以為詩者。夫質之素者鮮，味之淡者甘，得乎天者也，豈非詩家所甚難，嗟乎，乃竟為襜帷有哉！余平生最好太白詩，然以為非學可似，偶然而得之，反或有焉。今讀秀才之詩，又不覺爽然自失，倘研齋所謂詩之清者歟！姚夫人仲淑，研齋之夫人，江寧人，故自號鍾山秀才。余是以序之，使天下後世之人，知有鍾山秀才詩也。

清汪啟淑輯《擷芳集》卷十四，乾隆飛鴻堂刻本

國朝閨秀正始續集　　完顏妙蓮保

姚淑，字仲淑，自號鍾山秀才，江蘇江寧人。編修李長祥室，著有《海棠居詩集》。仲淑工畫。

清完顏妙蓮保編《國朝閨秀正始續集》卷五，道光丙申紅香館刊本

海棠居初集書後　　東孫道人

光緒丁亥八月二十五日東孫道人讀一遍

千秋懷韻事，澹泊海棠居。思婦能無恨，忠臣甘自愚。閒情因畫見，深意以詩娛。鍾得鍾山秀，男兒應不如。

南開大學圖書館藏康熙刻本《海棠居初集》卷尾，朱筆楷書

案：詩題根據詩內容酌擬。光緒丁亥，光緒十三年（一八八七年）。

天問閣文集後序　　劉行道

吾鄉李研齋先生《天問閣文集》，無卷數。據《鮚埼亭集》云四卷。達縣本，先生族孫進士淑刻於嘉慶中，所據草稿，已非完帙。中涉忌諱字面，率以

臆刊改。初印尚仍其舊。今草稿不可得，刻本板庋祠堂，歲久齧磨。同治初被兵，益復散失。原刻編錄雜廁，茲為釐定，最所為傳記、碑銘、雜著、書、論、敘、弔祭之屬，以類相從。集外文《戞雲亭記》、《北岩鍾鼓記》，皆據縣志增入。篇中間有脫文，不可考見，悉從蓋闕，仍注其處。其零章碎句，題目不備，首尾不全者尚夥，茲不具錄。研齋生平本末，具詳謝山《行狀》，用弁簡端。詩集久逸。

又所撰《杜詩編年》一書，自敘尚存，集中亦逸。陽湖楊倫《杜詩鏡銓》引二條，皆評語。《鹿頭山》注引李長祥曰：自秦州至此，山川之奇險已盡，詩之奇險亦盡，乃發為和平之音，使讀者至此別一世界，情移於境，不可強也。《灧澦堆》引李長祥曰：少陵夔蜀山水詩，在劍閣以前皆五古，瞿唐以後多五律，各盡山水之奇。每讀一句，令人如目見山水，而又得山水之所以然，總由源本深厚，窺見廣大，意無有窮極耳。研齋終老毗陵，倫當猶見此書。抑掇拾散亡，存什一於千百。

國朝人著述，趂道及研齋者，而集中書、敘，多涉國初名人。按陳維崧詩集有《呈李研齋太史》一首。魏源《聖武記》云：上虞東山李長祥之軍最堅整。研齋文氣勢奔放，其牆壁寬而峻，其音節清亮剽疾，其骨幹柔脆而能自樹立。晚明人文，務描摹先秦諸子、太史公以為高，渾習尚使然。至其鄙薄儒術，喜言功利，懲於明人娛事帖括，束書不觀，茶薾致敗，有為言之。讀其文，悲其意，撫今追昔，吁，可慨已！

末附《海棠居詩》，夫人姚淑仲淑作，即所稱鍾山秀才也。中有《外甥唐大陶至》一首，大陶更名甄，字鑄萬，亦達州人。著有《潛書》四卷，四庫雜家存目。其學術實淵源研齋云。光緒丙申同里後學劉行道

《天問閣文集》卷末，民國《求恕齋叢書》本

案：光緒丙申，光緒二十二年（一八九六年）。

天問閣集序　伍澹川

明兵部侍郎李研齋先生，邑先正也。獻賊之亂，捍衛桑梓最有力。及國難，數疏至計不用。後舉義，圖恢復，亦不就。飲憾沒於江南。獨文集《天問閣》行於世。

先生素篤學，雖戎馬搶攘不少輟。考集中《石井道人傳》，可按也。無所不通，然歸於致用。故詆訾世儒迂疏，至不遺餘力。發為文章猶精偉，碑傳古健質樸，雜文則盤曲勁遂，不惟洗去當時苴軋之病，並能不循唐、王轍跡而與

之方駕，可謂克自樹立者。

當明之亡，人心溺陷，廉恥酷喪，偷生頹靡者皆是。士生其時，以節概自持者，已不數數覯。先生獨振拔淬勵，奮不顧死，糾合同志，提疲散之卒與敵抗，屢蹶屢起，不稍屈懈，直至明裔盡熸，舉國淪亡而後已。志雖不就，所為要為極難。

顧其文章，又刷陋振靡，闢新徑途，歷時已久，而光芒橫溢，凜凜乎使人不敢逼視，殆若新發於硎者，不尤難能可貴歟！

第多犯滿清諱忌，列為禁書，故莫敢為之敘。始刻於何地何時，不可考。而卷數、篇第又無次，似收輯未盡者。以今所見，《李二曲集》有先生詩，集無之；《賴古堂》亦存文數首，不知為載其中不。又全祖望《鮚埼亭集》有先生《行狀》，俱未編入，實非完書也。就所存，合之先生夫人《海棠居士詩》，共得六冊。以較百年前所有，又脫去數十頁。是遺者未及收，而存者又將就湮滅也，可不惜哉！其族裔李君子安昆弟懼其益久散佚，集資補刻，並欲次其卷數、篇第。李君誠篤士也，於先人遺文知殷勤護持如此，固足尚也。功將竣，囑余為敘，余辭不得，書其概略以貽之。尚冀廣為收訪，足成完書也。

民國《達縣志·補遺二》

補刊天問閣文集序　張廷諍

明季李研齋先生，吾邑先正也。……

先生《天問閣文集》，舊藏李氏祠堂中，其刻於何時何地，以簡前無序不可考。……蓋滿人初立國，猜忌深，則文網亦密。宵小因之，惡貧賤不以道去，於草野著述，競相與尋索瑕疵，以圖迎合。其處心積慮，雖破人家，覆人宗不恤也。於是忠義之氣寄託於翰墨者，一經抉摘，懸為厲禁，而或族誅，或遣戍，或戮死，而繫其妻女，隸樂籍，罹其禍者甚眾。先生雖幸脫於禍，其所著文集，亦由此列入禁書之目。故當時不能不藏匿，既藏匿，不能不轉徙，轉徙數，而板籍之凋零，必矣。集中斷簡及夫人詩序，可見也。全篇遺去者，更不知凡幾。簡首之序，無亦若是歟！聞《鮚埼亭集》有先生《行狀》，《賴古堂集》存文數篇。又近人董冰谷亦珍藏先生墨稿。冰谷與士志師相友善，士志嘗校補此集，其戚吳小村宦浙江，因託付剞劂，以廣其傳。既而小村罹難，此本遂同歸於盡。惜哉，惜哉！此集篇第卷數，其識別處有無不一致，豈方刻時收輯未盡，故為此以有待歟？抑校刻有不善耶？集中，先生無詩，合夫人《海棠

－176－

居初集》，共六冊。視百年前所印，又遺去數十餘葉。先生族裔李君子安，懼其久而愈就磨滅也，謀於族人，以昔日所印猶存者，補以刊之。卷數篇第，從新次序，且詳列篇目。俾代異時移，後進得以考覽焉。……

民國三年甲寅春三月，達縣張廷諍序。

《天問閣文集》卷首，民國達縣祠堂本

藏園群書題記　傅增湘

吾鄉達縣李研齋先生少負奇材，喜言兵事，為孝廉時，即能捍衛鄉里。崇禎癸未始登第，選庶吉士，屢上書陳戰守大略。南都建，授御史。後起兵浙東，與張煌言等圖恢復，諸寨奉為盟主。兵敗，流轉海上。翁洲潰後，亡命江淮間，旋見獲，羈於江寧。復逸去，遍走南北，晚乃居毗陵以終。智略瓌瑋，才辯縱橫，洵晚明之奇傑也。

其文集嘉慶中族孫進士淑為刻於里中，歲久板刻刓敝，印本罕傳。余所見者為趙撝叔刻本，在《鶴齋叢書》中，只存三卷，而有目無文又居其半焉。近歲劉翰怡京卿得同里劉行道輯本，刻入《求恕齋叢書》，凡為文一百五十五篇，編成四卷，雖散佚尚多，然視趙氏所得已為侈矣。

餘暇時取兩本對校之，乃知劉本篇帙雖富，然其中奪文佚簡，賴趙本補正者頗多。《宛平朱公廟碑》、《王僉事世琮傳》二篇劉本既失收，其《甲申廷臣傳》中溢出劉本外者，凡王家彥、孟兆祥等二十五人。此外有目而無文者，又得十一首，亦可為異日搜訪之資也。

研齋意識高奇，才氣橫溢，以身逢國變，戎馬半生，故其為文，駿利鋒發，雄銳無前。於裁論軍國，評騭人物，時有偏激之病，然勝國遺聞，言之翔實，可據為史乘之資；與友人論文諸書，深痛有明一代文章之病，銳以起衰扶弊為心，其持論尤多切摯，亦可謂豪傑之士矣。嗟夫！桑海崎嶇，遺稿散逸，江湖流浪，蹤跡隱淪。三百年來，鄉里後生匪特研齋之文字莫由窺觀，即其姓名亦幾有不能稱舉者。網羅放失，重訂遺編，使昔賢忠義大節，得同簡冊以流傳，斯亦吾輩後死之責乎！丁丑七月二日，藏園老人識。

茲取趙刻補正茲本各節臚列如左。（下略）

傅增湘《藏園群書題記》，上海古籍出版社，
一九八九年，第八六二～八六三頁

歷代婦女著作考　胡文楷

《海棠居詩集》，（清）姚淑撰，《上江兩縣志》、《擷芳錄》著錄（見）

淑，字仲淑，自號鍾山秀才，江蘇江寧人，西蜀李長祥妻。能詩畫。

是書民國十一年壬戌（一九二二）吳興劉氏嘉業堂刊本。列入《求恕齋叢書》，附於李研齋《天問閣文集》後。凡詩九十八首。

胡文楷《歷代婦女著作考》，

北京：商務印書館，一九五七年，第三二四頁

清代禁書知見錄　孫殿起

天問閣文集無卷數附海棠居初集一卷

天問閣文集古夔李長祥撰，海棠居初集昆陵女史姚淑撰。無刻書年月，約康熙間刊。卷五以下之卷數尚未刻出，案其板心有刻卷十八者。已有爛板、裝訂倒置、有序無目，不得斷定若干卷也。」

孫殿起《清代禁書知見錄》，

上海：商務印書館，一九五七年，第三十頁

販書偶記　孫殿起

天問閣文集無卷數清古夔李長祥撰，附海棠居初集一卷清昆陵女史姚淑撰

無刻書年月，約康熙間刊。卷五以下之卷數尚未刻出，案其板心有刻卷十八者。已有爛板、裝訂倒置、有序無目，不得斷定若干卷。

孫殿起《販書偶記》，北京：中華書局，一九五九年，第二二二頁

清詩紀事初編　鄧之誠

姚淑，《海棠居初集》一卷

姚淑，字仲淑，號鍾山秀才。工詩善畫，有儀容，為達州李長祥繼室。長祥沒後，晚景拮据頗蒼涼也。閨人之詩如《絡緯吟》之類，多出良人代筆。淑詩明秀過長祥遠甚，其為自撰無疑。

鄧之誠《清詩紀事初編》卷四，

上海古籍出版社，一九八四年，第四八五頁

附錄六　姚淑事蹟繫年

明思宗崇禎十一年戊寅（一六三八年）　姚淑一歲

姚淑約於本年生於南京（今江蘇南京市）。

嘉慶《大清一統志》卷七十三《江寧府・建置沿革》：「明太祖元年始定都於此，改曰應天府，置江南行中書省，永樂二年以為行在，正統六年定為南京。本朝改曰江寧府，隸江蘇布政使司。」又云：「江寧縣。附郭。治城西南偏。……唐初為上元縣地，天祐十四年，楊吳復析上元置江寧縣，與上元皆為昇州治，宋元因之。明為應天府治。本朝為江寧府治。」

清龔百藥《鍾山秀才詩序》：「姚夫人仲淑，研齋之夫人，江寧人，故自號鍾山秀才。」

廖燕《海棠居詩集序》：「按本傳，夫人姚姓，字仲淑，金陵人。」

姚淑約於本年出生，詳見下文明永曆九年、清順治十二年乙未（一六五五年）條。

李長祥二十九歲。

李長祥當生於明神宗萬曆三十八年庚戌（一六一〇年），詳見康熙二年癸卯（一六六三年）條。

唐大陶（甄）九歲。

柳如是二十一歲。

崇禎十三年庚辰（一六四〇年）　姚淑三歲

春，長祥赴京師（亦稱北京，今北京市）會試，不第，回達州（今四川達州市）。農民起義軍張獻忠部復入夔州（今重慶市奉節縣），攻達州城，長祥組

織地方武裝助官兵死戰守城，擊退張獻忠軍。

嘉慶《大清一統志》卷四百八《綏定府》：「達縣。附郭。……唐為通州治，宋元為達州治，明洪武九年省入州。本朝嘉慶七年置達縣，為綏定府治。」

清乾隆《直隸達州志》卷三《武略》：「崇禎庚辰（崇禎十三年，一六四〇年），楊嗣昌督師駐夷陵，征張獻忠。是歲，獻忠復入夔關，總兵方國安潰，以五騎走達州，賊遂攻達州。時，長祥會試不第歸，有土司兵千名，借與總兵二百五十名，共禦，賊俱敗。復借三百與總兵共守東西城，相持五日，賊遁去。」

李長祥《天問閣文集》卷一《冉公子傳》：「庚辰，張獻忠破夔關入，督師楊嗣昌大兵追獻忠，戰開縣，戰敗，總兵賀人龍、黑雲龍、猛如虎、虎大威、方國安五大鎮兵皆敗。獻忠直壓達州，先聲震驚，人喪魂魄。義兵奮厲，佐官兵死戰守城，獻忠去。自是達益壯，鄰縣之避賊者謂莫如達，多來。」同書卷三《上黃石齋先生書》：「庚辰年，督師閣部楊公嗣昌之圓盤議，而夔關不可守也。……賊直斬夔關。……長祥即夔人，身罹其難。自此賊遂深入。」

案張獻忠早在崇禎六年癸酉（一六三三年）曾一度入四川夔州。長祥是年中鄉舉，赴京都會試，至襄陽遇「賊」，回州，值張獻忠軍攻達州城，即組織地方武裝助官兵守城，擊退張獻忠軍。從此訓練鄉勇，躬擐甲冑，守城戰禦，凡十餘年。

《天問閣文集》卷四《讀〈易〉臺自序》：「予自癸酉鄉舉，流賊即大創蜀，予聚豪傑，蓄銳士，賊常數十萬憑城，不時戰禦，服介冑不得怠者，歷有年所。」同書卷三《與姜西溟書》：「僕生西蜀之荊棘地，念父母之邦，痛被屠戮，乃聚豪傑，衛鄉里，凡十餘年。」清全祖望《鮚埼亭集外編》卷九《前侍郎達州李公研齋行狀》：「生而神采英毅，喜言兵。是時獻賊縱橫蜀中，侍郎練鄉勇，躬擐甲冑，以助城守。自癸酉至壬午，賊中皆知有侍郎名。」乾隆《直隸達州志》卷三《武略》：「崇禎甲戌（崇禎七年，一六三四年）春，張獻忠潰夔關，四月初旬，攻達州城，連五晝夜。知州張聯象，雲南人，隨方堵禦，擊賊多死，或夜出奇兵殺賊，賊益憤。是時達州五門各起義兵，李長祥，達州人，赴京都會試，至襄陽遇賊，回州，亦起兵千人，殺賊守城，賊攻城不克，引去。」

崇禎十四年辛巳（一六四一年）　　姚淑四歲

長祥在達州里居。陳士奇督學四川，長祥於梁山（今重慶市梁平區）得見之，頗景仰其為人。

《天問閣文集》卷三《上黃石齋先生書》：「長祥里居時，平人公（陳士奇）方督學，竊見其下車梁山縣，謁文廟後，即拜來瞿唐先生祠，北面肅恭，告私淑之意。探其遺書，訪其墳墓，真有道君子。使其在侍從之列，必有以裨益左右，乃任之以將帥之事，柄河洛之權於戎馬之上，索侯芭之輩於介胄之群，嗚呼過矣！」

明末清初計六奇《明季北略》卷二十一《殉難臣民》：「陳士奇，字平人，福建漳浦人。……天啟乙丑，登進士。……辛巳，督學四川。驅車日，即矢諸神明云：『寧剜吾身上肉，毋塞彼寒士門。』謝絕竿牘，得士最盛。時有『學憲廣文』之謠。壬午七月，特擢僉都御史、巡撫四川。……至甲申四月，始以川北道龍文光推代，公方作歸計，而聞京師告變矣。時獻賊憑陵，突入夔州。公念國仇，義不俱生。……或謂公以謝事可去，公不可，據重慶以待之。……城遂陷，賊湧入，公被執，……痛罵不屈。獻大恚，命曳公出，支解死。忽震雷四發，烈風暴雨，飄瓦吹沙，大木盡拔，操刀者自相砍，逆獻驚僕。時遇害凡九人，瑞王與從駕守道陳繕、重慶府知府王行儉、巴縣知縣王錫、新撫龍文光及諸將領，事在六月二十一日。越日，賊盡取渝民斫其臂，合三萬七千有餘人。」

崇禎十五年壬午（一六四二年）　姚淑五歲

長祥赴京會試。

《天問閣文集》卷四《讀〈易〉臺自序》：「予壬午北上。」

崇禎十六年癸未（一六四三年）　姚淑六歲

春，長祥在京，將參加會試。因戰事，會試改期至八月。九月十五日，長祥中進士。

《崇禎實錄》卷十六崇禎十六年夏四月乙丑：「改會試期至八月。」同書同卷九月：「丙午（十五日），賜進士楊廷鑒等四百人及第，出身有差。」

朱保炯、謝沛霖編撰《明清進士題名碑錄索引·明朝之部·崇禎十六年癸未科·第三甲三百一十四名》：「李長祥。」（上海古籍出版社，一九八〇年，第二六二二頁。）

清孫承澤《春明夢餘錄》卷七《策士》：「殿前策士，最稱重典，會試後，於三月十五日上陛殿。……至癸未廷試在九月十五日，是年以兵事，會試改八月。」

長祥選為庶吉士，入翰林院。

《天問閣文集》卷四《讀〈易〉臺自序》：「予壬午北上，筮得《歸妹》之《睽》。……於是行，則果遇，以庶吉士入史館。其時中原已大亂，社稷震盪。」

《明史》卷七十三《職官志二·翰林院》：「庶吉士，無定員。……史官。自洪武十四年置修撰三人，編修、檢討各四人，其後由一甲進士除授及庶吉士留館授職。……翰林院庶吉士，選進士文學優等及善書者為之。」

時，吏部沈自彰薦長祥任兵部侍郎，使備作督師之選。長祥之師方拱乾問曰：「當何為？」長祥曰：「往者，能人皆壞於門戶矣，悲哉！予之茲往也，幸得精騎數萬，即閉朝報不關目，以無徒亂人意；有攻擊我者，即當失臣節，自便宜不顧；不如是，不能成功。成功之後，自碎首闕下，以明罪戾。」拱乾大驚。大學士陳演欲倚長祥為私人，被長祥拒絕，因此不得引見。

《天問閣文集》卷四《讀〈易〉臺自序》：「其時吏部沈公自彰也，朝廷重倚之，惟其人之為用，議予備少司馬，出督於外。……予之始列詞臣也，同里有欲予合某公者，不即往，即恐伐異之輩出，則即敗。予憶朝廷上去朋黨方如去賊，新進書生，何利有倚。及有少司馬之命，桐城先生（方拱乾）謂予：『當何為？』予曰：『往者能人皆壞於門戶矣，悲哉！予之茲往也，幸得精騎數萬，即閉朝報不關目，以無徒亂人意；有攻擊我者，即當失臣節，自便宜不顧；不如是，不能成功。成功之後，自碎首闕下，以明罪戾也。』先生大驚，罷。」

全祖望《前侍郎達州李公研齋行狀》：「癸未選庶常，時沈自彰任吏部，方蒙上眷，薦之，謂當援劉之綸之例，破格不次用之，使備督師之選。或問之曰：『天子若果用公督師，計將安出？』侍郎歎曰：『不見孫白谷往事乎？今惟有請便宜行事，屏邸鈔不寓目，即有金牌亦不受進止，待平賊後，囚首闕下，以受斧鉞耳。』聞者吐舌。而同里井研（陳演）方為首輔，欲引之為私人，侍郎不可，故不得召見。」

案陳演四川井研人，見《明史·陳演傳》。

明思宗崇禎十七年甲申（一六四四年）　姚淑七歲
清世祖順治元

二月初八日，農民起義軍李自成入太原（今山西太原），下代州，分兵向大同、保定、真定，進攻北京。吏科給事中吳麟徵請撤山海關寧遠軍，保衛京師。長祥奏請，以袁甌從吳三桂戰都城下，已從密雲總兵唐通，出繞李自成之後，牽制其首尾。疏上，不報。

《明季北略》卷二十《崇禎十七年甲申·議撤寧遠》：「（正月）時吏科都給事中吳麟徵，請棄山海關外寧遠、前屯二城，徙吳三桂入關，屯宿近郊，以衛京師。廷臣皆以棄地非策，不敢主其議。……初八丁卯，李自成陷太原。」

《天問閣文集》卷四《讀〈易〉臺自序》：「未幾，賊漸逼，予上疏謂：『寧遠、密雲，今頗無有警，兩鎮臣上將也。請以寧遠鎮臣（吳三桂）戰禦都城下，臣與密雲鎮臣（唐通）從太行入太原，歷寧武、雁門諸處，委賊後，斷賊歸秦路，賊窺都城不得，歸路又斷，可擒於雲中、上谷間也。』朝廷方下其議，賊已渡居庸，至昌平，勢急。」

全祖望《前侍郎達州李公研齋行狀》：「賊且日逼，侍郎上疏：『請急調寧遠鎮臣吳三桂以兵拒戰都城下，有新進士袁噩者，具將才，可令輔之。而令密雲鎮臣唐通，與臣從太行入太原，歷寧武、雁門攻其後，首尾夾擊，賊可擒也。』思宗下其議，未定，密雲帥已至，詭請守居庸關，則放賊直抵昌平。」

光緒趙之謙刻《仰視千七百二十九鶴齋叢書》本《天問閣集》卷上《甲申廷臣傳·吳麟徵》：「是歲正月，薊遼總督王永吉有寧遠鎮退守關門議，……遼撫黎玉田議亦然，……及秦陷，晉趙危，議者多以為撤寧遠鎮退守關門，京師猝警，關門之守兵援京師，可一呼至，甚便。今守寧遠，寧遠又難守，守之且又無益，京師倘有警，又難飛檄驟徵至，非長策也。天子下其議，惟麟徵言善，且上疏稱吳三桂上將，宜急撤入關。首輔陳演、次輔魏藻德，謂國家何故棄地，棄地且作何名目？方岳貢更咎麟徵言之失。惟范景文、邱瑜無所可否。其時之大臣如此。麟徵益執撤議，益請急撤，而不得內閣意。賊益警，都城外邊現布列兵，莫可支。霸州道報急，因言寧遠鎮兵精敢戰，當調進關策應。又福建武舉人林泓，請撤寧遠鎮進關，使以其精兵西行戰禦，願領一軍，前鋒當敵。庶吉士李長祥俱亟奏，謂吳三桂、唐通皆上將，觀政進士袁噩雖新進書生，才器大，可大用。請噩從吳三桂戰都城下，臣願從唐通出奇繞賊後，贅其尾，使首顧皆受敵。未得票擬。」

三月初一日，李自成入畿輔，宣府（今河北宣化）告急，京師戒嚴。

計六奇《明季北略》卷二十《崇禎十七年甲申·三月己丑朔張鑣請監國南京》：「李自成入畿輔，京師滿城洶洶，傳賊且至。而廷臣上下相蒙，政府中樞，終日會官群訟，揚揚得意如平時。」明談遷《國榷》卷一百，崇禎十七年三月己丑朔：「宣府告急。」

長祥上疏，請皇太子出鎮天津。疏入不報。

《天問閣集》卷一《新樂侯劉氏傳》：「當車駕之不果南也，余上疏請皇太子出鎮天津矣，以天津可提調東南援兵，而余意實不止此，是亦侯請封二王遣就國之意。疏入不報。」

《天問閣文集》卷四《讀〈易〉臺自序》：「朝廷方下其議，賊已渡居庸，至昌平，勢急。予又上疏：『請以心膂大臣輔太子出鎮天津，提調東南援兵。』議不果行，覆矣。」

　　全祖望《前侍郎達州李公研齋行狀》：「思宗下其議，未定，密雲帥已至，詭請守居庸關，則放賊直抵昌平。侍郎上疏，請急令大臣輔太子出鎮津門，以提調勤王兵，皆不果行，而京師潰。」

　　初六日，召遼東總兵吳三桂、密雲總兵唐通、山東總兵劉澤清率師入衛。內閣稽遲召吳，劉不奉召。

　　明談遷《國榷》卷一百崇禎十七年三月：「甲午（六日），召密雲總兵唐通、山東總兵劉澤清率兵入衛，澤清前命移鎮彰德，因縱掠臨清南奔。」

　　明文秉《烈皇小識》卷八崇禎十七年三月：「詔總兵吳三桂、劉澤清、唐通帥師入援，三桂、澤清不奉詔，惟通以二千人至，陛見，上慰勞再三，同太監杜之秩守居庸。」

　　《鶴齋叢書》本《天問閣集》卷上《甲申廷臣傳·吳麟徵》：「會召群臣，對不一。兵部尚書張縉彥則以撤寧遠對，對畢，帝起謂群臣曰：『兵部議是。』內閣乃肯行。猶請帝降旨吳三桂，問撤寧遠事如何，往返經日久，遂遲師期。日行數十里，京師十九日陷，逾一日，二十日，吳三桂方得抵豐潤。」

　　初七日，唐通入衛，帥騎兵八千，步兵倍之，皆極精銳。駐齊化門外，倨甚，睨視朝廷。思宗召見唐通，慰勞賜宴。次日，復大賜，通抵所賜地下，舉朝驚愕，莫識其故。長祥往拜通，問其故。通謂：皇上、太師伯我，又以內官節制反上我，是我不敵一奴才也。時，催調各鎮兵，寧遠吳三桂，山東劉澤清與通皆大鎮，皆以太監王承恩同遼薊總督王永吉節制，故通云。

　　《崇禎實錄》卷十六崇禎十七年三月乙未（七日）：「唐通以八千人入衛，慰勞倍至，賜大同紅蟒衣一襲，紵絲二，金四十兩，復賜四千以犒吏卒。」

　　《鶴齋叢書》本《天問閣集》卷上《甲申廷臣傳·吳麟徵》：「首輔是月初七日亦已罷，魏藻德為首輔，益持重，其先已封吳三桂平西伯、唐通定西伯、劉澤清等世襲都指揮使，皆調京師。通至，騎八千，步倍之，皆極精銳，壁齊化門外，倨甚，睨視朝廷。陛見天子，慰勞賜宴。次日，復大賜，通抵所賜地下，舉朝錯愕，莫識何故。庶吉士李長祥往拜通，問其故。通謂：『皇上太師我、伯我，又以內官節制反上我，是我不敵一奴才也。』是時催調各鎮兵，寧遠吳三桂、山東劉澤清與通皆大鎮，皆以太監王承恩同遼薊總督王永吉節制，故通云。隨奏『我兵寡於賊不敵，戰此平地尤不敵，當往居庸關，設險以待。』拜疏，不俟朝命即移營去。其時，他鎮兵不得到，劉澤清不奉命不到。惟通到，到又即去。」

　　十八日，李自成率軍進入北京城。十九日晨，思宗自縊於萬歲山之壽皇亭。

《崇禎實錄》卷十六崇禎十七年三月丁未十九曰：「天且曙，仍回南宮，散遣內員；攜王承恩入內苑，登萬歲山之壽皇亭，俄而，上崩。」

二十三日，李自成命明諸臣點名授官，或云其中有長祥，其實長祥未參預之。

《明季北略》卷二十《崇禎十七年甲申·（三月）廿三辛亥諸臣點名》（略）。同書卷二十二《從逆諸臣》：「李長祥，四川夔州府達州人。崇禎癸未庶吉士。原官，一云改外。」

全祖望《鮚埼亭集外編》卷二十九《跋明崇禎十七年進士錄》：「及城陷，牛金星大言曰：『新翰林尤宜報名。』……第一甲三人無論已，三十六庶常，不得免者三十四。……予嘗得《流賊所授降臣官簿》一冊，頗與諸野史所記不同。……幸得不預者二人，達州李長祥，其後，間關戎行，累起累蹶，事敗行遁，不知所終，最稱完節。而其一亦不終。」

長祥乘間脫走，奔南京。

《天問閣文集》卷四《讀〈易〉臺自序》：「及變，貪全魂魄，被恥南奔。」

全祖望《前侍郎達州李公研齋行狀》：「京師潰，侍郎為賊所縛，遭榜掠，乘間南奔。方改監察御史、巡浙鹽。」

五月初三日，清兵進入北京。

清徐鼐《小腆紀年》卷五清世祖章皇帝順治元年五月：「庚寅（三日），我大清攝政睿親王多爾袞入北京。」

福王朱由崧監國南京。

十五日，福王即位，詔以明年為弘光元年。

清溫睿臨《南疆繹史》卷一《福王紀略上》：「（崇禎十七年五月）己丑，群臣勸進。王辭讓，遵景皇帝故事監國。」又云：「壬寅（十五日），王即位。大赦，稱號弘光，以明年為元年。」

長祥至南京，改官監察御史。

明翁洲老民《海東逸史》卷十八《李長祥傳》：「京師陷，南奔，改監察御史，巡浙鹽。」

十月，清定鼎燕京。下令薙髮。

《大清世祖章皇帝實錄》卷九順治元年甲申冬十月乙卯朔：「上以定鼎燕京，親詣南郊，告祭天地，即皇帝位。……祝文曰：大清國皇帝……因茲定鼎燕京，以綏中國。」同書卷五順治元年五月庚寅攝政和碩睿親王多爾袞諭兵部：「凡投誠官吏軍

民，皆著薙髮。」同書卷十七順治二年六月丙辰敕曰：「各處文武軍民，盡令薙髮。倘有不從，以軍法從事。」又丙寅諭：「限旬日，盡令薙髮。……不隨本朝制度者，殺無赦。」

明弘光元明隆武元年乙酉（一六四五年）　姚淑八歲
清順治二

弘光朝中，馬士英、阮大鋮用事，排斥異己。禮部黃道周，見朝政日非，乃自請祭告禹陵。長祥到燕子磯送別。長祥日聞不平事，常憂於心。

《南疆繹史》卷十一《黃道周傳》：「黃道周，字幼平，號石齋，津浦人。天啟壬戌進士，授編修，以劾楊嗣昌下獄，遣戍。……南渡，起吏部右侍郎。……至則陳進取九策。九月，升禮部尚書，掌詹事府事。尋以祭告禹陵出。」

《天問閣文集》卷三《上黃石齋先生書》：「自燕子磯別後，計今當至會稽行禮矣。……長祥畫在金陵，日聞不平事，一觸之耳，輒憂之在心。又不能塞其耳，以使其心之安然也。」

四月二十五日，清兵陷揚州，督師史可法殉難。清兵屠揚州，史稱「揚州十日」。

明江都王秀楚《揚州十日記》：「查焚屍簿載數共八十餘萬，其落井投河、閉門焚縊者不與焉，被擄者不與焉。」又云：「自四月二十五日起，至五月五日止，共十日；其間皆身所親歷、目所親睹。」

計六奇《明季南略》卷二《福王本末》大清順治二年乙酉、宏光元年四月：「二十五丁丑，大清兵攻陷揚州，督師史可法死之。」

五月，清兵下江南，浙東士民，紛紛組織義軍抗清。

明左尹（查繼佐）《魯春秋·監國紀》：「弘光元年乙酉夏五月，南都不守，江南及浙西郡縣咸望風下。……閏六月之十有三日，浙東西、江南搢紳士民競舞槊起，無所期會。自城守以外，窮鄉僻澨各自為屯，不計其數。」

明翁洲老民《海東逸史》卷十四《董志寧傳》：「董志寧，字幼安，鄞縣人，歲貢生，以名節自勵。乙酉六月，北兵入浙，志寧與同里諸生陸宇爔、張夢錫、華夏、王家勤、毛聚奎遍謁搢紳，勸以舉義，皆笑以為狂，獨刑部員外郎錢肅樂是之，顧其事莫能集。閏六月八日，餘姚兵起。明日，會稽應之。」

六月（一說為閏六月二十一日），魯王朱以海監國於浙東，以明年為監國魯元年。

明張岱《石匱書後集》卷五《魯王世家》:「乙酉,清兵至武林,魯王於是年六月至紹興監國。」同書卷四十五《陳函輝傳》:「六月壬子,至武林,潞王出降,使幣四出,惠王、崇王、周王皆以次至。魯王適臥病,不能起,使者逼先繳印冊,函輝為魯王謀。言屢遭兵火,印冊俱失,所存者圖書耳,即繳上。函輝復勸魯王羈留北使,遂至旬餘。聞餘姚會稽起義,函輝期海門參將吳凱帶兵斬使,誓眾祭旗,隨招至浙東。諸縉紳上箋魯王,啟請監國,先於台州頒詔諸鎮,即從魯王至越。」明徐芳烈《浙東紀略》:「(乙酉閏六月)二十一日,台州紳衿士庶共推擁魯藩監國,以張國維、宋之普居內閣。……八月初三日,乃抵越城,遂以分守衙署作行宮焉。」又云:「丙戌元旦,江上王之仁同諸臣先期奉表勸進,監國哀思孝陵,慘動顏色,涕洟不允,改元頒曆,稱監國魯元年。江上諸藩鎮次第來朝。」

閏六月二十七日,唐王朱聿鍵即位於福州,改元隆武。

《南疆繹史》卷二《紹宗紀略》:「(乙酉閏六月)丁未(二十七日)祭告天地祖宗,即皇帝位於南郊,以福建為福京,福州為天興府,布政使為行殿,大赦,改元隆武。」《明季南略》卷七作閏六月十五日。

長祥起兵浙東,魯王加右僉都御史,督師西行。

《海東逸史》卷十八《李長祥傳》:「南都又覆,乃起兵浙東,魯王加右僉都御史,督師西行。」

明隆武二
明魯監國元年丙戌（一六四六年）　姚淑九歲
清順治三

三月,清兵入錢塘江。六月,江上兵潰,魯王至舟山。長祥在上虞縣(今浙江上虞東南)之東山結寨抗清。

《海東逸史》卷一《監國紀上》監國魯元年丙戌:「六月丙子朔,江上兵潰。方國安、馬士英等欲劫王投降,遣人守之;會守者病,王得脫,乃由江門出海。」同書卷十八《李長祥傳》:「而七條沙之兵又潰,王浮海。長祥以餘眾結寨上虞之東山。時浙東諸寨林立,顧無所得餉,四出募輸,居民苦之;獨長祥與張煌言、王翊且屯且耕,井邑不擾。」

明萬曆《上虞縣志》卷二《輿地志二·山川》:「東山,去縣西南四十五里。……一名謝安山,歸然特立於眾峰間,拱揖蔽虧,如鸞鶴飛舞其巔。……千峰林立,下視

蒼海，天水相接。」

時，長祥姊夫唐階泰與其子大陶（大陶）避居南洲。

唐甄《潛書·上篇下·獨樂》：「昔者明之亡也，唐子從其父避於南洲。……舅（長祥）戰石郭。乃去之而居於五湖之濱。」

明費密編《劍閣芳華錄》卷十四唐甄《唐階泰墓表》：「南京破，避於山陰，徙沃洲之山，耕牧南州，入居新昌。」

十月，桂王朱由榔即皇帝位於肇慶府，以明年為永曆元年。

《明季南略》卷十二《粵記·永明王始末》：「大清順治三年丙戌……以十月初十日監國，十四日丙戌，即皇帝位，仍稱隆武二年，以明年為永曆元年，改肇慶府署為行宮。」

明魯監國二
明永曆元年丁亥（一六四七年）　姚淑十歲
清順治四

長祥升魯王監國之總督部院，敕印聯絡全浙，訂於十一月盡進攻紹興城，十二日，洩密，清軍進攻東山。

《浙江巡按秦世禎為捉獲潛通黃斌卿張名振人犯事揭帖》（順治四年十二月）：「果有諸暨縣官劉士暄，差捕役探獲奸細來金鉉，在十里鋪地方被傷拒脫，隨報分防副將趙登科，差百總張天順追獲金鉉並家人郭祁山、壽光耀，於十二日解職親審。金鉉供係王之仁標下偽總兵。有蜀中李長祥係明朝翰林院，曾授魯藩監軍，潛居上虞縣地方，尚未剃髮，今升偽總督部院，敕印聯絡全浙。又姚志竺現屯兵天目山，有令旗與長祥，密囑金鉉聯絡金華一帶為南軍，紹興一帶為北軍內應。海船三千號，統兵者王平西，訂於十一月盡、十二月初在白洋起火為號，望火光相合入紹城等情。職將本犯發府監候，密商道臣陳譔、知府沈文理，一面嚴防城守，一面飛緝長祥。獲住妻孥，供祥先於十一日下海去矣。……（順治五年正月十六日到）」（廈門大學臺灣研究所、中國第一歷史檔案館編輯部編《鄭成功檔案史料選輯》，福州：福建人民出版社，一九八五年，第四～五頁。）

案：《浙江巡按秦世禎為捉獲潛通黃斌卿張名振人犯事揭帖》所載，與《海東逸史·李長祥傳》、全祖望《前侍郎達州李公研齋行狀》所載，為同一史事，僅細節略有出入；《揭帖》所謂「獲住妻孥」，實為長祥夫人黃氏婢文鶯母女所代。詳見下文。

魯監國三

永曆二年戊子（一六四八年）　姚淑十一歲

順治五

長祥在上虞東山山寨，監軍華夏為聯絡布置，請引舟山之兵，連大蘭諸寨以取寧波、紹興、杭州諸府，議推長祥為盟主。為奸人謝三賓告發，清軍急攻東山。前軍章有功壯烈犧牲。時有百夫長十二人，嘗被清兵指為間諜，中軍汪彙與十二人，約以次日縛長祥獻清軍。晨起，十二人忽相語：「奈何殺忠臣？」誓而偕遁。汪彙追之不及。清軍於浙東沿村接落，傳檄懸重賞捕長祥。長祥匿丐人舟中，潛入紹興城。得義士張期恒之助，旋至奉化，依平西伯王朝先。

《海東逸史》卷十八《李長祥傳》：「戊子，監軍華夏為長祥聯絡布置，請引翁洲之兵，合諸寨以下西陵（今杭州南、蕭山西），議奉長祥為盟主。刻期將集，而降臣謝三賓告之。大兵急攻東山，長祥匿句人舟中，遁至奉化，依王朝先。」

全祖望《前侍郎達州李公研齋行狀》：「監軍華夏者，鄞人，為侍郎聯絡布置，請引翁洲之兵，連大蘭諸寨，以定鄞、慈五縣（寧波府一共領此五縣）。因下姚江，會師曹娥，合偁山諸寨，以下西陵，僉議奉侍郎為盟主，刻期將集。鄞人謝三賓告之，大兵急攻東山。前軍章有功者，故會稽農也，驍銳敢戰，所將五百人，皆具兼人勇，累勝。大兵以全力壓之，不支，被擒，拉脅決齒，垂斃，猶大罵而死。時有百夫長十二人，故嘗受大兵指為間。至是中軍汪彙與十二人期，以次日縛侍郎入獻。晨起，十二人忽自相話，『奈何殺忠臣？』折矢扣刃，誓而偕遁。汪彙追之不及。於是浙東沿村接落奉檄，有得侍郎者，受上賞。侍郎匿丐人舟中，入紹興城。居數日，事益急。遁至寧之奉化，依平西伯王朝先。」

嘉慶達縣李氏祠堂本《天問閣文集》雜著類《白魚躍舟》：「予在浙，會稽（今紹興市）諸生張期恒（《求恕齋叢書》本作『桓』）勞予於左右者，一日，渡上虞之夏蓋湖，有白魚大盈二尺餘，躍入其舟。張載之來，喜甚。踰旬日，張以誅死矣。」

時，長祥夫人黃氏寄居上虞趙氏家。山寨潰時，傳言長祥已死。黃夫人聚家人，謀共死。夫人婢文鸞曰：「夫人當為公子計，以延李氏香火，惡可死！」曰：「然則奈何？」曰：「婢子死罪，願代夫人，以吾女代公子，俟死於此。願夫人速以公子去！」夫人泣曰：「安忍使汝代我死？」曰：「小不忍，最害事！」山中有羅吉甫者，時時至長祥家。至是，奔至曰：「夫人公子，我則任之，雖

以是死，甘心焉。」於是夫人抱其子畝拜吉甫，且拜文鶯。文鶯曰：「夫人休矣，捕者行至矣！」甫出門，捕者至，以文鶯去。

《南疆繹史摭遺》卷十五《列女列傳·文鶯（故兵部侍郎李長祥婢）》：「奇女子文鶯者，李侍郎長祥室黃氏之侍女，已給其僕某為妻。長祥被難，黃氏集家人謀共死。文鶯泣而前曰：『夫人當為公子計，以延李氏香火，惡可死！』黃曰：『然則奈何？』曰：『婢子死罪，願代夫人，以吾女代公子，俟死於此。願夫人速以公子去！』黃泣曰：『安忍使汝代我死！』曰：『小不忍，最害事！』速驅之。時山中有羅吉甫者，嘗遊侍郎門下。至是奔至，曰：『夫人、公子，我則任之，雖以是死，甘心焉。』於是黃氏抱其子畝拜吉甫，且拜文鶯。文鶯曰：『夫人休矣，捕者行至矣！』甫出門，而捕者果至，以文鶯去。有徐昭如者，亦義士，不知夫人之既脫，約死士謀要之。已乃微聞其非真，遂止。吉甫匿黃氏母子，知西平伯王朝先之於侍郎為姻，乃偕之航海以就，往則長祥已先在，相見慟哭。為言文鶯事，長祥曰：『文鶯一木訥女子；今若此，實難能可感也！』文鶯初被逮，居然以命婦自重，雖見大府，不肯少屈，莫不以為真夫人云。時以例應徙遼左。按察使劉自宏，淮人，一日五鼓，傳令啟城，命吏以文鶯就道，不得少待。或曰：『劉蓋憐侍郎之忠，亦壯文鶯之奇，密取諸，歸養於家，而以囚中他婦代之去。』」

全祖望《前侍郎達州李公研齋行狀》：「初，侍郎之在寨中也，寄孥上虞之趙氏。及寨潰，相傳侍郎已殪，其夫人黃氏，聚其家人，謀共死。有僕婦曰文鶯，夫人婢也。」以下所載，略同於《南疆繹史摭遺·文鶯傳》。

長祥姊夫唐階泰亦被嫌疑，而遭到迫害。

明費密編《劍閣芳華錄》卷十四唐甄《唐階泰墓表》：「南京破，避於山陰，徙沃洲之山。耕牧南州，入居新昌。有言參議通反者，密檄且來捕。故御史何綸牽其二子去，匿之。家人皆哭。參議笑言如常。」

長祥至奉化，得王朝先資助，復募兵，軍於上虞夏蓋山。

全祖望《前侍郎達州李公研齋行狀》：「朝先亦蜀人，華夏曾為侍郎通好，訂婚姻焉。得其資糧扉屨之助，復合眾於夏蓋山。一日，泊舟山下，有龍挾雷電將上天，蕩舟，士卒皆懼，侍郎令發大炮擊之，雷電愈甚，水起立，侍郎色自如，俄而晴霽。」

嘉慶《上虞縣志》卷一《山川》：「夏蓋山，在縣北五十里。山形如蓋，因名。《一統志》：一峰翠崿，高出天半，一名夏駕山。相傳神禹曾駐於此。《輿地志》云：『夏駕山在湖中，湖即名夏駕。』」

魯監國四
永曆三年己丑（一六四九年）　姚淑十二歲
順治六

　　長祥在上虞夏蓋山寨，時蕭山、紹興、臨海、天台、慈谿、奉化各地，山寨大起，千里之間，屹然相望，然皆擄掠暴橫。唯平崗張煌言、四明杜嶴王翊與長祥且耕且屯，獨不擾民。軍容甚整。

　　《海東逸史》卷九《王翊傳》：「王翊字完勳，號篤庵，慈谿人，後居餘姚。少孤，為諸生，有智略。魯王監國，翊與慈谿諸生王江同起兵海濱，與江上師為聲援，授兵部職方主事。……己丑春，又破上虞，新令逃去，得其印。當是時，浙東山寨，蕭山則石仲房，會稽則王化龍、陳天樞，天台則俞國望、金湯，奉化則吳奎明、袁應彪，千里之間，屹然相望，然皆擄掠暴橫。而平岡張煌言、上虞李長祥，且耕且屯，獨不擾民，又單弱不能成軍。惟翊一旅，蔓延於四明八百里之內。」

　　全祖望《張蒼水（煌言）年譜》順治六年（己丑）：「公募軍結寨於平岡。時蕭山、會稽、臨海、天台、慈谿、奉化之間，山師大起，惟公與李公長祥、王公翊軍不事劫略，居民安之。連破新昌、上虞諸邑，浙東戒嚴。」（《張蒼水全集》附錄，上海古籍出版社，一九八五年。）

　　全祖望《明故權兵部尚書兼翰林院侍講學士鄞張公神道碑銘》：「時忠介已奉王出師於閩，浙東之山寨亦群起遙應之。公乃集義從於上虞之平岡。山寨之起也，因糧於民，民始以其為故國也，共餉之。而其後遂行抄掠，民苦之。其不以橫暴累民者，只李公長祥東山寨、王公翊大蘭山寨與公而二，履畝輸賦，餘無及焉。」（《鮚埼亭集》卷九）

　　十月，魯王監國自閩中至舟山，長祥入朝，加兵部左侍郎。

　　查繼佐《東山國語》：「舟山，在大海中，與普陀並峙，隸浙之寧波。廣可千里，築城其間，約十餘里中多淳泉，可以蓄眾，附城多膏腴沃野，可以宿飽。前代常設衛，備禦海寇。」《清史稿·地理志十二·定海直隸廳》：「舟山，古翁洲山，即定海山。」《清史稿·兵志七》：「舟山在定海縣，諸山環列，為杭州海灣之屏蔽。」

　　《海東逸史》卷二《監國紀下》四年己丑十月：「王移蹕舟山，以參將府為行在。……以右僉都御史李長祥、張煌言並為兵部左侍郎。」《海東逸史》卷十八《李長祥傳》：「遁至奉化，依王朝先。朝先亦蜀人，得其資助，由健跳所入舟山；加兵部左侍郎，兼官如故。」

查繼佐《罪惟錄‧紀》卷十九《魯王監國》己丑（監國四年、永曆三年）十月：「（晉）李長祥為兵部侍郎。」

全祖望《前侍郎達州李公研齋行狀》：「由健跳移翁洲，則入朝，加兵部左侍郎，兼官如故。」

魯監國五
永曆四年庚寅（一六五〇年）　姚淑十三歲
順治七

春正月，魯王監國晉長祥東閣大學士，兼兵部尚書。

查繼佐《罪惟錄‧紀》卷十九《魯王監國》庚寅（監國五年、永曆四年）春正月：「晉李長祥東閣大學士，兼兵部尚書。」《罪惟錄‧志》卷十九《直閣志‧魯監國》：「李長祥，研齋，夔州人，由進士，竄野，遙授都御史，進兵部尚書。入舟山，晉東閣大學士。」左尹（查繼佐）《魯春秋‧監國紀》（永曆四年）庚寅（監國五年）春正月：「晉李長祥東閣大學士，兼兵部尚書。初，長祥奮槊東山莽，監國遙敕為兵部尚書。」

魯監國六
永曆五年辛卯（一六五一年）　姚淑十四歲
順治八

二月，王朝先在舟山，張名振素與朝先有隙，因乘其不備，引兵襲殺朝先。時長祥亦在舟山，僅以身免。

明翁洲老民《海東逸史》卷十一《王朝先傳》：「王朝先，故四川土司也。崇禎中，調征遼東，官平西將軍。京師陷，南奔。魯王時，擁兵蛟關。黃斌卿利其兵力，屢貽書招之。朝先率二艦渡橫水洋，斌卿即遣標將朱玫、陸瑋以假迎劫之，朝先跳水得免。既至，斌卿摘其印，留之部下，不任以事。定西侯張名振為之力請，還其印；解衣衣之，贈以千金。朝先居閒，請徇邊海。至奉化之鹿頸，四、五月而聚兵數千，邊海為之出賦。丁亥，王次長垣，封為平西伯。朝先於是深結名振及蕩胡伯阮進，以二人與斌卿有隙也。己丑，閩地盡陷，王至健跳，軍饑，告急斌卿。斌卿不應。會斌卿標將黃大振得罪逃朝先所，因詆朝先曰：『將軍家口及標屬盡被本爵所鈔沒，某以苦諫獲戾，故出亡耳。』朝先積恨久，遂與名振、進合兵攻之，殺斌卿而並其眾。朝先既得志，威福日作，漸與名振攜貳，爭糧爭汛，逞力恃強。名振銜之。辛卯二月，名振忽

引兵至。時朝先居守舟山，名振治兵南田，朝先不虞其見襲也，士卒散遣民舍，倉猝無備，手格數人而死。」

全祖望《前侍郎達州李公研齋行狀》：「侍郎言於王，請合朝先之眾，聯絡沿海，以為翁洲衛。張名振不喜，襲殺朝先，侍郎懼而免。」

七月，清軍破四明山寨，會進攻舟山。九月，舟山陷。

《海東逸史》卷二《監國紀下》：「（六年）七月，北兵攻四明寨，兵部尚書王翊死之。北兵會攻行朝，定西侯張名振、英義伯阮駿扈王發舟山。八月辛酉，北人試舟海口，為南師所敗；獲其樓船，誠十一人而縱之。丙寅，大霧，北兵悉抵螺頭門，守陴者方覺。蕩胡伯阮進邀擊大洋，風反師熸，進死之。九月丙子，城陷。……北兵相謂曰：『吾兵南下，所不易拔者，江陰、涇縣合舟山而三耳！』七年壬辰正月癸酉朔，定西侯張名振、大學士沈宸荃、兵部右侍郎張煌言扈王至廈門。延平王鄭成功朝見，……尋奉王居金門。」

長祥亡命走，至潤州（今江蘇鎮江），因負傷遂為清兵所執，至紹興，被縛至軍門陪斬。旋軟禁於紹興。

《天問閣文集》卷一《石井道士傳（長祥自傳）》：「常自潤州，執越矣，又縛之軍門，斬二十二人，至二十三人，及道士而止。」《天問閣文集》卷三《與顧小阮書》：「僕在浙，免西市之行，猶羈於山陰。」

全祖望《前侍郎達州李公研齋行狀》：「辛卯，翁洲又潰，亡命江淮間，總督陳公錦得之京口。都統金礪、巡道沈潤力主殺之，陳獨不可，釋之，乃居山陰潤谷中。」

時，黃夫人又自海上至，夫婦得再見。不久，黃夫人卒。

全祖望《前侍郎達州李公研齋行狀》：「而侍郎之自翁洲亡命也，又與夫人失。及居山陰，則夫人又自海上至，得再聚。侍郎既羈江寧，夫人已卒。」

魯監國七

永曆六年壬辰（一六五二年）　姚淑十五歲

順治九

姚淑時居江寧。

長祥軟禁於山陰已二年，是年又被清軍安置於江寧，羈守之。

《天問閣文集》卷三《與顧小阮書》：「僕在浙，免西市之行，猶羈於山陰，使羈之一二載，其為錢塘之遊魂久矣。……韓昌黎云：『天地之濱，大江之漬，有怪物焉，爛死於泥沙，寧樂之，俛首帖耳，搖尾而乞憐者，非我之志也。是以有力者遇之，熟

視之，若無睹也。今又有有力者，當其前矣，聊一鳴號焉，庸詎知有力者不哀其窮而轉之清波乎？愈，今者實有類於是。』則僕今者，亦實有類於是。故曾布鄙意，而公則未有以報。越石父曰：『知我而今若此，固不如其在縲絏中也。』公視之何如？然歟？僕將有所請，恐公之復無以報我也，故先聞之，不憚俛首焉。」據此，知長祥被軟禁於山陰時，曾再次寫信給山陰縣令顧予咸。

案顧予咸，字小阮，長洲人，順治進士。康熙《山陰縣志》卷十八《職官志·令·大清》：「顧予咸。順治四年。有傳。劉應斌。順治十年。」是長祥《與顧小阮書》，當作於本年顧在任內時也。

《天問閣文集》卷一《劉宮人傳》：「宮人，萬曆間宮中人，姓劉氏，北京宛平縣人也。十六歲選入宮，天啟間，惠王封荊州府，劉氏從焉。崇禎末年，王避流賊去荊，歷衡湘，至粵東。北京變，江南猶在，遂自粵東經閩至越之紹興府，劉氏皆從之。乙酉，王陷，宮眷盡覆沒，劉氏以老，得不收，流落民間。辛卯，余見之，憫其無依，乃存食余家。壬辰，相隨出越，入南都。」是長祥被安置江寧，即在本年內稍後。

明翁洲老民《海東逸史》卷十八《李長祥傳》：「大兵得之京口，安置江寧，羈守之。」全祖望《前侍郎達州李公研齋行狀》：「居山陰澗谷中，尋遊錢唐。然大吏以為終不可測，更安置江寧。」《國朝詩別裁》卷十一陳維崧《贈李研齋太史》詩，有「飄零已復成吳儂，一身雖在不自保」之句，亦言其在江寧被管束不得自由也。

魯監國八

永曆七年癸巳（一六五三年）　姚淑十六歲

順治十

姚淑居江寧。

長祥在江寧，與方以智會晤。

《天問閣文集》卷二《陳母方太孺人墓誌銘》：「癸巳（即順治十年）予在南都，檢討方公以智相與言，振古以至今，忠臣孝子難言之，有忠臣而誤國者矣，無孝子而誤家者。古之至於今，盡然也。」

是年春三月，魯王去監國號。

明翁洲老民《海東逸史》卷二《監國紀下》：「八年癸巳正月戊辰朔，王在金門。三月，王自去監國號，奉表滇中。」黃宗羲《行朝錄》卷四《魯王監國紀年下》：「八年癸巳正月戊辰朔，上在金門。三月，上自去監國號。」清邵廷采《東南紀事》卷二《魯王以海》：「順治十年癸巳正月，魯王在金門，始自去監國號。」

【補注】

　　日本德川博物館藏《監國魯王勅諭貢生朱之瑜》：「監國魯王勅諭貢生朱之瑜：昔宋相陳宜中託諭占城，去而不返；背君苟免，史氏譏之。蓋時雖不可為，明聖賢大道者，當盡回天衡命之志；若恝然遠去，天下事伊誰任乎！予國家運丁陽九，線脈猶存，重光可待。況祖宗功德不泯人心，中興局面應遠過於晉、宋。且今陝、蜀、黔、楚，悉入版圖，西粵久尊正朔，即閩、粵、江、浙，亦正在紛紜舉動間。非若景炎之代，勢處其窮。故宜中不復，亦不聞有命往召其還也。爾矯矯不折，遠避忘家。陽武之椎，尚堪再試；終軍之請，豈竟忘情。予夢寐求賢，延佇以俟。茲特端勅召爾，可即言旋，前來佐予恢興事業，當資爾節義文章。毋安幸免，濡滯他邦。欽哉。特勅。監國魯玖年三月　日（鈐朱印：監國之寶）」（〔日〕德川真木監修，徐興慶主編：《日本德川博物館藏品錄 II 德川光圀文獻釋解》，卷首圖版彩照《明魯王敕書（一六五四年）》；二《德川光圀的歷史觀》六《明魯王敕書》，第八六～八七頁；上海古籍出版社，二〇一四年。又見《朱舜水集》卷二，北京：中華書局，一九八一年，第三四頁。）

　　金門明臣諸葛倬等四人摩崖詩刻標題：「監國魯王遵澥而南，駕言斯島，揮翰勒石，為漢影雲根四窩〔窠〕字，意念深矣。倬等瞻誦之餘，同賦詩志慨」落款：「永曆歲次甲午秋仲朔恭題」

　　由上可知，魯王自去監國號，當在監國九年、永曆八年甲午（順治十一年，一六五四）三月之後，同年八月一日之前。

永曆八年甲午（一六五四年）　姚淑十七歲
順治十一

　　姚淑居江寧。

　　長祥在江寧。

　　正月，張名振水師入長江，十三日，抵鎮江，泊金山，遙祭明孝陵。

　　明張煌言《北征錄》：「嗣後三入長江，登金山，掠瓜、儀。」（《張蒼水集》，上海古籍出版社，一九八五年版，第一九二頁。）

　　清廷檔案《工科給事中張王治題為請江防移鎮重臣整練水師事本（順治十一年四月初七日）》：「比者海寇竊發，直至金山，如入無人之境。……去歲乘潮內犯，已見端矣，迄今可不早為鑒戒乎？」（廈門大學臺灣研究所，中國第一歷史檔案館編輯部編《鄭成功檔案史料選輯》，福州：福建人民出版社，一九八五年，第八十七頁。）

　　計六奇《明季南略》卷十《浙紀·張名振題詩金山》:「順治十一年甲午正月,海
船數百,溯流而上。十三日,抵鎮江,泊金山,大帥張名振、劉孔昭及史某也。二十
日,名振等白衣方巾登山,從者五百人。……書簿云:『張某到此,大兵不得侵擾。』
徘徊半日乃下。次日,紗幘青袍角帶,復登山,向東南遙祭孝陵,泣下沾襟。設醮三
日,題詩金山云:『十年橫海一孤臣,佳氣鍾山望裏真。鶿首義旗方出楚,燕雲羽檄已
通閩。王師抱鼓心肝咽,父老壺漿涕淚親。南望孝陵兵縞素,會看大纛祃龍津。』(詩)
前云:『予以接濟秦藩,師泊金山,遙拜孝陵有感(而賦)。』後云:『甲午年孟春月,
定西侯張名振同誠意伯題並書。』」

　　時,柳如是捐資助姚志卓組織抗清起義軍。據載,早在順治四年丁亥,柳
如是曾至海上慰勞黃毓祺抗清之師。

　　參閱陳寅恪《柳如是別傳》第五章《復明運動》(上海古籍出版社,一九八〇年,
下冊,第一〇三九～一〇四一、八八八～八九一頁。)

明永曆九年乙未(一六五五年)　姚淑十八歲
清順治十二

　　春正月元宵節,姚淑命婢墨池,將所畫墨竹於燈市出售。長祥在燈市,得
見之,聞是鍾山秀才筆也。然長祥並不知鍾山秀才為何許人。

　　《天問閣文集》卷一《墨池傳》:「乙未,予在金陵,於燈市見墨竹數幅,善價,
爭易之。予問其何人畫,則笑曰:『是尚不識耶?』蓋薄予云。徐曰:『是鍾山秀才筆
也。』予實不知其何如人。佯曰:『諾。』自是忘之矣。」

　　十月,馬鳴佩總督江南,聞長祥孑然一身,慮其有他往之志。長祥乃張揚
說媒,以釋其慮。冬,姚淑和長祥結婚。長祥見新婦作畫,其畫意則昔日之見
於燈市者,始知鍾山秀才之為女子,而已在予之室中也。

　　《墨池傳》:「大司馬以中丞受節鉞南來制諸省會軍馬公某,威望輝赫,然能以禮
下人,知予在金陵,禮之。予是時,以家之數淪沒,無意更娶。大司馬曰:『是鰥耶!
彼孑然者,四方之廣,何不可矣。』予聞之,懼,乃誘金陵城之走媒說者數十人,役
之。蓋以噪人耳目,俾聞於大司馬,非竟欲然也。至一家,予之意忽移,竟不能已,
竟果聘。大司馬乃果喜。及歸,初新之婦,不知其何能。有女子媵者也,名墨池。予
佳其名,問之,則以為是侍作畫者,每作畫,宜墨之淡,俾女子以口受筆,退其墨,
故名墨池。予甚異,即屬畫,則即畫,墨池之侍畫則果然。其畫之意,則囊之見於市
者。予乃知鍾秀才之為女子,而已在予之室中也。」

全祖望《前侍郎達州李公研齋行狀》：「侍郎既羈江寧，夫人已卒。總督馬公陽禮之，而終疑之，曰：『是子然者，誰保之？』侍郎微聞之。時，江寧有閨秀曰鍾秀才者，善墨竹，容色絕世，乃娶之，朝夕甚昵。馬督私謂人曰：『李公有所戀矣。』」

案《清史稿》卷一百九十七《疆臣年表一·江南總督》順治十二年乙未欄載：「馬國柱，九月丁未休。十月，馬鳴佩總督江南、江西。」順治十三年丙申欄載：「馬鳴佩，閏五月己酉病免。」據此，是馬鳴佩於本年十月到任江南總督，長祥之娶姚淑，乃本年冬天事。

《海東逸史·李長祥傳》：「安置江寧，羈守之。長祥忽娶一妾，朝夕甚昵，守者謂長祥有所戀矣，稍懈。」案：此云「娶一妾」，誤甚。

姚淑生年不詳。據《海棠居初集·春日有感》詩云：「十五從君千里外，可惜生我不稱時。」案：《春秋穀梁傳·文公十二年》晉范寧集解：「《內則》云：女子十五而笄。說曰，許嫁也。是故男自二十以及三十，女子自十五以及二十，皆得以嫁娶。」明萬曆《大明會典》卷七十一《禮部二十九·婚禮五·庶人納婦》：「（洪武）三年定：凡男年十六，女年十四以上，並聽婚娶。」姚詩「十五從君」，取十五成年之意，謂成年與長祥結為夫妻也。姚淑本年冬天和長祥結婚，度其年齡約為十七、八歲。由此上數十八年，即明思宗崇禎十一年戊寅（一六三八年），姚淑出生，至本年為十八歲。參見《春日有感》詩注〔一〕。

明永曆十年丙申（一六五六年）　姚淑十九歲
清順治十三

姚淑同長祥居江寧，家甚貧，姚淑因賣畫。

《墨池傳》：「久之，予貧窶，秀才之奩物費盡，其蓄舊墨、古硯、名人手跡，亦皆為予盡。予歎曰：『昔司馬相如、卓文君，皆能以文章著其後。趙孟頫與其夫人管氏，或以字，或以畫，今稱之。……一其婦之不幸，一其夫之不幸，吾免焉。然求如司馬相如、卓文君在成都之愁苦，且不可得，況趙孟頫、管夫人之以富貴樂哉！』秀才曰：『無然，吾鬻吾畫。』乃鬻畫。」

明永曆十一年丁酉（一六五七年）　姚淑二十歲
清順治十四

姚淑賣畫，求者甚眾，門庭苦不得靜，因而中止。

《墨池傳》：「乃鬻畫。金陵都會之地，好事者眾，不能即給。門外常苦索，不得

靜，遂已焉。」

六月，長祥同杜岕訪方文。

明方文《嵞山集續集·徐杭遊草·李研齋太史、杜蒼略山人暑中見過限韻》：「雞鳴山下美人家，我欲從之道路賒。短棹忽過桃葉渡，小園先看石榴花。一瓢冷飲煩襟滌，眾樹濃陰畏日斜。安得清溪同買宅，草堂朝朝對茶瓜。」案《徐杭遊草》係順治十四年之作，故繫於此。

鄧之誠《清詩紀事初編》卷一「方文」條：「方文，字爾止，號嵞山，桐城人。入清，棄諸生，自題其像云：『山人一耒字明農，別號淮西又忍冬。年少才如不羈馬，老來心似後凋松。藏身自合醫兼卜，溷世誰知魚與龍。課板藥囊君莫笑，賦詩行酒尚從容。』可抵一篇自傳。遨遊四方，康熙八年，客死無錫，或云入鄂道卒，年五十八。所著《嵞山集》。」案：方文與從子以智年相若，同學達十四年之久。以智入清，以氣節學問著於世，方文入清，亦以氣節著稱。方文後期之詩，多故國之思，長祥嘗為其《魯遊草》撰序。杜岕，杜濬（於皇）弟，字蒼略，號些山。明諸生，與兄濬同寓金陵，著有《些山集》。」

七月，姚淑因停止賣畫，家益困。不得已，以其婢墨池適人，無幾日，墨池死。

《墨池傳》：「自是益困，再無策，則以墨池適於人。適之無幾日，其家之人來言，墨池死矣！先死之一日，告主人曰：『我夢至一處，我之故母在焉。撫我曰：汝何離秀才？汝有墨祿，今絕之矣。是汝之來此處時也。』乃果然。秀才聞之，淚下。又一日，讀吾詩，忽又淚下。蓋予之集中有《題墨池》詩也。詩有云：『別有香在口，莫畏胭脂黑。』是丁酉年七月事。」

清王培荀《聽雨樓隨筆》卷三：「李研齋娶鍾山秀才，吾鄉王西樵為作歌，中有云：『墨痕時壓唇邊朱。』初以為極力形容其耽文墨耳，未必實事。及觀《觚賸》云：鍾山秀才每一出遊，秦淮麗人，爭相窺傚。嘗畫蘭竹，婢墨池侍，以淡口退筆墨，李詩云：『別有香在口，莫畏臙脂黑。』乃知語非空下。」

長祥識武進董以寧、龔百藥。

《天問閣文集》卷四《龔介眉文集序》：「予以丁酉（一六五七年）識董文友、龔介眉，二子皆毗陵（常州）之文人也。毗陵以文著，毗陵之文，以二子著。」

光緒《武進·陽湖縣志》卷二十三《人物志·文學》：「董以寧，字文友，府學生。負盛名，豪邁不可一時。喜為歌詞，及排偶文。後棄去，專意於詩文。又棄去，專肆力於古文辭、天文、曆象、樂律、方輿，多所發明。後益窮治經學。」

光緒《武進・陽湖縣志》卷二十三《人物志・文學》：「龔百藥，字介眉，學問該博，下筆數千言。年十八，舉順治三年鄉試。性落拓，不事生產，詩歌倜儻豪邁。與董以寧、鄒祇謨、陳玉璂稱毗陵四家。坐罣誤廢，益肆力詩古文辭，性情功力，迥出流輩。」

是年唐大陶二十八歲，回四川於閬中參加鄉試，中舉人。

據李之勤《唐甄事蹟考》（《潛書》附錄，中華書局，一九六三年，第二九一頁）。

龔百藥三十九歲。

董以寧二十九歲。

明永曆十三年己亥（一六五九年）　姚淑二十二歲
清順治十六

姚淑同長祥居江寧。

五月五日，長祥同朱尚云、杜岕遊秦淮。

據《天問閣文集》卷三《朱羽南竹枝詞》。

五月十三日，鄭成功率水師十萬入長江，七月，圍南京，戰敗，退入海上。

計六奇《明季南略》卷十一《閩記・鄭成功入鎮江》：「（順治）十六年己亥（明永曆十三年，一六五九年）五月十三日，（鄭）成功率兵十萬入寇，……二十九日，經江陰。六月初一至初三日，蔽江而上。初八日，至丹徒。十三日，泊金山，祭天，諸舟環集，旗蓋、袍服俱用紅，望之如火。十四日，祭地及山河江海諸神，色俱黑，望之如墨。十五日，先以吉服祭太祖，次以縞服祭先帝，俱用白色，望之如雪。祭畢，大呼高皇者三，將士及諸軍俱泣下。」同書同卷《閩記・郎廷佐大敗鄭成功》：「七月，南京被圍。……以兵逼城，城內寂然不動，鄭兵益懈，謂功在旦夕，甚輕之。……（兩江總督郎）廷佐令守城軍十人留一，餘俱下城歸營。……忽炮大發，梁化鳳、哈哈木、管效忠各引精騎乘炮勢衝出，（馬）信兵大亂，大清將分路襲殺。余士信與先鋒甘輝方演戲，得報，被甲而出。戰良久，哈兵稍卻，廷佐登城見之，驚曰：『如何退了！』復發一隊從小東門出，掩鄭之後，猝不及備，遂大傷。然軍令嚴，主將不奔，軍皆死戰。既而甘輝身中三十餘矢，力不能支，乃走，兵始走。……時七月二十四日也。」《魯春秋》附錄明張煌言《北征紀略》：「延平大軍圍石頭城者已半月，初不聞發一炮姑射城中。而鎮守潤州將帥，亦未曾出兵取旁邑。如句容、丹陽，實南畿咽喉地，尚未扼塞，故蘇松援兵，得長驅集結石城。余聞之，即上書延平，大略謂『頓兵堅城，師老易生他變。亟宜分遣諸將，盡取畿輔諸城。若留都出兵他援，我可以邀擊殲之。否則，不

過自守虜耳。俟四面克復，方以全力注之，彼直檻羊、穽獸也。』無何，石頭師挫。緣士卒釋兵而嬉，樵蘇四出，營壘為空，敵諜知，用輕騎襲破前屯，延平倉猝移帳。質明，軍灶未就，敵傾城出戰，兵無鬥志，竟大敗。」

　　時，長祥在城中，賦《秋懷》詩云：「江上烽煙正暮秋，石城涼雨入高樓。金山雲暗天方醉，滄海星飛水自流。白下霜催園菊老，紅橋風送井梧愁。老夫起舞恒通夕，不待荒雞已白頭。」

　　案：《明詩紀事・辛籤》卷九載此詩，不言所作年代。《明季南略》卷十六《閩記・郎廷佐大敗鄭成功》：「郎廷佐聞鄭兵將至，將城外屋悉行燒拆。近城十里居民，俱令入城。大開水西、旱西兩門，使百姓置柴；限五日，如城外不賣及賣不完者，俱火之。鄭兵至，結營白土山，距南京儀鳳門七里。廷佐斂兵閉守。滿將哈哈木疑民有異志，郎保無他。令民閉戶，雞犬無聲。鄭兵圍困不攻，城中米七兩一石，百姓不敢街上行羅，有餓死室中者。惟柴不甚貴，以燒臺凳故也。七月，南京被圍，廷佐檄松江總兵馬進寶及崇明提督梁化鳳入援；進寶不奉檄，化鳳以四千人至。」時清軍驚惶萬狀。長祥《秋懷》詩中之「江上烽煙」云云，即指此次鄭成功圍南京也。「白下霜催」云云，則是指鄭成功兵敗南京，使人傷心。「井梧」，指曾駐梧州之永曆帝。南明諸政權，鄭成功奉永曆為正朔。

明永曆十五年辛丑（一六六一年）　　姚淑二十四歲
清順治十八

　　七月，姚淑同長祥遷居秦淮。

　　方文《嵞山集・續集・西江遊草・李研齋舊史遷居秦淮過訪有贈》：「劍閣瞿塘歸未能，廿年蹤跡滯金陵。居鄰十廟囂雖遠，步出三山（原注：街名）戀爭（原注：上聲）勝。恰喜新秋移水檻，預知窮巷有詩朋。相過百遍休嫌數，買酒無錢感又增。」《嵞山集・再續集》自注：「往四遊草，《西江遊》係辛丑詩。」

　　乾隆《江南通志》卷十一《輿地志・山川一・江寧府》：「秦淮在府治東南，相傳秦時所鑿。」

　　是年九月，清兵追永曆帝於緬甸，十二月被執。明年四月，於雲南遇害。

　　《明季南略》卷十七《粵紀續・吳三桂兵取雲南》：「（順治十八年十二月）緬人遂執永曆及其母太后等並從官家口獻軍前。」康熙《雲南府志》卷五《沿革志・大事考》：「（順治十八年辛丑）十一月，安南將軍卓羅、鎮雲南愛星阿、吳三桂統兵入緬，緬酋獻永曆。」又云：「（康熙元年壬寅四月）吳三桂縊殺永曆乃其子於昆明。」

清聖祖康熙元年壬寅（一六六二年）　姚淑二十五歲

姚淑隨長祥避地常州（今江蘇常州）。欲他往，常州人留居之。

《天問閣文集》卷二《唐薛二賢祠記》：「予以壬寅（康熙元年）來毗陵。欲盡識毗陵之賢者，乃入鄉賢祠。」

案長祥是以避難至常州。嘉慶達縣祠堂本《天問閣文集》記類《毗陵蘇東坡祠記》：「予來此地以厄，欲他往，毗陵人私相謂曰：豈以某去，而我毗陵之人聽之者乎？乃謀留計，予感焉不去。」

《天問閣文集》卷二《楊脩撰（廷鑒）夫人吳氏墓表》：「予曾以難故奔毗陵，修撰他去，夫人使使多方周旋，亡名之困，乃得贍給，全於郡之龍興寺。恤予禍患，不計予禍患之相累。使修撰為之，無以加此。」

康熙《常州府志》卷二十四《人物·明》：「楊廷鑒，字冰如，武進人。崇禎進士，廷對第一。為人和厚，好獎掖後進。……群邑學校頹廢，捐金倡助。歲饑，東西設粥，暮夜施苫，全活甚眾。」

嘉慶《大清一統志》卷八十七《常州府》：「武進縣，附郭。」

姚淑同長祥居於常州東門外之桃園，因名其居曰「桃園草堂」。

《天問閣文集》卷二《桃園草堂記》：「予來毗陵，友人假予居於東門外之桃園上。園背城而僻，多桃樹。毗陵之人，春日以看花飲酒者也。予居之。有謂予者曰：『此之園上，無先生，一飲酒看花場耳。』於是名其居為『桃園草堂』。予曰：『今天下向治，人人自濯磨恥賤，舊日之縉紳先生，聞其多更新去，為尊官於廟堂之上。予之故人皆去矣。有不去者，又藏之深山，不與人見。若予也，不知廟堂之在何處？又不知深山之何如？日近於人，以與人見，吾悲焉，敢又使後世之人知之哉！』」

《古今圖書集成·方輿彙編·職方典·常州府部彙考·常州府古蹟考一》：「桃原。在城東新城壕高阜處，春時，桃花盛開，延袤數里，遊者擬武陵焉。」道光《武進·陽湖縣合志》卷二《輿地志·古蹟》：「桃園在東門外，會龍橋南。即舊桃源地。春時，桃花盛時，延袤數里，畫船錦帳，士女喧闐。今廢。」

姚淑於桃園築小書齋，名「海棠居」。

《天問閣文集》卷二《海棠居記》：「余內作一小齋，讀書其中，名曰『海棠居』。婦女之性喜花，故雖以讀書之居，仍名花也。入其中，所見松柏而已，無海棠而名之，何也？曰：『松柏類君者也，吾故種之。』問海棠之何以名，則不言。我知之矣，蓋自當之乎！乃讀書其中。初，以作詩之故，讀《楚辭》，至『朝飲木蘭之墜露兮，夕餐秋菊之落英』，歎曰：『飲乎，餐乎，善矣！然露則墜矣，英則落矣！』又至『恐鵜鴂之

先鳴兮，使夫百草為之不芳』，則效《楚辭》謂予曰：『少不可兮再得，君毋然兮輕別。』嗚呼，其惜海棠深哉！」

姚淑作《憶鍾山》詩，表達對南京鍾山的思念，和不屈不撓的反清復明理想。

《海棠居初集‧憶鍾山》：「萬方之天，豈不明矣。」

是年，海上鄭氏稱永曆十六年。

康熙二年癸卯（一六六三年）　姚淑二十六歲

姚淑居常州。

長祥致書與姜宸英論作文。

《天問閣文集》卷三《與姜西溟書》：「西溟足下，曩在貴地，歷有年所，介冑之士，不遑他及，以足下之賢，竟成隔世，憾也如何？然足下方三十以外，在僕之於貴地時，十餘歲耳，其不識宜矣。袁重其過毗陵，見惠大作，讀之驚甚。此道自眉山以後，難言之矣。僕生西蜀之荊棘地，念父母之邦，痛被屠戮，乃聚豪傑，衛鄉里，凡十餘年。自是總罷困兵戎，不自意解甲，然已過半生矣。」

鄧之誠《清詩紀事初編》卷七「姜宸英」條：「姜宸英，字西溟，慈谿人。諸生，工為詩文，有盛名。以薦入明史館，纂修《刑法志》，後從徐乾學洞庭山一統志局為分纂。康熙三十六年成進士，入翰林。後二年，充順天鄉試副考官，以物論紛紜被劾下獄病卒，年七十二。……鄞人馮保燮、王定祥哀集宸英所為詩文而盡刻之，為《湛園未定稿》十卷、《西溟文鈔》四卷、《真意堂佚稿》一卷……曰《姜先生全集》。」

光緒《蘇州府志》卷八十八《人物‧長洲縣‧國朝》：「袁駿，字重其。早喪父，傭書養母。以貧甚，母節不能旌，乃徵海內詩文，曰《霜哺篇》，多至數百軸。凡士大夫過吳門者，無不知有袁孝子也。」

時，長祥約五十三歲。

長祥生年不詳。其《與姜西溟書》有「聞足下方三十以外」之語。案全祖望《鮚埼亭集》卷十六《翰林院編修湛園姜先生（宸英）墓表》：「康熙丁丑（即康熙三十六年，一六九七年），年七十矣。」據此推知，宸英實生於明崇禎元年戊辰（一六二八年），至本年康熙二年癸卯（一六六三年），宸英為三十六歲，與長祥《書》中所云「聞足下方三十以外」之說吻合。長祥《書》中說自己「已過半生」，「半生」，當已五十餘歲。今估計長祥是年約五十四歲。由此逆推，長祥當生於明神宗萬曆三十八年庚戌（一六一〇年）。又案《天問閣集》刻於康熙十二年（一六七三年），本集卷三《與余

飲虹書》有「小兒渡江，忽記足下七十餘，僕六十餘」之語。假定是《書》最遲作於康熙十二年癸丑（一六七三年），其時長祥約六十四歲，由此上溯，長祥亦生於萬曆三十八年也。

　　姚淑為鄒祗謨夫人作《雙青圖》。

　　清鄒祗謨、王士禛輯《倚聲初集》卷十六鄒祗謨《閨怨無悶》：「姚夫人仲淑，畫《雙青圖》遺內子，代題謝。」此詞編於同書同卷鄒祗謨《揚州慢‧廣陵送孫無言歸黃山》之後。宗元鼎《麗農詞序》：「庚子（即順治十七年）秋，鄒子復遊廣陵。」是本詞當作康熙初也。因繫於此。

　　清李斗《揚州畫坊錄》卷十：「鄒祗謨，字訏士，號程村，武進人，進士。天資穎異，過目靡所遺忘。上自經史子集，以及天文、宗教、百家之書，細及古今人爵里、姓氏、世次、年譜，無不委記。……著有《遠志齋集》，並《麗農詞》。」

　　長祥弟長祐，從達州到常州看視其兄嫂。長祥作《憂雲亭記》、《北岩鍾鼓記》。

　　《天問閣文集》卷二《憂雲亭記》：「予在毗陵，長祐弟來，相與述往事，歎息作之記。」

　　《天問閣文集》卷二《北岩鍾鼓記》：「今之甲午三月六日，夜半，忽若有聲，若鍾鼓之聲，來城內。」又云：「長祐弟視予毗陵，為予言，因記之如此。」《記》中有「今之甲午」語，甲午即順治十一年。是長祐之到常州，當是康熙一、二年間事。

　　《憂雲亭記》：「吾州城之南，隔一水有翠屏山，舊有亭在其上，名憂雲亭。」「憂之為言，蓋樂工所以播之器而乍出乎聲者也，與搏、拊之類等。施之於雲，與近代所云聽鏡、讀畫者何異。」又云：「吾州當盛時，俗頗好遊，每歲元旦後一日即出遊焉，至十五六日乃止。亭在山，渡浮橋而上，顧見煙火紛繁；城郭府第宮廟，朱樓高閣；輿馬奔騰，冠蓋相望。亭之處又最高，人無不趨高者，鼓歌競作，於喁連聲」，「自下聽之，如雲中流響，憂然而鳴。」「茲之鳴也，不得謂之絲竹，不得謂之非絲非竹。」又云：「予在毗陵，長祐弟來，相與述往事，歎息作之記。」

　　案《憂雲亭記》所低徊流連無已者，是對故國明朝之無限懷念，不僅是對故鄉達州之思念也。

　　《北岩鍾鼓記》：「吾州舊有『夜聽北岩鍾鼓響』之句，《志》載之。北岩在城北，寺即以名。其鍾鼓之聲，憶即指寺之鍾鼓也。流賊之變，城野、家室、廬場，焚滅皆盡，寺皆盡。北岩惟荊棘，鍾鼓不知其亡之何處矣。今之甲午三月六日，夜半，忽若有聲，若鍾鼓之聲，來城內。越一夜，皆然。又一夜。又然。其聲若自北來，聽之在

北岩寺。人相與往視之，荊棘耳，無一有。一時人驚顧，喧傳神異。」又云：「北岩寺創自唐之天寶年，以今之鍾鼓度之，唐之創寺，亦正有因。而今日之鍾鼓，亦正可想見，寺其興歟！長祐弟視予毗陵，為予言，因記之如此。」

案《春秋左傳》莊公二十九年：「凡師，有鍾鼓曰伐。（晉杜預注：聲其罪。）無曰侵。（杜預注：鍾鼓無聲。）」《詩經·邶風·擊鼓》：「擊鼓其鏜，踴躍用兵。」《北岩鍾鼓記》乃是暗以唐天寶十四載安史之亂爆發，隱喻明崇禎十七年清兵入關；暗用「鍾鼓曰伐」、「聲其（入侵之）罪」之《春秋》大義，以及「擊鼓其鏜，踴躍用兵」之《詩經》大義，以北岩鍾鼓之聲，激勵人們不忘奮起反抗滿清入侵者也。

長祥成《杜詩編年》一書。

《天問閣文集》卷四《杜詩編年序》：「予讀子美詩，老矣。近移毗陵，簡兒輩所藏書，得予舊閱剡溪單氏本，間棄存原評語。陶雲楊氏，好古方深，與予朝夕，書成。」《序》中有「近移毗陵」之語，是此書成於本年前後。

姚淑同長祥移居常州之後，家有園林之勝，夫婦常得琴書倡和之樂。

《海棠居初集·贈太史》詩云：「得懸琴瑟是仙家，看看樓頭日又斜。君自讀書覺太苦，過來花下且烹茶。」又《聽琴》詩云：「閒坐書齋裏，聽君指上琴。忽然高山起，恍惚移我心。」

《海棠居記》：「（仲淑）自是漸窺經史，深更苦讀，以勞成疾，猶欲予講《易》，予不與講，每背去，不相與語，然猶私讀也。其自作海棠居詩，有云：『還向河圖觀理數，早從太極悟陰陽。』……予亦作二絕，其一云：『本是書齋靜似秋，終朝書卷不梳頭。登樓我亦看書去，聞汝書聲又下樓。』」

長祥在常州與謝良琦、龔百藥過從論學，相與砥礪。

道光《武進·陽湖縣合志》卷二十九《人物志·寓賢》：「李長祥，號研齋，四川夔州人。明進士，官翰林，負經濟才。避獻賊亂，寓東門外桃園，築草堂，吟詠（其中）。通判謝良琦為之記。良琦號石頓，廣西人，罷常州通判，留居霍園，與長祥集名士論文賦詩無虛日。」

《天問閣文集》卷三《與余飲虹書》：「毗陵得勝友龔百藥，相與砥礪，平生願足。」

莊廷鑨《明史》案，始自順治十八年春，歷時兩年，本年五月案結，戮莊廷鑨屍，作序、校閱、刻書、賣書、藏書者等被株連，所殺七十餘人。為清代第一宗文字獄大案。

顧炎武《亭林文集》卷五《書吳潘二子事》：「莊名廷鑨，……為《明書》。……（歸安令吳）之榮入京師，摘忌諱語密奏之，四大臣大怒，遣官至杭，執莊生之父及其兄

廷鉞及弟侄等，並列名於書者十八人，皆論死。其刻書、鬻書，並知府、推官之不發覺者，亦坐之。發廷鑣之墓，焚其骨，籍沒其家產。所殺七十餘人。」

是年，海上鄭氏稱永曆十七年。

康熙三年甲辰（一六六四年）　姚淑二十七歲

姚淑居常州。

三月，長祥與良琦遊常州南郊蒹葭莊。

謝良琦《蒹葭莊看梅記》：「甲辰三月，余在蘭陵（即常州），與李研齋尋梅於南郊。行二里許，道旁林木翁蔚，稍進，頹垣敗址中間，花木隱見。問之居人，曰：『此某氏之廢圃也。有梅數十株，向皆移自陽羨山中。歲久，不知其花否？』與客往觀之，步至其處，柴門半啟，有額，曰『蒹葭莊』，舊矣。」（嘉慶達縣祠堂本《天問閣文集》卷末附錄）。

長祥將出遊，為謝良琦撰《醉白堂文集序》。

長祥《醉白堂文集序》：「石臞生於清湘，清湘舊楚地，則石臞楚人。猶杜少陵生於河南之鞏縣，實襄陽人。少陵之以河南著，石臞之以粵西著，一爾。石臞之文，得為古文，顯之於予，以顯之於天下後世，豈偶然哉？予將他往，石臞亦將歸，離而復合，不知何時？予因與友人選次其文，而敘之如此。」（文見康熙原刻本《醉白堂文集》卷首，《天問閣文集》失載。）

長祥出遊前，姚淑有《贈太史雙鬟》詩。

《海棠居初集·贈太史雙鬟》：「恨君有翼志他方，常恐風煙一舟行，贈君雙鬟君莫忘」。《天問閣文集》卷二《海棠居記》：「（仲淑讀《楚辭》，）則效《楚辭》謂予曰：『少不可兮再得，君毋然兮輕別。』」可知長祥遠遊蓄意已久。

秋，長祥別姚淑北遊，至蘇州，訪熊開元，旋轉至揚州。

《海東逸史》卷十八《李長祥傳》：「（長祥）由吳門、渡秦郵，走河北，遍歷宣府、大同。」

《天問閣文集》卷三《與熊魚山書》：「庵前拜別，越版險，經混沌之地，計時兩歲，路萬里。」

《南疆繹史》卷十九《熊開元傳》：「熊開元，字魚山，嘉魚人。天啟乙丑進士。……崇禎朝，徵授吏部給事中。……閩中唐王立，以工科召，……敕授御營隨征東閣大學士，……汀州破，棄家為僧於蘇之靈巖。」

《天問閣文集》卷二《江都董子祠記》：「歲甲辰（即康熙三年），秋，予來江都，

拜其遺像，肅然久之。江都諸生，命予作記。」

長祥離家後，姚淑有《掃山》、《自君之出矣》諸詩，述其思念之情。

《海棠居初集·掃山》「山有秋風木葉萎」句，當是描述長祥於秋天離家不久之情況。「輕羅徐步立山頭，每日太史同此處」句，則又言其重見舊日遊蹤，而懷念長祥也。

長祥由揚州到河南，同李條侯過朝歌（今河南淇縣），並撰序贈之。

《天問閣文集》卷四《贈李條侯序》：「條侯在兩淮間，以豪俠聞。條侯之負性厚者也，乃能以豪俠聞，豪俠之固本於厚耶？予常過兩淮矣，士之有來者，必問條侯，條侯必盡其客之來者問之，又卒能相好，無間然。……今與過朝歌，吾別去，以吾之願條侯思之也。乃贈之如此。」

錢謙益《有學集》卷五《寄贈下邳李條侯二首》其一：「青箱白袷道衣閒，滿月雕弓手自彎。蠟屐遠尋婁敬洞，開窗近對子房山。白連滄海雲千疊，碧漫坯橋水一灣。書劍溪堂鞍馬客，夜深燈火射潮還。」

長祥至北京，晤曹溶，復前往山西。曹溶時任山西陽和道（治大同），因賀萬壽節至京。

明末清初曹溶《靜惕堂詩集》卷七《送李研齋遊太原》：「李公奮西南，涉躓神不移。側力控龍蛇，猛銳莫可羈。悠悠盼蒼天，密抱存所思。蟄久還怒張，守中溷雄雌。攝衣上駃騠，自吳屆燕陲。告我復前邁，言登太行陂。瞻望古都邑，庶得舒華蕤。晉陽賢主人，良會寧苦疲。四隅氈毹席，壽客黃金巵。情極轉哀生，自惜凌塵姿。銅池墜清業，珠闕無履綦。東流既滔滔，駒隙疇能追。萬事等遊觀，行矣慎勿疑。」

《清史列傳》卷七十八《貳臣傳甲·曹溶》：「因降山西陽和道。康熙三年，山西巡撫白如梅遣溶慶賀萬壽節至京。……尋以裁缺歸里。」

冬，長祥至太原，撰《晉祠記》。

《天問閣文集》卷二《晉祠記》：「晉有司所以祀虞叔者，曰晉祠，在太原縣西南八里。又有廟在其右，人之以意私祀者也。」

長祥去太原時，有人贈以詩云：「十載江湖穩釣磯，跨鞍絕塞欲何依。草荒白帝家難問，瓜熟青門事更非。著作千秋身未老，悲歌萬里客將歸。并州風勁霜如雪，送爾離亭淚滿衣。」

案：此詩康熙刻本徐乾學《憺園文集》卷四題作「贈友」，康熙刻本陸次雲輯《皇清詩選》卷十七、乾隆刻本陳維崧輯《篋衍集》卷九徐乾學名下，題作「贈李研齋太史」。

乾隆《直隸達州志》卷四《藝文‧詩集》錄此詩，題《贈李研齋太史》，題下署「失名」；王培荀《聽雨樓隨筆》卷七：「有人贈研齋詩云（略）。慷慨悲壯，足寫其平生。不著姓名，想為明之逸老也。」

長祥過汾州（今山西汾陽），有《汾州學宮記》。

嘉慶達縣祠堂本《天問閣文集》碑文類，載有《汾州學宮記》殘文，原文失題，誤入《溧陽史公墓表》文中。詳見拙編《校勘天問閣文集》。

長祥旋去大同（今山西大同），遊覽雲岡石窟，曹溶率小隊從騎來作導遊。

《天問閣文集》卷二《雲中古佛岩記》：「雲中西郭外三十里，有岡曰『雲岡』。嘉禾先生來此，常往遊焉。雲中人曰：『先生之往遊也，或自往，或攜客以往，其布衣草履、不相意料之人，則得從之。或有告先生以欲往之意，輒謝曰「是在三十里外，遠矣」，則遂止，遂每獨往。』有蜀人在雲中，故好遊，然莫為先生言，不知先生之視蜀人何如也。先生忽小隊至，攜去。及岩，岩皆石，有洞數處，皆鑿石為之。其一洞，有古佛坐像，亦因石鑿為之者。佛高八九丈，洞則高十餘丈，洞外為閣數層，與洞相倚。入其中，如一洞，高又過洞。……日將暮，乃歸。當其來也，從騎頗軍人裝，行者驚避去，以為將軍獵。父老子弟則知之，曰：『我公遊也。』相與歡呼一路。先生亦引馬近，相與撫惜言笑。其歸也，亦皆相留連，目送久之。是時，已有月，山高不見，及行出山口，月忽然闖在城郭之上。先生命滅火，無使混亂，竟寂然入城。蜀人歸旅舍，舍之人曰：『客之在斯土也，無我嘉禾先生，幾不知有古佛。』或曰：『嘉禾先生無蜀人，幾不知有客。』是不可無記，遂記此。」

明李賢等《大明一統志》卷三十九《嘉興府》：「嘉興縣，附郭。秦為由拳縣地，屬會稽郡，東漢屬吳郡。孫吳以嘉禾生，改置嘉禾縣，後改嘉興縣。」

《清史列傳》卷七十八《貳臣傳甲‧曹溶》：「曹溶，浙江嘉興人，崇禎十年進士。」

案《記》中所說的「嘉禾先生」，指曹溶。「蜀人」，即長祥也。曹溶雖為貳臣，實懷有遺民之思。

長祥復由大同至宣化（今河北宣化），客宣化衛署中。

《天問閣文集》卷二《槐龍記》：「宣府，古幽州地，漢則上谷郡，迄明為鎮。其要害之在居庸關以外，此則最三百年來屯兵百萬，而處於城內則十萬。大總戎常以侯伯為之，以鎮之重也。……衛之守嚴公南，虞山人也。性好客，聞予來，即延至其署。」

雍正《畿輔通志》卷十四《建置沿革‧宣化府》：「自洪武至嘉靖，凡置衛所二十有一，城堡三十有三，俱隸萬全都司，其隆慶、保安二州、永寧一縣，撫鎮統之（《宣鎮志》）。本朝初，仍曰宣府鎮，領宣府前衛及萬全左右、懷安、懷來、永寧、龍門、

開平、保安、蔚州共十衛，延慶、保安二州。康熙三十二年，改置宣化府，領州二、縣八。」

長祥在宣化，憑弔明宣府巡撫朱之馮廟，為廟撰碑文。

《鶴齋叢書》本《天問閣集》卷中《故都察院右副都御史宣府巡撫宛平朱公廟碑》：「公諱之馮，宛平縣人，丁丑進士。長祥來宣，拜公廟，感公，乃整齊其本末，銘焉。」

《崇禎長編》卷二崇禎十七年甲申三月：「乙未，李自成犯宣府，白廣恩、姜驤叛降，監視太監杜勳迎賊。巡撫朱之馮不屈，賊磔殺之。」

長祥由宣化，經居庸關，循長城，至雲中，作《雲中君之賦》，又循長城以去。

《天問閣文集》卷一《石井道士傳》（長祥自傳）：「道士故好遊，於是又遊焉。南大河，北恒岳（今河北曲陽西北），左泰山，右積石（今甘肅省臨夏西北）；陷井陘（井陘關，今河北井陘縣北），絕桑乾（桑乾河，自山西北部東北流經河北北部），立白登（白登山，今山西大同東），遲土木（土木堡，今河北懷來東），龍關（今河北赤城西南）、雁門（雁門關，今山西代縣北），蜚狐（蜚狐口，今河北蔚縣南）、殺馬（殺馬關，今甘肅臨夏西南），莫不徘徊，以至於雲中（今山西大同，泛指今山西北部一帶）。作《雲中君之賦》，賦成，又循長城去。長城起臨洮（今甘肅臨洮），至遼海，萬餘里延袤。道士曰：『是何可不縱觀之盡。』」案長祥北遊蹤跡，所能詳者，已詳於上；其曲折往復，及最遠至於何地，已不能詳。

長祥北遊，志在復明。據《石井道士傳》說：「岳瀆關河，宮廟陵寢，悲歌之區，要領之處，必止馬留連，茂草黃花，索殘碑，覓故老，然後乃已。」同書卷四《祭和憲（方拱乾）先生文》說：「今予也，奔驅萬里，徒然遑遑，不得為斷首之樊於期。」足見長祥北行是訪求遺民，密謀恢復，甘願作為國獻身的樊於期。

時，姚淑作《高臺望明月》、《憶太史》諸詩，表達對長祥的相思，和志同道合的相知。

《海棠居初集·高臺望明月》：「明月當臺滿，萬方共一光。溶溶天氣靜，白白地霜長。漸覺雲鬟濕，還看寶髻涼。清輝吹不斷，偏是到紅妝。」

《憶太史》：「寒風蕭瑟落葉時，與君共月君不知。夜長清漏一幃孤，夢斷他鄉心自疑。有鴉聲噪寒霜溧，欲寫新詩愁凍筆。獨上妝臺倚鏡邊，數得歸期在何日。」

是年，海上鄭氏稱永曆十八年。

康熙五年丙午（一六六六年）　姚淑二十九歲

　　長祥北遊歸常州。此行歷時兩年，行程萬里。

　　《天問閣文集》卷二《和憲先生桐城方公（拱乾）墓誌銘》：「公在江都，疾，召門人李長祥於毗陵，至，謂曰：『吾疾亟，若不復起，跡吾墓時應銘法，吾顧今海內之以文名人，吾尚女，女為吾為之也。』……長祥再拜手，曰：『謹受命。』未十日，而先生卒。」又云：「公生於丙申夏四月三日，卒於丙午夏五月二十六日，享年七十一。」

　　同書卷四《祭和憲先生文》：「今予也，奔驅萬里，徒然遑遑，不得為斷首之樊於期，公即已休。」

　　同書卷三《與熊魚山書》：「庵前拜別，越版險，經混沌之地，計時兩歲，路萬里。氣血枝梧，不諳自存惜，乃耳目茫然，返矣。」

　　案：由上可知，長祥北遊歸來，當在康熙五年五月中旬以前不久。

　　姚淑為李以篤室周照畫竹。

　　方文《嵞山集‧再續集》卷五《李雲田乞姚氏女畫竹，寄其室寶燈，並囑予為題小詩》：「楚客懷歸歸路難，先將墨竹報平安。君如粉籜隨風遠，妾似霜根抱石寒。」

　　案方文為長祥師方拱乾之從弟，《嵞山集‧再續集》卷四有《從兄坦庵先生招飲寓齋看菊率成二首》詩，坦庵，拱乾號。知方文年輩長於姚淑也。

　　陳維崧《婦人集》：「周炤，字寶燈，江夏女子。湘楚中人傳其豐神纖媚，姣好如佚女。性敏給，知書，歸漢陽李生，生名以篤，字雲田。生固慕炤，既得當炤，則益大喜過望。然家先有大婦在，炤眉黛間恒有楚色。李生愛客遊，常攜炤殘墨數幅，以示友人，人無不色飛者。生篋中有藏炤自寫《坐月浣花圖》，雙鬢如霧，烘染欲絕。圖尾有小篆二，一曰『絡隱』，或曰炤又字絡隱云。」

　　案周炤（照）能文，工詩。《天問閣文集》卷一有《周照傳》，載其所作《悼懷賦》、《喪禮議》等文。

　　五月中旬，長祥師方拱乾在江都（今江蘇揚州）病亟，召長祥往。未十日，拱乾卒，長祥為文祭之。

　　《天問閣文集》卷二《和憲先生方公（拱乾）墓誌銘》：「公在江都，疾，召門人李長祥於毗陵。」同書卷四《祭和憲先生文》：「憶初見公，即荷公知。」

　　清潘江輯《龍眠風雅》卷二十二方拱乾小傳：「方拱乾，字肅之，號坦庵。弱冠負文譽，經史一覽不忘，為文捉筆立就。諸生時，輒以天下為己任。崇禎戊辰（崇禎元年，一六二八）進士，館選第一，假歸。十三年授編修，稍遷至左諭德，分校禮闈，

得人稱最盛。」

明王世貞《觚不觚錄》：「翰林分考會試，雖本經房而不係所取者，不稱門生。」沈德符《萬曆野獲編》卷十四《科場・師弟相得》：「座主偏重會試分考，執弟子禮終身不衰。」座主，中式人稱其試官。

案崇禎十六年癸未科，方拱乾以左諭德任同考官（房考官），批薦錄取李長祥，故長祥於拱乾稱門人，執弟子禮終身不衰。

十月，長祥在揚州參與紅橋宴集。

《天問閣文集》卷二《紅橋燕集記》：「丙午（即康熙五年）十月某日，揚州人飲四方諸名公於北郭之紅橋。其為主者十三人，客者三十三人。」

陳維崧《迦陵詞全集》卷十七《念奴嬌》序：「《紅橋倡和集》成，索李研齋序，孫介夫記，作詞奉柬，並呈巢民先生，仍用顧庵韻。」詞云：「夔門蜀棧，是史家粉本，先生所獨。更有孫樵雄且健，暗裏《漢書》能覆。二老縱橫，兩篇記序，並逐中原鹿。古文奇字，他人恐不能讀。　直可抵突曾、王，激昂韓、柳，揖歐陽永叔。我與浯溪曾有約，採入文抄篇幅。細寫千行，高吟百遍，音響崩崖屋。遇當佳處，澆之苦茗芳菊。」

王士祿作《鍾山秀才歌》。

清王培荀《聽雨樓隨筆》卷五：「達縣李研齋，……安置江寧時，有閨秀號鍾山秀才者，……乃娶之。……與吾鄉王西樵先生酒間道其事，西樵為作《鍾山秀才歌》云。」案：孫枝蔚《溉堂集・續集》卷一《題王西樵〈桐蔭讀書圖〉有序》：「揚州戴蒼善寫真，西樵命作《桐蔭讀書圖》。」卷端題「丙午」，此序和詩編入康熙五年丙午。又長祥《紅橋燕集記》謂此次與會者，「而客之三十三人中，齊人者二人」，「蜀人者一人」。據此是長祥之會見王士祿乃本年事。

王士禎輯《（漁洋山人）感舊集》卷八：「王士祿，字子底，號西樵，山東新城人，漁洋胞兄。順治壬辰進士，官考功員外郎，有《十笏草堂集》、《考功詩選》。」

長祥至山陰（今浙江紹興），為張岱題生壙。

張岱《琅嬛文集》卷五《自為墓誌銘》：「友人李研齋題其壙，曰：『嗚呼！有明著述鴻儒陶庵張長公之壙。』」又云：「（岱）生於萬曆丁酉，八月二十五日」，「明年，年躋七十。」萬曆丁酉，為萬曆二十五年（一五九七年）。「明年」，即康熙五年丙午（一六六六年）。長祥至山陰為張岱題生壙，未必是康熙四年岱自為墓誌之日（時李長祥北遊未還），當是康熙五年岱年躋七十之歲。

清李聿求《魯之春秋》卷二十《張岱傳》：「張岱，字宗子，山陰人，參議汝霖子。

汝霖嘗官山東副考官，與魯王藩邸有舊。監國駐紹興，幸岱第，授職方主事，未幾辭歸。……岱幼有神童之名，乃長，文思坌湧，好結納海內勝流。……亂後隱居，意緒蒼涼，語及少壯穠華，自謂夢境。著書十餘種，率以夢名，而《石匱書》紀明代事尤備。年八十餘卒。」

是年，海上鄭氏稱永曆二十年。

康熙六年丁未（一六六七年）　姚淑三十歲

春，長祥在揚州，與友人談甲申事變事，得劉文炳家狀，因撰《新樂侯劉氏傳》，又有《送梵林歸越序》。

《鶴齋叢書》本《天問閣集》卷上《新樂侯劉氏傳》：「今之丁未，予過秦郵，諸君子相與歔欷往事，因得文照（文炳之弟）手錄其家狀，見帝之所以親愛文炳，與文炳之所以事帝，不禁流涕。」案：劉文炳，號淇筠，南直海州人。崇禎時，官至太子太保，晉新樂侯。李自成攻北京，城破，縱火自焚死。《明季北略》卷二十一下有傳。

《天問閣文集》卷四《送梵林歸越序》：「梵林，越人也。方外之緇衣，而以詩遊，縉紳先生器之，凡二十餘年，是成名者也。在江都，每群公飲，必與。」

《迦陵詞全集》卷九《滿路花·贈梵公》自注：「師住雲門，工書畫。」其詞下闋云：「平山堂下，鴻爪依稀，記北邙，王與宋，曾同醉。」自注：「謂（王）西樵、（宋）荔裳兩先生。」

冬，長祥遊杭州，姚淑賦詩送之。

《海棠居初集·送太史游臨安》：「送君上扁舟，低首不能語。歸來無幾時，今又遠方去。步步望不見，何時共一處？」

《天問閣文集》卷三《與吳浙癸未友人書》：「丁未（即康熙六年）冬，來臨安。」

長祥在杭州，為營葬溫寶忠，發起募捐。

《天問閣文集》卷三《與吳浙癸未友人書》：「溫寶忠先生，癸未同譜友也。理刑徽州府，乙酉以變殉，僕詳之傳中矣。據死時，幕府瘞之徽城外水陸寺旁，僕常恨不能至徽，哭先生墓所。今丁未冬，來臨安，見孤，問先生水陸寺旁狀，則啟歸久矣，然尚未得入土。……孤今稽首階除，祈即自書姓名，用圖章付之，自僕始。」

是年，海上鄭氏稱永曆二十一年。

康熙七年戊申（一六六八年）　姚淑三十一歲

龔百藥為姚淑詩集撰序。

　　龔百藥《鍾山秀才詩序》：「有《鍾山秀才》詩一卷，余讀之，鍾山秀才非男子也，其詩則非婦人女子也。嗚呼，異哉！」文末署：「年眷侄毗陵龔百藥琅霞氏拜書於論世堂」。此當為姚淑詩集之最早命名。

　　案：長祥序姚淑詩云：「蓋余初生來好遊，朱顏相對，琴瑟靜好，一旦言萬里，即疾馳去，不顧耳，故仲淑詩如此。是見之《召南》，而有草蟲趯趯焉，其憂心則忡忡也；陟南山采蕨，憂心又惙惙；而及乎采薇，則且曰，『我心傷悲』也；仲淑之詩宜然也。」復案《詩經·王風·君子于役》：「君子于役，不知其期，曷至哉！」《詩經·小雅·采薇》：「靡室靡家，玁狁之故」，「我心傷悲，莫知我哀！」長祥是以姚淑懷念其北遊在外諸詩，比之為三百篇中的「君子行役」之作。可知長祥序作於康熙五年北遊回到常州之後。百藥《鍾山秀才詩序》補充長祥序言之論證，以成長祥之說。由是而知，龔《序》當作於康熙六、七年間，因繫於此。

　　秋，龔百藥四十生日，長祥為撰壽序。

　　嘉慶達縣祠堂本《天問閣文集》序類《龔介眉四十序》：「龔介眉，今歲戊申秋，四十。凡世之讀書未通籍之士，當此之年，多晦賓客不受□，蓋以為竟四十也。介眉不然，有執爵者來，拜之，固不嫌於此之年也。」

　　是年，海上鄭氏稱永曆二十二年。

康熙八年己酉（一六六九年）　　姚淑三十二歲

　　姚淑居常州。

　　李顒在常州講學，請長祥為其母撰墓誌銘。

　　《天問閣文集》卷二《李母彭孺人墓表》：「二曲中孚李隱君，抱濂洛之學，遊毗陵，夔州李長祥，與同人講《易》，得見於琅霞子之論世堂。告以將返矣。清明之期，恐遲之誤掃先人墓也，因流涕不已，曰：『吾母以中年，當先君子殉王事於百夫長，既早煢，又貧，卒至於飢寒死也。』……長祥為之表曰。」

　　道光《武進·陽湖縣合志》卷二十九《人物志·寓賢》：「李容（顒），字中孚。陝西盩厔人。潛修不仕，遠近重其學行，稱二曲先生。駱鍾麟為西安府同知，執弟子禮事之。康熙八年，鍾麟遷常州知府，建延陵書院，延容主席，率郡之士大夫會講其中。」

　　《清史稿·儒林·李顒傳》：「李顒，字中孚，盩厔人，又字二曲。……布衣安貧，以理學倡導關中，關中學士多宗之。……著《四書反身錄》、《二曲集》。」

　　董以寧、龔百藥輯《文起》一書，載入長祥文，長祥致書請求刪去。

《天問閣文集》卷三《與龔介眉、陳椒峰論古文選本書》：「前輩文友（即董以寧）並琅霞公（即龔百藥）《文起》之選，亦以賤作入其中，僕已作二千餘言上之，懇其刪去。」案《清詩紀事初編》卷四「董以寧」條謂「以寧當卒於康熙九年。」可知此為本年，或之前事。故繫於此。

長祥為其師方拱乾作墓誌銘。

《和憲先生桐城方公墓誌銘》：「公在江都，疾，召門人李長祥於毗陵，至，謂曰：『吾疾亟，若不復起，跡吾墓時應銘法，吾顧今海內之以文名人，吾尚女，女為吾為之也。』……長祥再拜手曰：『謹受命。』未十日，而先生卒。然亦未始忍為之也，且先生口授世系，余不能即記憶。今逾三載，長公（即方孝標）以其狀來，而公口授時，長君外在，不得聞焉。合之而文以成。」據此，知文成於本年也。

是年，海上鄭氏稱永曆二十三年。

康熙九年庚戌（一六七〇年）　姚淑三十三歲

姚淑居常州。

董以寧卒。

鄒祗謨卒。

是年，海上鄭氏稱永曆二十四年。

康熙十年辛亥（一六七一年）　姚淑三十四歲

冬，唐大陶到常州訪其舅長祥，姚淑有《外甥唐大陶至》詩。

《外甥唐大陶至》：「扁舟到毗陵，天涯嗟爾至。當軒置尊酒，雲盡月下地。對月語重重，此會良不易。今日吾家客，明朝煙水次。」本事詳見詩注及【編年】。

張岱撰《西湖夢尋》成。

《西湖夢尋》卷首《序》署：「歲辛亥七月既望，古劍蝶庵老人張岱題。」

是年，海上鄭氏稱永曆二十五年。

康熙十一年壬子（一六七二年）　姚淑三十五歲

六月，姚淑同長祥離常州，經南昌、延平（今福建南平），至福州。六月過延平時，弔謝良琦，作《過延平弔謝石臞文》。

《天問閣文集》卷四《過延平弔謝石臞文》：「時壬子之季夏兮，肇洪都而上下之流漸。曠雲霓之委蛇而踠晚兮，望延平之磅硠而戾之。」洪都，今江西南昌。

《過延平弔謝石臞文》：「惟予之道終不晦兮，乃著之先生。猶有人之繬縭於予心

兮，惟此馳鶩之曼曼而溢乎其飈傾。」長祥之推重石臞，情見於詞矣。

長祥福州此行，當是應福建靖南王耿精忠之延致，為策動耿精忠起兵反清。此時，正當康熙十三年三藩事起、耿精忠起兵反清之前兩年。

同書卷二《福州府閩越王廟碑》：「余至福州，父老為余指示無諸王宮處。」

《文獻叢編增刊·清三藩史料》第一輯康熙十三年八月十八日《巡撫湖廣等處兼提督軍務張朝珍啟》述吳三桂兵部尚書李長祥標下都司毛羽猴被俘後供詞：「李長祥原是四川人，明季做過翰林院，一向在福建耿精忠那邊，來見吳三桂，甚待優禮，因加他兵部尚書職銜，差往岳州節制將軍兵馬。」（《文獻叢編增刊·清三藩史料》第一輯，北平故宮博物院編，民國二十年，第六十二頁。）可見康熙十一年李長祥遊福州，實與策動福建靖南王耿精忠起兵反清有關。

清方苞《望溪集》卷八《三山林湛傳》：「耿精忠襲封靖南王，大以金帛招致文學士。」姚椿《晚學齋文集》卷六《顧處士祖禹傳略》：「或言其（祖禹）嘗遊耿精忠幕中，干以謀，不用，乃去之。」康熙十一年李長祥之遊福州，亦當出於耿精忠之延致。

姚淑同長祥居福州之萬綠軒，夫婦皆有詩。

《天問閣文集》卷二《萬綠軒記》：「虁子居福州一小軒，軒前種花，花滿矣。無花者多綠，更滿也。一奴子忽大聲曰：『是皆賤者也，種之何為？』虁子曰：『誠然哉，……予之為此也，以息蔭也。惠子有大樹，傍徨其側，逍遙其下，物無害者，則一樹而兼乎百樹之用。然是在無何有之鄉，廣莫之野。洹山有木，高百仞，無枝無葉奚益，雖充滿山谷，不以易吾軒前之一葉矣。』奴子相顧曰：『有以夫，吾小人善惜之，任其滋蔓，蔓乃圖乎，無輕鋤去矣。』虁子曰：『是。』因名其軒曰『萬綠軒』云。」

姚淑《萬綠軒前家太史次談芳洲先生韻，因而和之》：「客至芭蕉下，調羹恨未精。名公得句好，太史亦吟成。奇氣驚天地，空心見性情。隔門聽不已，露落有餘清。」

秋日，姚淑為長祥在福州所居之樓壁，畫竹百餘竿，因名其樓為「墨竹樓」。

《天問閣文集》卷二《墨竹樓記》：「壬子秋日，虁子在福州，讀書一樓上。樓之上，壁有畫竹在焉。福州地熱，一日日午，竟如夏，顧壁上之竹，若颯颯然有風，欲吹衣拂面。虁子適甚，既乃覺其為畫，蓋仲淑氏作也。仲淑之作此也，臨壁間數日，沉思經營，寂寞無語，忽開池濡墨，迅掃往復，其壁上下盈一丈，左右則將二丈，自辰至酉，大端隨具，加以點飾潤色，二十日而畢。計竹百餘竿，或直或倚，或競凌出，參差竄散，或忽叢殖，遠近離披，淋漓盤鬱，恍兮惚兮，風飛電疾。至於荒草滋蔓，怪石無數。……虁子讀書其下，浩乎有得。……仲淑因請名其樓為『墨竹樓』。虁子善

之，遂作記。」

　　姚淑同長祥在福州，登覽江山之勝，憑弔古今興亡之跡，發為文章，長祥有《福州府閩越王廟碑》、《鄰霄臺記》諸作。

　　《天問閣文集》卷二《福州府閩越王廟碑》：「余至福州，父老為余指示無諸王宮處，予因見山海之壯，自然名都會。閩以一嶺之隔，別有開闢，宜其有霸者為中國啟事興兵之地，天之分疆域如此，人事之有以也如此。」

　　同書同卷《鄰霄臺記》：「福州府城內有山，曰烏石山。山上有石如臺然，名之為臺，蓋高者矣，遂曰鄰霄臺。……臺在城之內，則在萬家煙火之中，當晨爨初起，暮煙不滅，山色有無，孤臺乍出，誠哉鄰霄者也。……及其登之也，恍惚天半，若身倚乎雲霄。已而歎曰：『在昔，屈原作《離騷》，美人為期，閶闔為徒，飛廉後屬，雷師先驅，卒之，僕夫返顧，臨睨舊鄉。若予也，則奚處此。』自是友人載酒，予往往與之。每於雜沓振衣，離群逸上，諸人彈箏鼓瑟，飲酒浩歌，中懷樂甚。相從者寡，予獨得孑然鄰霄焉。蓋在斯之巔云。」

　　是年，海上鄭氏稱永曆二十六年。

康熙十二年癸丑（一六七三年）　姚淑三十六歲

　　姚淑居常州。

　　長祥《天問閣文集》刻成於常州。

　　廖燕《海棠居詩集序》：「太史沒數年，而斯集始出。太史遺稿甚多，有《天問閣集》，已刻，遇亂，失其板之六七。非夫人輯藏之力，而稿幾不存。海棠居別有《記》，與《墨竹樓記》並載《天問閣集》中。」案廖此《序》約作於康熙二十七年（詳見本文康熙二十七年條），廖《序》同時指出《天問閣文集》刻本中，載有《墨竹樓記》。此《記》係長祥去年（即康熙十一年）在福州時作，足見《天問閣文集》刻於本年也。廖《序》云「有《天問閣集》，已刻，遇亂，失其板之六七。非夫人輯藏之力，而稿幾不存」，則可見《天問閣文集》印版及長祥手稿，後來隨長祥、姚淑從常州運至湖南，又從湖南運至廣東仁化。

　　案長祥文集之命名，本取屈原《天問》之義，然亦自有說明。《石井道士傳》：「（道士）望湘雲、六詔，將欲又遍跡，豺虎梟獐，蓋皆然，無力相與勝之，莫復能去。曰，已矣夫，吾其竟窮與？昔者屈原傍徨楚山澤，見先王之廟，公卿祠堂，畫天地、山川神靈，琦瑋僪佹，古聖賢怪物行事，呵而問之，謂之《天問》。道士原其意作《人問》。」長祥作的《人問》即擬屈原《天問》文體，此復以《天問》名其集也。民國《達縣志》

卷十八《藝文・天問閣集》：「（長祥）國變後，屢謀恢復，百折不回，而卒不達其志，此《天問》所以名也。」

陳玉璂、龔百藥輯《文統》，書中選錄長祥文，為長祥所拒絕，作書與陳、龔二人，請將其文刪去。

《天問閣文集》卷三《與龔介眉、陳椒峰論〈古文選本〉書》：「《文統》續起大工，大工既起，當即告成事，斯文之幸也。……惟兩先生教誨我，成我，將所選僕之文刪去，俾僕得以一意守拙，闇然斯世。」又《石井道士傳》亦述及此事云：「所選固一代之書也。以僕廁入其中，……僕則何人，敢齒斯類？煌煌宗器，雜以匏陶，僕且為足下病。」案陳玉璂《學文堂集》卷二《文統序》：「客謂予曰：文何以統名？予曰：我朝撫有區宇至今，皇帝纘承前烈而光大之，所云大一統，非其時乎！予欲以國家所統之人文，犁然畢備，以為本朝之文教在是也。……我朝自開國來，至今三十餘年，文教之興如是，道統與治統，皆不外此得之。則予之續是選以成書，又烏可量也哉！」由此可見玉璂之編輯是書，旨在頌揚新朝。長祥為明遺民，不承認滿清統治政權，與玉璂思想大相徑庭，故不願其文章列入玉璂《文統》。復案《文統序》云：「予自丁未（即康熙六年）為是選，迄今逾六七年，四方投贈之文，不啻萬計。」從康熙六年下數到康熙十二年，恰為七年，知《文統》之編輯成書在本年也。

長祥為張岱《西湖夢尋》撰序。

李長祥《西湖夢尋序》：「甲申三月，一夢蹊蹺，三十年來，若魘若囈，未得即醒。」甲申至本年恰為三十年。案本文《天問閣文集》失載，此據康熙刻本張岱《西湖夢尋》卷首。

長祥在舟山抗清時，腰間受傷，晚年創病時發。

《讀〈易〉臺自序》：「在軍旅凡十五年，今枯樗老驥，自顧鋒刃之病處，慘淡淚下。」

《石井道士傳》：「其髀裏肉生，而弓矢之傷，右腰下三寸幾要害處，今六月猶潰裂如新殘也。」

十一月二十一日，吳三桂在雲南起兵反清復明，令蓄髮、易衣冠，自稱天下都討兵馬大元帥。

孫旭《吳三桂始末》：「（癸丑十一月）二十五日五鼓，（三）桂集藩下官屬殿上，擲帽棄辮髮。……圍巡撫門，綁撫臣朱國治，詣市碎殺之。……偽稱周元年。鑄偽印曰『天下都招討兵馬大元帥之印』。……十二月初一日，自雲南起兵，先發檄文，……乃自率兵二十萬，……行二十日至貴州，甘文焜以先奔鎮遠鎮自縊，巡撫曹申吉第出

郭迎接。……所過州縣，俱為令剪辮。」

　　康熙十三年甲寅（一六七四年）正月元旦吳三桂發布興明討清檄文《原鎮守山海關總兵、今奉旨總統天下水陸大師興明討虜大將軍吳、檄告天下文武官吏軍民人等知悉》：「（狡虜）竊我先朝神器，變我中國冠裳」，「蓋三十年矣」，「（本鎮）卜取甲寅年正月元旦寅刻，推奉三太子，郊天祭地，恭登大寶，建元周啟」，「移會總統兵馬上將軍耿、招討大將軍總統使世子鄭等」，「直搗燕山」，「剪彼臊氛」。（日本林春勝、林信篤同編；浦廉一解說：《華夷變態》卷二《吳三桂檄》，東京：東洋文庫，一九五八年，第五三～五四頁。）

　　《大清聖祖仁皇帝實錄》康熙十二年癸丑十一月丙辰：「差往貴州備辦吳三桂夫船芻糧事務兵部郎中黨務禮、戶部員外郎薩穆哈，馳驛到京，奏稱：雲南貴州總督甘文焜向臣等言：吳三桂於十一月二十一日，殺雲南巡撫朱國治，以所部兵反。前差往搬移吳三桂家口侍郎折爾肯等被留。臣等星夜馳驛來京。上召議政王大臣等面諭曰：今吳三桂已反。荊州乃咽喉要地，關係最重。著前鋒統領碩岱帶每佐領前鋒一名，兼程前往，保守荊州，以固軍民之心。並進據常德，以遏賊勢。」

　　據鄭鶴聲《近世中西史日對照表》，康熙十二年十一月己丑為二十四日。

　　吳三桂從昆明遣使者赴常州聘李長祥。

　　以康熙十二年癸丑（一六七三年）十一月二十五日出發，其中昆明至長沙約二千八百八十里，以馬日行一百里計，約於十二月二十四日到長沙。

　　明李賢等《大明一統志》卷八十六《雲南府》：「至南京七千二百里。」

　　李聯品《參加抗日的回憶》：「我們從昆明到長沙走了四十八天，走三天休息一天，走三十里路小休息一次、六十里大休息一次，日趕六十里路。」（中國人民政治協商會議雲南省祥雲縣委員會編《祥雲文史資料》第四輯，一九九四年，第五十九頁。）可知舊時昆明到長沙路程約二千八百八十里。

　　《大唐六典》卷三度支郎中員外郎條：「凡陸行之程：馬日七十里，步及驢五十里，車三十里。水行之程：舟之重者泝河日三十里，江四十里，餘水四十五里；空舟泝河四十里，江五十里，餘水六十里；沿流之舟則輕重同制，河日一百五十里，江一百里，餘水七十里。」

　　是年，海上鄭氏稱永曆二十七年。

康熙十三年甲寅（一六七四年）　姚淑三十七歲

　　吳三桂使者約於康熙十三年一月二十三日到常州。

　　吳三桂使者從長沙至南京，湘江、長江水路二千四百二十五里，以下水船

江日行一百里計，約於康熙十三年一月十九日至南京；南京至常州運河水路三百六十里，以空舟泝餘水六十里，約於一月二十五日到達常州。

明李賢等《大明一統志》卷六十三《長沙府》：「自府治至南京二千四百二十五里。」

《大明一統志》卷十《常州府》：「自府治至南京三百六十里。」

春正月，長祥應吳三桂聘，同姚淑及二子闔家離常州沿長江而上赴湖南，姚淑有《江行》詩。李長祥是在吳三桂「興明討虜」「檄告天下」的情況下，為反清復明、趕走侵略者的理想，而奔赴湖南，與吳三桂合作的。

廖燕《海棠居詩集序》：「夫人姚姓，字仲淑，金陵人。歸太史十餘年，數罹亂離，最後復值滇逆之變來吾韶，寄居仁化河頭寨萬山之中。未幾，太史沒。夫人獨撫孤二人，客居至於今者又八、九年。」可知李長祥應吳三桂聘離常州到湖南，後來從湖南到廣東仁化，是與姚淑及二子闔家一起行動的。

正月初八日，吳三桂前鋒馬國貴、馬三保佔據澧州（今湖南澧縣）。

乾隆《直隸澧州志林》卷十九《祥異志·兵難》：「（康熙）十三年甲寅正月，吳三桂自辰州白馬渡遣偽前鋒馬國貴、馬三保寇澧，守道命吏目梅標往探，標至逆營降，引偽將初八日入城。……諸偽將十餘萬眾屯澧城內外。」

二月十三日，湖廣總督蔡毓榮疏報吳三桂總兵楊寶應佔據常德府（今湖南常德市）。

《大清聖祖仁皇帝實錄》卷四十六康熙十三年二月丁未（十三日）：「湖廣總督蔡毓榮疏報：吳三桂遣偽總兵楊寶應犯常德，其父原任廣東提督楊遇明家於常德，遂為內應，知府翁應兆從逆，常德潰。」

二月十七日，吳三桂將軍張國柱自常德佔據益陽（今湖南益陽市）、長沙（今湖南長沙市）。

嘉慶《長沙縣志》卷二十六《祥異·兵難》：「康熙十二癸丑年十一月，逆賊吳三桂自雲南反，十二月破貴州，十三年甲寅正月煽動湖南靖、沅、辰等州府，二月破常德，十七日分遣偽將軍張國柱陷長沙。……復遣吳應期等由長沙陷岳州。」同治《益陽縣志》卷十一《武備志·兵事》：「康熙十三年二月，吳三桂兵寇益陽，進陷長沙。……二月破常德，十七日分遣偽將軍張國柱陷長沙。」

二月二十八日，吳三桂將軍吳應麒佔據岳州（今湖南岳陽市）。

乾隆《岳州府志》卷二十九《事紀》：「康熙十三年春二月，逆黨吳應奇入據岳州城。……二月二十八日，應奇率眾由華容直趨岳州，城陷，據之。」

三月八日之前，吳三桂至常德府（今湖南常德市）。後進至澧州。

《大清聖祖仁皇帝實錄》卷四十六康熙十三年三月壬申（八日）：「比聞逆賊吳三桂身至常德。」

乾隆《直隸澧州志林》卷十九《祥異志·兵難》：「（康熙十三年甲寅）三月，吳逆至澧。」

三月，姚淑隨長祥至湖南，到岳州，姚淑有《過洞庭湖》詩。當康熙十三年三月姚淑夫婦之過洞庭湖時，湖南全省已為吳三桂所據，故姚、李得以通行。是年夏秋間，則岳州地區已成為戰場。

明李賢等《大明一統志》卷十《常州府》：「自府治至南京三百六十里。」《大明一統志》卷六十二《岳州府》：「自府治至南京二千二百二十五里。」

李長祥姚淑一家自常州至南京三百六十里，以一月二十八日從常州出發，沿流之舟餘水七十里計，約於二月三日至南京；南京至岳州二千二百二十五里，以二月五日從南京出發，空舟泝江日行五十里計，約於三月二十二日到達岳州。

李長祥自岳州經洞庭湖、沅水至常德，會見吳三桂。姚淑與長祥同行，作《洞庭湖》、《桃源行》等詩。

明李賢等《大明一統志》卷六十四《常德府·山川》：「沅水在府城南，上自辰州界流入桃源縣境，經此東流，至龍陽縣北入洞庭湖。」嘉慶《常德府志》卷三《疆界》：「（府治）至岳州府治四百五里。」嘉慶《龍陽縣志》卷一《疆界》：「在（常德）府東八十里。」清初時洞庭湖西南直抵龍陽（今湖南漢壽）縣北，自岳州至龍陽縣北沅江入洞庭湖口一湖可達，溯沅江至常德一水可達，僅數十里矣。

姚淑《洞庭湖》詩：「一入洞庭湖，飄飄身似無。」可知李長祥係經洞庭湖、沅水到常德會見吳三桂。

姚淑同時有《桃源行》詩，桃源地在桃源（今湖南桃源）縣，屬常德府，由此可知李長祥會見吳三桂，是在常德，而非澧州。

李長祥至常德會見吳三桂，受優禮，問方略，長祥曰：「急改大明名號，以收拾人心；立懷宗後裔，鼓舞忠義。」當時三桂必對長祥作出相應承諾，並拜長祥為兵部尚書節制岳州將軍兵馬。故長祥遂暫接受三桂所加兵部尚書差往岳州節制將軍兵馬。四月，長祥已在岳州任所。岳州是湖南反清前線重鎮，關係湖南全局安危。長祥與澧州吳三桂之間軍機聯絡，係取道洞庭湖、澧水水路。吳三桂在軍事上如此倚重李長祥，是因為長期以來李長祥負有抗清將帥之卓著聲望，並曾為魯王監國之兵部尚書、賜尚方劍也。

孫旭《吳三桂始末》：「（三桂）潛遣使……聘前明少卿李長祥，延以賓禮，問方略。長祥曰：『急改大明名號，以收拾人心；立懷宗後裔，鼓舞忠義。』桂以其言問方獻廷、胡國柱，二人曰：『昔項羽立義帝，後又弒之，反動天下之兵。今天下在王掌握，他日又置懷宗後裔於何地？』長祥知桂意，遂拂袖去。」

陳伯陶《勝朝粵東遺民錄·屈大均傳》：「會吳三桂叛，以蓄髮易衣冠號召天下，時有說其立明後裔者。甲寅、乙卯（康熙十三、十四兩年），大均往來楚粵中。」

康熙十三年八月十八日《巡撫湖廣等處兼提督軍務張朝珍啟》：「巡撫湖廣等處地方兼提督軍務兵部尚書兼督察院右副都御史加一級職張朝珍謹啟，為敬奉令諭事。康熙十三年八月十七日奉貝勒諭湖北巡撫張朝珍：令才能官員將前拿獲奸細毛羽猴提出密加詳問，伊身原在偽兵部李長祥下係何員役，李長祥因何事來岳，今還在岳與否，其在岳時凡有事白吳三桂係親自往說或差人往說，往來由旱路、水路，其手下辦事人員共有幾項、共有幾人、係何姓名，其差往各處招撫及差往澧州吳三桂處係何項員役，在岳偽將軍吳應麒手下辦事應差若干人、名色幾樣、係何姓名，以上情節務須逐一問取確切口供，明白開單，即付差官帶來，特諭等因，敬此。當即檄行按察司查訊去後。

今據該司高翼辰回稱，遵即弔取監犯毛羽猴赴司當堂研審，詰問毛羽猴：你原在偽兵部李長祥下係何員役？據供：小的係四川人，同余大海總爺一路下來，投誠後在王平總爺營裏做外委火器營守備，過後辭了營頭，在新提落業行醫，於本年四月初八日投入賊營，有廖將軍先給我守備綾劄一方，後偽部院李長祥查係同鄉，將我討去，又給我都司劄付一紙，在李長祥標下原係都司職銜。李長祥原是四川人，明季做過翰林院，一向在福建耿精忠那邊，來見吳三桂甚待優禮，因加他兵部尚書職銜，差往岳州節制將軍兵馬。……康熙十三年八月十八日」（《文獻叢編增刊·清三藩史料》第一輯，北平故宮博物院編，民國二十年，第六十二頁。）

案：康熙十三年八月十八日《巡撫湖廣等處兼提督軍務張朝珍啟》述吳三桂兵部尚書李長祥標下都司毛羽猴被俘後供詞，李長祥「來見吳三桂甚待優禮，因加他兵部尚書職銜，差往岳州節制將軍兵馬」，可知孫旭《吳三桂始末》所述「長祥知桂意，遂拂袖去」一節，似乎長祥一見三桂，立即拂袖去，欠確。但孫旭所述「（三桂）潛遣使……聘前明少卿李長祥，延以賓禮，問方略。長祥曰：『急改大明名號，以收拾人心；立懷宗後裔，鼓舞忠義』」，則不誤。吳三桂當對李長祥所提出的「急改大明名號，以收拾人心；立懷宗後裔，鼓舞忠義」作出承諾，故長祥遂暫接受三桂所加兵部尚書差往岳州節制將軍兵馬。後來當李長祥確知吳三桂無意復明時，即斷然離去，在吳三桂

稱帝之前。

　　陳伯陶《勝朝粵東遺民錄‧屈大均傳》所述「會吳三桂叛，以蓄髮易衣冠號召天下，時有說其立明後裔者」，即指李長祥。

　　三月，長祥會見吳三桂後，當自常德送姚淑及二子經益陽至長沙安頓，再赴岳州抗清前線。途經益陽縣時，遊白鹿山裴公亭、鵝羊湖，姚淑作有《裴公亭》、《鵝羊湖》詩。

　　姚淑此行所作《過洞庭湖》、《桃源行》、《鵝羊湖》，皆表現反清復明鬥爭之傑作。

　　七月，清軍大兵水陸齊發，進攻岳州，兵部尚書駐節岳州節制將軍兵馬李長祥指揮吳軍將領吳應麒等率兵七萬餘，擊敗清軍，使清軍未能攻克岳州，退保荊州。經此岳州大戰吳軍大敗清軍之後，清軍長期「無敢渡江攖其鋒者」。八月，清軍統帥安遠靖寇大將軍多羅貝勒尚善命湖北巡撫張朝珍，密取俘供詳細瞭解「偽兵部」李長祥在岳州之情況，可見其對於李長祥之重視和畏懼。

　　《大清聖祖仁皇帝實錄》卷四十七康熙十三年五月戊辰（五日）諭荊州寧南靖寇大將軍多羅順承郡王勒爾錦：「須俟援兵到，始可進攻。非謂尼雅翰等不能擊賊，正欲我軍兵多力厚，大敗賊眾，挫其凶鋒耳。」

　　《大清聖祖仁皇帝實錄》卷四十七康熙十三年五月戊寅（十五日）諭：「頃者賊眾擁聚岳州，霪雨連綿、大兵不宜直前。俟雨霽風順、即水陸並進。吳三桂果在澧州，乘虛徑襲其後。」

　　《大清聖祖仁皇帝實錄》四十八康熙十三年六月丙午（十三日）：「諭兵部：大兵進取岳州。」又：「諭議政王大臣等：今逆賊吳三桂於澧、岳諸處，抗拒我師。且用奸謀，搖惑軍民之心，分我兵勢。宜增兵速行剿滅。令八旗每佐領撥驍騎二名，並派察哈爾護軍驍騎一半，又蒙古四十九旗內與京師稍近者，如科爾沁十旗、敖漢一旗、奈曼一旗、克西克騰一旗、歸化城十旗，共出兵萬人。以旗下兵之半及蒙古兵六千，令固山貝子準達率往荊州。散秩大臣多莫克圖為署都統，參贊準達軍務。又以旗下兵之半及蒙古兵四千，以多羅貝勒尚善為安遠靖寇大將軍，同固山貝子章泰、鎮國公蘭布，率往岳州。」

　　《大清聖祖仁皇帝實錄》卷四十八康熙十三年六月辛亥（十八日）：「遣侍衛二格齎諭，往諭鎮南將軍尼雅翰等：『爾等諮兵部，稱馬多羸斃，積雨弓軟。朕慮此時，進兵未便，恐爾等以頓師日久懼罪。夫以千里之外，軍勢曲折，豈可逆料。朕不欲

速，惟圖萬全。爾等俱係大臣，聽爾等謀畫以行。其軍中情形，及俘獲賊兵言賊進止之狀，並爾等所見，俱密行陳奏。』尋尼雅翰等疏言：『六月十七日，投誠偽守備薛麟兆等言，吳三桂遣偽護衛至岳州，令賊將堅守，且趣進兵。賊將稱待長沙造鳥機船到時，水陸入犯。又言賊營缺餉，全賴長沙水路運送。長沙守兵不多。臣等議俟秋涼、相機進取。』」

《大清聖祖仁皇帝實錄》卷四十八康熙十三年七月丁亥（二十五日）：「寧南靖寇大將軍多羅順承郡王勒爾錦疏報：『貝勒察尼、將軍尼雅翰等分部滿漢官兵水陸齊發，進攻岳州。賊將吳應麒等率兵七萬餘，陸路相拒。我兵奮擊，大敗之，斬首萬級。舟師抵七里山，以炮攻賊，沉其船十餘艘。』下部議敘。」

《清史稿》卷四百七十四《吳三桂傳》：「（康熙十二年）十二月黨務禮、薩穆哈至京師，三桂反問聞。上以荊州咽喉地，即日遣前鋒統領碩岱率禁旅馳赴鎮守。尋命順承郡王勒爾錦為寧南靖寇大將軍，率師討三桂。……（康熙十三年）六月，命貝勒尚善為安遠靖寇大將軍，與勒爾錦分道進兵。……勒爾錦師次荊州。……尚善師次武昌，以書諭三桂降，置不答。三桂傳檄所至，反者四起：提督鄭蛟麟、總兵譚弘、吳之茂反四川，巡撫羅森、降將軍孫延齡以有德舊部反廣西，精忠反福建，河北總兵蔡祿反彰德，三桂勢益張。……上趣尚善攻岳州，三桂使吳應麒、廖進忠、馬寶、張國柱、柯鐸、高啟隆等分道拒戰。」

清魏源《聖武記》卷二《康熙戡定三藩記上》：「三桂以疏付哲爾肯、傅達禮還奏，而親赴常、澧督戰，驅土司苗、猓助軍鋒，伐黔、楚山木造樓船巨艦，鑄滇銅為錢，文曰『利用』，轉川、湖之粟以餉軍，廣餌賊黨，號召天下。賊將吳應麒踞岳州，於城外濬濠三重，設陷坑、鹿角以拒步騎，於洞庭峽口攢立梢椿以拒舟艦，而澧州、石首、華容、松滋皆布重兵為犄角。我兵雲集荊、襄、武昌、宜昌諸郡，無敢渡江攖其鋒者。」

康熙十三年八月十八日《巡撫湖廣等處兼提督軍務張朝珍啟》：「又問：那李長祥今還在岳州否？據供：還在岳州，凡有軍機，各將軍將他商議，會稿申報吳三桂。又問：凡有事白吳三桂係李長祥親自往說或差人往說，往來由旱路、水路？據供：凡有事白吳三桂係差人，往來俱由水路。」（《文獻叢編增刊·清三藩史料》第一輯，北平故宮博物院編，民國二十年，第六十二頁。）

案《巡撫湖廣等處兼提督軍務張朝珍啟》，康熙十三年四月李長祥已到任兵部尚書駐岳州節制將軍兵馬，「有軍機，各將軍將他商議，會稿申報吳三桂」，可知康熙十三年七月清軍大兵水陸齊發，進攻岳州，乃是李長祥指揮「吳應麒、廖進忠、馬寶、

張國柱、柯鐸、高啟隆諸軍」,「率兵七萬餘」,「分道拒戰」,擊敗清軍,使清軍未能攻克岳州,退保荊州。經此岳州大戰吳軍大敗清軍之後,清軍長期「無敢渡江攖其鋒者」。由此可見,李長祥軍事指揮才能之卓越。吳三桂對李長祥軍事長才之器重,自未落空。

復案「康熙十三年八月十七日奉貝勒諭湖北巡撫張朝珍:令才能官員將前拿獲奸細毛羽猴提出密加詳問」,此貝勒,應即是清軍統帥安遠靖寇大將軍多羅貝勒尚善。清軍統帥多羅貝勒尚善命取俘供詳細瞭解「偽兵部」李長祥在岳州之情況,可見其對於李長祥之重視和畏懼。

又案《清聖祖實錄》康熙十三年六月十八日諭鎮南將軍尼雅翰等「其軍中情形,及俘獲賊兵言賊進止之狀,並爾等所見,俱密行陳奏」,此殊可注意。第一,當康熙十三年六月十八日諭荊州鎮南將軍尼雅翰密行陳奏俘獲賊兵言賊進止之狀之時,李長祥任吳三桂兵部尚書駐岳州節制將軍兵馬,已逾兩月時間。然則康熙帝之關注俘供吳軍情報,當已關注到李長祥情況。第二,《清聖祖實錄》當日所載尼雅翰等疏言「六月十七日,投誠偽守備薛麟兆等言,吳三桂遣偽護衛至岳州,令賊將堅守,且趣進兵」,根據《巡撫湖廣等處兼提督軍務張朝珍啟》所述四月李長祥已到任兵部尚書駐岳州節制將軍兵馬,「有軍機,各將軍將他商議,會稿申報吳三桂」,可知「吳三桂遣偽護衛至岳州,令賊將堅守,且趣進兵」,亦必須是經過李長祥。然則尼雅翰等疏當已述及李長祥。第三,根據康熙十三年六月十八日諭鎮南將軍尼雅翰密行陳奏俘獲賊兵言賊進止之狀,然則康熙十三年八月十七日奉貝勒諭湖北巡撫張朝珍啟所述俘供「偽兵部」李長祥在岳州之詳細情況,亦已密行陳奏康熙帝矣。

時屈大均亦從事於吳三桂軍,頗往來於常德、澧州吳三桂與岳州李長祥之間,並與李長祥結下共同抗清之深厚友誼。

屈大均傳,見《桃源行》詩【附】。

屈大均《翁山文外》卷三《繼室黎氏孺人行略》:「甲寅春,予從軍於楚。」

屈大均詩述經沅江往來於常德(吳三桂)與洞庭湖(岳州李長祥)之間。屈大均《翁山詩外》卷六《次沅江作》:「西從橋口入,一水最縈回。自過沅江縣,微茫湖欲來。不知青草(湖名,西湖也)外,可有碧天開。」《翁山詩外》卷八《次沅江縣》:「秋來多樂事,夜夜宿蘆花。」沅江東北流經桃源縣、常德市,東流經沅江縣(今湖南沅江市)北注入洞庭湖。青草湖,即洞庭湖南部。岳州在洞庭湖東北岸。

屈大均詩述經澧水往來於澧州(吳三桂)與洞庭湖(岳州李長祥)之間。《翁山詩外》卷六《出湖作》:「澧注湘川左,湖開匯口西。天從南楚盡,嶽至洞庭低。」匯口,

在澧縣。《清一統志・澧州二》：匯口鎮「在州東五十里，接安鄉縣界」。澧水經澧縣自西北向東南注入洞庭湖。

屈大均詩述至岳州，及岳州談兵。《翁山詩外》卷六《浮湘》（十五首）之十一：「天開洞庭口，波卷岳陽樓。」《翁山詩外》卷十四《寄岑金紀》：「談兵曾向岳陽樓。」

屈大均可能是寫李長祥之詩。《翁山詩外》卷二《詠懷》（二十一首）之三：「峨眉有仙人，顏如皦日光。蜿蜒御雙龍，雲氣四飛揚。朝遊蓬萊山，暮歸太微堂。天命自流行，混沌居中央。我為德充符，萬物皆無傷。窅然喪天下，乃能應帝王。」起句暗指長祥蜀人。結用《莊子・德充符》及《應帝王》意，以及晉庾闡《弔賈誼文》：「昔咎繇謨虞，呂尚歸昌，德協充符，乃應帝王。」

翁洲老民《海東逸史》卷十八《李長祥傳》：「（長祥）南下百粵，與屈大均處者久之。」李長祥與屈大均處者久之，當是在湖南。

是年，海上鄭氏稱永曆二十八年。

康熙十四年乙卯（一六七五年）　姚淑三十八歲

本年，李長祥、姚淑情況嗣考。

自康熙十四年至十六年，此三年間，李長祥、姚淑情況不可考。戊午康熙十七年（一六七八年）四月，李長祥、姚淑抵達廣東仁化丹霞山避地隱居，李長祥脫離吳三桂政權，是在此之前。

本年，清軍自江西攻湖南，吳三桂將夏國相堅守江西萍鄉，攻之不下。三桂遣將率兵七萬、保儸三千防醴陵，築木城以守；又於岳州城外掘壕三重，環竹木為阱；於洞庭湖峽口植叢木為椿，阻舟師；陸軍築壘皆設鹿角重壘，阻騎兵；乃自常德赴松滋，駐舟師虎渡口，揚言將渡江攻荊州（《清史稿・吳三桂傳》）。

本年，屈大均以廣西按察司副使監軍於桂林。

《翁山文外》卷八《伯兄白園先生墓表》：「乙卯（康熙十四年）正月二十有九日，遂爾不起。」又云：「伯兄終時，予方以廣西按察司副使監督安遠大將軍軍於桂林。」

是年，海上鄭氏稱永曆二十九年。

康熙十五年丙辰（一六七六年）　姚淑三十九歲

本年，李長祥、姚淑情況嗣考。

本年，三桂遣兵攻廣東，三桂別遣其將韓大任、高大節將數萬人陷江西吉

安。清軍岳樂師攻萍鄉，夏國相引兵走。清軍進陷醴陵、瀏陽，復進攻長沙。三桂遣胡國柱益兵以守，馬寶、高啟隆自岳州以兵會。三桂自松滋移屯長沙嶽麓山，為長沙聲援；又令大任、大節自吉安分兵攻新淦，屯泰和，復下萍鄉、醴陵，斷岳樂軍後。清軍勒爾錦以三桂去松滋，率兵渡江取石首，敗績，退保荊州（《清史稿·吳三桂傳》）。

　　本年，屈大均自廣西桂林監軍謝事歸廣東，脫離吳三桂政權。

　　《翁山文外》卷三《繼室黎氏孺人行略》：「丙辰春二月，予謝事歸。」《翁山文外》卷八《伯兄白園先生墓表》：「丙辰四月謝事歸，則伯兄已祔葬於其先祖之塋矣。」

　　是年，海上鄭氏稱永曆三十年。

康熙十六年丁巳（一六七七年）　姚淑四十歲

　　本年，李長祥、姚淑情況嗣考。

　　本年，清軍穆占與岳樂夾攻長沙，陷之。三桂所遣援吉安諸軍皆引去。三桂自嶽麓徙衡州（《清史稿·吳三桂傳》）。

　　是年，海上鄭氏稱永曆三十一年。

康熙十七年戊午（一六七八年）　姚淑四十一歲

　　三月一日，吳三桂稱帝，改元昭武，以衡州（今湖南衡陽市）為定天府。置百官，大封諸將，首國公，次郡公，亞以侯、伯。造新曆。舉雲、貴、川、湖鄉試。八月乙酉，三桂病死於衡州。世璠，三桂孫，留雲南，奔三桂之喪，至貴陽，其下擁稱帝，改號洪化（《清史稿·吳三桂傳》）。

　　大約在二月十五日，長祥姚淑及二子自湖南南下，四月八日之後不久，抵達廣東仁化（今廣東仁化）縣丹霞山河頭寨，避地隱居。

　　廣東仁化丹霞山別傳寺僧澹歸（即金堡，詳《春日有感》詩【編年】），四月八日下山圖出嶺，往嘉興求藏，臥病於南雄（今廣東南雄）龍護園（丹霞山別傳寺下院），五月始出嶺。四月臥病嶺頭時，作《答李研齋內翰》書，云：「知臺駕暫駐（丹霞山）河頭砦」，可知李長祥姚淑及二子當於康熙十七年戊午（一六七八年）四月八日之後不久，（自湖南）抵達廣東仁化丹霞山，避地隱居。

　　清乾隆五年刻本丹霞今釋澹歸《徧行堂集》卷二十一《上本師天然昰和尚·又》（第十四則）：「四月八後，即圖出嶺。」《徧行堂集》卷二十二《與棲賢石鑒覬和尚·又》（第十五則）：「四月下山，圖出嶺，病於龍護。」《徧行堂集》卷二十五《與劉煥之副戎·又》（第六則）：「五月出嶺後，未能修候。」乾隆五年刻本丹霞今釋澹歸《徧

行堂續集》卷十一《寄徐浩存方伯》：「春杪出嶺請藏。」《徧行堂續集》卷十《與丹霞樂說辯和尚・又》（第十一則）：「制臺書到山，只合令職事僧具一稟折，云：澹歸和尚於戊午年六月出嶺請藏，至今未回。」《徧行堂續集》卷五《祭汪漢翀水部文》：「予以戊午請藏出嶺，遂成疎闊。」

　　《徧行堂續集》卷十一《答李研齋內翰》：「臥病嶺頭，日與寒熱為伴侶，出關請藏，不覺濡滯。得山中信，知臺駕暫駐河頭砦，未能趨候，徒有悵仰。承示既已了悟，則今日之澹公和尚，必不迷在昔之道隱先生。殊不知今日之澹歸已迷澹歸，豈有在昔之道隱更見道隱者？且共置之，不足復道也。賤恙未愈，稍俟秋涼，縷縷不盡，尚容續布。」《徧行堂續集》卷十《與丹霞樂說辯和尚・又》（第八則）：「研老又有書到，今以數行候之，並備一禮，見意而已。」

　　案：由上可知，長祥、姚淑一家避地隱居於仁化丹霞山河頭寨，此事與丹霞山別傳寺僧澹歸之幫助或安排有關，金堡為僧後，猶維護復明志士。

　　長祥、姚淑離開湖南之前，居長沙可能性最大；自湖南長沙至廣東仁化丹霞山，應是溯湘江、溯耒水經湖南郴州、湖南汝城縣，再陸路至廣東仁化縣。

　　民國《汝城縣志》卷三《疆域志・界至》：「距湖南長沙省城陸路八百里，水路一千四百五十里。」同書卷三《疆域志・界至》：「南至新橋塘界廣東仁化縣城口五十五里。」光緒《仁化縣志》卷一《墟市》：「城口市。在永康都。城北九十里。」清乾隆《廣東通志》卷十《山川志・仁化縣》：「丹霞山，在城南十七里，高一百二十丈，周廣二十餘里。」自湖南長沙至廣東仁化丹霞山，約一千六百十二里。

　　以自湖南長沙至廣東仁化丹霞山，約一千六百十二里，舟之重者泝河日三十里，四月十日抵達丹霞山河頭寨計，約需五十四天，然則長祥、姚淑啟程之時，約在二月十五日。其決心離開湖南之時，自是早在此前。

　　長祥姚淑一家所居丹霞山河頭寨，後改名別峰，位於別傳寺山門前，錦江河岸邊。

　　清康熙三十八年陳世英撰，雍正十一年釋古如補、丹霞山別傳寺刻《丹霞山志》卷七《田賦志・新建代坡舊碑文》：「一、仁化劉資深居士昆仲於康熙八年四月初八日，將豐坑洞對河壩邊土名『犁壁燕』土地並山一帶送予本山為業。載糧壹升捌合。後改名『佛日山』，天老和尚塔並塔院在焉。一、康熙八年五月十一日買置葉御式等豐坑洞山一座，土名『河頭寨』，後改名『別峰』，坐落本山門前。樂說和尚衣缽塔在焉。」

　　李長祥自康熙十三年甲寅任吳三桂兵部尚書以後，至何時因吳三桂不肯「改大明名號，以收拾人心；立懷宗後裔，鼓舞忠義」，而最終脫離吳三桂政

權，雖然未詳，但可以確知，至遲是在康熙十七年三月吳三桂稱帝之前。

是年，海上鄭氏稱永曆三十二年。

康熙十八年己未（一六七九年）　姚淑四十二歲

清安遠靖寇大將軍貝勒察尼（時尚善卒，察尼代之）攻岳州，久未下。正月十八日，吳應麒棄守岳州。（《大清聖祖仁皇帝實錄》卷七十九康熙十八年正月己未、《清史稿‧吳三桂傳》）。

姚淑同長祥居廣東仁化縣丹霞山河頭寨，長祥病沒。

清廖燕《海棠居詩集序》：「按本傳，夫人姚姓，字仲淑，金陵人。歸太史十餘年，數罹亂離，最後復值滇逆之變來吾韶，寄居仁化河頭寨萬山之中。未幾，太史沒。」（《二十七松堂集》卷三）

廖燕《上吳制府乞移李研齋柩歸金陵書》：「伏念研齋名長祥，四川人，登崇禎某年進士，由詞林為兵部尚書，其立朝大節，至今傳聞人口，不可殫述。後罹國變，獨能執節不仕，隱居金陵，著書講學自娛。曾於閣下有文章交誼，其嗣某為燕言如此，想不誣也。後復罹亂，流離嶺表，寄居韶陽仁化邑河頭寨萬山之中，遂病死於此。」（《二十七松堂文集》卷九）

案：長祥於康熙十七年四月到廣東仁化丹霞山，避地隱居。廖云：「未幾，太史沒。」「未幾」，即一兩年內。長祥之沒，當在康熙十八年左右也。

姚淑作《長相思》哭長祥：「長相思，思夜臺。時時淚流淚成血，千里萬里君還來。如今一木君隔絕。千呼萬呼君不言，何時會面到黃泉？欲死念死難，欲生思年年。」

清全祖望《跋明崇禎十七年進士錄》：「達州李長祥，其後間關戎行，累起累蹶，事敗行遁，不知所終，最稱完節。」（《鮚埼亭集外編》卷二十九）

時長祥、姚淑二子，黃夫人所生子李畝約三十五歲左右。姚淑所生子（名字不詳），年齡不詳。

廖燕《海棠居詩集序》：「寄居仁化河頭寨萬山之中。未幾，太史沒。夫人獨撫孤二人，客居至於今者又八、九年。」

據全祖望《前侍郎達州李公研齋行狀》，順治五年（一六四八年）清軍追捕李長祥時，「於是夫人抱其子畝拜吉甫，且拜文鶩」，是黃夫人所生子名李畝，時李畝約三四歲，生於順治二年（一六四五年）前後，至本年約三十五歲左右。

《天問閣文集》卷一《墨池傳》：「乙未，予在金陵。……竟果聘。……及歸，……

予乃知鍾山秀才之為女子，而已在予之室中也。」長祥、姚淑結婚於順治十二年乙未
（一六五五年），所生子出生年代不詳。

　　唐大陶母卒。

　　參閱李之勤《唐甄事蹟叢考·事蹟簡表》（《潛書》附錄，中華書局，一九六三年，
第二九一頁）。

　　是年，海上鄭氏稱永曆三十三年。

康熙二十年辛酉（一六八一年）　姚淑四十四歲

　　姚淑居仁化丹霞山河頭寨。韶州（今廣東韶關）廖燕夫婦往訪姚淑，當在
本年前後。

　　廖燕《秋海棠代內贈李夫人》詩，題下自注：「夫人姚淑，字仲淑，李研齋先生續
配，善詩畫。」詩云：「深院新移去。猶沾舊砌苔。天然憐弱質，好傍鏡臺開。」（《二
十七松堂集》卷二十一）

　　廖燕《遊丹霞山記》：「予遊丹霞至再矣。茲歲己卯（即康熙三十八年，一六九九
年），晉江蔡子雪髯來韶，心豔丹霞甚，強予再遊，不得辭。」又云：「予遊丹霞，至
是凡三往返。始則予一人獨遊，再則為古杭馮君彥衡拉予同遊。」（《二十七松堂集》
卷七）

　　案康熙二十一年廖燕有《上吳制府（興祚）乞移李研齋柩歸金陵書》，其中云「燕
生平不識研齋」，可知廖燕夫婦往訪姚淑於仁化丹霞山河頭寨，是在康熙十八年長祥
去世之後、康熙二十一年之前，即康熙二十年左右。當時知道李長祥一家來居仁化丹
霞山河頭寨的人，有屈大均（參上文康熙十三年條）、澹歸（參上文康熙十七年條）、
陳恭尹（參下文康熙二十七年條），皆明遺民也，廖燕夫婦往訪姚淑，當是由於此諸人
之介紹或交代。

　　《遊丹霞山記》所述「予遊丹霞，至是凡三往返」，未知是否包括往訪姚淑。

　　關於廖燕（一六四四～一七〇五）。鄧之誠《清詩紀事初編》卷八「廖燕」條：「廖
燕，本名燕生，字某，棄諸生後，改字夢醒，後字人也。號柴舟，曲江人。卒於康熙
四十四年，年六十二。事具見曾璟《廖燕傳》、王源《廖處士墓誌銘》。撰《二十七松
堂集》二十二卷，凡文十八卷，詩四卷。……燕自負經世之略，善持議論，謂湯武篡
弒而後可以順天應人，司馬炎、劉裕不得援以自比；明太祖以八股取士，等於秦之焚
書；皆有創見。……最善金堡（澹歸），與陳元孝論交，附北田諸子之後，因得識魏禮，
有同氣相求之雅。禮頗稱其文。……王源稱其議論，間有高明之過，然實可繼魏先生

以不朽，詩新警雄逸，亦非今人所能及。今觀其集《山居詩》七律三十首，襟懷淡宕，寄託遙深，實足繼屈、陳而起。」

是年，海上鄭氏稱永曆三十五年。

康熙二十一年壬戌（一六八二年）　姚淑四十五歲

廖燕《上吳制府（興祚）乞移李研齋柩歸金陵書》，無果。

廖燕《上吳制府（興祚）乞移李研齋柩歸金陵書》：「伏念研齋名長祥，四川人，登崇禎某年進士，由詞林為兵部尚書，其立朝大節，至今傳聞人口，不可殫述。後罹國變，獨能執節不仕，隱居金陵，著書講學自娛。曾於閣下有文章交誼，其嗣某為燕言如此，想不誣也。後復罹亂，流離嶺表，寄居韶陽仁化邑河頭寨萬山之中，遂病死於此。草草一棺，妻子離散，謀生救死不贍，豈暇返萬里羈魂為首丘之舉也哉！以品行如此之人，竟不能庇其身後，惜哉，悲夫！今幸閣下總制兩粵，適臨茲地，其嗣某踊躍告燕，以為可以仰干不難，燕亦為之色喜。以閣下天地為懷，雖生平不相謀面之人，猶將覆庇周急之不倦，況在聲氣之內，有道德文章足傳，不幸客死，貧復不能歸葬之，可矜如研齋者哉！蜀山萬里，首丘為難，金陵一水可達，閣下稍為援手，則移此柩以歸其地，一反掌之間耳。燕生平不識研齋，亦未識荊於閣下，而敢以此為言者，亦以閣下有好賢之誠，與研齋有文章聲氣之雅，今雖已死，其人亦不負閣下斯舉也。」（《二十七松堂文集》卷九）

《清史列傳》卷九《吳興祚傳》：「吳興祚，漢軍正紅旗人。順治七年，以貢生授江西萍鄉知縣。再任山西大寧知縣。十八年，遷沂州知州。以驛務遲誤降調。康熙二年，補江南無錫知縣。十三年八月，遷行人司行人，仍留任。……十五年，升福建按察使。十七年正月，擢福建巡撫。……二十一年正月，擢兩廣總督。……二十八年六月，給事中錢晉錫、御史王君詔疏劾興祚鼓鑄浮冒，部議降三級調用，奉特旨：『吳興祚效力行間，悉知軍務，著以副都統用。』三十一年十二月，奉命以副都統鎮大同右衛。」

嘉慶《大清一統志》卷四百四十《廣東統部·文職官》：「兩廣總督，舊駐肇慶府，乾隆十一年移駐廣州府。轄廣東、廣西二省。」

案廖燕《上吳制府乞移李研齋柩歸金陵書》云長祥「隱居金陵，著書講學自娛。曾於閣下有文章交誼」，未知傳述是否不誤，若果有其事，應在吳興祚「康熙二年，補江南無錫知縣」之後。

《書》云「今幸閣下總制兩粵，適臨茲地，其嗣某踊躍告燕，以為可以仰干不難」，

體會語氣，廖燕上書時間，當是在康熙二十一年吳興祚到任兩廣總督不久之後。

廖燕上書地點，當在兩廣總督駐地肇慶府（今廣東肇慶）。

是年，海上鄭氏稱永曆三十六年。

康熙二十二年癸亥（一六八三年）　姚淑四十六歲

姚淑居仁化河頭寨山中，刻其詩集。

廖燕《海棠居詩集序》：「太史沒數年，而斯集始出。」案長祥沒於康熙十八年左右，廖云「數年」，當在三四年內。是姚淑之刻其詩集，為本年前後事。

長祥達州之親屬到仁化看望姚淑，姚淑作《焙茶》詩表達感謝，是在本年前後。

《焙茶》：「親戚遠鄉至，開書見苦情。帶來瓶裏綠，傾入盞中清。味自山間得，香從火處生。不知紅袖煖，還去傍爐擎。」

案《焙茶》詩約作於康熙二十二年（一六八三年）左右。時三藩已平。清蔣良騏《東華錄》卷十二康熙二十年十一月：「雲南平，群臣朝賀於乾清門。」四川和廣東的社會秩序已恢復正常，故達州之親屬得以到仁化看望姚淑。

唐大陶五十二歲，葬其父於蘇州。

參閱李之勤《唐甄事蹟叢考·事蹟簡表》（《潛書》附錄，中華書局，一九六三年，第二九二頁）。

是年，海上鄭氏稱永曆三十七年。七月，鄭克塽（鄭成功之孫、鄭經之子）以臺灣降清，明正朔絕。

康熙二十五年丙寅（一六八六年）　姚淑四十九歲

唐大陶改名為唐甄。

參閱李之勤《唐甄事蹟叢考·事蹟簡表》（《潛書》附錄，中華書局，一九六三年，第二九二頁）。

康熙二十七年戊辰（一六八八年）　姚淑五十一歲

在廣州明遺民陳恭尹（字元孝）之幫助下，姚淑及二子寄寓廣州（今廣東廣州）。廖燕作《與陳元孝》書，代姚淑母子感謝之。廖燕讀《海棠居詩集》；姚淑母子欲移長祥柩於廣州以歸蜀，廖燕作《與李骔公》書勸止；廖燕作《海棠居詩集序》；俱在本年或次年前後。

關於陳恭尹（一六三一～一七○○）。清馮奉初《明世襲錦衣僉事懷遠將軍陳元孝

先生傳》：「陳恭尹，字元孝，順德龍山人，明季贈兵部尚書邦彥長子。性聰敏端重，幼承庭訓，習聞忠孝大節。……桂林勢危甚，邦彥乘間聯絡山海，約在籍部閣陳子壯、侍郎張家玉同起義兵，以救桂林。……桂林獲全，大兵知謀出邦彥，掩捕其一妾二子，以致邦彥，邦彥不顧。時恭尹年十七，易服逃出，……及邦彥死節，並其一妾二子和尹、虞尹殺之，仲子馨尹亦死亂軍中。……恭尹出複壁，赴肇慶，疏陳父殉難狀，得贈兵部尚書，諡忠愍，世襲錦衣僉事，給假治喪。……大兵再定廣州，庚寅，恭尹避兵西樵，時已無家可歸，每念及國破君亡，全家受戮，輒失聲慟哭，思欲以身殉之。乃間關至閩，自閩而浙，……時明唐王既殂於汀州，鄭成功屯兵閩海，觀望不敢進。魯王敗竄舟山，勢益不振。恭尹策其無成，往來觀變，留閩浙者七年。……既而歸葬先人。……時桂王在雲南，恭尹欲往從之，八月道宜春，至昭潭，值大兵諸道進剿，滇黔路絕，乃轉泛洞庭，再遊金陵，至汴梁，北渡黃河，徘徊太行之下。……（桂王）殂，恭尹聞之大慟，自是戢影田間，無復逐日攀髯之望矣。及甲寅，吳三桂據雲南叛，閩粵相繼告警，恭尹以名重，為時所指目，下於理者二百日。及得脫，自念身歷滄桑，恐終不為世所容，乃築室羊城之南，以詩文自娛。貴人有折節下交者，無不禮接，於是冠蓋往來，人人得其歡心。議者或疑其前後易轍，不知其避禍既深，跡彌近而心彌苦矣。」（道光五年刻本《獨漉堂集續編》附錄、民國閔爾昌《碑傳集補》卷三十五）陳恭尹詩，與屈大均、梁佩蘭並稱清初嶺南三大家。

　　陳恭尹順德人，順德縣屬廣州府。嘉慶《大清一統志》卷四百四十一《廣州府》：「順德縣，在府西南一百里。」故廖燕《與陳元孝》稱廣州為「貴郡」（見下文）。

　　關於李鬲公。廖燕《與李鬲公》：「匆匆一晤，亦復匆匆別去，人生不得自由，曷勝惋歎！途中讀令慈太夫人佳刻，奇秀超悟，今罕其比。」（《二十七松堂集》卷十）案：長祥有二子，一為黃夫人生，一為姚淑生，即廖燕《海棠居詩集序》中所說「大人獨撫孤二人」者是。據全祖望《前侍郎達州李公研齋行狀》，順治五年（一六四八年）清軍追捕李長祥時，「於是夫人抱其子畝拜吉甫，且拜文鶩」，是黃夫人所生者名李畝，時李畝約三四歲，生於順治二年（一六四五年）前後，至本年已約四十三四歲，疑即廖燕《書》中所稱之李鬲公也。

　　廖燕《與陳元孝》：「行李尚未安頓好，便急走晤，值駕已旋，菀結無已。文章交誼，使非於其中有緣，自難勉強而親。燕前始辱下交，便攜其文遍贊名士，一時勝集，千古佳談，塗泥生色矣。然一晤即別，未悉所懷。此行正思作十日談，而事與願違，其如旋韶之急何哉！李研齋太史客死吾韶，眷屬寄寓貴郡，其夫人並其公郎俱感激義俠，託燕致謝，尚祈終始也。」（《二十七松堂文集》卷十）

　　廖燕《與李鬲公》：「匆匆一晤，亦復匆匆別去，人生不得自由，曷勝惋歎！途中讀令慈太夫人佳刻，奇秀超悟，今罕其比。《過洞庭》及《閒坐》、《憶鍾山》諸詠，其氣骨在秦漢之上，當是英雄負奇才人語，疑非出閨閣口中也。令先君太史目之以『清』，亦亢儷間謙詞耳。其詩豈『清』之一字所能盡者哉！弟生平不輕以詩文許人，知此當非套語耳，容擬一序呈教。聞欲移令先君柩於羊城，似不然。蘇文忠公亦蜀人，死毗陵，即葬毗陵。若不得歸蜀，則吾韶亦令先君之毗陵也。再商之，何如？」（《二十七松堂集》卷十）

　　廖燕《海棠居詩集序》：「夫人姚姓，字仲淑，金陵人。歸太史十餘年，數罹亂離，最後復值滇逆之變來吾韶，寄居仁化河頭寨萬山之中。未幾，太史沒。夫人獨撫孤二人，客居至於今者又八、九年。」（《二十七松堂文集》卷三）

　　案：第一，廖燕《與陳元孝》「眷屬寄寓貴郡（羊城），其夫人並其公郎俱感激義俠，託燕致謝」，《與李鬲公》書「聞欲移令先君柩於羊城」以「歸蜀」，表明在陳恭尹幫助下，姚淑母子已寄寓廣州，姚淑欲移長祥柩於廣州以「歸蜀」，廖燕勸止之，是在同時。

　　第二，廖燕《與李鬲公》「途中讀令慈太夫人佳刻，容擬一序呈教」，表明廖燕作《海棠居詩集序》，是在《與李鬲公》書的同時稍後。

　　第三，廖燕《海棠居詩集序》「太史沒，夫人獨撫孤二人，客居至於今者又八、九年」，表明姚淑母子寄寓廣州，欲移長祥柩於於廣州以「歸蜀」，是在康熙十八年左右長祥去世之後的八、九年，即康熙二十六年、康熙二十七年左右。

　　姚淑《讀黃崑之詩》，當作於寄寓廣州時。

　　黃崑之：黃河源，字崑之，清康熙時南海（今廣州市）人，詩人、畫家。清凌揚藻《國朝嶺海詩抄》卷五：「黃河源，字崑之，一字石谷，南海人。善畫山水兼工花鳥，著有《樿樗山堂詩稿》。高陽韓太史雄岱、岢嵐賈刺史雒英序之。」同治《南海縣志》卷二十六《藝文略二》：「《樿樗山堂詩稿》。國朝黃河源撰。據採訪冊。」光緒《廣州府志》卷六《沿革表一·國朝》：「廣州府布政使司治領縣十四：南海（注：附郭）。番禺（注：附郭）。順德。東莞。」

　　姚淑本詩，當是在寄寓廣州時，廣州詩人黃河源投贈詩作，因而回贈之作。

　　姚淑寄寓廣州不久之後，又返回仁化。

　　由姚淑稍後在仁化丹霞山河頭寨所作《憶親》詩，詩言「欲歸」江南，及後來姚淑經過湖南、長江返回江南，可見其寄寓廣州不久之後，又返回仁化，然後由仁化經湖南離開廣東。

康熙二十八年己巳（一六八九年）　姚淑五十二歲

姚淑有《憶親》詩，詩言「欲歸」江南。

《憶親》詩：「雙親千里，高山峨峨。水湧路落，欲歸奈何？晝夜不樂，亂思夢多。」

案詩言「憶親」「欲歸」，又言「高山峨峨，水湧路落」，當作於自廣州返回仁化縣丹霞山河頭寨之後，時正積極準備離開仁化，回歸江南。

春，姚淑自仁化經湖南，浮長江返回江南故鄉。姚淑自此以後之情況，已不可考。

在《海棠居初集》中，《讀黃崑之詩》當為康熙二十七年寄寓廣州時作，不久姚淑返回仁化。在《讀黃崑之詩》之後，依次為《憶親》、《和五叔太守韻》、《與關夫人對弈》、《五叔太守贈筆硯》、《舟行》、《江南曲》、《端午龍舟》、《舟中暴風雨之作》、《江行》九題詩，以《江行》為集中最後一首詩。其中，《和五叔太守韻》、《舟行》、《江南曲》、《端午龍舟》、《舟中暴風雨之作》、《江行》五題詩，皆寫舟行和長江舟行，並寫到江南，當同為此行之作。因此，推測姚淑當是在康熙二十八年左右離開仁化，乘舟經湖南，浮長江返回江南故鄉。

姚淑舟行途中，至五叔太守家作客。五叔太守當為官於湖南。姚淑有《和五叔太守韻》、《五叔太守贈筆硯》等詩。

《和五叔太守韻》詩：「舟中寂寞恨多灘，細雨微風那得安。敗草孤孀惟血淚，浮萍遊子更波瀾。山山春色連雲起，岸岸花飛帶水瀾。混沌一天存氣象，但愁點滴濕衣難。」

《五叔太守贈筆硯》詩：「翰林去世自多憂，無墨無書何處求。太守憐才贈我筆，如今寫出幾番愁。」

不久，姚淑啟程，繼續舟行。有《舟行》、《江南曲》等詩。

《舟行》詩：「水外天如近，村村田地多。牛耕青草上，茅屋轉山河。」

《江南曲》：「江裏波濤起，雲崩山一空。天高平野闊，獨坐苦悲風。」

端午節，姚淑在湖南觀看龍舟競渡，有《端午龍舟》詩。

《端午龍舟》詩：「端陽簫鼓曲流多，兩岸遊人看綺羅。竟日滿船各唱起，聽他盡是屈原歌。」又：「水上龍舟水外喧，妝成不覺興翩翩。還看處處兼簫管，試問何人哭屈原？」

詩中所描寫的端午龍舟競渡的風俗人情，實以湖南為其源始，當是姚淑返回江南經過湖南時作。

六月，姚淑乘舟沿長江東下回江南，有《舟中暴風雨之作》、《江行》等詩。

《舟中暴風雨之作》：「大雨立時到，茫然舟子驚。短篷看落水，兩岸似傾城。天壓萬山盡，雲崩古塔平。今朝暑氣散，六月一身輕。」

案本詩中有「今朝暑氣散，六月一身輕」之句，知姚淑是年六月，乘舟離開湖南。

《江行》詩：「大江煙霧遠相連，風散波濤還自喧。日日東流流不盡，飛蓬幾處去天邊。」

案前首《舟中暴風雨之作》、本詩《江行》，二首皆描寫長江舟行，本詩「大江」二字尤為確證，可知姚淑是乘舟沿長江東下，回到江南。姚淑自此以後之情況，已不可考。

康熙三十一年壬申（一六九二年）　姚淑五十五歲

達州補修北岩寺，長祥侄孫李霖峰撰記，文中敘及五十年前，長祥整修寺院樓閣事。

民國《達縣志》卷十《禮俗門・寺觀・北岩寺》清貢生州人李霖峰《補修北岩寺碑記》：「郡北名院，厥號北岩。……自余叔祖李長祥於明末時，得中探花巍科，整理樓閣，迄今五十年矣。」文末署：「時康熙三十一年壬申陰月書。」

康熙三十九年庚辰（一七〇〇年）　姚淑六十三歲

三月，鈕琇《觚賸》成書。其中卷三《吳觚》記有姚淑軼事。

《觚賸自序》署：「康熙庚辰三月既望。」

康熙四十一年壬午（一七〇二年）　姚淑六十五歲

是年，朱彝尊《明詩綜》輯成，其中卷八十五選錄姚淑詩一首。

康熙四十三年甲申（一七〇四年）　姚淑六十七歲

二月乙酉，唐甄卒，享年七十五歲。

參閱李之勤《唐甄事蹟叢考・事蹟簡表》（《潛書》附錄，中華書局，一九六三年，第二九二頁）。

康熙四十四年乙酉（一七〇五年）　姚淑六十八歲

十月乙巳，唐甄葬。

參閱李之勤《唐甄事蹟叢考・事蹟簡表》（《潛書》附錄，中華書局，一九六三年，第二九二頁）。

康熙四十五年丙戌（一七〇六年）　姚淑六十九歲

姚淑卒年不詳。其返回江南故鄉以後，晚年情況亦不可考。

後隔三十餘年，乾隆中，史學家全祖望到常州「累訪其子孫，無知者。」（《前侍郎達州李公研齋行狀》）乾隆《達州志》卷三《鄉賢‧李長祥》條：「國朝平浙、閩，長祥以實忠獲免，因翱遊秦、吳、豫、楚。」光緒二十二年丙申（一八九六年）達縣劉行道《天問閣文集後序》：「研齋終老毗陵。」民國初，達縣伍澹川《天問閣集序》也說長祥「飲憾沒於江南。」乾隆《達州志》卷四《藝文》黃錦生《讀海棠居集（研齋夫人集）》詩，有「可憐窮蜀國，幾度夕陽灰」之句。此對李、姚夫婦晚年之行跡皆未得其實。

後　記

鄧小軍

　　明末清初的民族英雄李長祥（一六一〇～約一六七九年），字研齋，四川達州（今四川達州）人，明末進士，官至魯王監國兵部尚書。李長祥從事反清復明軍事鬥爭，百折不撓，去世於廣東仁化（今廣東仁化）縣丹霞山。清代史學家全祖望《跋明崇禎十七年進士錄》稱之為：「達州李長祥，其後間關戎行，累起累蹶，事敗行遁，不知所終，最稱完節。」〔註1〕李長祥著有《天問閣文集》，乃是反映明清之際抗清歷史的傑作。

　　明末清初傑出的女詩人姚淑（約一六三八年～？），字仲淑，南京（今南京）人，李長祥的夫人、反清復明志同道合共同行動的戰友。著有詩集《海棠居初集》，今存詩九十九首（康熙原刻本缺第五、第六兩葉，即四個半葉），另有輯佚詞一首，共計一百首詩詞。姚淑詩無一首苟作，幾乎篇篇皆是精金美玉。其中最寶貴之詩，乃是反映明清之際抗清歷史的眾多不朽詩史，洵為中國文學史上第一流作品。

　　李長祥《天問閣文集》與姚淑《海棠居初集》，在清代康雍乾時期文字獄運動中被懸為厲禁，二百年間，若存若亡。直至清末民初，始重見天日，惜已殘缺不全。現有研究，寥若晨星。

　　魏堯西先生所著《姚淑海棠居詩集編年箋注》，是迄今唯一一部姚淑詩集注本。附錄《姚淑事蹟繫年》，則是迄今唯一一種姚淑年譜。雖說是姚淑年譜，其實是姚淑李長祥二人年譜合編。僅其中李長祥史事考述之翔實，當為前所未有。

〔註1〕清全祖望：《鮚埼亭集外編》卷二十九，《四部叢刊》初編景印嘉慶十六年汪繼培刊本。

－237－

　　附錄還包括姚淑詞輯佚、投贈詩文、關於姚淑軼事的文獻資料、關於李長祥的文獻資料、史子集部及現代文獻有關姚淑著作的參考資料，以及徵引書目（注明版本）。

　　以下略述《姚淑海棠居詩集編年箋注》一書的學術價值，《箋注》作者所未見的康熙刻本《天問閣文集》與《海棠居初集》的版本情況，關於姚淑晚年是否回到達州，四川達州的李氏家族、李長祥遺跡與文物，《箋注》作者魏堯西先生的學術研究及舊體詩詞之成就，以及《箋注》整理說明。

一、《姚淑海棠居詩集編年箋注》一書的學術價值

　　《姚淑海棠居詩集編年箋注》一書，箋詩考史，詩史互證，引書近三百種，創獲豐碩。

　　關於考史。如首次揭示出李長祥指揮吳三桂軍大敗清軍，取得岳州大捷。康熙十三年（一六七四年）七月岳州（今湖南岳陽）大戰，是漢民族抗清軍事史上少有的也是最後的一次大捷。清朝文獻掩飾之，諱莫如深；抗清方面文獻，基本湮沒。尤其是李長祥指揮吳軍大敗清軍，取得岳州大捷，這是至今學界從未有人道出過的重大史事。

　　康熙十二年（一六七三年）十一月，吳三桂在雲南起兵反清復明，令蓄髮、易衣冠，同時從昆明遣使者赴常州聘李長祥。康熙十三年正月，長祥應吳三桂聘，同姚淑及二子闔家離常州沿長江而上赴湖南。李長祥是在吳三桂「興明討虜」「檄告天下」的情況下，為反清復明、趕走侵略者的理想，而奔赴湖南，與吳三桂合作的。

　　　　何齡修《李長祥的復明活動——附論清初關於赦除前罪的政
　　策》（一九九三年）：「長祥在叛軍中任職時間不長，很快因完全失
　　望，『遂拂袖而去』。」〔註2〕

　　　　馬里千《李長祥遺事鉤沉》（一九九四年）：「長祥主張復明，吳
　　三桂要自己做皇帝，意見不合，長祥『拂袖而去』。可見他在湖南為
　　時甚短。」〔註3〕

<hr>

〔註2〕何齡修：《李長祥的復明活動——附論清初關於赦除前罪的政策》，《慶祝王鍾
　　翰先生八十壽辰學術論文集》，瀋陽：遼寧大學出版社，一九九三年，第一○
　　八頁。
〔註3〕馬里千：《李長祥遺事鉤沉》，《清史論叢》，瀋陽：遼寧古籍出版社，一九九四
　　年，第一九二頁。

　　楊梅《李長祥文學研究》附錄《李長祥年譜簡編》清康熙十三年條（二○二一年）：「春夏間，長祥趕到常德、澧州前線見吳三桂。長祥到岳州（湖南嶽陽市）就任，任職不久即拂袖而去』。」〔註4〕

　對李長祥在湖南吳三桂軍中，於康熙十三年七月指揮吳軍大敗清軍，取得岳州大捷這一重大史事，均一字不提。

　《箋注》附錄《繫年》康熙十三年，使用了一系列歷史文獻，提出：

　　七月，清軍大兵水陸齊發，進攻岳州，兵部尚書駐節岳州節制將軍兵馬李長祥指揮吳軍將領吳應麒等率兵七萬餘，擊敗清軍，使清軍未能攻克岳州，退保荊州。經此岳州大戰吳軍大敗清軍之後，清軍長期「無敢渡江攖其鋒者」。八月，清軍統帥安遠靖寇大將軍多羅貝勒尚善命湖北巡撫張朝珍，密取俘供詳細瞭解「偽兵部」李長祥在岳州之情況，可見其對於李長祥之重視和畏懼。

　　案《巡撫湖廣等處兼提督軍務張朝珍啟》，康熙十三年四月李長祥已到任兵部尚書駐岳州節制將軍兵馬，「有軍機，各將軍將他商議，會稿申報吳三桂」，可知康熙十三年七月清軍大兵水陸齊發，進攻岳州，乃是李長祥指揮「吳應麒、廖進忠、馬寶、張國柱、柯鐸、高啟隆諸軍」，「率兵七萬餘」，「分道拒戰」，擊敗清軍，使清軍未能攻克岳州，退保荊州。經此岳州大戰吳軍大敗清軍之後，清軍長期「無敢渡江攖其鋒者」。由此可見，李長祥軍事指揮才能之卓越。吳三桂對李長祥軍事長才之器重，自未落空。

　　復案「康熙十三年八月十七日奉貝勒諭湖北巡撫張朝珍：令才能官員將前拿獲奸細毛羽毹提出密加詳問」，此貝勒，應即是清軍統帥安遠靖寇大將軍多羅貝勒尚善。清軍統帥多羅貝勒尚善命取俘供詳細瞭解「偽兵部」李長祥在岳州之情況，可見其對於李長祥之重視和畏懼。

　　又案《清聖祖實錄》康熙十三年六月十八日諭鎮南將軍尼雅翰等「其軍中情形，及俘獲賊兵言賊進止之狀，並爾等所見，俱密行陳奏」，此殊可注意。第一，當康熙十三年六月十八日諭荊州鎮南將軍尼雅翰密行陳奏俘獲賊兵言賊進止之狀之時，李長祥任吳三桂

〔註4〕　楊梅：《李長祥文學研究》，桂林：廣西師範大學碩士學位論文，二○二一年，第六八頁。中國知網：https://kns.cnki.net/kns8/defaultresult/index

兵部尚書駐岳州節制將軍兵馬，已逾兩月時間。然則康熙帝之關注
俘供吳軍情報，當已關注到李長祥情況。第二，《清聖祖實錄》當
日所載尼雅翰等疏言「六月十七日，投誠偽守備薛麟兆等言，吳三
桂遣偽護衛至岳州，令賊將堅守，且趣進兵」，根據《巡撫湖廣等
處兼提督軍務張朝珍啟》所述四月李長祥已到任兵部尚書駐岳州節
制將軍兵馬，「有軍機，各將軍將他商議，會稿申報吳三桂」，可知
「吳三桂遣偽護衛至岳州，令賊將堅守，且趣進兵」，亦必須是經
過李長祥。然則尼雅翰等疏當已述及李長祥。第三，根據康熙十三
年六月十八日諭鎮南將軍尼雅翰密行陳奏俘獲賊兵言賊進止之狀，
然則康熙十三年八月十七日奉貝勒諭湖北巡撫張朝珍啟所述俘供
「偽兵部」李長祥在岳州之詳細情況，亦已密行陳奏康熙帝矣。

《繫年》揭示出康熙十三年七月岳州大戰，李長祥以吳三桂兵部尚書駐節
岳州節制將軍兵馬，指揮岳州吳軍擊敗來犯清軍大兵，取得岳州大捷，包括李
長祥指揮吳軍取得岳州大捷的前前後後之史事，如今一旦重見天日，讀之寧不
驚心動魄乎？

又如關於李長祥最後一段人生歷程之真相。

清全祖望《前侍郎達州李公研齋行狀》：「天下大定，始居毗陵，
築讀《易》臺以老焉。」〔註5〕

何齡修《李長祥的復明活動——附論清初關於赦除前罪的政
策》（一九九三年）：「晚年，他舉家移居常州，似有依傍姚淑家鄉親
人的含意。他在常州築讀易臺，讀書終老。」〔註6〕

馬里千《李長祥遺事鉤沉》（一九九四年）：「不過《行狀》說他
『終老毗陵』，可能是確實的。」〔註7〕

這樣的觀點一直影響至今。

二〇二一年廣西師範大學楊梅碩士學位論文《李長祥文學研究》

〔註5〕清全祖望：《鮚埼亭集外編》卷九，《四部叢刊》初編景印嘉慶十六年汪繼培刊
　　　本。

〔註6〕何齡修：《李長祥的復明活動——附論清初關於赦除前罪的政策》，《慶祝王鍾
　　　翰先生八十壽辰學術論文集》，瀋陽：遼寧大學出版社，一九九三年，第一○
　　　八頁。

〔註7〕馬里千：《李長祥遺事鉤沉》，《清史論叢》，瀋陽：遼寧古籍出版社，一九九四
　　　年，第一九二頁。

附錄一《李長祥年譜簡編》清康熙十三年條也說：「晚年，舉家移居常州，讀書讀易臺，以終老。」〔註8〕

《箋注》與《繫年》，考史箋詩，根據姚淑《行路難》、《春日有感》、《長相思》、《客舍有感》等詩，和今釋澹歸《答李研齋內翰》（康熙十七年五月）、廖燕《海棠居詩集序》、廖燕《上吳制府乞移李研齋柩歸金陵書》等歷史文獻，指出：

> 大約即在三月一日，長祥姚淑及二子自湖南南下，四月八日之後不久，抵達廣東仁化（今廣東仁化）縣丹霞山河頭寨，避地隱居。（《繫年》康熙十七年）

> 長祥、姚淑一家避地隱居於仁化丹霞山河頭寨，此事與丹霞山別傳寺僧澹歸之幫助或安排有關，金堡為僧後，猶維護復明志士。（《春日有感》箋注）

> 長祥於康熙十七年四月到廣東仁化丹霞山，避地隱居。廖云：「未幾，太史沒。」「未幾」，即一兩年內。長祥之沒，當在康熙十八年左右也。（《繫年》康熙十八年）

吾人讀《箋注》至此，對於李長祥人生最後一段路程，豈非如撥雲霧而睹青天，豁然明白乎？

關於箋詩。

箋注姚淑詩用語用典，舉一例如下。

《高臺望明月》：

> 明月當臺滿，萬方共一光。溶溶天氣靜，白白地霜長。漸覺雲鬟濕，還看寶髻涼。清輝吹不斷，偏是到紅妝。

詩題箋注云：本詩亦為康熙三年至康熙五年間，李長祥北遊從事地下復明活動時，姚淑思念長祥所作。

清輝句箋注：清輝：唐杜甫《月夜》詩：「清輝玉臂寒。」吹不斷：唐李白《望廬山瀑布水二首》其一：「海風吹不斷，江月照還空。」此借李白詩謂風吹不斷瀑布，指風吹不斷月光。「清輝吹不斷」，較「海風吹不斷」，更為空靈、神韻。唐張若虛《春江花月夜》詩「空裏流霜不覺飛」，寫出月光不可把握的特性，「清輝吹不斷」，

〔註8〕楊梅：《李長祥文學研究》，桂林：廣西師範大學，二〇二一年，第六八頁。中國知網：https://kns.cnki.net/kns8/defaultresult/index

則寫出月光風吹不斷的特性，兩詩同一空靈、神韻。

偏是句箋注：偏：特別，在此訓為特地。宋郭茂倩輯《樂府詩集》卷四十四《晉宋齊辭·子夜四時歌·夏歌二十首》之十八：「情知三夏熱，今日偏獨甚。」梁武帝蕭衍《古意二首》之一：「既悲征役久，偏傷壟上兒。」唐李白《送友人尋越中山水》：「聞道稽山去，偏宜謝客才。」嚴武《巴嶺答杜二見憶》：「可但步兵偏愛酒，也知光祿最能詩。」紅妝：婦女妝飾多紅色，故稱為「紅妝」，代指婦女，此是姚淑自指。南朝梁何遜《看伏郎新婚》：「何如花燭夜，輕扇掩紅妝。」《樂府詩集》卷二十五《古辭·木蘭詩二首之一》：「阿姊聞妹來，當戶理紅妝。」以上二句，謂秋風吹不斷明月的清輝，清輝特地來到了自己身邊。這明明是說，清輝乃是丈夫對自己的思念。這是杜甫《月夜》所未有的意境創新。

後案：

案本詩乃取杜甫《月夜》詩意而化用之。杜甫《月夜》，是身處安史叛軍佔領下的長安，懷念異地之妻子兒女而作；姚淑此詩，是滿清入主中原後，懷念丈夫李長祥為復明行役於外的篇什。與杜甫情事略同，其用意實深也。

杜甫《大雲寺贊公房》之三：「明朝在沃野，苦見塵沙黃。」之四：「艱難世事迫，隱遁佳期後。晤語契深心，那能總箝口。」可見杜甫身處安史叛軍佔領的長安，是在從事地下光復活動。姚淑熟習杜詩，暗以從事地下光復活動的杜甫，喻指從事地下復明活動的長祥。這是本詩的深刻用意之一。詩中對復明志士丈夫的相思，包含了志同道合的相知。這是本詩的深刻用意之二。

「清輝吹不斷，偏是到紅妝。」寫眼前景，熔李白、杜甫兩家詩為一爐，罕見；以溫柔的比興、巧妙的用典，寫出丈夫對自己之思念的優美意境，獨創；包含了對丈夫從事地下復明活動的理解，深刻。若非實有此等精神境界、生活體驗，如何道的出？若非把李白、杜甫兩家詩爛熟於心，又能妙手拈來，亦是寫不出。

以史證詩，舉一例如下。

《桃源行》：

昔日桃源好避秦，桃源盡是沒用人。天下志士皆震動，獨有桃

源藏其身。桃花樹上桃花滿，桃花樹下水流緩。年年歲歲長子孫，
雞犬何曾有聚散。洞口之內無見聞，洞口之外干戈起。博浪沙上力
士來，天下之人已驚喜。當時洞口人相及，豈只三三兩兩入。海內
無數豪傑在，避世之意何其急？縱是成仙不足論，何為漁人又問津？
願人莫向桃源去，處處桃花開向春。

　　詩題箋注：本詩是康熙十三年甲寅（一六七四年）三月李長祥到
常德會見吳三桂，姚淑隨長祥到常德時，因地近桃源，有感而作。

　　天下震動句箋注：古典字面謂秦時陳涉起義反秦，引起天下志
士震動。《史記‧陳涉世家》：「二世元年七月，發閭左適戍漁陽，九
百人屯大澤鄉。陳勝、吳廣皆次當行，為屯長。會天大雨，道不通，
度已失期。失期，法皆斬。……陳勝曰：『天下苦秦久矣……』並殺
兩尉，……乃詐稱公子扶蘇、項燕，從民欲也。袒右，稱大楚。為壇
而盟，祭以尉首。」今典實指康熙十二年癸丑（一六七三年）十一月
吳三桂起兵反清於雲南，引起天下志士震動。清孫旭《吳三桂始末》：
「（癸丑十一月）二十五日五鼓，（三）桂集藩下官屬殿上，擲帽棄辮
髮。……圍巡撫門，綁撫臣朱國治，詣市碎殺之。」康熙十三年甲寅
正月元旦吳三桂發布興明討清檄文《原鎮守山海關總兵、今奉旨總統
天下水陸大師興明討虜大將軍吳、檄告天下文武官吏軍民人等知悉》：
「（狡虜）竊我先朝神器，變我中國冠裳」，「本鎮仰觀俯察，正當伐
暴救民，順天應人之日也。爰率文武臣工，共勤義舉，卜取甲寅年正
月元旦寅刻，推奉三太子，郊天祭地，恭登大寶，建元周啟。檄示布
聞，告廟興師，刻期併發。移會總統兵馬上將軍耿（精忠）、招討大將
軍總統使世子鄭（經）等，調集水陸官兵三百六十萬元（員），直搗燕
山。」（日本林春勝、林信篤同編；浦廉一解說：《華夷變態》卷二《吳
三桂檄》，東京：東洋文庫，一九五八年，第五三～五四頁。）震動：
唐李鼎祚《周易集解‧隨卦（震下兌上）》：「鄭玄曰：震，動也。兌，
說也。內動之以德，外說之以言，則天下之人，咸慕其行，而隨從之。」
《尚書‧周書‧武成》：「天休震動，用附我大邑周。」漢孔安國傳：
「天之美，應震動民心，故用依附我。」小序：「武王伐殷，……作
《武成》。」《史記‧魯仲連列傳》：「天下震動，諸侯驚駭。」

　　天下驚喜句箋注：謂三藩事起，全國人民為此震動驚喜。顧炎武

康熙十二年末《哭歸高士（莊）》詩：「碧雞竟長鳴，悲哉君不聞！」自注：「文覃舉庚。」韻目代字指：「雲南起兵。」康熙十三年正月《廣昌道中》詩：「問客何方來？幽都近如沸。出車日轔轔，戈矛接江裔。」指康熙十二年北京城密謀反清起義，及南方反清軍事鬥爭。又《王良》詩：「秦政滅六國，自謂過帝皇。豈知漁陽卒，狐鳴叢祠旁。」王遽常《顧亭林詩集匯注》卷五注：「此以當以陳涉喻吳三桂。」清汪懋麟《百尺梧桐閣文集》卷二《贈揚州知府金公序》：「皇帝十三年春，滇、閩叛亂，東南震驚。揚人多惑易擾，譌言道聽，家室朋奔。城門夜開，填衢泣路。」可見北京及東南人民驚喜、震動之情況。孫旭《吳三桂始末》：「（三桂）潛遣使……聘前明少卿李長祥，延以賓禮，問方略。」屈大均《翁山文外》卷三《繼室黎氏孺人行略》：「甲寅春，予從軍於楚。」李長祥、屈大均皆直接投身湖南反清軍事鬥爭。

由上可見，本書箋注姚詩的用語、用典，以史證詩、詩史互證，允稱貼切、翔實、精湛，揭示出姚淑詩的重大歷史內容、高度藝術成就，及其精深人文淵源。且無所依傍。因為《箋注》是姚詩的第一部注本。

《箋注·前言》舉出姚淑詩內容成就與藝術特色，有六個方面：一、詩中有史。姚淑的詩深刻地反映了持續四十年的抗清史實。二、詩有大義。李長祥信仰儒家學說，嚴防華夷之辨，維護民族獨立自由，堅決主張趕走侵略者，姚淑志同道合，此等儒家大義也貫串在她的詩作裏。三、風格清奇。清，指性情純真，趣味高潔；奇，指襟抱不凡，負有奇氣。四、氣象恢宏。此是詩人崇高愛國精神境界的自然呈現。五、靈秀之氣，女詩人本色。六、姚詩詞彙往往明白如話，卻往往皆有其來歷與深致。此六點概括，均來自對姚詩逐首逐句逐字的箋注，和對姚詩的當行領會。因為《箋注》作者本身即是不平凡的舊體詩人，本文最後將加以介紹。

二、康熙刻本《天問閣文集》與《海棠居初集》的版本情況

《中國古籍善本書目·集部下》（一九九八年）：

　　天問閣文集□□卷　清李長祥撰　海棠居初集　清姚淑撰　清康熙刻本〔註9〕

〔註9〕《中國古籍善本書目　集部中》，上海古籍出版社，一九九八年，第九四四～九四五頁。

　　著錄藏本兩部，藏書單位一為南開大學圖書館（代號〇三四一），一為南陽市圖書館（二二一〇）。〔註10〕未著錄康熙刻本《天問閣文集》與《海棠居初集》的版式行款。

　　《中國古籍總目‧集部三》（二〇一二年）：

　　　　天問閣文集四卷　清李長祥撰　清嘉慶間李淑達縣刻本　四川（省圖書館）〔註11〕

　　今存康熙刻本《天問閣文集》與《海棠居初集》藏本及其典藏單位，在一九九八年《中國古籍善本書目》出版之前，傳世書目（公開出版物）未見著錄。

　　今存嘉慶李淑達縣刻本《天問閣文集》藏本，據二〇一二年《中國古籍總目》的著錄，僅有四川省圖書館藏一部。書末當有合刻之《海棠居初集》，或為《天問閣文集》與《海棠居初集》兩書印版之印本之合訂本。

　　魏堯西先生《姚淑海棠居詩集編年箋注》依據的底本，是嘉慶達州李氏祠堂刻本《海棠居初集》。此書當為四川省圖書館藏本，一九八〇年代魏堯西先生在成都巴蜀書社任特約編輯工作期間寓目。魏堯西先生去世於一九九八年，自然無從見到康熙刻本《海棠居初集》。

　　二〇一五年三月十二日，承蒙南開大學盧盛江教授協助，我在天津南開大學圖書館就閱了康熙刻本《天問閣文集》與《海棠居初集》，版本情況敘錄如下。

　　　　《天問閣文集》不分卷附《海棠居初集》一卷康熙刊本六冊

　　　　南開大學圖書館館藏，索書號：善八四六‧九二八五——

　　　　無目錄，不分卷，版心或有卷數。

　　　　版式。四周單邊，白口，半葉九行，行二十字，宋體字。卷端第一行頂格鐫：天問閣文集，第二行下空二格鐫：古夔李長祥研齋著。

　　　　版心鐫書名、類目（小字）、卷數（或作墨丁）、篇名簡稱及葉數，如：

　　　　天問閣文集敘　一　自

〔註10〕《中國古籍善本書目　集部下》，上海古籍出版社，一九九八年，第二五六一、二一九七、二二一三頁。

〔註11〕《中國古籍總目　集部三》，北京：中華書局、上海古籍出版社，二〇一二年，第一〇五九頁。

天問閣文集碑 陳一

版心或鐫書名、卷數、類目、篇名簡稱及葉數，如：

天問閣文集卷幾（墨丁）序、介一

缺葉、爛板、錯簡，幾乎參半，缺葉尤為嚴重，實際是半殘本。

避諱字。避諱至康熙玄燁，雍正胤禎、乾隆弘曆，絕無避諱，因此可斷定此本為康熙刊本。例如：

《天問閣文集敘》類《讀易臺自敘》第八葉（原無葉數）a面第八行：「何氏玄子」，「玄」字缺末筆。

《天問閣文集》卷七《碑》類《奉政大夫太僕寺卿宜興史公神道碑》第一葉 b 面第八行：「天子維體之胤」；《劉忠毅公廟碑》第一葉 b 面第二行：「公之胤子」，「胤」字均不缺筆。

《讀易臺自敘》第一葉 b 面第五行：「太子螢弘」；卷十六《論》類《六經論》第四葉 a 面：「公孫弘」，「弘」字均不缺筆。《陳氏詰敕亭碑》第二葉 b 面第九行：「萬曆癸卯」；卷九《表》類《故封徵仕郎戶科給事中溧陽史公墓表》第一葉 b 面第三行：「萬曆己酉」，「曆」字均不缺筆。

《海棠居初集》一卷

卷首李長祥《敘》，四周單邊，白口，半葉五行，行十二字，行書，版心上方書「敘」，下方葉數。存四個半葉，缺後半幅。

· 龔百藥《鍾山秀才詩序》，版式同前，半葉六行，行書，行十三字至十五字不等，行書，版心上方書「序」，下方葉數。存前四個半葉、後三個半葉，中間四個半葉磨滅漫漶，僅存數字或少數字。

正文版式。四周單邊，白口，半葉八行，行十八字，宋體字。卷端第一行頂格鐫：海棠居初集，第二行空十格鐫：姚淑仲淑氏著。第三行空二格鐫詩題：憶鍾山，第四行頂格鐫詩正文。卷末為第二十八葉，缺第五、第六兩葉，即四個半葉。

避諱字。不避康熙玄燁諱。第七葉 a 面第三行「舷」字康熙本不缺末筆。

案：由康熙刻本《天問閣文集》和《海棠居初集》版式行款不同，避諱字情況不同，可見並非同時所刻之一書，而是不同時間所刻之兩部書。康熙刻本《天問閣文集》正文半葉九行，行二十字；康熙刻本《天問閣文集》正文

半葉八行，行十八字。《海棠居初集》不避康熙玄燁嫌名諱「舷」字，不缺末筆，當為康熙前期雕版。〔註12〕《天問閣文集》避康熙玄燁御名諱，「玄」字缺末筆；而雍正胤禛御名諱「胤」字、乾隆弘曆諱「弘」字、「曆」字，全部不避諱，不缺筆，當為康熙前期雕版之康熙中後期後印本（剜去印版「玄」字末筆）。

魏堯西先生《姚淑事蹟繫年》康熙十二年：「長祥《天問閣文集》刻成於常州。」

《姚淑事蹟繫年》康熙二十二年：「姚淑居仁化河頭寨山中，刻其詩集。」又云：「姚淑之刻其詩集，為本年前後事。」

魏堯西先生雖然未能見到康熙本《天問閣文集》與《海棠居初集》，但是現在新見之康熙本之避諱字情況，證明其關於《天問閣文集》刻成於康熙十二年、《海棠居初集》刻於康熙二十二年前後的觀點，是正確的。康熙二十二年是在康熙中期之開頭，清代雕版印本書避康熙諱正逐漸形成，而在廣東仁化這樣的偏遠地區，刻書避諱字或尚未十分嚴格，因此玄燁嫌名諱「舷」字不缺末筆。

民國《求恕齋叢書》本「舷」字缺末筆，顯然是來自其底本嘉慶達縣祠堂本。

《天問閣文集》和《海棠居初集》合刻為一書，是否始於嘉慶達縣祠堂本或民國達縣祠堂本，情況未明，至遲是見於民國《求恕齋叢書》本。

嘉慶祠堂本《海棠居初集》的底本是康熙本，兩本基本內容相同，異文不多，有兩個方面：

第一，從以嘉慶祠堂本《海棠居初集》為底本的《求恕齋叢書》本來看，嘉慶祠堂本忽略了康熙本缺兩葉的情況，從而造成了將詩題本在缺葉的《聯句》詩誤屬兩葉之前的《遊楊氏園》之誤。魏堯西先生雖然未能見到康熙本《海棠居初集》，但是已經發現《聯句》詩的內容與《遊楊氏園》不合，因此將本詩從《遊楊氏園》題下獨立出來，並擬加標題曰《聯句》，從而糾正了嘉慶祠堂本以及《求恕齋叢書》本之誤，實與康熙本暗合。

〔註12〕參閱鄧小軍《唐授杜甫左拾遺告身考——兼論唐代的皇帝直接授官》注釋八：「清代雕版印本書避諱，實逐漸起於康熙十幾年以後。康熙十幾年以前並不避諱，包括不避玄燁諱字。學界只是說清代避諱起於康熙，似尚無人述及具體年代（康熙在位六十一年），謹此提出，以供參究。」（《杜甫研究學刊》，二〇一七年第一期，第四八頁。）

第二，康熙本《海棠居初集》和嘉慶祠堂本，有十餘處單個字異文，互有優長。我已經在新增【校記】中一一書出之。這些細微異文，基本上並不影響箋注，僅為之新增【補注】一條。

三、關於姚淑晚年是否回到達州

清廖燕《海棠居詩集序》：

> 太史沒數年，而斯集始出。太史遺稿甚多，有《天問閣集》，已刻，遇亂，失其板之六七。非夫人輯藏之力，而稿幾不存。〔註13〕

《繫年》康熙十二年已指出：「可見《天問閣文集》印版及長祥手稿，後來隨長祥、姚淑從常州運至湖南，又從湖南運至廣東仁化。」

清劉行道《天問閣文集後序》：

> 達縣本，先生族孫進士淑刻於嘉慶中，所據草稿，已非完帙。中涉忌諱字面，率以臆刊改。初印尚仍其舊。今草稿不可得，刻本板庋祠堂，歲久齧磨。同治初被兵，益復散失。……末附《海棠居詩》，夫人姚淑仲淑作，即所稱鍾山秀才也。……光緒丙申同里後學劉行道〔註14〕

民國伍澹川《天問閣集序》：

> 始刻於何地何時，不可考。……就所存，合之先生夫人《海棠居士詩》，共得六冊。以較百年前所有，又脫去數十頁。是遺者未及收，而存者又將就湮滅也，可不惜哉！其族裔李君子安昆弟懼其益久散佚，集資補刻，並欲次其卷數、篇第。〔註15〕

民國張廷諍《補刊〈天問閣文集〉序》：

> 先生《天問閣文集》，舊藏李氏祠堂中，其刻於何時何地，以簡前無序不可考。……蓋滿人初立國，猜忌深，則文網亦密。……先生雖幸脫於禍，其所著文集，亦由此列入禁書之目。故當時不能不藏匿，既藏匿，不能不轉徙，轉徙數，而板籍之凋零，必矣。集中斷簡及夫人詩序，可見也。全篇遺去者，更不知凡幾。簡首之序，無亦若是歟！……集中，先生無詩，合夫人《海棠居初集》，共六

〔註13〕清廖燕：《二十七松堂集》卷二十一，乾隆刻本。
〔註14〕《天問閣文集》卷末，民國《求恕齋叢書》本。
〔註15〕民國《達縣志‧補遺二》。

冊。視百年前所印，又遺去數十餘葉。先生族裔李君子安，懼其久
而愈就磨滅也，謀於族人，以昔日所印猶存者，補以刊之。……民
國三年甲寅春三月，達縣張廷諍序。〔註16〕

案：清末劉行道、民初伍澹川、張廷諍三家序，均述及清代後期達縣李氏
祠堂舊藏《天問閣文集》印版。此印版是何時所刻？劉行道《天問閣文集後序》
說「達縣本，先生族孫進士淑刻於嘉慶中」，「刻本板庋祠堂，歲久礱磨」。如
果說此是嘉慶刻版，嘉慶時期（一七九六～一八二〇年）去清末僅百年左右時
間，印版不致於自然「礱磨」。〔註17〕而乾隆時期文字獄已經過去，文網已弛，
亦不會再發生人為「礱磨」印版。只有在康雍乾尤其乾隆時期文字獄恐怖下，
才會發生人為「礱磨」印版之事。張廷諍《補刊〈天問閣文集〉序》所述「先
生雖幸脫於禍，其所著文集，亦由此列入禁書之目。故當時不能不藏匿，既藏
匿，不能不轉徙，轉徙數，而板籍之凋零，必矣。集中斷簡及夫人詩序，可見
也。全篇遺去者，更不知凡幾」，就是指在康雍乾尤其乾隆時期文字獄高壓恐
怖下，達州李長祥後人或族裔，冒著生命危險多次轉徙、藏匿、保藏《天問閣
文集》和《海棠居初集》康熙印版、印本，以及印版、印本凋零之事。人為「礱
磨」印版，也只能發生於此時期之恐怖下。可見清代後期達縣李氏祠堂舊藏《天
問閣文集》印版，乃是康熙時期原刻印版。

伍澹川《天問閣集序》則說「始刻於何地何時，不可考」，張廷諍《補刊
〈天問閣文集〉序》亦說「先生《天問閣文集》，舊藏李氏祠堂中，其刻於何
時何地，以簡前無序不可考」，均未認同是嘉慶刻版。

伍澹川所說「其族裔李君子安昆弟懼其益久散佚，集資補刻」，張廷諍所
說「先生族裔李君子安，懼其久而愈就磨滅也，謀於族人，以昔日所印猶存
者，補以刊之」，當是指民初李子安就康熙時期所刻《天問閣文集》印版，加
以補刊。上溯嘉慶李淑祠堂本，亦當為康熙印版之後印本，或有所補刻。再上
溯南開大學圖書館藏康熙刻本《天問閣文集》，避諱至康熙玄燁之「玄」字為
止（剜去印版「玄」字末筆），亦當為康熙十二年常州原刻印版之康熙中後期
達州後印本。

〔註16〕《天問閣文集》卷首，民國達縣祠堂本。
〔註17〕山西萬榮縣通化鄉隋文中子王通後人家所藏明嘉靖敬恕居所刻《中說》印版，
　　　　至今字畫清晰，絕無「礱磨」，一九八九年、二〇一一年，我曾兩次現地寓目。
　　　　參閱：鄧小軍《唐代文學的文化精神》，臺灣文津出版社，一九九三年，第二
　　　　七頁；《〈中說〉版本源流考》，《文獻》，二〇一七年第一期，第七一頁。

　　由上可見，當康熙中期以後，《天問閣文集》康熙常州原刻印版與《海棠居初集》康熙仁化印版，已從廣東仁化運回四川達州，這就是清代後期達縣李氏祠堂舊藏《天問閣文集》印版。這表明，當康熙中期，至少李長祥之子已經從廣東仁化回到四川達州。

　　《繫年》康熙二十八年根據姚淑《憶親》、《舟行》、《江南曲》、《舟中暴風雨之作》、《江行》諸詩，提出：「（康熙二十八年）春，姚淑自仁化經湖南，浮長江返回江南故鄉。姚淑自此以後之情況，已不可考。」提出「姚淑自仁化經湖南，浮長江返回江南故鄉」，是有姚淑一系列詩為依據的觀點。提出「姚淑自此以後之情況，已不可考」，則不失為審慎之觀點。

　　乾隆《直隸達州志》卷四《藝文·詩集》黃錦生《讀海棠居集研齋夫人集》：

　　　　閨閣有名媛，號鍾山秀才。文章緣性著，節烈自天開。染翰珠
　　璣落，揮毫風雨來。可憐窮蜀國，幾度夕陽灰。〔註18〕

　　嘉慶《達縣志》卷三十五《選舉·歲貢·皇清》：

　　　　李模（中間隔十人）黃錦生

　　嘉慶《達縣志》卷四十六《藝文志》邑進士李淳《處士李模墓表》：

　　　　祖考諱模，字克振，號拙翁，康熙二十七年明經，授蘆山訓導。
　　誕於順治六年己丑之十一月朔九日，以雍正二年甲辰七月之念九日
　　告終，享壽七十有六。

　　乾隆《直隸達州志》卷三《鄉賢》：

　　　　李模，字克振，躬行力學，……戊辰年歲貢，授雅州蘆山縣訓
　　導，辭不赴。

　　黃錦生是達州人，康熙中後期歲貢。依黃錦生詩「可憐窮蜀國，幾度夕陽灰」，姚淑終老於四川達州，但此詩尚屬孤文單證，還需要進一步的證據。

　　二〇二一年，我電話採訪達州牌樓李氏族人李吉安先生、達州李家岩李氏族人李映雲先生女婿梁國新先生，均回答未聞姚淑回到達州的傳說。李家岩，李長祥墓及神道碑在焉；李家岩李氏家族，相傳是李長祥後人。

　　也許姚淑自廣東仁化返回江南探親、侍親之後，又回到達州，但是尚無證據。

　　姚淑晚年是否回到達州，現在尚不妨存疑。

―――――――――――――

〔註18〕清乾隆《直隸達州志》卷四《藝文·詩集》。

四、四川達州的李氏家族、李長祥遺跡與文物

（一）達州李氏家族：始祖南宋李樾，李長祥係其後裔

民國《達縣志》卷末《文存》明衛承芳《李氏宗祠碑記》：

> 州古稱雄郡，民最眾，然惟李氏及二三族稱古戶。二三族微矣，
> 惟李氏族獨盛。子若孫讀書遊學校者若干人，遊學校而仕者若干人；
> 即不遊學校，類皆談孔孟、曉禮節，……世食土於鳳凰山麓。……
> （乃）卜鳳麓寢室之後而祠焉。祠十有四楹，簷角基礎，色色中度。
> 由是依昭穆之序為木主，推原始祖李樾，下及三代考妣。

民國《達縣志》卷十《禮俗門·寺觀》州舉人周德純《重建李氏宗祠碑記》：

> 惟李氏自宋元迄明，以至於今，稱家族鼎盛焉。其始祖樾公，
> 在宋時以會元進士刺果州，緣路阻，移家於達，瓜瓞綿其繼序，詩
> 禮發其菁華。……至研齋先生，於明崇禎癸未，以第三甲成進士，
> 氣節文章，彪炳明末。及清朝，或以恩歲進士而司鐸，或以甲科進
> 士而教授，奕葉書香，蟬聯罔替，何德之永也。

民國《達縣志》卷五《輿地門·塋域·宋》：

> 李樾墓，在清風鄉羅江口河西金龍寺山下，墓內一小碑，刻「果
> 州刺史」四字。（調查冊）

民國《達縣磐石鄉志》卷一《輿地門·墳墓》著錄清道光雲南提督羅思舉撰刻李維綱坊誌銘文：

> 羅軍門之岳父李維綱墓（在場南劉家嘴李家墳塋）
>
> 茲錄其坊志，聊當記述，其志云：
>
> 公諱維綱，達邑人也。溯其籍，乃江南松江府上海縣。自越祖
> 以會元蒞任果州，因而遷宣漢焉。嗣後文秀以進士任浙江總督，長
> 祥以探花授兵部尚書，淳以進士任重慶教諭，淑以孝廉掌通川書院。
> 累世赫弈，惟公族為最。……現任雲南提督羅思舉拜。
>
> ……
>
> 欽命提督雲南全省節制各鎮統轄漢土官兵蘇勒方阿巴圖魯拙婿
> 羅思舉監修
>
> 大清道光二年仲春月　　日　　吉旦〔註19〕

〔註19〕《達縣磐石鄉志（民國版）》，達川市地方志辦公室整理，一九九九年，第四六頁。

清嘉慶《達縣志》卷四十六《藝文志》邑進士李淳〔註20〕《處士李模墓表》：

> 祖考諱模，字克振，號拙翁，康熙二十七年明經，授蘆山訓導。誕於順治六年己丑之十一月朔九日，以雍正二年甲辰七月之念九日告終，享壽七十有六。……曾祖諱長祐，授梁山教諭；伯曾祖本霈，廩生；又伯曾祖長祥，崇禎癸未詞林，授兵部尚書，賜尚方劍。

乾隆《直隸達州志》卷三《鄉賢》：

> 李模，字克振，躬行力學，……戊辰年歲貢，授雅州蘆山縣訓導，辭不赴。農桑閒泄，不入城市。州牧李公及徐公，皆贈以詩。自著詩二十卷。子雯崧，癸巳恩貢，亦著有詩稿。

二〇一二年《達州市通川區牌樓李氏家譜》第二篇《追根溯源　憶祖正宗》第一章《始祖李樾》：

> 南宋進士，任果州（今四川南充市）刺史。元軍擾宋，奉命入達州抗擊元軍，負傷而旅居達州。宋亡後，便定居在達州北門外。……墓碑正中書刻：「始祖宋進士果州刺史李公諱樾老大人之墓」。落款是「咸豐十一年二月清明吉立」〔註21〕

案：第一，根據嘉慶《達縣志》、民國《達縣志》、《達縣磐石鄉志》所載多種宋明清民碑文、坊志，可知南宋果州刺史李樾始居達州，明末清初達州李長祥、長祐兄弟，係李樾之後裔。

第二，根據乾隆《直隸達州志》、嘉慶《達縣志》、民國《達縣志》、《達縣磐石鄉志》等文獻之記載，可知李長祥之子李畝等以下世系，已經不清楚；長祥弟長祐以下四代人，尚世系清楚，表示如下：

> 李長祐　順康間授梁山教諭，同治《梁山縣志》卷九《職官·教諭》、光緒《梁山縣志》卷七《官師志·教職》均不載其姓名，當亦繫辭不赴。
>
> 　｜
>
> 李模　康熙明經貢生，授雅州蘆山縣訓導，辭不赴。農桑閒泄，不入城市。

〔註20〕清道光《重慶府志》卷四《職官志·題名·國朝·教授》：「李淳。達州進士，乾隆三十七年任。」
〔註21〕《達州市通川區牌樓李氏家譜》，二〇一二年，第二三頁。

李雯崧　康雍間廩生。

李淳　乾隆辛巳進士，樂山教授。

達州李氏宗族，歷代至今，繁衍昌盛，分布於達州各地以及外地。

（二）達州城北鳳凰山麓牌樓坪原李氏宗祠

二〇一二年《達州市通川區牌樓李氏家譜》第三篇《達城北牌樓　李氏宗族的發源地》第二章《牌樓李家祠堂》：

> 明衛承芳《李氏宗祠碑記》：「（卜）鳳麓寢室之後而祠焉。」牌樓李家祠堂地處鳳凰山下，李家院子（村部）之後數十米處。現通川區第十四小就建在原李家祠堂遺址之上。牌樓李家祠堂是李氏宗族的宗祠，建於明代，毀於二十世紀六十年代文革時期。原李家祠堂佔地約二千平方米，坐北朝南，木穿逗磚混，小青瓦屋面結構，由大殿、廂房、庭院、戲樓四部分組成。
>
> 原李家祠堂建造的規模和工藝是非常高的，在當時達州乃至整個川東都是絕無僅有的。〔註22〕

（三）牌樓李氏宗祠舊藏《天問閣文集》印版、印本、《李氏家譜》，今存「李長祥十弎世孫少潛氏家藏天問閣遺墨」印

二〇一二年《達州市通川區牌樓李氏家譜》第三篇《達城北牌樓　李氏宗族的發源地》第二章《牌樓李家祠堂》：

> 祠堂共為四個開間，靠西三個開間為祠堂大殿，……靠東一個開間為廂房，……原明兵部左侍郎李長祥《天問閣文集》達縣版刻本，家譜等就就保存在此廂房內。〔註23〕

二〇一二年《達州市通川區牌樓李氏家譜》第六篇《附錄・保藏在李吉福家的李長祥天問閣集藏書印（下圖）》：

> 藏書印銘文：李長祥十代世孫李潛氏家藏天問閣續墨〔註24〕

案：第一，根據藏書印拓片，印文面正方形，銘文四行，行四字，直行右行（從右往左），篆書，銘文為：

〔註22〕　《達州市通川區牌樓李氏家譜》，二〇一二年，第三四頁。
〔註23〕　《達州市通川區牌樓李氏家譜》，二〇一二年，第三四頁。
〔註24〕　《達州市通川區牌樓李氏家譜》，二〇一二年，第一二五頁。

李長祥十弍世孫少潛氏家藏天問閣遺墨

藏書印為象牙材質，高四〇毫米，銘文面邊長二十三毫米，銘文字徑約五釐米。〔註25〕

第二，「李長祥十弍世孫少潛氏家藏天問閣遺墨」印鑒，是達州李長祥直系後人世代保藏李長祥遺墨、文稿、《天問閣文集》和《海棠居初集》印版的直接證據。〔註26〕

第三，李長祥遺墨、文稿、印版，當是康熙中期由親人從廣東仁化運回四川達縣。

《李吉安先生電話採訪記錄》：

受訪者：李吉安，一九四五年出生，達州牌樓李氏族人，退休前為達縣市工業局辦事員，二〇一二年《達州市通川區牌樓李氏家譜》主編。

採訪、記錄：鄧小軍，首都師範大學文學院教授

電話採訪時間：二〇二一年十一月二十日，此後電話採訪數十次

達州牌樓位於達城北鳳凰山腳至半山腰。李家祠堂始建於明代，位於鳳凰山腳下，是達州李氏宗族的總祠。牌樓支族現在約有一百多戶人家，其中居住牌樓的約有八九十戶，居住達城南外的約有三四十戶。

《天問閣文集》印版，宗祠李家人稱之為禁物。一九四〇年代由牌樓李氏家族族長李長亨保管。李長亨去世，由其子李發禎保管。李發禎，號瑞甫，有文化，常到上海做生意，解放後劃為工商業兼資本家，一九六三、四年去世，八十多歲。四〇年代後期，李發禎把寄託在達城南門綢緞鋪的書版，用口袋包上，悄悄運回祠堂，堆在後廂房。後不知去向。我當時看見搬運印版。

《李氏家譜》當修於咸豐年間。據李發禎、李吉福父子口述，《李氏家譜》詳細記載了自始祖李樾南宋入川為官後旅居達城，家族的發展，族中各族分支，歷代科舉、祠堂、地產、族中大事、人

〔註25〕二〇二二年八月七日，承蒙達州鄭景瑞先生請李吉福先生後人測量藏書印尺寸並拍照賜示。

〔註26〕案李長祥子李馭生於順治二年（一六四五年）前後，以（舊時）約二十二歲結婚生子，為一代人計，李長祥二十二十孫少潛氏，可能是一九四〇年代將藏書印交給李發禎保存的李長俊（號自敬）。

丁分布。

　　《李氏家譜》和「李長祥十弐世孫少潛氏家藏天問閣遺墨」印，一九四〇年代之前，由當時族長李長俊（號自敬）保存，一九四〇年代交給族侄李發禎保存。因為李發禎在當時牌樓支族中文化最高，又多年跑上海做綢緞生意而見多識廣。

　　李長俊、李長亨之間關係情況，已不清楚。

　　《李氏家譜》，一九六六年「文革」初，被達縣城關鎮長羅文軒取走而失落。

　　天問閣遺墨印，一九七〇年代李發禎病故，由李發禎長子李吉福保存，二〇〇九年李吉富去世，由李吉富妻保藏。

　　二〇一一年，李氏牌樓支族、橋灣支族、北岩支族等後人，為始祖李樾達州市通川區羅江鎮河西村金龍寺墓重新立碑。

　　二〇一二年，李氏後人重修《李氏族譜》完成。

案：第一，由於達州牌樓李氏宗祠舊藏《李氏家譜》亡於「文革」，達州李氏宗族清末民初以前的分支、世系，已不可知，故二〇一二年《達州市通川區牌樓李氏家譜》第六篇《牌樓支族世系圖及部分族人簡況》，所載牌樓支族世系僅起於清末民初以後，以前則付諸闕如。

　　第二，《天問閣文集》和《海棠居初集》印版，一九四〇年代後期猶保藏於達州城北牌樓李氏宗祠，後不知去向。

（四）達州橋灣鎮鍾山寨原李長祥墓、橋灣鎮下李家岩今存李長祥神道碑

民國《達縣志》卷二《輿地門‧山水上‧西北部‧龍頭山系‧高峰寺系‧象獅埡左支山脈》：

　　左角東南迤經石孔子，起雞公梁、跌石廟梁，右分一支轉西抽
　　龍泉山，起中山寨，有明李侍郎研齋墓。

一九八六年《四川省達縣地名錄》五《自然實體地理（概況及地名）‧銅缽河》：

　　鍾山寨。以寨建於地形如鍾之上，故名。在橋灣公社境內，海
　　拔五一〇‧五米。〔註27〕

二〇一二年《達州市通川區牌樓李氏家譜》第五篇《承前啟後　人才輩

〔註27〕達縣地名領導小組編印：《四川省達縣地名錄》，一九八六年，第三六五頁。

出》第一章《民族英雄李長祥記》兵部尚書李公長祥神道碑照片兩張配文：

> 達州橋灣上李家岩公路邊岩坎上，小地名「石對窩」處的李長祥「神道碑」。碑的正面刻有：「兵部尚書智勇李公諱長祥志輝初號研齋正性之神道碑」碑文。神道碑的碑座原是一巨大的石龜，文革時石龜的頭、腳、尾被毀，而且用石灰漿塗抹，碑中的小字碑文已無法辨認。

> 李長祥神道碑坐東面西，南臨滔滔巴河，北靠龍泉山，神道碑岩坎下是通往橋灣鄉的公路。〔註28〕

二〇一二年《達州市通川區牌樓李氏家譜》第五篇第二章《橋灣李長祥陵墓考》：

> 與神道碑遙遙相對，相距約三公里的龍泉山，東山寨下有二座李長祥的墳墓。……這兩座墳墓都是在五八年「大躍進」時期被破壞的。據年長族人說，這兩座墳墓被毀前其規模宏大，石雕石刻十分精緻。〔註29〕

案：二〇一二年《達州市通川區牌樓李氏家譜》李公長祥神道碑照片雖然不夠清晰，但是仍然可見神道碑正面中央碑題大字銘文，係從上往下直行。

《梁國新先生電話採訪記錄》：

> 受訪者：梁國新，一九四八年出生，著名詩人梁上泉之長子，達州李家岩李氏族人李映雲之女婿，退休前任達州市通川區文化局局長、通川區人大常委會教科文衛委員會主任、中國曲藝家協會會員、四川省作家協會會員、四川省音樂協會會員。

> 採訪、記錄：鄧小軍，首都師範大學文學院教授

> 電話採訪時間：二〇二一年十一月二十八日，二十九日，十二月二十二日

> 達州橋灣上李家岩、下李家岩，李姓人家最多，有三四十戶人家，住在李家岩這一座山的半山，和山下。西邊鄰近的鍾山村，實際極少住戶，現在和上下李家岩合併為鍾山村。

> 鍾山村，一直口傳是鍾山村，不是中山村，民國《達縣志》作中山村是音同而字誤。舊屬垂虹鄉。

〔註28〕《達州市通川區牌樓李氏家譜》，二〇一二年，第五十六頁。
〔註29〕《達州市通川區牌樓李氏家譜》，二〇一二年，第六十頁。

再往西，是劉家壩，劉家壩北是鍾山、鍾山寨。鍾山寨過去沒有住戶。

鍾山位於李家岩西北。

李長祥墓原來在鍾山頂上，墓很大，條石砌墓，毀於「文革」。

李長祥神道碑，位於下李家岩西南側，李長祥墓東南方向，與李長祥墓成四十五度角，走山路約五華里。

李長祥神道碑，「文革」時碑文上刻過語錄，有破損。我曾經用一兩個小時，一個字一個字認。中間大字清楚，兩邊小字模糊。中間大字銘文是：「兵部忠勇侍郎李公諱長祥之神道碑」。「諱長祥」三字稍小，刻於大字字行旁邊。

我妻子是教師，她就是上李家岩的人。她的父親、也就是我岳父李映雲先生生前一直講：我們李家岩的人，是李長祥的後裔。

案：第一，達州橋灣鎮下李家岩今存李長祥神道碑正面中央碑題大字銘文，梁國新先生所述與二〇一二年《達州市通川區牌樓李氏家譜》所述，基本內容一致，但是存在異文。現在不妨存異，以待將來驗證。

第二，由達州橋灣鎮鍾山寨原李長祥墓、橋灣鎮下李家岩今存李長祥神道碑來看，當康熙中期，李長祥靈柩已從廣東仁化丹霞山河頭寨遷運回四川達州安葬。李長祥遺稿、《天問閣文集》和《海棠居初集》印版，是同時一起從廣東仁化丹霞山河頭寨遷運回四川達州。

第三，將李長祥靈柩、李長祥遺稿、《天問閣文集》和《海棠居初集》印版從廣東仁化遷運回四川達州的親人，可能是長祥之長子李畝，也可能是長祥之二子。或許姚淑自廣東仁化返回江南探親、侍親之後，始至四川達州，亦未可知。文獻不足徵考，嗣考。

第四，李長祥神道碑，當建立於嘉慶以後，時清代文網漸弛。

二〇二一年十二月二日，承蒙梁國新先生電告，由於開山修路，李長祥神道碑已在懸崖邊上，懸崖下面是公路，碑正面已經無立腳之地。梁先生請當地人設法拍照傳送給我，碑風化嚴重，正面完全模糊。

（五）今存達州城北原北岩寺側李家祠堂石刻楹聯：「鼓鍾同聽北岩音」

民國《達縣志》卷十《禮俗門・寺觀・城北》：

李家祠，一在牌樓坪，一在北岩寺側。

二〇一二年《達州市通川區牌樓李氏家譜》第三篇《達城北牌樓　李氏宗族的發源地》第二章《牌樓李家祠堂》：

> 牌樓李家祠堂是李氏宗族的總祠，……李氏北岩支族在北岩寺側曾建有一支祠。〔註30〕

案：牌樓坪李氏宗祠、北岩寺側李家祠堂均在達州城北鳳凰山麓，兩祠東西並列，牌樓坪李氏宗祠位置略偏西南，北岩寺側李家祠堂略偏東北。

《達州晚報》二〇二〇年六月十八日鄭景瑞報導《猶記當年北岩寺　鍾鼓之聲蓋達城》：

> 北岩寺路二二六號，那裡曾經是李家祠堂（李寺佛堂）。

> 至今仍保留李家祠堂兩根約三米高、〇·五米長寬的石柱，上有楷書楹聯。左邊的石柱幾乎被建築所包住，一小段在二樓，加之打有一孔，不能連貫看出上聯，但可辨識出「州、世、澤、長、笏、首、稱、南、渡、籍」等字，右邊石柱也打有一孔，缺字，李洪德回憶，所缺的字，最上面的是「遺像」二字，中間是「英」字，下聯是：遺像存宣漢英靈丕顯同聽北岩音。

《李洪燕女士電話採訪記錄》：

> 受訪者：李洪燕，女，一九三七年出生，達州北岩寺側原李家祠堂居民。

> 採訪、記錄者：鄧小軍，首都師範大學文學院教授

> 電話採訪時間：二〇二一年十二月五日上午

> 我是一九三七年出生的。印象裏我很小就有李家祠堂，我六歲就挑水洗衣服。我認為祠堂是清朝修的，不是民國修的。

> 李家祠堂和北岩寺鄰近，但是是兩回事。解放以後我分到祠堂居住過。爸爸說這是李長祥後人的祠堂。李家祠堂的堂屋上方有塑像三個，中間那個塑像大些，爸爸說是李探花李長祥的塑像。

二〇二一年十二月五日上午，承蒙鄭景瑞先生再赴現地，在成為民居經過改建的原北岩寺側李家祠堂，通過崎嶇狹窄的舊樓道，對石柱楹聯銘文逐段拍照，並實時微信傳送給我，遂新增識讀「果」字、「簪」字。

達州原北岩寺側李家祠堂楹聯情況敘錄如下。

達州城北原北岩寺側李家祠堂坐北朝南，今存大門兩側石柱，方柱體，高

〔註30〕《達州市通川區牌樓李氏家譜》，二〇一二年，第三八頁。

三米，四面面寬〇·五米，朝南銘文面略呈弧鼓狀，銘文楷書陰刻，上下聯各十六字，直行，字徑高十三釐米、寬十二釐米。上下聯銘文：

　　　　□□□果州，世澤長□，簪笏首稱南渡籍；

　　　　遺像存宣漢，英靈丕顯，鼓鍾同聽北岩音。

擬補楹聯如下，僅供參考：

　　　　|流芳傳|果州，世澤長|延|，簪笏首稱南渡籍；

　　　　遺像存宣漢，英靈丕顯，鼓鍾同聽北岩音。

案今存達州北岩寺側李家祠堂石刻楹聯具有十分重要的歷史價值和文學價值。注釋、釋句、評論如下。

注釋

「果州」：今四川南充市。此指達州李氏家族始祖南宋果州刺史李樾。民國《達縣志》卷五《輿地門·塋域·宋》：「李樾墓，在清風鄉羅江口河西金龍寺山下，墓內一小碑，刻『果州刺史』四字。（調查冊）」二〇一二年《達州市通川區牌樓李氏家譜》第二篇第一章《始祖李樾》：「南宋進士，任果州（今四川南充市）刺史。元軍擾宋，奉命入達州抗擊元軍，負傷而旅居達州。宋亡後，便定居在達州北門外。……墓碑正中書刻：『始祖宋進士果州刺史李公諱樾老大人之墓。』落款是『咸豐十一年二月清明吉立』。」〔註31〕

「遺像」：指達州北岩寺側李家祠所供奉的李長祥塑像。

「宣漢」：此指達州。東漢至西晉宣漢縣，南朝宋巴渠郡治所宣漢縣，梁萬州治所石城縣，西魏、北周通州，隋通川郡治所通川縣，唐通州治所通川縣，北宋至元夔州路達州治所通川縣，明重慶府達縣、夔州府達州，清直隸達州治所達縣、綏定府治所達縣，今四川達州市。

「遺像存宣漢」：指李長祥崇禎時十餘年間披堅執銳、指揮土司兵固守達城、屢次擊退張獻忠軍進攻，為達州民眾所敬仰。

魏堯西先生《海棠居詩箋注》附錄《姚淑事蹟繫年》崇禎十三年庚辰（一六四〇年）：「春，長祥赴京師（亦稱北京，今北京市）會試，不第，回達州（今四川達州市）。農民起義軍張獻忠部復入夔州（今重慶市奉節縣），攻達州城，長祥組織地方武裝助官兵死戰守城，擊退張獻忠軍。」又云：「案張獻忠早在崇禎六年癸酉（一六三三年）曾一度入四川夔州。長祥是年中鄉舉，赴京都會試，至襄陽遇賊，回州，值張獻忠軍攻達州城，即組織地方武裝助官兵守城，

〔註31〕《達州市通川區牌樓李氏家譜》，二〇一二年，第二三頁。

擊退張獻忠軍。從此訓練鄉勇，躬擐甲冑，守城戰禦，凡十餘年。」

「鼓鍾同聽北岩音」：典出李長祥《北岩鍾鼓記》（康熙二年，一六六三年）：「吾州舊有『夜聽北岩鍾鼓響』之句，《志》載之。北岩在城北，寺即以名。其鍾鼓之聲，憶即指寺之鍾鼓也。流賊之變，城野、家室、廬場，焚滅皆盡，寺皆盡。北岩惟荊棘，鍾鼓不知其亡之何處矣。今之甲午三月六日，夜半，忽若有聲，若鍾鼓之聲，來城內。越一夜，皆然。又一夜。又然。其聲若自北來，聽之在北岩寺。人相與往視之，荊棘耳，無一有。一時人驚顧，喧傳神異。」又云：「北岩寺創自唐之天寶年，以今之鍾鼓度之，唐之創寺，亦正有因。而今日之鍾鼓，亦正可想見，寺其興歟！長祐弟視予毘陵，為予言，因記之如此。」

案《春秋左傳》莊公二十九年：「凡師，有鍾鼓曰伐。（晉杜預注：聲其罪。）無曰侵。（杜預注：鍾鼓無聲。）」《詩經·邶風·擊鼓》：「擊鼓其鏜，踴躍用兵。」《北岩鍾鼓記》乃是暗以唐天寶十四載安史之亂爆發，隱喻明崇禎十七年清兵入關；暗用「鍾鼓曰伐」、「聲其（入侵之）罪」之《春秋》大義，以及「擊鼓其鏜，踴躍用兵」之《詩經》大義，以北岩鍾鼓之聲，激勵人們不忘奮起反抗滿清入侵者也。（《姚淑事蹟繫年》康熙二年）

釋句

□□□果州，世澤長□，簪笏首稱南渡籍；
遺像存宣漢，英靈丕顯，鼓鍾同聽北岩音。

上聯讚歎始祖李樾出任果州刺史，恩惠世代相傳，是世代簪纓之家達州李家早在南宋的創始人。

下聯讚歎先祖李長祥遺像存於達州，李長祥崇禎時披堅執銳，屢次擊退張獻忠軍進攻，成功固守達州，為達州民眾所敬仰。至今李長祥英靈大顯於世，和我們一同傾聽北岩寺鍾鼓之聲——那是象徵反清復漢的聲音。

評論

李長祥所書寫的北岩寺鍾鼓之聲，乃是召喚反清復漢的隱喻。達州北岩寺側李家祠堂石刻楹聯運用此一隱喻，乃是清代二百年間李家人世代秘密相傳反清復漢思想的歷史見證。

李家祠堂石刻楹聯體現了高超的文學微言藝術手法。「同聽北岩音」，訴諸聽覺之音樂形象，空靈蕩漾，為有神韻；而內容重大，尋味不盡；令人低徊流連。

予對於達州李長祥史事遺跡，不能無感焉，因作數絕句，今錄於此。

　　　　抗清民族英雄李長祥《天問閣文集》印版，舊藏達州鳳凰山李
家祠堂

　　　　一點風帆似白鷗，三朝三幕上黃牛。丹霞書版歸何處，一片青
山是達州。

　　　　達州橋灣下李家岩，鍾山之巔，巴河之東，舊有李長祥墓，毀
於一九六〇年代；墓東南之山岩之上，長祥神道碑，至今在焉

　　　　青綠鍾山巴水間，一碑高矗自何年。夜深燐火難磨滅，恰似長
庚照在天。

　　　　達州北岩寺側李家祠楹聯書後

　　　　新月北岩鍾鼓音，響流雲外到人心。春秋書伐聲其罪，天寶末
年夷狄侵。

　　　　李長祥《戞雲亭記》書後

　　　　仰聽戞雲絲竹鳴，羲和敲日玻璨聲。扁舟一葉毗陵會，月色都
思故國明。

本節鳴謝

達州市人民政府地方志辦公室

鄭景瑞：達州市教育局副縣級退休幹部，達州地方史專家

鄧高：達州市人民政府地方志辦公室資料信息科科長，達州地方史專家

李吉安：達州牌樓李氏族人，二〇一二年《達州市通川區牌樓李氏家譜》
主編

　　梁國新：退休前任達州市通川區文化局局長、通川區人大常委會教科文衛
委員會主任，中國曲藝家協會會員、四川省作家協會會員，著名詩人梁上泉之
子、達州李家岩李氏族人李映雲之女婿

　　李洪燕：女，八十五歲，達州北岩寺側原李家祠堂居民

　　（由於疫情影響，我未能赴達州實地考察，深感抱歉，二〇二一年、二〇
二二年，承蒙以上單位和個人惠予大力支持，提供寶貴的文獻資料和口傳資
料，謹此誌謝。）

五、《箋注》作者魏堯西先生的學術研究及舊體詩詞之成就

　　《姚淑海棠居詩集編年箋注》作者魏堯西先生（一九一七～一九九八
年），四川邛崍人。一九四九年前後歷任成都建國中學、大邑文采中學、新都

師範學校教師。一九五八年因歷史問題開除公職回鄉勞動。一九八○年代初平反恢復公職退休，先後受聘為《邛崍縣志·文物志》主編、巴蜀書社特約編輯、重慶師範學院《元代文學詞典》編纂人員。對中國古典文學、戲劇史、陶瓷史、中醫史，均有甚深研究。

魏堯西先生是我父親。一九五九年，我母親鄧佐平老師（時任新都師範學校教師）為了我和弟弟小亮的前途，與我父親離婚，我們兄弟改從母姓。二十二年以後，父母復婚，我們兄弟年齡已大，經父母同意，未再改回姓魏。

（一）魏堯西先生的學術著述

魏堯西先生學術論文、考古報告舉要

《邛窯志略》，商務印書館《東方雜誌》第四十二卷第十七號，一九四六年；

《宋代的鼓子詞》，《光明日報》一九五四年十一月七日第五版《文學遺產》第二十八期，約一萬字；

《宋代隊舞》，《舞蹈學習資料》第十輯，中國舞蹈藝術研究會編印，一九五六年，約五萬字；

《宋代的民間舞蹈》（署名魏堯西、鄧佐平），《舞蹈叢刊》第二輯，中國舞蹈藝術研究會編，上海文化出版社，一九五七年；

《四川邛崍縣出土的唐燈檯及其他》（署名鄧佐平），《考古通訊》一九五七第五期；

《〈靈樞〉為秦始皇時代官修醫典》，《浙江中醫雜誌》一九八一年第六期；

《〈靈樞〉成書時代》，《中華醫史雜誌》一九八三年第二期；

《臨邛火井考實》，《井鹽史通訊》總第十三期，一九八五年；

《姚淑及其〈海棠居初集〉》，《文史雜誌》一九八八年第一期；

《邛雅驛道訪遺蹤》，《邛崍文史資料》第四輯，一九九○年；

魏堯西先生的學術著作

《李清照年譜》，上海：商務印書館排印版校樣本，一九四九年〔註32〕；《國家圖書館藏稿鈔本年譜彙刊》影印稿本，北京：國家圖

〔註32〕夏承燾《天風閣學詞日記》一九五五年五月三十一日：「得魏堯西寄來李清照年譜商務印書館印樣一冊，乃一九四七年作。」（《夏承燾集》第七冊，杭州：浙江教育出版社、浙江古籍出版社，一九九八年，第四六一頁。）

書館出版社，二〇一七年〔註33〕；

　　　　《宋雜劇金院本新證》，南昌：江西教育出版社，二〇二二年；

　　　　《宋代說話人及其話本》，稿本，約完成於一九五八年，已不存；

　　　　《魏了翁》，稿本，一九八〇～一九九〇年代；

　　　　《姚淑海棠居詩集編年箋注》，稿本，一九八六年完稿，以後續

有增訂。

（二）有關魏堯西先生學術研究的述評

宋金音樂文藝及戲劇研究

常任俠《中國舞蹈史話》：

　　　　宋代大麴曲辭流傳下來的，尚復不少。可參看魏堯西編校的《宋

代隊舞》及劉永濟輯錄《宋代歌舞劇曲錄要》。〔註34〕

劉青弋（上海戲劇學院舞蹈研究院院長）《抱殘守缺　志求信史》：

　　　　五〇年代，中國舞蹈史學的第一批成果不是由舞蹈工作者完成

的，而是由具有深厚功力的中國史學或文化藝術史學的專家們完成

的——例如阿英發表的《中國古代的民間舞蹈》、陰法魯發表的《從

敦煌壁畫論唐代的音樂舞蹈》、向達發表的《拓枝舞小考》、常任俠

發表的《中國古代的舞蹈藝術》、李拓之發表的《中國的舞蹈》、歐

陽予倩發表的《試談唐代舞蹈》、石田幹之助著、歐陽予倩譯的《胡

旋舞小考》、魏堯西編校的《宋代隊舞》……他們為中國舞蹈史學研

究做出了學術示範，賦予了中國舞蹈史學建設起步的高度。〔註35〕

胡忌《宋金雜劇考·序》：

　　　　一九五一年初，我開始寫作這本書的初稿，到現在已有整整五

年的歷史了。這五年間，尤其是最近兩年來，我先後得到趙景深先

生、任二北先生、魏堯西先生、葉德均先生和錢南揚先生等的指教

與往返探討，使這本書能夠再次改正、補充。他們或者提示我有關

資料，或者共同商討有關戲劇史的問題，或者不吝指出拙著的錯誤，

或者把自己的研究所得告訴給我：總之，這本書的能夠寫成，是和

〔註33〕此稿本上有編輯所寫編輯符號，當為商務印書館編輯的工作痕跡。此稿本當
　　　　是一九四九年商務印書館出版未果之後流入北京圖書館（今國家圖書館）。

〔註34〕常任俠：《中國舞蹈史話》，北京出版社，二〇一六年，第一〇一頁。

〔註35〕劉青弋：《抱殘守缺　志求信史》，《當代舞蹈藝術研究》，二〇一六年第一期，
　　　　第五五頁。

諸位師友們的熱心鼓勵和指導分不開的。〔註36〕

《黃帝內經・靈樞經》成書年代研究

鄭懷林（陝西省中醫藥研究院）《秦統一前後的醫事制度》：

《靈樞》又稱《針經》、《九卷》、《九靈》、《九經》。據學者研究考證，認為《靈樞》全書八十一篇，是秦代編寫的最完整的醫學經典。〔九〕

〔九〕魏堯西，《靈樞》成書年代，中華醫史雜誌，一九八三，一三（二）：九二〔註37〕

王慶其、周國琪主編《黃帝內經百年研究大成》：

魏堯西則認為《靈樞》應成編於秦始皇統一中國以後。他從戰國時代的著作、社會制度、社會思想和用詞習慣進行考證，其提出的主要理由有三：馬王堆漢墓出土的《陰陽十一脈灸經》對經脈命名不整齊，是戰國時代各自為政的反映，而《靈樞》對經脈的認識更加系統規範化，可說明《靈樞》中許多內容都與秦統一天下後的「諸產得宜，皆有法式」（《泰山石刻銘》）的論調是一致的；《靈樞》中《經水》《脈度》《平人絕穀》等篇中的解剖記載只有在秦始皇時代才能進行，因西周以來崇尚厚葬的迷信，對人體解剖是肯定不容許的；而秦始皇乃法家韓非子的高足，有破除迷信的思想基礎；馬王堆出土的天文佚書《五星占》是秦始皇元年（公元前二四九年）到漢文帝三年（公元前一七七年）七十年間對木、金、土等行星運行的觀察記錄，其所提「分」的概念與《靈樞》中記錄的行星行度一致，而在戰國人作的《甘石星經》中都以「度」為單位，「度」以下的奇零部分用「半」「太」「少」「強」「弱」等文字表示，顯然未引進「分」的概念，故《靈樞》與《五星占》應為同一時代產物，即在秦始皇時代〔二七〕，且很可能是秦始皇時代的官修醫典〔二八〕。

〔二七〕魏堯西・《靈樞》成書時代〔J〕，中華醫史雜誌，一九八三，一三（二）：八八。

〔二八〕魏堯西・《靈樞》為秦始皇時代官修醫典〔J〕，浙江中

〔註36〕胡忌：《宋金雜劇考》，上海：古典文學出版社，一九五七年，第四～五頁；中華書局，二〇〇八年，第三～四頁。

〔註37〕鄭懷林：《秦統一前後的醫事制度》，《中華醫史雜誌》，二〇〇九年第一期，第五、七頁。

醫雜誌，一九八一，（六）：二五四。〔註38〕

漆浩、董曄主編《子午流注、靈龜飛騰八法大全　傳統醫學的靈魂、神奇療效的核心》：

> 至現代有人認為早期醫學的自然觀與這些曆家言朾祥的觀點有密切關係（即包括河圖洛書等內容，見《《靈樞》成書年代》，魏堯西，《中華醫史雜誌》一九八三年一三卷第二期八八頁～九二頁），這種觀點無疑是有道理的。〔註39〕

邛窯研究

陳顯雙（四川省文物考古研究所）、尚崇偉（邛窯古陶瓷博物館）《邛窯古陶瓷簡論——考古發掘簡報》：

> 「邛窯」乃邛州窯的簡稱。……「邛窯」之名始見於二〇世紀三〇年代諸文中，命其名者先後有黃希成、魏堯西、楊嘯谷、陳萬里、馮先銘先生等，至今仍沿用此名。〔註40〕

陳顯雙《「邛窯」考古發掘記》：

> 據不完全統計，五〇年代前，先後去邛窯調查、研究的有：楊技高、黃希成、魏堯西、葛維漢、鄭德坤、貝德福、傳振倫、陳恩元、楊嘯谷及中央歷史語言研究所來川後的部分專家、學者等，他們不僅對邛窯進行了較詳細的調查、研究，還撰寫了很多介紹、研究邛窯的文章，大大提高了邛窯的知名度，為後來的深入調查、研究和發掘奠定了基礎。〔註41〕

陳德富（四川大學博物館）《試論邛窯白瓷及其相關問題》：

> 魏堯西《邛窯考略》：「邛窯釉水，多青、黃、白、綠、紫、黑等色……青、黃、白、綠色等釉較多，惟黑釉極少見。」

〔註38〕王慶其、周國琪主編：《黃帝內經百年研究大成》，上海科學技術出版社，二〇一八年，第四二一、四二二頁。

〔註39〕漆浩、董曄主編：《子午流注、靈龜飛騰八法大全　傳統醫學的靈魂、神奇療效的核心》，北京：中國醫藥科技出版社，一九九三年，第八八頁；又見李兆生《中國太極拳統真大典》卷三引用，北京：商務印書館國際有限公司，一九九八年，第一四四頁。

〔註40〕耿寶昌主編：《邛窯古陶瓷研究》，合肥：中國科學技術大學出版社，二〇〇二年，第一二三頁。

〔註41〕《四川文史資料選輯》第四十六輯，成都：四川人民出版社，二〇〇一年，第一九三頁。

此文所舉白釉瓷器除與前楊枝高文所舉相同外，又舉三孔、一孔樂器，其「釉水多為白、綠、黃三色」。〔註42〕

只補充說明一點。《邛窯志略》（一九四六年）提出邛窯與大邑瓷不同，是突破了當時流行的大邑瓷即邛窯之說；提出邛窯創始於唐以前，是突破了當時流行的邛窯創始於唐代之說。現在學界認為，邛窯創始於東晉。

邛雅驛道（南方絲綢之路邛峽段）的發現

二〇一一年《邛峽市志・南方絲綢之路邛峽段》：

> 邛峽是「南方絲綢之路」和「茶馬古道」成都出發後的第一站，今存有平落古驛道，經平樂騎龍山，穿越臨濟，從夾關而過。據學者魏堯西先生（《邛雅驛道訪遺蹤》）考證：「唐代邛雅段驛道遺址，在邛峽縣平落鄉（今平樂鎮）騎龍山城隍崗。它是當時由成都，經邛州、雅州通往吐蕃、党項、南詔等少數民族地區的交通要道之一，也是韋皋出兵與吐蕃作戰的十一條路線之一……驛道遺址因位於騎龍山的原始森林中，雖經歷千百年風雨剝蝕和人為的破壞，尚能保存著平落鄉較為完整的一段。長約兩華里，路面寬四米，呈魚脊形。中央用平頂大河卵石砌成一條筆直的中心線，兩旁鱗次櫛比地用河卵石鋪砌成路面，十分牢固，顯示出當時設計施工者的智慧和匠心。」〔註43〕

> 魏堯西先生考證後認為：「驛道兩旁築有牆垣，猶如秦漢以來的『甬道』。《史記・秦始皇本紀》記載：秦始皇『作甘泉殿，築甬道。』注說：『謂於馳道（大路）外築牆，天子行中間，外人不見。』邛雅驛道兩旁的牆垣，將大路夾在中間，和秦漢時代『甬道』完全一致。」

> 後據成都文物考古研究所所長王毅考證說：「邛峽平樂鎮發現的這條千年古驛道，是我省繼金沙遺址發現以來最讓人激動的新發現，這也是我省古代交通考古的重大新發現！作為四川通往西南各省的重要交通樞紐之一，邛峽市平樂鎮的地理位置歷來十分

〔註42〕耿寶昌主編：《邛窯古陶瓷研究》，合肥：中國科學技術大學出版社，二〇〇二年，第六五頁。

〔註43〕《邛峽市志 一九八六～二〇〇五》，北京：方志出版社，二〇一一年，第七五八頁。

重要，這次考古新發現，將帶來考古界對四川古代交通的全新認識。」〔註44〕

（三）魏堯西先生的舊體詩詞成就及評價

魏堯西先生詩詞舉例

觀宋人張擇端清明上河圖（一九六〇年代）

擇端具隻眼，冥心摩市井。興來點毫素，汴河作背景。絹素施丹青，京都如麗錦。羅綺競曉春，風和春畫永。花下簇新妝，水邊圍禊飲。四方輻輳進，車馬路馳騁。物阜而民康，黎庶得安穩。勾欄擁看客，舞臺飾金粉。百工技藝人，一一著粉本。窮極世間相，筆墨書蹊徑。汴京全盛貌，賴此留真影。因感宋君臣，南渡輕牽引。可憐東京民，一朝陷左衽。不憶臥榻上，卻容他人寢。元老夢華錄，孤懷抒孤蘊。今與此圖看，令人發深省。

雙燕吟並序（一九五九年）

今春有雙燕來，棲始營巢，成家育子，至交飛而去。於九十春光中，得其生養之概略，及萬物自然之趣。曩讀郝懿行《燕子春秋》，久欲以歌吟出之，而逡巡未果，今始著於篇。

東風吹暖百花香，燕子飛飛傍畫梁。辛勤日日啣泥草，不知精力拋多少。自來自去款柴門，柳陰穿破幾黃昏。新泥沾絮連花片，補卻梁間舊壘痕。社前方見經營始，社後旋看不日成。一枝有託雙棲穩，珍重居停愛護情。呼兒灑掃淨茆茨，賀汝閒題壁上詩。一朝生子勤哺育，雨橫風狂頻出沒。黃口巢中腹未饑，清草池邊食早歸。未憐老燕身羸瘦，卻愛嬌雛比母肥。燒筍園林初學舌，熟梅天氣看交飛。羽毛豐滿分飛去，只剩新巢傍翠微。

春日偶成（一九二〇年代）

紅白相爭放，春深庾信居。每聽禽對唱，都勸客提壺。柳襲眉邊翠，花憐掌上珠。陰晴渾不定，剛值燕來初。

侍藻亭翁曉發眉山（一九四二年）

北道揚鞭又問程，曉風殘月唱耆卿。腰垂碧柳毿毿舞，眉掃春山淡淡橫。細雨詩情濃驛路，落梅笛韻滿江城。褐來飽看岷峨秀，

〔註44〕 《邛崍市志　一九八六～二〇〇五》，北京：方志出版社，二〇一一年，第七五九頁。

不負王孫賦此行

芳齋新成對月（一九六〇年代）

新月罅雲破暝昏，今宵伊始向蓬門。買航恰有山陰興，煉石曾無媧女痕。皓魄幾時臨宇宙，清光永夜滿乾坤。低回欲去還停止，心逐冥鴻過遠村。

華西壩鐘樓（一九八〇年代）

倦來於此餞流光，漫聽鐘聲送夕陽。春水池塘荷鑄鏡，晚風臺榭柳輕裝。學宮插架成飛絮，文網遺珠見斷章。行過當年清閟宅，綠陰不是舊門牆。

晚步（一九七〇年代）

隔岸煙生抹樹梢，迷茫一片水雲遙。青山入睡歸來晚，明月隨人過石橋。

留別雪鴻（一九七〇年代）

停車欲上意逡巡，知己難為骨肉親。汽笛一聲馳十里，青山遮住送行人。

木蘭花慢（抗戰中作）

重五泛舟錦江

剗香痕粉竹，題重五、事清遊。羨人物麗都，土風閒雅，天府之州。江頭。盡乘興去，有遊船畫舸競爭浮。是處吳音楚語，幾家脆管輕喉。　　忘憂。天塹西南、飛不渡，豈良謀。空懷念屈原，忠貞孤憤，遺響千秋。讐仇。願從軍去，把胡塵蕩盡兩京收。重挈金樽美酒，江鄉水國夷猶。

踏莎行（一九四八年）

戊子人日，同徐溥、元誼、兆驊諸君遊草堂西王氏梅園。

細雨春城，野梅官路。年時曾聽鶯啼處。紅梢今又度芳期，繁華但恐東風誤。　　笛怨清商，夢生翠羽。動人幽意花千樹。水亭圍豔客開樽，鳴驪柳外塵如霧。

商衍鎏先生、黃稚荃先生對魏堯西先生詩詞的評價

商衍鎏（一八七五～一九六三年）《同堯西曉發眉山並和其原韻》（一九四二年）：

乘興高吟上驛程，才華喜見馬長卿。推敲一字詩心細，掃蕩千

軍筆力橫。雨腳帶雲沉遠嶺，樹頭籠霧隱層城。長途得句欣逢友，

何礙輕裝緩緩行。〔註45〕

　　黃稚荃（一九八～一九九三年）致魏堯西書（一九八○年代初，十二月十

一日）：

　　　　詩箋兩紙亦細讀，大詩清麗絕倫，今所少見。〔註46〕

　　魏堯西先生的學術研究成就和詩詞創作經驗，是他著作《姚淑海棠居詩集

編年箋注》的深厚根基。

　　予恭讀父親與商探花抗戰時期曉發眉山唱和詩，不能無感焉，因作一絕

句，今錄於此。

　　　　曉發眉山唱和詩書後

　　　　玻璃江上柳如煙，老少同行細雨天。月出峨眉罅雲海，亭亭來

照到吟邊。

六、《箋注》整理說明

　　我父親魏堯西先生《姚淑海棠居詩集編年箋注》手稿本，完成於一九八六

年，以後續有增訂。

　　一九八七年，我父親校點的清王培荀《聽雨樓隨筆》一書出版，其中有多

條關於姚淑事蹟的重要記載〔註47〕。一九八八年，我父親又發表了《姚淑及其

〈海棠居初集〉》一文〔註48〕。

〔註45〕《顧雋卿詩存》，成都：天地出版社，二○一五年，第一四○頁。
　　　　商衍鎏先生（字藻亭）是清代最後一位探花，抗戰入川，曾居眉山。商承祚《商
　　　　衍鎏傳略》：「一九三七年抗日戰爭爆發，他由南京住所輾轉入川，初居成都，
　　　　後因避敵機轟炸，前後移居眉山、嘉定、夾江等地。勝利後回南京。」（晉陽
　　　　學刊編輯部編：《中國當代社會科學家傳略》第一輯，山西人民出版社，一九
　　　　八二年，第三二二頁。）商志馥《三朝風雨滄桑歷　翰墨生輝德望高——廣東
　　　　省文史研究館原副館長商衍鎏生平述略》：「抗日戰爭爆發後，為避寇，我們全
　　　　家分散為數批，走上了顛沛流離的苦難旅程。祖父由南京輾轉入川，先到重
　　　　慶，後去成都。由於日機經常轟炸，不得不擇地疏散。祖父先去夾江，後移居
　　　　眉山、樂山等地。家人分居多處，不能團聚，互相牽掛，深受折磨。祖父在蘇
　　　　東坡的故鄉眉山居住時間較長，共三年。當時眉山縣城尚無電燈，家家以自製
　　　　的土蠟燭照明，交通工具主要是人力車，生活簡樸清苦。當地文士十分友善，
　　　　以詩會友，不時相聚唱和，每有佳作，輒轉抄傳誦。」（《嶺南文史》二二○二
　　　　年第一期，第二二頁。）
〔註46〕黃稚荃先生手書原件照片。
〔註47〕清王培荀著、魏堯西點校：《聽雨樓隨筆》，成都：巴蜀書社，一九八七年。
〔註48〕魏堯西：《姚淑及其〈海棠居初集〉》，《文史雜誌》，一九八八年第一期。

可見對姚淑詩和姚淑、李長祥史事的關注和研究,一直是我父親晚年的大事。

《姚淑海棠居詩集編年箋注》手稿本有不少稿葉,是我母親鄧佐平老師抄寫的筆跡。此書稿也有我母親的一份功勞。

我對《姚淑海棠居詩集編年箋注》手稿的整理工作,交代如下:

本書箋注是以嘉慶祠堂本《海棠居初集》作底本,整理時,校勘增加使用了新見康熙本《海棠居初集》。異文不多,全書僅十五條。異文校勘處理方式,已詳本書卷首《整理者補充說明》;異文情況,已詳本《後記》上文「康熙刻本《天問閣文集》與《海棠居初集》的版本情況」。

前言、箋注、繫年增補新見文獻,置於相關注文或繫年行文之後,冠以【補注】,全書一共十條。已見本書卷首《整理者補充說明》。

逐字逐句核對了全書每一條文獻引文的原書,偶有校正。

其餘悉如手稿其舊。

校書如掃落葉,旋掃旋生。本書訛誤,恐在所難免,敬請讀者批評指正。

最後我要說的是:

臺灣花木蘭文化事業有限公司慨然承諾出版本書,作為本書箋注作者的後人和本書整理者,我謹對臺灣花木蘭文化事業有限公司表示至深的感謝,讓我對臺灣花木蘭文化事業有限公司至深的感謝,隨本書而入於永恆。

　　　　　　　　二〇二二年八月八日,寫畢於北京首都師範大學寓所